STARK

# ABITUR 2016

Original-Prüfungsaufgaben mit Lösungen

# Deutsch

Gymnasium Bayern

2013–2015

STARK

6. neu bearbeitete und ergänzte Auflage
www.stark-verlag.de

# Inhalt

**Abiturprüfung 2014**



**Abiturprüfung 2015**



Jeweils im Herbst erscheinen die neuen Ausgaben
der Abiturprüfungsaufgaben mit Lösungen.


**Autorinnen und Autoren:**

Sigrid Deinzer-Kneip (Übungsaufgabe 1), Barbara Zeller (Übungsaufgabe 2)

Lösungen 2013: Barbara Zeller (Aufg. 2, 3, 5); Sigrid Deinzer-Kneip (Aufg. 1, 4)
Lösungen 2014: Barbara Zeller (Aufg. 2, 3, 5); Sigrid Deinzer-Kneip (Aufg. 1, 4)
Lösungen 2015: Barbara Zeller (Aufg. 1, 2, 5); Sigrid Deinzer-Kneip (Aufg. 3, 4)

# Vorwort

**Liebe Abiturientinnen und Abiturienten,**

Sie werden 2016 die schriftliche Abiturprüfung im Fach Deutsch ablegen. Dieser Band wird Ihnen dabei helfen, sich optimal auf diese Prüfungen vorzubereiten!

Das einführende Kapitel „**Hinweise und Tipps**“ informiert Sie über die offiziellen Rahmenvorgaben, macht Sie mit dem Prüfungsstoff sowie den Aufgabenarten vertraut und erläutert die Arbeitsanweisungen (Operatoren). Hier erhalten Sie auch konkrete Hinweise, wie Sie die verschiedenen Aufgabenarten am besten lösen können. Praktische Tipps sowie Hinweise zu den Bewertungskriterien runden diesen Teil ab.

**Zwei Übungsaufgaben** bereiten Sie speziell auf die **länderübergreifende Abituraufgabe** vor. *(Ausführliche Informationen und ergiebiges Übungsmaterial dazu bietet der Band „Bundesabitur 2016 Deutsch. Länderübergreifende Aufgabe“, Bestell-Nr. 105400)*

Die **Original-Prüfungsaufgaben 2013 bis 2015** zeigen, was im Abitur auf Sie zukommt, und sind optimales Trainingsmaterial.

Zu jeder Aufgabe finden Sie eine mögliche **Gliederung** sowie einen ausführlichen **Lösungsvorschlag**, mit dem Sie Ihren eigenen Aufsatz vergleichen können. Den Lösungsvorschlägen vorangestellt sind **Hinweise und Tipps**, die Ihnen bei der Erschließung der einzelnen Arbeitsanweisungen helfen. Wesentliche **Fachbegriffe** in den Lösungsvorschlägen sind durch Fettdruck hervorgehoben, die Angabe der **Gliederungsebene am Rand** erleichtert Ihnen die Orientierung im Musteraufsatz.

Ein **Stichwortverzeichnis** ermöglicht die rasche Orientierung in den Prüfungsaufgaben.

Sollten nach Erscheinen dieses Bandes noch wichtige Änderungen in der Abiturprüfung 2016 vom Kultusministerium bekannt gegeben werden, finden Sie aktuelle Informationen dazu im Internet unter
*www.stark-verlag.de/pruefung-aktuell.*

Wir wünschen Ihnen eine effektive Abiturvorbereitung und eine erfolgreiche Prüfung!

Die Autoren und der Verlag

# Stichwortverzeichnis zu den Original-Prüfungsaufgaben

## Werkregister



## Personenregister

# Hinweise und Tipps zum Abitur

## 1 Grundlagen

### 1.1 Vorgaben für die Abiturprüfung in Deutsch

Die verpflichtend schriftliche Abiturprüfung im Fach Deutsch hat sich inzwischen in Bayern gut etabliert. Die Anforderungen für die Prüfung ergeben sich vor allem aus den beiden Kapiteln „Schreiben" und „Sich mit Literatur und Sachtexten auseinandersetzen", die im Fachlehrplan Deutsch zu finden sind.[1] Die Schreibaufgaben der Abiturprüfung sind kompetenzorientiert angelegt. Die drei Gattungen sind dabei die Grundlage für das **Erschließen und Interpretieren literarischer Texte**. Pragmatische Texte und Materialien führen zu Aufgaben, die analysierende und argumentierende Schreibformen verlangen. Neben der **Analyse von Sachtexten** spielen vor allem **adressatenorientierte und freiere Formen des Argumentierens** eine wichtige Rolle. In anderen Bundesländern hat dies eine längere Tradition. Deshalb ist es durchaus ratsam, sich die Prüfungsaufgaben auch außerhalb der bayerischen Grenzen einmal näher anzuschauen.[2] Allen Bundesländern ist gemeinsam, dass sie die bundesweit verbindlichen *Einheitlichen Prüfungsanforderungen in der Abiturprüfung* (EPA)[3] einhalten müssen. Seit Herbst 2012 sind dazu Bildungsstandards erlassen worden, die die bundesweiten Vorgaben weiter präzisieren.[4]

Auch bei der Abiturprüfung 2016 bieten **mehrere Bundesländer** (neben Bayern sind dies Sachsen, Hamburg, Mecklenburg-Vorpommern, Niedersachsen, Bremen, Brandenburg und Schleswig-Holstein) in den Fächern Deutsch, Mathematik und Englisch eine **gemeinsame Aufgabe** an. Für das bayerische Deutsch-Abitur heißt das konkret: Neben vier Aufgabenformaten, die – wie bisher auch – bayernweit von den Abiturientinnen und Abiturienten bearbeitet werden, gibt es eine fünfte Aufgabe, die in den genannten Ländern gemeinsam geschrieben wird. Diese **fünfte Aufgabe** entspricht dem „**materialgestützten Verfassen argumentierender Texte**". Die bayerischen Schüler haben hier zusätzlich die **Auswahl** zwischen **zwei Varianten**. Sie

1 Den Lehrplan kann man in seiner jeweils aktuellen Fassung einsehen unter: Fachlehrplan Deutsch, München: Bayerisches Staatsministerium für Unterricht und Kultus, als Online-Version verfügbar unter www.isb.bayern.de

2 Musterbeispiele finden sich u. a. bei den Bildungsservern der jeweiligen Länder und in den einschlägigen Veröffentlichungen des Stark Verlags

3 Im Internet zu finden unter: http://www.kmk.org/doc/beschl/epa_deutsch.pdf.

4 Bildungsstandards im Fach Deutsch für die Allgemeine Hochschulreife (Beschluss der Kultusministerkonferenz vom 18. 10. 2012)

können zur selben Materialgrundlage entweder einen argumentierenden Text in Form eines journalistischen Schreibens (z. B. eines **Kommentars**) oder in Form einer **Erörterung** verfassen. Die Materialien, die Ihnen dabei vorgelegt werden, bestehen aus linearen und nicht-linearen Texten (z. B. also auch Statistiken, Bildern etc.).

Die länderübergreifende Aufgabe bezieht sich auf eines dieser **drei Themenfelder**:

- **Literatur/Lesen** (Leseprozess, Funktionen von Literatur, persönl. Leseerfahrung)
- **Sprache** (aktuelle Entwicklungen der deutschen Sprache: Sprachnormen, Sprachwandel, Sprachvarietäten)
- **Medien** (Medienbegriff, Medienwandel, Medienkritik, mediales Handeln)

## 1.2 Zeitrahmen und Hilfsmittel

In der Abiturprüfung im Fach Deutsch werden Ihnen fünf Aufgaben vorgelegt, von denen Sie **eine** auswählen und bearbeiten müssen. Dafür stehen Ihnen **315 Minuten** (einschließlich Auswahl- und Einlesezeit) zur Verfügung. Als Hilfsmittel ist ein Wörterbuch der deutschen Rechtschreibung zugelassen.

Entscheidend ist die richtige Planung Ihrer Schreibarbeit! Alles beginnt mit der **Wahl des Themas**: Von der „richtigen" Aufgabe hängt ganz wesentlich der Erfolg der Arbeit ab. Aus Ihren Erfahrungen im Unterricht wissen Sie schon, welche Aufgabenstellungen Ihnen liegen. Legen Sie sich dennoch nicht von Vornherein kategorisch fest. Sie sollten **alle fünf Prüfungsaufgaben** wenigstens **überfliegen** und genau **überlegen:**

- Bei welcher Aufgabe kann ich meine Stärken und Kenntnisse einbringen?
- Spricht mich ein Text inhaltlich oder aufgrund der Entstehungszeit, des Verfassers oder der Gattung besonders an?
- Welches sind die Schwerpunkte des Erschließungsauftrags? Liegen sie mir?
- Kommt die Erörterungsaufgabe meinen Interessen und meinem Wissen entgegen?

Ausschlaggebend sollte nicht die vermeintliche Leichtigkeit der Aufgabe sein, sondern die Möglichkeit, sie auf ergiebige Weise zu lösen. Auch die Gelegenheit, Kenntnisse aus dem Unterricht einzubringen, ist ein Aspekt bei der **Entscheidungsfindung**. Entscheiden Sie sich nicht vorschnell, aber versuchen Sie, sich in etwa innerhalb einer halben Stunde festzulegen. Und ist die Wahl dann getroffen, sollten Sie möglichst nicht mehr wechseln, das wäre verschenkte Zeit. **Der weitere Verlauf der Prüfung** könnte sich wie folgt darstellen:

Sie haben eine Aufgabe ausgewählt. Lesen Sie die Aufgabenstellung genau durch!

Sichten Sie das Textmaterial – konzentrieren Sie sich dabei erst einmal auf die Informationen, die für die Aufgabe wichtig sind. Machen Sie sich erste Notizen.

→ *Für die ersten Schritte sollten Sie sich ungefähr 30 Minuten Zeit nehmen.*

Gehen Sie anschließend an die **genaue Textarbeit**! Arbeiten Sie mit den Ihnen vertrauten Markierungen, mit Farben und Randnotizen.

→ *Dafür sind ca. 60 Minuten reserviert.*

Ihre Notizzettel sind nun schon gut gefüllt. Ergänzen Sie, versuchen Sie Ordnung in die Aufzeichnungen zu bekommen. Lesen Sie, wenn nötig, einzelne Textpassagen noch einmal gründlich durch. Entwerfen Sie eine vorläufige **Gliederung**!

→ *Das müsste in 30 Minuten machbar sein.*

Beginnen Sie mit einem **ersten Entwurf**! (Jeder Schreiber hat eine eigene Strategie – schreiben Sie aber nie einfach darauf los.) Arbeiten Sie Punkt für Punkt der Gliederung ab. Vergewissern Sie sich immer wieder am Text, ob die Argumentation bzw. Gedankenführung stimmig und überzeugend ist.

→ *Dafür müssen Sie mindestens 90 Minuten einplanen.*

Sie haben immer noch 60 Minuten Zeit. Jetzt geht es an den **Feinschliff**: Prüfen Sie Ihre Ausarbeitung und ergänzen Sie unvollständige Absätze. Bestimmte Aufgaben fordern einen ganz besonderen Sprachstil. Hier müssen Sie sicher nachbessern!

Am Ende der Arbeitszeit können Sie Rechtschreibung und Grammatik kritisch durchgehen. Beruhigt geben Sie die Arbeit dann ab.

## 2 Prüfungsstoff

Sie haben sich in den letzten beiden Jahren Ihrer gymnasialen Schullaufbahn mit literarischen (und kulturellen bzw. kulturgeschichtlichen) Entwicklungen von der Klassik bis hin zur Gegenwart beschäftigt. In der Jahrgangsstufe 10 haben Sie entweder die Aufklärung oder den Sturm und Drang näher kennengelernt. Die einzelnen Epochen der deutschen Literaturgeschichte wurden im Unterricht an ausgewählten Textbeispielen besprochen, es wurden typische Merkmale herausgearbeitet und Verbindungen zwischen den Strömungen hergestellt. Einen verbindlichen Literaturkanon hat es dabei nicht gegeben, sieht man einmal davon ab, dass in Bayern von jedem Abiturienten verlangt wird, dass er „seinen" Faust studiert hat. Sie sollten in der Lage sein, ein romantisches von einem expressionistischen Gedicht zu unterscheiden, und Sie sollten die Kennzeichen der Epochen im Überblick beherrschen. Vermeiden Sie aber, dieses Wissen den vorgelegten Texten aufzuzwingen! Vielmehr geht es bei den ersten drei Prüfungsaufgaben darum, **die literarischen Texte in ihrer Eigenart zu erfassen**. Dazu müssen Sie nicht nur einen Einblick in Epochentypisches haben, sondern vor allem sicher über das Handwerkszeug der Texterschließung verfügen.

Wie gesagt, einen Kanon gibt es nicht. Wenn Sie aber dennoch eine Lektüreliste abarbeiten wollen, dann lesen Sie: Georg Büchners Drama „Woyzeck"; ein Drama des Naturalismus, z. B. Gerhart Hauptmanns „Vor Sonnenaufgang", und ein episches Drama von Bert Brecht („Der gute Mensch von Sezuan"). Relevante epische Texte sind z. B. Theodor Fontanes „Effi Briest", Alfred Döblins „Berlin Alexanderplatz" und Franz Kafkas Erzählungen. Es schadet auch nicht, wenn Sie den ein oder anderen aktuellen Roman gelesen haben und sich vergegenwärtigen, worum es in diesen Büchern geht, etwa „Schlafes Bruder" von Robert Schneider, „Der Vorleser" von Bernhard Schlink, „Die Vermessung der Welt" oder „Ruhm" von Daniel Kehlmann. Die Reihe ließe sich natürlich unendlich fortsetzen, Sie sollten nur wissen, dass es

Ihnen viel leichter fallen wird, die **Aufgaben 1 bis 3** zu bearbeiten, wenn Sie das ein oder andere Werk aus der Literaturgeschichte und aus der aktuellen Literatur kennen. Übrigens: Sie haben ja seit der 8. Klasse immer wieder Lektüren besprochen, nicht nur im Deutschunterricht. Stellen Sie einmal eine Liste zusammen, die Ihnen vor Augen führt, was alles gelesen wurde, und frischen Sie Ihre Erinnerungen ein wenig auf. Unter Umständen können Sie auch Ihre Privatlektüre Gewinn bringend einsetzen. Dazu gehören auch Beispiele aus der Jugendliteratur oder Werke, die man zunächst dem Bereich der Trivialliteratur zuweisen würde.

In der Abiturprüfung steht traditionell die Interpretation eines **Gedichts** am Anfang. Das Handwerkszeug für diese Erschließungsaufgabe haben Sie seit der fünften Klasse erworben. Vor allem die formale Beschreibung eines lyrischen Textes ist Ihnen geläufig, zumal alle Schulbücher das entsprechende Grundwissen (Reim, Versmaß, Strophenformen) ausführlich einüben. Daneben ist es wichtig zu wissen, dass

- ein lyrischer Sprecher als „Ich“ explizit oder implizit im Gedicht anwesend ist,
- Klang und Rhythmus eines Gedichts für die Interpretation wichtig sind,
- sprachliche Bilder und rhetorische Figuren in Gedichten intensiver eingesetzt werden als bei den anderen Gattungen,
- formale Beobachtungen erst in Bezug auf inhaltliche Aussagen Sinn ergeben.

Die zweite Aufgabe widmet sich dem **Drama**. Sie haben neben Goethes „Faust“ vermutlich ein Drama aus dem 19. oder dem 20. Jahrhundert analysiert. Hier sollten Sie unter anderem gelernt haben, dass

- die Gattung unterteilt werden kann in Tragödie, Komödie, bürgerliches Trauerspiel und andere Formen,
- ein Drama eine Handlung in Dialogen und Monologen vorstellt,
- die Figuren vor allem durch Gespräche charakterisiert werden,
- die Aussagen der Figuren immer auch kritisch geprüft werden sollten (Gibt es zwischen den Zeilen noch eine versteckte Botschaft?)
- die Beziehungen der Figuren in der Kommunikationssituation deutlich werden,
- der Autor Regieanweisungen gibt, um die Aussage zu verstärken,
- Mittel der Theatersprache eingesetzt werden, z. B. die Teichoskopie, das Beiseitesprechen, das Sprechen in Sentenzen …,
- jede Epoche eine eigene Theatersprache entwickelt hat.

Wenn Sie auch ein Drama aus der Zeit nach 1945 kennen gelernt haben, dann wissen Sie, dass moderne Dramatik neue Wege sucht, und – manchmal radikal – mit den Traditionen des Theaters bricht. Achten Sie darauf, ob in der Ihnen vorgelegten Szene eine Handlung rekonstruiert wird oder ob nur eine Aussage auf die Bühne gebracht werden soll (Postdramatik).

Neben Gedichten und Dramen haben Sie eine längere Erzählung (oder eine Novelle oder einen Roman) des 19. Jahrhunderts und mit Sicherheit Romane und Erzählungen des 20. bzw. 21. Jahrhunderts gelesen. Sie haben unter anderem gelernt, dass

- ein **epischer Text** einen Erzähler hat, der die Geschichte in seiner Art und Weise dem Leser vermittelt,

- Erzählzeit und erzählte Zeit in der Regel nicht identisch sind,
- die Figuren direkt und indirekt charakterisiert werden,
- neben den dargestellten Figuren auch Raum und Zeit Bedeutung konstituieren,
- der historische Kontext des Werkes eine große Rolle spielen kann.

Bei epischen Texten muss die inhaltliche Zusammenfassung gut beherrscht werden, denn eine Erzählung entwickelt eine Geschichte stringent aus dem Erzählverlauf. (Das heißt aber nicht, dass die Chronologie immer eingehalten wird!)

Bei allen Formen der literarischen Texterschließung geht es darum, Hypothesen zur Textaussage durch **überzeugende Textbelege** so zu untermauern, dass der Leser der Interpretation zustimmen kann. Das Schöne daran ist: Die eine richtige Interpretation gibt es nicht! Achten Sie bei der Interpretation aber auch auf die **Forderungen der Aufgabenstellung**. Es kann durchaus vorkommen, dass weitere Texte ausgewertet werden müssen. Dieses Zusatzmaterial soll Ihnen dabei helfen, bestimmte Aspekte genauer zu beleuchten.

Wer sich nicht so recht für literarische Fragestellungen erwärmen kann, hat in der Abiturprüfung die Möglichkeit, sich mit Problemstellungen allgemeiner Art auseinanderzusetzen. Dafür werden Ihnen die **beiden letzten Aufgaben** angeboten. Hier geht es um zweierlei Kompetenzen: Sie müssen zeigen, dass Sie einen **Sachtext und andere Materialien wie Statistiken und Grafiken auswerten** können. Dazu zählen

- die Gliederung eines Textes,
- die Informationsentnahme,
- die genaue Darstellung von Inhalt und Aufbau,
- das Erkennen der Argumentationsstruktur und der Intention.

Manche Aufgaben bieten nicht nur einen, sondern mehrere Texte. Je nach Aufgabenstellung sind dann unterschiedliche Arbeiten mit und an den Texten auszuführen.

Sie müssen aber auch zeigen, dass Sie in der Lage sind, selbst **überzeugend zu argumentieren**. Der Zusammenhang von These und Argumentation sollte Ihnen geläufig sein. Im Format IV besteht die Möglichkeit, dass Sie einen sogenannten informierenden Text verfassen müssen, der die Aufgabe hat, einen definierten Adressaten über vorgegebene Sachgebiete aufzuklären. Beispielsweise wären hier ein informierender Lexikonartikel oder das Programmheft einer Theateraufführung denkbar. Aufgabe V ist für die länderübergreifende Aufgabe reserviert, 2016 müssen Sie hier einen argumentierenden Text auf der Grundlage von Materialien verfassen.

## 3 Aufgabenarten

Die EPA wie die Bildungsstandards unterscheiden drei wesentliche fachspezifische Erschließungsformen von Texten: das Untersuchen, das Erörtern und das Gestalten. Kombiniert man diese drei Methoden mit einer Textart (literarisch oder pragmatisch), erhält man die folgenden Aufgabenarten:

| Erschließungsform | Textart | Aufgabenart |
|---|---|---|
| untersuchend | literarisch | Interpretieren von literarischen Texten |
| | pragmatisch | Analysieren von Sachtexten |
| erörternd | literarisch | literarisches Erörtern |
| | pragmatisch | Erörtern im Anschluss an einen oder mehrere Texte |
| | (ohne Textgrundlage) | Erörtern in vorgegebenen Formen |
| gestaltend | literarisch | gestaltendes Interpretieren |
| | pragmatisch | adressatenbezogenes Schreiben |

Aus den zahlreichen Kombinationsmöglichkeiten werden im bayerischen Deutschabitur jeweils fünf Schreibformen mit unterschiedlichen Schwerpunkten angeboten.

Die oft zweiteiligen **Aufgaben 1 bis 3** präsentieren jeweils einen Text oder Textausschnitt aus einer der **drei Literaturgattungen**, den Sie zunächst **erschließen** sollen, sei es unter selbst gewählten oder vorgegebenen Schwerpunkten. Der zweite Teil der Aufgabe gibt Ihnen die Möglichkeit, den Text **in einen größeren Zusammenhang zu stellen**. Dies kann z. B. dadurch geschehen, dass Sie weiterführendes Textmaterial vorgelegt bekommen, das Ihnen einen bestimmten Blick auf den Primärtext eröffnet. So ist denkbar, dass in einem Sachtext Zusatzinformationen stehen, die den zu interpretierenden Text in einem bestimmten Licht erscheinen lassen. Oder es wird ein zweiter Text (des gleichen oder eines anderen Autors) vorgelegt, der eine ganz andere Sicht auf ein Thema erkennen lässt und deshalb die Interpretation in eine andere Richtung lenkt. Häufig werden Sie aber auch einfach aufgefordert, die von Ihnen erarbeitete Erschließung mit einem selbst gewählten Beispiel aus der Literaturgeschichte zu vergleichen.
Beachten Sie die Aufgabenformulierung immer ganz genau: Wenn etwa aufgezeigt werden soll, „wie die Entfremdung zwischen zwei Menschen in einem anderen literarischen Werk dargestellt wird“ (Abitur Bayern 2013, Aufgabe II), dann sind Sie in Ihrer Wahl tatsächlich sehr frei: Sie bestimmen Autor, Werk und Epoche ganz allein. Es spricht auch nichts dagegen, ein Werk aus der fremdsprachigen Literatur zu wählen.
Die Aufgabe b) gibt Ihnen in der Regel die Gelegenheit, Ihr literarisches Wissen und Ihre Fähigkeit zur literarischen Argumentation vorzuführen. Es ist sehr wichtig zu wissen, dass es kein Verbot gibt: Vielleicht sind Sie auf Science Fiction spezialisiert oder auf Kriminalliteratur oder Sie haben eben eine Vorliebe für französische Literatur – auch mit diesen Pfunden können Sie wuchern!

Die **Aufgaben 4 und 5** sind den **Sachtexten** und dem **Argumentieren** vorbehalten. Diese sollen unten genauer vorgestellt werden.

## 3.1 Erschließen eines poetischen Textes

Verlangt ist hier, einen Text nach **Form** und **Inhalt** zu analysieren, häufig unter vorgegebenen Schwerpunktsetzungen. Zu verfassen ist also eine **Textinterpretation** (vgl. auch Abschnitt 4: „Anforderungsbereiche und Operatoren"). Zugrunde liegt ein Textausschnitt aus einem lyrischen, epischen oder dramatischen Werk, der meist zusammenzufassen, zu erschließen und zu interpretieren ist. Es geht darum, ihn in seiner Besonderheit zu verstehen und dieses Verständnis sprachlich angemessen zum Ausdruck zu bringen. Sie beginnen damit, dass Sie den Text mehrfach lesen, Auffälliges markieren, Beobachtungen – vor allem hinsichtlich der angegebenen Schwerpunktsetzungen – notieren, Fragen an den Text stellen und sich überlegen, was charakteristisch und wesentlich daran ist. Erschrecken Sie nicht, wenn Ihnen zunächst nicht alles sofort klar ist: Gerade gute Texte möchten, dass sich der Leser schon etwas anstrengt! Wichtig ist in jedem Fall die **überzeugende und nachvollziehbare Argumentation**. Belege sind zunächst vor allem **Textbelege**. Erst wenn dieser Fundus ausgeschöpft ist, können Sie anfangen, außertextuelle Bezüge herzustellen.

## 3.2 Erörtern

Der Deutsch-Lehrplan für das achtjährige Gymnasium unterscheidet im Lernbereich „Schreiben" zwischen zwei Formen des Erörterns: Erörtern in vorgegebenen und in freieren Formen. Beide Schreibhaltungen gehen von einer Problemfrage oder einer These, etwa in Form eines Zitats, aus. Es kommt darauf an, einen komplexen Sachverhalt – oft aus dem Bereich der Sprachbetrachtung oder des literarischen bzw. des kulturellen Lebens – von verschiedenen Seiten zu beleuchten, mögliche Betrachtungsweisen abzuwägen und einen eigenen, kritisch reflektierten Standpunkt zu entwickeln.

Unter „**vorgegebenen Formen**" versteht der Lehrplan die klassische freie Erörterung, eine Form der Meinungsfindung also, die streng nach Argumenten aufgebaut ist und die oft beide Seiten abwägt und dadurch abschließend zu einem eigenständigen Urteil gelangt. Man nennt diese Herangehensweise „antithetisch". Die „**freieren Formen**" des Erörterns erkennen Sie immer an der Angabe einer bestimmten Textsorte, die von Ihnen verlangt wird. Es heißt also z. B. „Schreiben Sie einen Kommentar", „Verfassen Sie einen Essay" usw. Diese Schreibformen sollten Sie im Unterricht seit der neunten Jahrgangsstufe immer wieder eingeübt haben. Wenn dies nicht der Fall ist, werden Sie die Aufgabe kaum adäquat bearbeiten können. Zu diesen freieren Formen ist auch der Aufgabentyp „materialgestütztes Verfassen argumentierender Texte" zu zählen, wie er 2016 in der länderübergreifenden Aufgabe verlangt wird.

Im Grunde genommen ist der Unterschied zwischen den freieren und den vorgegebenen Formen aber nicht so groß. Beide Aufsatzarten fordern eine **überzeugende Argumentation zu einer Leitthese**, die der Schreiber aufstellt. Die freieren Formen gehen nur bei der Beweisführung auf den Adressaten genauer ein, sie versuchen das oft mit bestimmten sprachlichen Mitteln. Dazu zählen beispielsweise rhetorische Fragen, ironische Wendungen und/oder bildhaftes Sprechen. Allerdings darf man diese Möglichkeiten nicht übertreiben, weil sonst die Überzeugungskraft darunter leidet.

## 3.3 Analysieren von Sachtexten

Neben der Auseinandersetzung mit poetischen Texten gibt es noch die Analyse von Sachtexten. Sie haben bereits seit der siebten Jahrgangsstufe gelernt, Sachtexte **zusammenzufassen**. Dies ist stets der erste Schritt, wenn der Aufgabe ein umfangreicher oder mehrere kürzere Sachtexte zugrunde liegen. Die Aufgabenstellung kann unter Umständen dabei den Schwerpunkt unterschiedlich setzen, z. B. wenn Wert darauf gelegt wird, dass vor allem die **Argumentationsstruktur** eines Textes erkannt wird, oder wenn **bestimmte Aspekte eines Themas** herausgearbeitet werden sollen. Das wiederum kennen Sie als „erweiterte Inhaltsangabe" seit der Jahrgangsstufe 9.

Sachtexte können unter zwei unterschiedlichen Gesichtspunkten eingesetzt werden. Entweder sind sie selbst Gegenstand der Untersuchung. Dann kann man davon ausgehen, dass sie anspruchsvoll sind und alle Aufmerksamkeit fordern, um die **Kernaussagen** zu erkennen. Oder sie dienen als Material für einen eigenen Schreibauftrag. In diesem Fall kann man damit rechnen, dass nicht nur zusammenhängende Texte, sondern auch sogenannte **diskontinuierliche Texte**, also Bilder, Grafiken etc. angeboten werden. Diese Form der Auswertung kennen Sie von den Deutschtests, die Sie in den Jahrgangsstufen 6 und 8 zu bestehen hatten.

Klar wird hier auch, dass **Sachtextanalyse und das Erörtern von Thesen und Problemen kombiniert** sein können. Es ist für die Planung Ihrer Abiturarbeit ganz wichtig, dass Sie sich genau anschauen, was von Ihnen verlangt wird. Bei der Auswertung von Sachtexten kann der Schreibauftrag auch lauten: Verfassen Sie auf der Grundlage des Materials einen **informierenden Text**. Auch hier können Sie davon ausgehen, dass Ihnen die Aufgabenstellung hilft, wenn es um die konkrete Textsorte geht. So könnten Sie z. B. aufgefordert werden, einen längeren Artikel für ein Sachbuch oder eine Theaterzeitschrift zu erstellen. Verlangt ist in jedem Fall eine untersuchende und erläuternde Vorgehensweise. Die vorgelegten Materialien müssen zunächst kritisch ausgewertet und um eigene Kenntnisse erweitert werden. Schließlich bringt man alle Aspekte in einen sachlogischen Zusammenhang. Es geht dabei nicht darum, die Materialien detailliert zu analysieren, sondern darum, eine für die kommunikative Situation passende Darstellung zu finden. Erwartungen und Interessen der potentiellen Leser sollen in angemessener Weise berücksichtigt werden.

## 3.4 Textlänge

Eine Neuerung bei den Aufgaben des Lernbereichs „Schreiben" ist die Einführung von Textlängenbegrenzungen. Dies gilt vor allem für die freieren Formen des Argumentierens. Es heißt in der Aufgabenstellung z. B.: „Ihr Text sollte 1 200 bis 1 500 Wörter enthalten." Diese Bandbreite kann ausgenutzt werden, sollte aber nicht allzu deutlich unter- bzw. überschritten werden. Der Sinn einer Begrenzung besteht darin, dass der Schreiber so gezwungen ist, mehr Energie und Konzentration auf die **sprachliche Ausarbeitung** zu verwenden. Sie sollten nicht einfach zu schreiben beginnen und Ihr gesamtes Wissen ausbreiten, sondern **bewusst auswählen** und auch bei den Formulierungen genau überlegen, was passend und was eventuell verzichtbar ist.

Nun ist der entscheidende Punkt bei einer Vorgabe der Textlänge, dass man seine Handschrift einschätzen kann: Wie viele Wörter passen bei mir auf eine geschriebene Seite? Schreibe ich gleichmäßig oder werden es am Ende mehr oder weniger Wörter pro Seite? Wenn Sie es ein paar Mal ausprobiert haben, dann werden Sie ein sicheres Gespür dafür entwickelt haben. Auch bei der Planung Ihres Textes sollten Sie die Längenbegrenzung schon im Auge haben: Wie viel Raum nimmt der Hauptpunkt ein? Wie viel verwende ich für die Einleitung, wie viel für den Schluss? Wie immer gilt auch hier: Übung macht den Meister!

Übrigens: Wie viele Wörter hat dieses Teilkapitel 3.4? *(Lösung auf Seite XVII)*

## 3.5 Weitere Tipps zur Arbeit mit Texten

Jeder gelungene Deutschaufsatz entsteht aus einem Zusammenspiel von genauem Eingehen auf die Aufgabenstellung und individuellem Zugang, also der Fähigkeit, das eigene Textverständnis und die eigene Problemerfassung überzeugend darzustellen. Für die Prüfungssituation ist es deshalb wichtig, über ein **Repertoire an Fragen** zu verfügen, mit denen man an literarische Texte und an Sachtexte herangeht.

**Gedichtinterpretation**

- Was drückt das Metrum aus, was bewirkt es?
- Aus welcher Perspektive wird im Gedicht gesprochen?
- Welche Entwicklung findet vom ersten bis zum letzten Vers statt? Denn auch in Gedichten passiert etwas.
- Welche Versgruppen gehören zusammen?
- Wie ist ein Motiv verwendet und inwieweit wandelt es sich?
- Was ist mit dem lyrischen Ich, das implizit oder explizit sich und seine Sicht der Welt zum Ausdruck bringt? Wie spricht es? Welche Sprache wählt es?
- Ergibt sich eher fließend ein Erlebniszusammenhang mit einer spürbaren Atmosphäre? Oder ist es ein eher spröder, intellektuell gedachter und gebauter Text, durchsetzt von Konjunktionen, Einsprüchen und Antithesen?

Sie sollten hinhören, überlegen, wie das Gedicht wirkt, und untersuchen, wodurch diese Wirkung zustande kommt. In der ersten halben Stunde einer Gedichtinterpretation sollten Sie den Text auf sich wirken lassen, Fragen sammeln und noch nicht losschreiben. Und noch etwas: Wie das eine oder andere letztlich zu verstehen ist, ist nicht immer eindeutig zu entscheiden. Gedichte haben einen offenen Deutungsraum um sich herum. Die Interpretation muss daher nach Plausibilität streben, indem sie sich nahe am Gedicht bewegt und die Thesen durch konkrete Textbelege stützt.

**Interpretation einer dramatischen Szene**

- Welche Kommunikationssituation liegt vor? Wie sind die Redeanteile der Figuren verteilt?
- Welche Spannung liegt in der Szene? Wie spitzt sich die Auseinandersetzung zu?
- Wo ist eventuell ein Höhe- und Wendepunkt?

- Welche Rolle spielen der Schauplatz, ein etwaiges Requisit oder ein Gang beziehungsweise eine Geste?
- Was tragen die Regieanmerkungen zum Verständnis bei?
- Was bleibt hinter dem gesprochenen Wort unausgesprochen, ist mitzudenken und lässt uns ahnen, wie es in der Figur wirklich aussieht und was sie vielleicht plant?
- Welchen Platz hat die Szene im Handlungszusammenhang und welche Funktion kommt ihr zu? (Was wäre, wenn sie gestrichen wäre?)

**Interpretation von epischen Texten**

- Bei erzählender Literatur sollte man sich vor der Gefahr hüten, in der Fülle des Stoffes zu ertrinken und zu viel Inhaltliches zu rekonstruieren.
- Nachdem es sich i. d. R. um einen Textausschnitt handelt und Sie das Werk kaum kennen werden, ist eine Einbettung in den Gesamthandlungsverlauf nicht möglich. Sie wird auch nicht gefordert. Allerdings gibt es in der Hinführung meist wichtige Hinweise auf den Kontext.
- Konzentrieren Sie sich auf das Wesentliche des Textauszugs, finden Sie zunächst das Thema der Textstelle.
- Entscheidend für das Verständnis ist oft, die Erzählperspektive und Haltung des Erzählers zu erkennen und zu deuten. Weiß er nicht mehr, als die einzelne Figur wissen kann, erzählt er gleichsam aus ihr heraus personal? Oder hat er den Überblick und ist allwissend? Verschwindet er ganz hinter einem erzählenden Ich? Hegt der Erzähler Sympathie für seine Helden oder bleibt er ironisch distanziert?
- Wird linear-chronologisch erzählt oder gebrochen in Zeitsplittern, Facetten, Vorwegnahmen und Rückblicken?
- Entsteht ein Abbild unserer Wirklichkeit oder erscheint sie ins Artifizielle, Groteske, Absurde verfremdet?
- Welches Bild von der erzählten Zeit wird entworfen, mit welchen Fragen setzt sich der Autor in seinem Text auseinander?

Einen guten Eindruck macht es immer, wenn **korrekt zitiert** wird. Sie sollten nicht zu umfangreich zitieren oder dem Leser das Zitat wortlos „vor die Füße schieben“. Zitate, oft nur ein Satzfetzchen oder ein besonderes Wort, werden gewählt, weil sie aufschlussreich und vielsagend sind: Man muss also damit arbeiten, sie erläutern und kommentieren. Überhaupt ist das A und O jeder Interpretation, in die eigene Sprache hineinzuholen, was man vorfindet. Wer sprachfaul nur wiederholt, was der Autor sagt, bleibt bei der Nacherzählung. Eine Interpretation verlangt immer auch einen abstrahierenden Zugriff auf den Text. Die Anstrengung, Fremdes selbstständig in der eigenen Sprache wiederzugeben, wirft unwillkürlich Fragen auf und bedeutet damit den ersten Schritt zum Verständnis eines Textes.

Sehr ratsam ist es, über ein paar **Fachbegriffe** so zu verfügen, so dass über Erzähltes und Dargestelltes präzise gesprochen werden kann. Man sollte etwa schreiben können: „Die Figur tritt an dieser Stelle wie ein deus ex machina auf.“ Oder: „Hier wird der Beziehungsaspekt wichtiger als der Inhalt.“ Oder: „In diesen Ellipsen, diesen Kurzsätzen ohne Prädikat, drückt sich aus, wie …“. – Wichtig ist, dass Sie Wortarten, Satzteile und Nebensatztypen korrekt bezeichnen können. Üben Sie sich darin, die wichtigsten rhetorischen Figuren zu erkennen, die gestalteter Sprache ihre Wirkung verleihen.
Eine gute Übersicht über rhetorische Figuren findet sich in dem Band *Prüfungswissen Oberstufe* von Werner Winkler (Stark Verlag 2015, Titelnr. 94406, S. 23–26).

**Analysieren von Sachtexten**

- Sachtexte sind keine fiktionalen Texte. Hier schreibt ein real existierender Autor über die Welt, er zeigt Zusammenhänge, stellt Thesen und Behauptungen auf und versucht, Fragen zu beantworten. Es gibt also keine Zwischeninstanz, die interpretierend herausgearbeitet werden muss.
- Man kann davon ausgehen, dass der Autor eine Hauptthese und gegebenenfalls mehrere Unterthesen vertritt, die einen Bezug zur Hauptthese haben.
- Inhalt und Aufbau eines Sachtextes sollten strukturiert wiedergegeben werden. Es ist oft nötig, die einzelnen Abschnitte einem jeweiligen Verwendungszweck zuzuordnen: Werden Beispiele gegeben? Bezieht sich der Autor auf Autoritäten? Stellt er begründete Thesen auf? Wo stellt der Autor seine Thesen auf? Wo begründet er sie? Wo finden sich die Belege oder die Beispiele für seine Behauptungen?
- Sachtexte bestehen aus Sprechakten, die Sie in Ihrer Zusammenfassung benennen sollten: Der Autor behauptet, schlägt vor, kritisiert, polemisiert, wägt ab, bezieht sich auf, erkennt … usw. Mit der Frage nach den Sprechakten können Sie auch die Argumentationsstruktur des Textes klären.
- Wie bei der Interpretation literarischer Texte ist auch bei der Analyse der Sachtexte die korrekte Zitierweise zu beachten. Rein inhaltliche Zusammenfassungen verzichten am besten ganz auf Zitate, weil so die Gefahr der bloßen Wiederholung des Ausgangstextes vermieden werden kann. Schlüsselstellen werden jedoch wörtlich zitiert, aber immer mit der Vorgabe, dass das Zitat auch im Zusammenhang erklärt und dann in seiner Funktion analysiert werden muss.

## 4 Anforderungsbereiche und Operatoren

### 4.1 Anforderungsbereiche (AFB)

In den EPA werden drei Anforderungsbereiche definiert, die sich auch in den unterschiedlichen Aufgaben wiederfinden. Sie müssen zeigen, dass Sie in der Lage sind, Texte und Problemstellungen zu verstehen, die Aufgabe argumentativ zu lösen und Ihre Überlegungen überzeugend darzustellen.

- **Anforderungsbereich I** betrifft die Reproduktion: die Wiedergabe von gelernten Sachverhalten sowie die wiederholende Zusammenfassung. Der im Unterricht erarbeitete Hintergrund an Lektüre- und Faktenwissen, fachspezifische Arbeitstechniken, Methoden der Texterschließung sowie Darstellungstechniken sollen zum Einsatz gebracht werden.
- **Anforderungsbereich II** zielt auf die Anwendung erworbener Arbeitsweisen, auf Reorganisation von Bekanntem und Transferleistungen. Darunter sind unter anderem selbstständiges Auswählen, Ordnen, Erläutern, Interpretieren oder Vergleichen zu verstehen. Erwartet wird von Ihnen eine eigenständige, argumentativ begründete Interpretation beziehungsweise Erörterung, die zeigt, dass Sie in der Lage sind, Gelerntes auch auf unbekannte Zusammenhänge anzuwenden. Auf dem AFB II liegt in der Abiturprüfung das Hauptgewicht.
- **Anforderungsbereich III** betrifft die gedankliche Selbstständigkeit der Leistung: Hier müssen Sachverhalte und Zusammenhänge eigenständig ausgewertet, durchdacht und begründet beurteilt oder gestaltet werden. Sie sollen zu einer differenzierten und kritischen Wertung von Texten und Sachverhalten gelangen und Ihre Fähigkeit zur Reflexion und Problemlösung beweisen.

Oftmals wird nur ein umfassender Operator (Arbeitsanweisung) wie „erörtern“, „interpretieren“ oder „analysieren“ eingesetzt, der Leistungen in allen Anforderungsbereichen erfordert. Wird die Aufgabe nicht weiter differenziert, entfällt aber auch eine erste Strukturierungshilfe, die die einzelnen Teilaufträge sonst bieten. So haben Sie weniger Orientierungspunkte, aber auch mehr Freiraum beim Gliedern des Aufsatzes.

### 4.2 Operatoren

Operatoren sind **Arbeitsanweisungen**. Sie machen deutlich, welche Art von Aufgabenstellung gemeint ist, lassen sich den einzelnen Anforderungsbereichen zuordnen und geben einen Hinweis auf das Gewicht der entsprechenden Aufgabe. Durch ihre konkreten Vorgaben dienen Operatoren sowohl dazu, Arbeitsaufträge eindeutig zu formulieren und voneinander abzugrenzen, als auch dazu, einheitliche Bewertungs- und Korrekturmaßstäbe zu setzen. Es ist auch möglich, dass ein eigenständiges Vorgehen verlangt wird und Sie selbst die Schwerpunkte festlegen sollen (meist lautet die Aufgabenstellung dann: „Erschließen/vergleichen Sie … nach von Ihnen selbst festgelegten Kriterien …“). Die folgende Operatorenliste basiert auf den EPA und bietet ein breites Spektrum an Arbeitsaufträgen, die Ihnen in der Prüfung begegnen können.

### Anforderungsbereich I (Reproduktion)

| | | |
|---|---|---|
| **(be)nennen** | Hier sollen Sie zielgerichtet Informationen zusammentragen, ohne diese zu kommentieren. | *Nennen Sie die wesentlichen Merkmale* eines Sonetts. |
| **beschreiben** | Textaussagen oder Sachverhalte müssen in eigenen Worten strukturiert und fachsprachlich richtig dargestellt werden. | *Beschreiben Sie die äußere Form* des Gedichtes. |
| **wiedergeben** | Sie sollen Informationen aus Ihrem Vorwissen bzw. dem Material zusammenfassend in eigenen Worten präsentieren. | *Geben Sie die Hauptgedanken* der Rede *wieder.* |
| **zusammenfassen** | Es wird von Ihnen erwartet, dass Sie Inhalte, Aussagen, Zusammenhänge komprimiert wiedergeben. | *Fassen Sie die* unterschiedlichen *Meinungen* zum Thema X *zusammen.* |
| **darstellen** | Sie haben die Aufgabe, einen Sachverhalt, Zusammenhang, eine methodische Entscheidung zu formulieren. | *Stellen Sie die Wirkungsabsicht dar*, die der Autor mit seinem Text verfolgt. |

### Anforderungsbereich II (Reorganisation und Transfer)

| | | |
|---|---|---|
| **untersuchen, erschließen** | Hier müssen Sie an Texten, Textaussagen, Problemstellungen, Sachverhalten kriterienorientiert arbeiten. | *Untersuchen Sie*, inwiefern *die rhetorischen Mittel* die Aussageabsicht verstärken.<br>*Erschließen Sie* anhand der Bildsprache *die Grundstimmung des Textes.* |
| **einordnen** | Sie sollen einen Inhalt, eine Problemstellung, einen Sachverhalt auf einen vorgegebenen oder selbst gewählten Kontext beziehen. | *Ordnen Sie* dieses Naturgedicht *epochal ein.* |
| **charakterisieren** | Es wird erwartet, dass Sie eine Person oder Sache in ihren Eigenheiten darstellen sowie treffend und anschaulich schildern. | *Charakterisieren Sie den Protagonisten* in Goethes Drama *vor dem Hintergrund der Epoche* des Sturm und Drang. |
| **vergleichen** | Sie sollen Texte, Problemstellungen, Sachverhalte unter vorgegebenen oder selbst gewählten Aspekten einander gegenüberstellen, in Beziehung zueinander setzen und Gemeinsamkeiten und Unterschiede feststellen. | *Vergleichen Sie die Figurenkonstellation* mit derjenigen im Drama X.<br>*Vergleichen Sie Art und Wirkung der Metaphorik* in beiden Gedichten. |
| **kennzeichnen** | Es kommt bei dieser Aufgabe darauf an, Typisches herauszustellen. | *Kennzeichnen Sie* das vorliegende Gedicht als expressionistischen Text. |

| | | |
|---|---|---|
| **erklären** | Es wird von Ihnen erwartet, dass Sie Textaussagen und Sachverhalte auf der Basis von Kenntnissen differenziert darstellen. | *Erklären Sie* Brechts Dramentheorie *anhand des vorliegenden Textausschnittes.* |
| **erläutern** | „Erläutern“ entspricht „erklären“, enthält jedoch den zusätzlichen Aspekt, dass Sie Ihre Ergebnisse durch Zusatzinformationen und Beispiele veranschaulichen sollen. | *Erläutern Sie* Schillers Theaterverständnis, indem sie sich auch auf sein Drama X beziehen. |
| **in Beziehung setzen** | Sie haben die Aufgabe, Analyseergebnisse, Textaussagen, Sachverhalte, Problemstellungen mit vorgegebenen oder selbst gewählten Aspekten in Verbindung zu bringen. | *Setzen Sie Ihr Analyseergebnis in Beziehung* zur aktuellen Medienkritik am Privatfernsehen. |

## Anforderungsbereich III (Reflexion und Problemlösung)

| | | |
|---|---|---|
| **beurteilen** | Sie müssen zu einem Text, der ästhetischen Qualität eines Textes bzw. einem Sachverhalt zu einem selbstständigen, begründeten Sachurteil gelangen, und zwar nicht gestützt auf subjektive Werte, sondern auf fachliches Wissen. | *Beurteilen Sie den Versuch des Autors*, die Ereignisse und Folgen des 11. September 2001 in lyrischer Form darzustellen. |
| **bewerten** | Es wird von Ihnen erwartet, dass Sie zu einem Sachverhalt, Text oder Problem selbstständig Stellung nehmen und ihn unter Bezug auf eine Wertordnung angemessen beurteilen. | *Bewerten Sie* Jandls lyrische „Sprachspiele“ vor dem Hintergrund Ihres eigenen Verständnisses von der Aufgabe der Lyrik in der Gegenwart. |
| **(kritisch) Stellung nehmen** | Hier geht es darum, die Einschätzung einer Problemstellung, eines Sachverhaltes, einer Wertung auf der Grundlage fachlicher Kenntnis und Einsicht nach kritischer Prüfung und Abwägung zu formulieren. | *Nehmen Sie zu den Aussagen* des Autors *kritisch Stellung*, indem Sie Erkenntnisse der Sprachsoziologie berücksichtigen. |
| **begründen** | Es ist wichtig, dass Sie ein Analyseergebnis, Urteil, eine Einschätzung, eine Wertung fachlich und sachlich absichern (durch einen entsprechenden Beleg, Beispiele, eine Argumentation). | Schreiben Sie dem Verfasser eine Antwort; *begründen Sie* anschließend die von Ihnen gewählte Darstellungsform und die von Ihnen gewählten Stilmittel. |
| **sich auseinandersetzen mit** | Sie sollen zu einer (fachlichen) Problemstellung oder These eine Argumentation entwickeln, die zu einem begründeten und nachvollziehbaren Ergebnis führt. | *Setzen Sie sich mit der Position* des Schriftstellers vor dem Hintergrund Ihrer Kenntnisse des Vormärz *auseinander.* |

| | | |
|---|---|---|
| **prüfen, überprüfen** | Hier müssen Sie eine Textaussage, These, einen Sachverhalt auf der Grundlage eigener Kenntnisse, Einsichten oder Textkenntnis auf ihre/seine Angemessenheit hin untersuchen. | *Überprüfen Sie die Stimmigkeit* der Aussage anhand der Gliederung und der rhetorischen Mittel. |
| **interpretieren** | **Literarische Texte:** Texterfassung, Textbeschreibung, Textdeutung (unter Berücksichtigung des Wechselbezugs von Textstrukturen, Funktionen und Intentionen, Erfassen zentraler strukturbildender, genretypischer, syntaktischer, semantischer und rhetorischer Elemente und ihrer Funktionen für das Textganze), kritische Reflexion und ggf. Wertung. | *Interpretieren Sie* das vorliegende Gedicht. *Interpretieren Sie* den Text im Zusammenhang mit den Ihnen bekannten Dramentheorien. |
| **analysieren** | **Sachtexte:** Texterfassung, Textbeschreibung, Textuntersuchung (Zusammenhang von Textstruktur und Textintention, strukturbildende semantische, syntaktische Elemente unter Berücksichtigung der sprachlichen Funktion); Erfassen der pragmatischen Struktur des Textes unter besonderer Berücksichtigung der Argumentationsweise; Erkennen und ggf. Beurteilen des Zusammenspiels von Struktur, Intention und Wirkung im Rahmen des historischen und aktuellen Verstehenshorizontes. | *Analysieren Sie* die Rede unter Berücksichtigung der Anmerkungen. *Analysieren* Sie den vorliegenden Text *im Hinblick auf die Argumentationsstruktur.* |
| **erörtern** | Es wird von Ihnen erwartet, dass Sie eine These oder Problemstellung, eine Argumentation durch Für- und- Wider- bzw. Sowohl-als-Auch-Argumente auf ihre Stichhaltigkeit hin prüfen und auf dieser Grundlage eine Schlussfolgerung bzw. eigene Stellungnahme dazu entwickeln. | *Erörtern Sie die Notwendigkeit* von Sprachförderkonzepten im Zusammenhang mit den Aussagen der beiden vorliegenden Texte. |
| **diskutieren** | Gegenüberstellung unterschiedlicher Argumente; abwägende Stellungnahmen zu deren Bedeutung bzw. Stichhaltigkeit; zusammenfassende Schlussfolgerung(en) – aber auch: Überprüfung einer gedanklichen Position anhand der darin erkennbaren Thesen und Argumente. | *Diskutieren Sie* die Haltbarkeit der Position von … zur Änderung des bayerischen Schulsystems. |

Bei der Erörterungsaufgabe wird besonders darauf geachtet, dass

- das Thema präzise erschlossen ist,
- der Aufsatz schlüssig aufgebaut ist,
- plausibel argumentiert wird,
- ein angemessener Grad der Reflexion erreicht ist,
- die verwendete Begrifflichkeit angemessen und korrekt eingesetzt ist,
- Sie sich sprachlich korrekt und gewandt auszudrücken vermögen.

Viel Erfolg!

Lösung der Frage auf Seite IX: 201 Wörter

# 5 Tipps, Hinweise zu den Bewertungskriterien

## 5.1 Praktische Tipps

Ein sinnvoller Aufbau spiegelt sich immer in einer überzeugenden **Gliederung** wider. Diese ist **Teil der Prüfungsleistung** und wird natürlich auch bewertet. Es gibt zwei Arten der Gliederung: die alphanumerische Gliederung (A-B-C) und die numerische Gliederung (1-2-3-4). Beispiele dafür finden sich in diesem Buch. Sie selbst können entscheiden, welche Gliederungsform Sie verwenden, genauso wie Sie sich für den Nominal- oder den Verbalstil entscheiden. Wichtig ist nur, dass Sie die gewählte Form durchhalten! Im ausformulierten Aufsatz gibt es keine Zwischenüberschriften, als Serviceleistung für den Leser können Sie aber die Gliederungsnummern am Rand notieren. Auch diese Technik wird im vorliegenden Buch gezeigt.
Schreiben ist immer ein Prozess. Wer die einzelnen Phasen konzentriert angeht, wird am Ende ein vorzeigbares Produkt haben. **Bereiten** Sie die Arbeit gut **vor**, indem Sie z. B. die Texte farbig markieren und sinnvolle Randnotizen machen. **Sammeln** Sie Ihre Ideen in Clustern, Mindmaps oder in Stichworten. **Verfassen** Sie dann einen gut gegliederten und durchdachten Aufsatz, den Sie am Ende sorgfältig **überarbeiten**.

## 5.2 Hinweise zu den Bewertungskriterien

Wie bei allen Aufsätzen an bayerischen Gymnasien wird auch die Abiturnote nicht durch Addition der auf die Anforderungsbereiche bezogenen Teilnoten errechnet, sondern stellt eine Gesamtwürdigung der erbrachten Leistungen dar.
Bei der Punktevergabe werden folgende Bewertungskategorien berücksichtigt:

- inhaltliche Leistung,
- methodische Leistung,
- sprachliche Leistung/Darstellungsleistung. Bei den freieren Formen des Argumentierens spielt die sprachliche Leistung eine große Rolle. Es wird darauf geachtet werden, dass Ihr Text eine gewisse Attraktivität hat, dass er Sprachwitz wagt und den Leser zu unterhalten vermag. Aber keine Angst: Niemand wird von Ihnen einen perfekten Text verlangen. Es geht vielmehr darum, dass Sie den Mut haben, Ihre Ideen auch sprachlich entsprechend zu pointieren.

Besonders viel Gewicht wird in der Bewertung darauf gelegt, dass

- Ihre Ausführungen sachlich richtig sind,
- Ihre Aussagen folgerichtig und begründet sind,
- Ihre Darstellung und Ihr Verständnis der Thematik den prinzipiellen Ansprüchen des Deutschunterrichts in der Oberstufe entsprechen,
- Ihre Arbeit einen bestimmten Grad an Selbständigkeit, etwa in der Entwicklung von Gedankengängen, aufweist,
- der Aufsatz sinnfällig aufgebaut und klar formuliert ist,
- eine grundlegende Sicherheit im Umgang mit der Fachsprache und den entsprechenden Methoden unter Beweis gestellt wird,
- Ihre Ausführungen sprachlich richtig sind und
- die äußere Form Ihres Aufsatzes den Erwartungen entspricht.

## Übungsaufgabe 1:
## Materialgestütztes Verfassen eines argumentierenden Textes

**Aufgaben:**

„Kiezdeutsch. Ein neuer Dialekt entsteht" lautet der Titel eines im Jahr 2012 erschienenen Buches der Berliner Linguistik-Professorin Heike Wiese. Darin werden das sogenannte *Kiezdeutsch* als Erscheinungsform der Jugendsprache und seine Auswirkungen auf die deutsche Sprache thematisiert.
Bearbeiten Sie *eine* der beiden Varianten!

*Variante 1:*
Setzen Sie sich mit der Frage „Jugendsprache Kiezdeutsch – Problem oder Chance?" auseinander. Berücksichtigen Sie die beigefügten Materialien sowie Ihre eigenen Erfahrungen und eigenes Wissen. Entwickeln Sie ausgehend von Ihren Ergebnissen auch mögliche Konsequenzen für den Umgang der Gesellschaft mit dieser neuen Sprachvariante des Deutschen.

oder

*Variante 2:*
Im Rahmen des Deutsch-Projektes der Oberstufe „Endstation Krassheit oder krass innovativ? Sprache von Jugendlichen heute" wurde der Sprachgebrauch von 12- bis 18-Jährigen in Ihrer Heimatstadt erforscht. Die Ergebnisse der Untersuchung werden auf der Schul-Homepage veröffentlicht.
Als Einstieg in die Thematik sollen Sie einen Kommentar zum Thema „Kiezdeutsch – Problem oder Chance?" in einer Länge von etwa 800 Wörtern verfassen. Nutzen Sie dazu die folgenden Materialien und beziehen Sie eigene Erfahrungen und eigenes Wissen ein. Wählen Sie eine geeignete Überschrift!

**Material 1: Zitate zum Thema „Deutsche Sprache"**

„Ich hör' es gerne, wenn die Jugend plappert:
Das Neue klingt. Das Alte klappert."

(Johann Wolfgang von Goethe, 1749–1832, deutscher Dichter)

„Sprechen und Denken sind eins.
Wer schief spricht, kann nicht geradeaus denken"

(Karl Kraus, 1874–1936, österr. Schriftsteller und Journalist)

„Der Sprachpfleger gleicht einem Gärtner, der lange gegen ein bestimmtes Unkraut in seinem Blumenbeet kämpft, bis er am Ende eingestehen muss, dass es eigentlich ganz aparte Blüten treibt.“

(Ulrich Greiner, geb. 1945, deutscher Journalist)

**Material 2: Cover zum Thema „Veränderung der deutschen Sprache“**

*Cover: Spiegel 40/2006*

*Cover: © Verlag C. H. Beck*

**Material 3**

**Detlev Mahnert: Isch geh Arbeitsamt, lan!**

Unter dem Einfluss des Türkischen und Arabischen sind in den letzten Jahren in der Kiez-Sprache neuartige Konstruktionen entstanden, die chaotisch erscheinen, aber in ihrer einfachen Struktur durchaus regelhaft sind. Sätze wie „Musstu Doppelstunde machen“, „lass ma Hermannplatz aussteigen“, „Isch geh Arbeitsamt“, „Kommßu mit Stadion? Nee, isch fahr morgen Türkei“ folgen demselben Muster.

Reizvoll ist auch das Eindringen ganz neuer Fremdwörter wie „Yalla!“ aus dem Arabischen (= Los! Tempo!), „wallah!“ (= ich schwöre) oder „lan“, was so etwas wie „Kerl“ bedeutet, aber oft auch einfach eine Bekräftigungsfloskel ist. Insofern kann die Jugendsprache durchaus als Bereicherung der Standardsprache angesehen werden.

Problematisch könnte die Entwicklung werden, wenn die jungen Leute weder Hochdeutsch noch die Muttersprache ihrer Eltern beherrschen und sich auf einen restringierten Sprachcode zurückziehen, in dem z. B. nur noch in Infinitiven geredet wird. Die Gefahr einer massenhaft verbreiteten Halbsprachigkeit scheint aber übertrieben – im Allgemeinen ist die Jugendsprache wohl eher eine Zusatzsprache: Kiez-Sprache ist, wie z. B. auch die Ruhrgebietssprache, keine gebrochene, auf den Hund gekommene Hochsprache, sondern ein zusätzliches Register, dessen sich der Jugendliche unter seinesgleichen bedient und das, wie andere Sprachregister, im Laufe eines Lebens auch wieder abgelegt werden kann. Man wird kaum einen älteren Türken hören, der etwa sagt: „Isch geh Dönerbude, Alder, isch schwör …"

Wenn allerdings die Kiez-Sprache zur einzigen sprachlichen Varietät[1] wird, wie es in manchen besonders benachteiligten Stadtvierteln der Fall zu sein scheint, wird das sprachliche zu einem gesellschaftlichen Problem: Es entstehen einsprachige Sprachinseln, in denen Hochdeutsch zur Fremdsprache wird. Die Jugendlichen haben nur noch in der Schule damit zu tun, in der übrigen Zeit wird „krass geredet". Die Stigmatisierung[2], die damit verbunden ist, führt dazu, dass die jungen Leute sich noch mehr in ihre Gruppen zurückziehen und sich der Kommunikation mit der Umwelt verweigern. Das führt aber zu einem eminenten Verlust an Potenzial für Gesellschaft und Arbeitsmarkt.

Um eine solche Spaltung der Gesellschaft zu verhindern, muss von früh an Sprachförderung betrieben werden. Es kann nicht Sinn der frühkindlichen Spracherziehung sein, den Englischunterricht zu fördern, statt erst einmal Sicherheit in der Muttersprache zu vermitteln.

*Quelle: http://www.detlev-mahnert.de/Kiez-Sprache.html; Nach: Verena Araghi, Lass ma krass reden. In: SPIEGEL 42 (2007), S. 196f.*

Worterläuterungen:

1 *Sprachvarietät:* eine best. Ausprägung der Standardsprache innerhalb einer Sprechergruppe; gekennzeichnet durch geografische Verbreitung (z. B. Dialekt), kommunikativen Kontext (z. B. Fachsprache), Identität der Sprecher (z. B. Jugendsprache), Zugehörigkeit zu einer sozialen Schicht (Soziolekt)

2 *Stigmatisierung:* Zuschreibung negativer Merkmale und als Folge davon Diskriminierung

## Material 4

## Heike Wiese: Kiezdeutsch rockt, ischwör!

[…] Kiezdeutsch weist – wie alle Dialekte – eine Reihe von Besonderheiten auf. Allerdings handelt es sich nicht um sprachliche Fehler, sondern um systematische Neuerungen in Grammatik, Wortschatz und Aussprache.

So wird aus „ich" beispielsweise „isch", was ähnlich im Rheinland vorkommt und im Berliner „nüscht". Wir finden neue Funktionswörter wie „lassma" und „musstu" („lass uns mal" und „musst du") und Zusammenziehungen wie „ischwör" („ich schwöre"), mit denen eine Aussage bekräftigt wird – ganz ähnlich, wie umgangssprachlich die Zusammenziehung „glaubich" („glaube ich") eine Aussage abschwächt. Das Wort „so" wird nicht nur zum Vergleich verwendet, sondern auch zur Betonung („Ich höre Alpa Gun, weil er so aus Schöneberg kommt."), so entsteht ein neues Funktionswort, das wir übrigens auch außerhalb von Kiezdeutsch finden. Das ist nicht schlampig formuliert, sondern hat System.

**Warum denken viele, Kiezdeutsch sei falsches Deutsch?**

Wie ein Dialekt bewertet wird, hängt immer auch mit der sozioökonomischen Stellung derjenigen zusammen, die ihn sprechen. Wenn jemand einen niedrigeren sozialen Status hat, dann wird seine Sprechweise eher negativ bewertet. Kiezdeutsch wird in multiethnischen Wohngebieten gesprochen, und in Deutschland sind diese oft sozial besonders benachteiligt, das Einkommen ist niedrig, die Arbeitslosenquote hoch. Dementsprechend wird Kiezdeutsch als Sprechweise sozial Schwächerer wahrgenommen – und damit schnell als „schlechtes Deutsch" abgewertet.

Kiezdeutsch hat aber noch mit einem zweiten Handicap zu kämpfen: Es wird typischerweise unter Jugendlichen gesprochen – das war noch nie günstig für die Bewertung einer Sprechweise. Denn die Kritik an Jugendsprache ist so alt wie die Kritik an Jugendkulturen insgesamt. [...]

**Kiezdeutsch als Beispiel für gelungene Integration**

Niemand spricht nur „ein Deutsch". Wir sprechen im Dienstgespräch mit einem Vorgesetzten anders als beim Telefonat mit der Schwester. Wenn ich mit meiner Schwester so sprechen würde wie bei einem Vortrag, wäre das kein Zeichen dafür, dass ich gut Deutsch spreche, sondern ein Hinweis auf mangelnde Sprachkompetenz: Ich könnte offensichtlich nicht situationsangemessen aus meinem Sprachrepertoire auswählen. Auch Kiezdeutsch ist für seine Sprecher immer ein Teil eines größeren sprachlichen Repertoires. Für die gesellschaftliche Teilhabe Jugendlicher ist es wichtig, dass zu diesem Repertoire auch das Standarddeutsche gehört. Das ist aber unabhängig davon, ob sie Kiezdeutsch sprechen. Eine Kreuzberger Lehrerin meinte dazu: „Manche unserer Schüler sind hervorragend im schriftlichen Ausdruck, manche sind noch schwächer, aber an Kiezdeutsch liegt das nicht: Kiezdeutsch sprechen sie alle untereinander!"

Alle Kinder gleichermaßen beim Erwerb des Schriftdeutschen in der Schule zu unterstützen, ist eine wichtige Aufgabe unseres Bildungssystems. Dem wird man aber nicht dadurch gerecht, dass man dialektale Kompetenzen als „schlechtes Deutsch" missachtet, und dies gilt für herkömmliche Dialekte ebenso wie für Kiezdeutsch.

Kiezdeutsch ist eine legitime sprachliche Variante, die die Zugehörigkeit zur Jugendkultur anzeigt. Dabei ist Kiezdeutsch nicht der Sprachgebrauch einer isolierten, sich abschottenden Gruppe einer bestimmten Herkunft, sondern bezieht alle Jugendlichen in multiethnischen Wohngebieten ein. Es ist ein Beispiel für eine besonders gelungene sprachliche Integration: ein neuer, integrativer Dialekt, der sich im gemeinsamen Alltag ein- und mehrsprachiger Jugendlicher, deutscher ebenso wie anderer Herkunft, entwickelt hat.

**Kiezdeutsch bereichert das Standarddeutsche**

Kiezdeutsch wird oft als Bedrohung angesehen, das einen massiven Einfluss des Türkischen anzeige oder gar zum „Sprachverfall" führen könne. So behauptete die Tageszeitung „Die Welt": „Deutsche Sprache driftet ins Türkische ab". Kiezdeutsch ist aber keine deutsch-türkische Mischsprache, es verwendet keine türkischen Satzmuster oder überträgt gar die türkische Grammatik auf das Deutsche: Die grammatischen

Neuerungen in Kiezdeutsch erklären sich aus dem System der deutschen Grammatik heraus, Kiezdeutsch ist typisch deutsch! Entsprechend werden neue Fremdwörter aus dem Türkischen in Kiezdeutsch auch sofort eingedeutscht, sie werden deutsch ausgesprochen, deutsch geschrieben und in die deutsche Grammatik integriert.

Jede Sprache wandelt sich ständig. Eine Sprache hört erst auf, sich zu verändern, wenn sie nicht mehr gesprochen wird. Bedroht sind Sprachen, die nur noch sehr wenige Sprecher und Sprecherinnen haben oder von dominanteren Landessprachen verdrängt werden, etwa das Niedersächsische Platt. Selbst das Bairische steht inzwischen auf der Liste der bedrohten Sprachen. Die Realität ist also genau umgekehrt: Das Standarddeutsche wird nicht durch Dialekte bedroht, sondern es bedroht im Gegenteil die Dialekte. Kiezdeutsch ist ein deutscher Dialekt, der das Deutsche bereichert, indem es dem Spektrum der deutschen Varietäten ein neues, vitales Element hinzufügt.

*Quelle: http://www.spiegel.de/unispiegel/wunderbar/professorin-heike-wiese-verteidigt-den-jugendslang-kiezdeutsch-a-824386.html; vom 29. 03. 2012; für didaktische Zwecke leicht gekürzt*

*Anmerkung: Der Gastbeitrag ist ein gekürzter und redaktionell bearbeiteter Auszug aus Heike Wieses Buch „Kiezdeutsch. Ein neuer Dialekt entsteht", erschienen bei C. H. Beck.*

## Material 5

## Helmut Glück: Sachtemang mit dit Kiezdeutsche

„Kiezdeutsch" heißt eine Sprechweise Jugendlicher, die auf Berliner Schul- und Hinterhöfen zu hören ist. Anderswo nennt man sie weniger freundlich „Kanak Sprak" – nach einem Buch von Feridun Zaimoglu – oder „Türkendeutsch." Durch Filme und einige Rap-Texte gewann diese Art zu sprechen, die als krass, geil oder auch brontal gilt, Ansehen unter eher bildungsfernen Jugendlichen. Die Potsdamer Germanistin Heike Wiese hat „Kiezdeutsch" zu einem Medienereignis gemacht. Sie gibt sich große Mühe, diese gequetschte Sprechweise als fröhliche, beachtenswerte und nützliche Neuerung des Deutschen darzustellen.

Wiese hat ihre Daten an zwei Berliner Schulen bei 24 Jugendlichen erhoben. Das ist nicht viel, für Verallgemeinerungen reicht das nicht aus. Diese Daten hat sie von ungeschulten Jugendlichen sammeln lassen, was methodisch bedenklich ist. Transkripte dieser Daten wurden nie veröffentlicht. Ihre Qualität ist deshalb nicht kontrollierbar. Wieses Hypothesen stehen im Empirischen auf schwachen Beinchen.

Im Terminologischen sind diese Beinchen nicht stämmiger. „Kiezdeutsch" sei ein „neuer, dynamischer Dialekt" des Deutschen, behauptet sie und wiederholt es ständig. Sie missachtet die geltende linguistische Terminologie. Dort ist „Dialekt" definiert als eine Sprechweise, die eine Region charakterisiert im Gegensatz zur Hoch- und Schriftsprache, die ein ganzes Sprachgebiet abdeckt. Ein weiteres Mantra betrifft den Umstand, dass „Kiezdeutsch" – wie ein Dialekt – eine spezielle Grammatik und einen eigenen Wortschatz besitze. Das ist trivial: jede sprachliche Äußerung folgt grammatischen Regeln und verwendet Wörter.

Wiese kapert den Terminus „Dialekt" für eine jugendliche Sprechweise, in der Angeberei eine große Rolle spielt. Warum? Sie möchte an seinem Prestige schnorren, denn Dialekte genießen Ansehen.

Wenn „Kiezdeutsch" kein Dialekt ist, ist es dann vielleicht ein Soziolekt? Soziolekte sind Sprechweisen, die in einer bestimmten sozialen Schicht verbreitet sind, etwa Missingsch in Hamburg oder das Ruhrdeutsche. Soziolekte sind jedoch nicht auf eine bestimmte Altersgruppe beschränkt.

„Kiezdeutsch" ist weder ein Dialekt noch ein Soziolekt, sondern eine transitorische Sondersprache, die auf Einflüssen anderer Sprachen und auf Fehlern im Deutschen beruht. Mit „transitorisch" ist gemeint, dass eine Sprechweise in einem bestimmten Lebensalter verwendet und danach wieder abgelegt wird. „Jugendsprachen" verwendet man im wilden, rebellischen Lebensabschnitt zwischen Kindheit und Erwachsenenalter. Sie sind unter Bezeichnungen wie Studentensprache, Soldatensprache, Schülersprache oder Teenagersprache vielfach beschrieben worden als sprachlicher Ausdruck des Flegelalters. „Kiezdeutsch" ist eine sozial, bezüglich des Lebensalters und im Hinblick auf den Verwendungsradius markierte, kommunikativ beschränkte Sondersprache. Es ist kein Fall für die Dialektologie, sondern für die Sprachpsychologie und die Fehleranalyse. [...]

*Quelle: http://www.vds-ev.de/sn-mobil/54/S6A1_sachtemang.html; für didaktische Zwecken gekürzt; eine Kurzfassung des Textes erschien am 4. 4. 2012 in der Frankfurter Allgemeinen Zeitung*

*Anmerkung: Helmut Glück lehrt Sprachwissenschaft und Deutsch als Fremdsprache an der Universität Bamberg; von 1999 – 2010 war er Mitglied des Wissenschaftl. Beirats des Vereins Deutscher Sprache.*

## Material 6: Allensbach-Umfrage von 2008

Diese Frage wurde bei der Befragung in folgendem Wortlaut gestellt:
„Wenn jemand sagt: ‚Die meisten Menschen bei uns in Deutschland legen nur noch wenig Wert auf eine gute Ausdrucksweise. Die deutsche Sprache droht immer mehr zu verkommen.' Sehen Sie das auch so, oder sehen Sie das nicht so?"

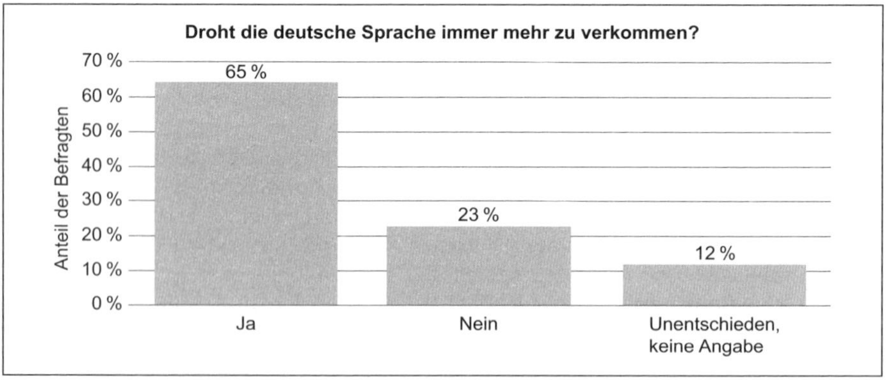


*Quelle: IfD Allensbach, Studie: Wie denken die Deutschen über ihre Muttersprache und über Fremdsprachen? © Statista 2014; http://de.statista.com/statistik/daten/studie/917/umfrage/ gruende-fuer-den-verfall-der-deutschen-sprache/*
*Weitere Informationen: Deutschland: IfD Allensbach; 1.820 Respondents; ab 16 Jahre*

## Hinweise und Tipps

*Die materialgestützte Aufgabe bietet zwei Varianten des Argumentierens zum Thema „Kiezdeutsch – Problem oder Chance?“. Wichtig ist bei beiden, dass Sie sich* ***intensiv mit den vorgegebenen Materialien auseinandersetzen*** *und bereits bei der Stoffsammlung mögliche* ***Anknüpfungspunkte*** *finden. Diese können aus dem eigenen* ***schulischen bzw. privaten Erfahrungsfeld*** *stammen, aber auch durch* ***Bezüge auf Medien*** *(Jugendsprache in Film und Fernsehen) und* ***soziale Netzwerke*** *(Kommunikation in Chats und bei Kurznachrichten) hergestellt werden. Sehr gut wäre, wenn Sie* ***Wissen aus dem Unterricht*** *zum Thema Sprachwandel und zum Bereich Tendenzen der Gegenwartssprache einbringen. Vielleicht haben Sie sich ja mit der Debatte um „Denglisch“ im deutschen Sprachgebrauch beschäftigt und können daran anknüpfen bzw. geeignete Parallelen (z. B. für die Einleitung oder den Schluss) ziehen.*

*Bei* ***Variante 1*** *handelt es sich um eine* ***antithetische Erörterung****, die Probleme und Chancen des Kiezdeutsch kontrastiert. Zudem sollen Sie abschließend eine* ***Stellungnahme*** *zum Umgang der Gesellschaft mit diesem neuen sprachlichen Phänomen entwickeln. Durch die Aufgabenstellung ist Ihre Arbeit also schon grob vorstrukturiert:*

- *Für die* ***Einleitung*** *wäre ein historischer Rückblick auf den Sprachwandel in Deutschland genauso wie ein Einstieg mit einem persönlichen Erlebnis oder mit Bezug auf die illustrierenden Materialien (M 1, M 2, M 6) möglich. Wenn Sie Ihren Einleitungsgedanken am* ***Schluss*** *nochmals aufgreifen, ergibt sich ein besonders gelungener, weil in sich geschlossener Gesamteindruck.*
- *Wie bei jeder Erörterung ist es zu Beginn sinnvoll, den* ***Schlüsselbegriff „Kiezdeutsch“*** *zu* ***definieren****. Hier stellt das Material ausführliche Definitionsmerkmale bereit, die sich jedoch auch unterscheiden. Von dieser eher positiv bzw. negativ besetzten Einschätzung als „Dialekt“, „Soziolekt“ oder „transitorische Sondersprache“ bietet sich die Überleitung zur* ***Themafrage*** *an.*
- *Die* ***Materialien*** *enthalten eine Reihe von geeigneten* ***Argumenten****, die Sie z. B. in einer* ***Pro-Kontra-Anordnung*** *tabellarisch auswerten. Den positiven Seiten des Kiezdeutsch können so schnell mit passenden Oberbegriffen die negativen gegenübergestellt werden. Strukturieren Sie diese Begriffe im Sinne einer steigernden Anordnung und erstellen Sie so ein Gliederungskonzept, das den gedanklichen Aufbau Ihrer Arbeit abbildet und Grundlage für Ihre Gliederung (als Inhaltsverzeichnis der Arbeit für den Leser) ist.*
- *Achten Sie beim Verfassen der Erörterung darauf,* ***strukturierende Sinnabschnitte*** *zu setzen und* ***lesefreundliche Überleitungen*** *einzufügen.*
- *Die* ***Bezüge zu den Materialien*** *sollen durch* ***direkte oder indirekte Zitate*** *mit dem entsprechenden Textverweis deutlich gemacht werden. Listen Sie die in den Texten enthaltenen Argumente und Gesichtspunkte nicht einfach nur auf, sondern integrieren Sie sie in eigenständiger Weise in Ihre Stellungnahme. Insgesamt sollte das Thema sachlich und objektiv von möglichst unterschiedlichen Seiten beleuchtet werden. Die Zitate, Grafiken und Abbildungen bieten Möglichkeiten der Veranschaulichung und Beweisführung Ihrer Thesen. (Bereits bei der Stoffsammlung können Sie diese Materialien den jeweiligen Argumenten zuordnen.)*

*Bei **Variante 2** wird mit dem **Kommentar** eine **freiere Form des Argumentierens** verlangt. Im Gegensatz zur begründeten Stellungnahme oder Erörterung sollte hier die Haltung und die **Einstellung des Schreibers** von Anfang an deutlich werden.*

- *Dies können Sie z. B. durch zugespitzte Formulierungen, rhetorische Fragen oder besonders bildhafte und auch drastische Beispiele erreichen. Die sprachlich ambitionierte Gestaltung mit **stilistischen Kunstgriffen** und **pointierten Formulierungen** ist ein wesentliches Prinzip dieser Textsorte. Schon in der möglichst **originell formulierten Überschrift** sollte Ihre Meinung erkennbar werden.*
- *Ein Kommentar darf jedoch nicht auf eine Argumentation verzichten: **Begründungen** und **Beispiele** sind auch hier notwendig, um zu überzeugen. Diese Aufgabenstellung verlangt zwar ebenfalls die Berücksichtigung des Materials bei der Argumentationsführung, allerdings nicht in der umfassenden Weise wie bei Variante 1.*
- *Mit der Angabe des **Zwecks der Veröffentlichung** (Kommentar auf der Schul-Homepage zum Thema Jugendsprache in der Region) wird ein bestimmter **Adressatenkreis** ins Auge gefasst (Schüler, interessierte Öffentlichkeit), der auch in der **Stilebene** und z. B. bei der Auswahl der Beispiele deutlich werden sollte.*
- *Die **Begrenzung der Wortanzahl** zwingt Sie dazu, möglichst pointiert zu formulieren, bei der Auswahl der Argumente und Beispiele besonders reflektiert vorzugehen und sich beim **Schreibplan** einen gedanklichen „roten Faden" zu überlegen. 800 Wörter bedeuten bei normaler Handschrift ca. drei bis vier Seiten Text.*

## Gliederung

*Variante 1:*

1 Altbekannte Klage über den Niedergang der deutschen Sprache

2 „Kiezdeutsch" – Versuch einer Begriffsklärung

3 Problem Kiezdeutsch: Indikator für gesellschaftliche Ausgrenzung
3.1 Diskriminierung von nichtdeutschen Jugendlichen
3.2 Gettoisierung durch Zuweisung zu einer niederen sozialen Schicht
3.3 Restringierte Sprachverwendung als Hemmnis für den Arbeitsmarkt

4 Kiezdeutsch als bereichernde neue Sprachvarietät Jugendlicher
4.1 Zeichen einer sozial angepassten und bewussten Mehrsprachigkeit
4.2 Ausdruck einer Abgrenzung gegen die Erwachsenenwelt
4.3 Spiel mit Sprache als Ausdruck eines kreativen Sprachbewusstseins
4.4 Gelebte Integration von jungen Zuwanderern

5 Möglichkeiten des Umgangs der Gesellschaft mit Kiezdeutsch: Sprachförderung als Aufgabe von Politik und Bildungseinrichtungen

6 Kiezdeutsch als spannender, aber ungefährlicher Ausdruck aktueller gesellschaftlicher Prozesse

## Lösungsvorschlag

„Rettet dem Deutsch!“ Mit diesem verzweifelten Aufruf beklagte kürzlich – man möchte hinzufügen wieder einmal – ein Zeitschriftencover die „**Verlotterung der Sprache**“ (M 2). In regelmäßigen Abständen wird von den Medien, den Bildungseinrichtungen und vor allem von Gremien, die sich als Sprachwächter des Deutschen verstehen, auf Missstände im deutschen Sprachgebrauch hingewiesen. Bis vor einigen Jahren lieferte die übermäßige Verwendung von Anglizismen das Hauptziel der Kritik. Es wurde sogar ein Wettbewerb ausgeschrieben, um deutsche Wortneuschöpfungen für englische Ausdrücke zu kreieren und das Deutsche damit von „Sprachmüll“ zu befreien. Dabei ist die **Angst um das Deutsche** fast so alt wie die deutsche Hochsprache selbst. Bereits im Barock gab es beispielsweise Vorschläge, das lateinische Lehnwort „Nase“ durch das deutsche Wort „Gesichtserker“ zu ersetzen. Im 19. Jahrhundert folgten Angriffe gegen zu viele französische Fremdwörter, die Ausdruck der damaligen Mode waren. Seit einigen Jahren ist nun die Diskussion um eine **neue Tendenz des Gegenwartsdeutsch** entbrannt: des sogenannten **Kiezdeutsch**. Kritiker warnen vor einem zu großen Einfluss des Türkischen auf das Deutsche, so titelte etwa die Tageszeitung „Die Welt“: „Deutsche Sprache driftet ins Türkische ab“ (M 4, Z. 51). Wenn diese sprachlichen Varianten gesprochen werden, stehe, so die Befürchtung, ein **Verfall der deutschen Sprache** bevor. Zu einer ähnlichen Einschätzung kam auch eine Mehrheit der Teilnehmer einer Umfrage des Allensbach-Instituts, nach der 65 % der knapp 2 000 Befragten meinten, dass die deutsche Sprache immer mehr verkommen würde (vgl. M 6). Verteidiger des Kiezdeutsch haben dagegen keine Angst vor dem Sprachverfall: Sie sehen insbesondere diese neue Sprachvarietät als „**Bereicherung**“ (M 3, Z. 9) des Deutschen. 1

Es stellt sich also die Frage, ob das sogenannte **Kiezdeutsch als Problem oder Chance** begriffen werden kann. Angesichts der unterschiedlichen Auffassungen scheint zuallererst eine genauere **Klärung des Begriffs** nötig zu sein. Die Potsdamer Professorin Heike Wiese setzt Kiezdeutsch bereits im Untertitel ihres Buches (vgl. M 2) mit einem **neuen deutschen Dialekt** gleich. Als Definitionsmerkmale dienen ihr „systematische Neuerungen in Grammatik, Wortschatz und Aussprache“ (M 4, Z. 2 f.). In Entsprechung zu regionalen Eigenheiten wie dem Rheinländischen oder dem Berlinerischen seien hier systematische Funktionswörter wie „lassma“ anstatt des Satzes „Lasst uns mal“ oder Zusammenziehungen wie „ischwör“ zur Bekräftigung einer Aussage entstanden (vgl. M 4, Z. 4 ff.). Konsequenterweise bezeichnet sie diese Ausdrucksform im Fortlaufenden ihrer Darstellung als neuen Dialekt. Diese Gleichsetzung wird von anderen Sprachwissenschaftlern wie Helmut Glück jedoch vehement abgelehnt. Als Mitglied des Wissenschaftlichen Beirats des Vereins Deutscher Sprache verwehrt er sich gegen diese positive Sicht – und warnt auch gleich in der (bewusst in original Berliner Dialekt gehaltenen) Überschrift seines Aufsatzes „Sachtemang mit dit Kiezdeutsche“ 2 vor einer Vereinnahmung des Dialekts, um „an seinem Prestige [zu] schnorren, denn Dialekte genießen Ansehen“ (M 5, Z. 23 f.). Seiner Ansicht nach ist das nur „auf Berliner Schul- und Hinterhöfen“ (M 5, Z. 1 f.) und nicht in Regionen gesprochene Kiezdeutsche kein **Soziolekt**, sondern eine „**transitorische Sondersprache**“ (M 5, Z. 29 f.), die auf ein bestimmtes Lebensalter beschränkt sei und dann wieder abgelegt werde. Nicht einmal unter Sprachwissenschaftlern herrscht also ein Konsens darüber, wie das Phänomen „Kiezdeutsch“ zu definieren ist. Ganz sicher ist es aber eine **Sprachvarietät** und damit eine bestimmte Ausprägung der Standardsprache innerhalb einer gewissen Sprechergruppe. Da die Sprecher des Kiezdeutsch vornehmlich Jugendliche sind, kann man – in Übereinstimmung mit Helmut Glück – darüber hinaus die Bezeichnung **Jugendsprache** (vgl. M 5, Z. 32 ff.) verwenden.

3 Die – rein sprachwissenschaftliche – Abwertung von „Dialekt“ zu „Sondersprache“ deutet eines der **wesentlichen Probleme**, die das Sprechen von Kiezdeutsch mit sich bringt, an: das der **sozialen Ausgrenzung und Stigmatisierung** durch die Verwendung einer speziellen Form von Sprache.

3.1 Bereits die ebenso geläufigen, wenn auch politisch weniger korrekten Bezeichnungen „Kanak Sprak“ oder „Türkendeutsch“ (M 5, Z. 2 f.) verweisen auf eine erniedrigende Zuordnung zu einem Getto-Slang. Dies kommt einer Einstufung in den Bereich der Unterschicht oder einer Parallelgesellschaft gleich. Automatisch führt das zum **Ausschluss** der Sprecher aus der gesellschaftlich maßgeblichen Kulturgemeinschaft – einer „Leitkultur” der Mittelschicht mit mittlerem bis höherem Einkommen. Genährt wird diese Ausgrenzung auch durch mediale Überzeichnungen und Karikierungen. So hat das als geistig eher minderbemittelt auftretende Komiker-Duo Erkan und Stefan mit einem vulgären „endkrassen“ Türkendeutsch einen Zusammenhang zwischen Intelligenz und Sprachverwendung vorgeführt. Dass eine Ausdrucksweise, die „als krass, geil oder auch brontal gilt, Ansehen unter eher bildungsfernen Jugendlichen“ (M 5, Z. 4 f.) erzeugt, ist aber eher zu bezweifeln. In kokettierender und dadurch ironisierender Weise thematisieren viele Pointen des Comedian Bülent Ceylan die **Sprachverwendung arabisch- und türkischstämmiger Migranten** und die damit einhergehende **Diskriminierung durch die deutsche Mittelstandsgesellschaft**. Eine solche negative Zuweisung dient logischerweise wenig der sozialen Integration und Akzeptanz junger Migranten. Besonders problematisch erscheint dies, wenn weder die deutsche Hochsprache noch die eigene Muttersprache der Eltern beherrscht wird (vgl. M 3, Z. 10 f.).

3.2 Eine Stigmatisierung beschränkt sich allerdings nicht nur auf Sprecher des Kiezdeutsch aus anderen Herkunftsländern. Dass die einseitige Verwendung von Infinitiven, Satzverkürzungen und die Weglassung von Artikeln und Präpositionen als Zeichen für einen „**restringierten Sprachcode**“ (M 3, Z. 11 f.) auch für deutsche Sprecher gilt, verweist es in die Nähe eines Soziolekts – und zwar in diesem Fall auf eine **niedrige soziale Schicht** bezogen. Vielfach wird dabei Kiezdeutsch als Sprache in „besonders benachteiligten Stadtvierteln“ (M 3, Z. 21) verstanden. Auch hier zeigt sich mit einem Blick auf die Medienlandschaft, dass die grammatischen und lexikalischen Eigenheiten des **Kiezdeutsch als Indiz für eine gesellschaftliche Zuweisung** benutzt werden. So war in Deutschlands erfolgreichstem Kinofilm von 2013 „Fack ju Göthe“ die Schülerin Chantal eine der beliebten Filmcharaktere von Millionen Kinobesuchern. Als Prolltussi und Berliner Göre war sie das Kiezdeutsch-Klischee mit rosa Lipgloss, hellblauem Lidschatten und riesigen Kreolen in den Ohren. Gerade weil die Sprache der Chantal („Geisterkranker“, „Sie sind ja voll geboarderlinert, Herr Müller“) so geballt aus der Wirklichkeit entnommen schien, gehört das Chantal-Sprüche-Nachmachen heute zum sichersten Gag und populären Zeitvertreib auf deutschen Schulhöfen. Dabei wurde der Vorwurf einer „Gossen-Sprache“ von Kritikern erhoben, die sich nicht nur an den vielen derben und beleidigenden Ausdrücken störten, sondern auch an der Charakterisierung von deren Sprechern als Problem-Jugendlichen mit wenig Interesse für Schule und geringen intellektuellen Fähigkeiten.

Solche Klischees liefern einer zentralen **Kritik an der Verwendung von** 3.3
**Kiezdeutsch** Vorschub – nämlich der damit einhergehenden **Ausgrenzung vom Arbeitsmarkt** und der Verbauung von Zukunftschancen, vor allem wenn es die einzige Art der Sprachverwendung der Jugendlichen ist. „[Das] sprachliche [wird dann] zu einem gesellschaftlichen Problem“ (M 3, Z. 21 f.), konstatiert Detlev Mahnert, wenn nämlich in den Kiezvierteln sogenannte Sprachinseln entstünden, in denen abgeschottet von der hochsprachlichen Umwelt das Standarddeutsch eine Fremdsprache würde. Die Folge von diesem Rückzug „führe […] zu einem eminenten Verlust an Potenzial für Gesellschaft und Arbeitsmarkt“ (M 3, Z. 27 f.). Welcher Arbeitgeber würde bei einem Einstellungsgespräch einen Bewerber bevorzugen, der kein „sauberes Deutsch“ spricht? Der deutsche Arbeitsmarkt ist in der Regel deutschsprachig, was bedeutet: „Hast du Akzent, hast du Problem“ – ganz nach dem Motto des österreichischen Schriftstellers Karl Kraus: „Wer schief spricht, kann nicht geradeaus denken“ (M 1). In diesem Fall würde angesichts der Realität am Arbeitsmarkt die einseitige Beherrschung von Kiezdeutsch tatsächlich eine **Sackgasse für die Zukunftschancen** von deren jugendlichen Sprechern darstellen.

Hier stellt sich aber die Frage, ob die Reduzierung nur *einer* Sprechergruppe **4**
auf Kiezdeutsch der gesellschaftlichen Wirklichkeit entspricht. Der zentralen 4.1
These von Wiese zufolge sieht nämlich die deutsche Sprachrealität anders aus: **Kiezdeutsch** sei für den Großteil seiner Sprecher immer ein **Teil eines größeren sprachlichen Repertoires**, demnach sprächen wir alle mehrere Varianten des Deutschen (vgl. M 4, Z. 31 f.) Als Zeichen einer solchen „**Mehrsprachigkeit**“ bedeutet es laut Wiese sogar eine gelebte „Sprachkompetenz“ (M 4, Z. 29). Tatsächlich beweist der Gebrauch von verschiedenen Sprachebenen in unterschiedlichen Situationen **soziale Intelligenz** und erklärt auch die Attraktivität gerade von Kiezdeutsch bei Jugendlichen aus allen sozialen

Schichten. So laufen Unterhaltungen auf dem Pausenhof eines Nürnberger Gymnasiums teilweise in mehreren unterschiedlichen Sprechweisen ab: Ein Abiturient redet mit dem Hausmeister am Pausenverkaufsstand noch auf Fränkisch, wenn er um „drei Zwiggde im Weggla" (drei Würstchen im Brötchen) bittet, um danach in sauberem Hochdeutsch im Lehrerzimmer mit seinem Geschichtslehrer das aktuelle Ausstellungsprojekt zu besprechen; öffnet sich die Türe zum Klassenzimmer, heißt es dann „Yalla, was geht, Alder – musstu Referat?" (Hallo mein Freund, was steht an, musst du heute ein Referat halten?). Im Vergleich zur hochsprachlichen Variante beinhaltet die Frage in dieser Form viel mehr als die reine Aussageebene. Durch die bewusst kumpelhafte und verkürzt formulierte Ansprache des Klassenkameraden vermittelt der Sprecher Vertrautheit und den Blick für das Wesentliche. Der absichtliche Gebrauch von Kiezdeutsch markiert die vielen **unterschiedlichen Rollen**, die man – gerade als Schüler an seiner Schule – spielt. Es ist daher ein Missverständnis, dass Sprecher des Deutschen nur jeweils *eine* Sprache sprächen oder sprechen dürften: Die meisten können sowieso zwischen ihrem lokalen Dialekt *und* dem Hochdeutschen auswählen, gerade **um sich in verschiedenen Kontexten differenziert und angepasst auszudrücken** – und ihnen kann demzufolge auch der zusätzliche Wechsel in eine weitere Sprachvarietät wie das Kiezdeutsch zugetraut werden.

Die Wahl dieser betont **jugendsprachlich gehaltenen Ausdrucksweise** signa- 4.2
lisiert – besonders in der Kommunikation in Cliquen oder in der Peergroup – auch die „**Zugehörigkeit zur Jugendkultur**" (M 4, Z. 41 f.). Bei Sprechern verschiedener Altersstufen lassen und ließen sich schon immer klare Unterschiede nachweisen. So hatte jede Jugendkultur neben einem spezifischen Kleidungsstil und Musikgeschmack auch ihre **eigenen sprachlichen Codes** und eine „Modesprache" – egal ob man in den 50er-Jahren als sogenannter Halbstarker aufwuchs, sich in den 70ern etwa als Hippie oder in den 80ern als Punk oder Öko abgrenzte. Die Jugendsprache der jeweiligen Zeit „im wilden rebellischen Lebensabschnitt zwischen Kindheit und Erwachsenenalter […] als sprachlicher Ausdruck des Flegelalters" (M 5, Z. 33 ff.) wurde dabei stets als Gefahr für das Hochdeutsche gewertet. Dessen Niedergang hält sich übrigens in Grenzen, was man schon an der Tatsache erkennt, dass sich von den geflügelten Worten und den Sprechweisen vergangener Jahrzehnte kaum etwas erhalten hat. Wenn unsere Großeltern etwas „knorke" fanden und unsere Eltern „alles paletti", so ist das für Jugendliche heute eben „endkrass". Jede Zeit hat ihre Jugendsprache. Ein „Vorrecht" der Jugend war es schon immer, gegen Konventionen zu rebellieren, und das geht über die Sprache sehr einfach: Eine eigene Ausdrucksweise dient dazu, sich von der älteren Generation **abzugrenzen**. Jugendlichen ist wichtiger, in ihrer Peergroup akzeptiert zu sein und was Gleichaltrige von ihnen halten als das Urteil ihrer Eltern. Jugendsprache benutzt man auch, um **dazuzugehören**. Schon immer fand die ältere Generation die Jugend und ihre Sprache unmöglich und verwies darauf,

dass früher ja alles besser war: „Kritik an Jugendsprache ist so alt wie die Kritik an Jugendkulturen insgesamt“ (M 4, Z. 23 f.).

Umso mehr überrascht der sehr weitsichtig anmutende Ausspruch aus dem 4.3
Munde Johann Wolfgang von Goethes, der oft als Wahrer deutscher Kultur und Sprache zitiert wird: „Ich hör’ es gerne, wenn die Jugend plappert: Das Neue klingt. Das Alte klappert.“ (M 1) Demnach stehen neue **Entwicklungen in der Jugendsprache** für **Innovation und Dynamik**. Die Beherrschung und Weiterentwicklung verschiedener Sprachvarietäten und der **spielerische Umgang** mit ihnen ist ein Zeichen von **Kreativität**. Goethes Zitat könnte also als Vorbild für ein weltoffenes und neugieriges Experimentieren mit der Grammatik und dem Wortschatz des Deutschen gelten. Der Verfasser des „West-östlichen Diwan“ war gerade auch gegenüber dem damaligen Orient sehr aufgeschlossen und hätte die arabischen Einflüsse auf das Kiezdeutsch wohl eher reizvoll als abstoßend gefunden.

Jugendsprachen sind nicht einfach „falsches Deutsch“: Die **Sprachvarietäten** 4.4
**des Deutschen** ergänzen vielmehr das Hochdeutsche, anstatt mit ihm zu konkurrieren, und können so als **Bereicherung** angesehen werden (vgl. M 4, Z. 64 f.). Dieser Aspekt der Bereicherung der deutschen Sprache geht einher mit der **Öffnung gegenüber anderen Kulturen** im Zuge der **Zuwanderung** von Menschen aus der Türkei und in den letzten Jahren vornehmlich aus arabischen Ländern. Die Aufnahme der Menschen aus diesen Kulturkreisen vollzieht sich gerade bei den deutschen Jugendlichen in der aktiven Übernahme von deren Sprachmustern und von zentralen Elementen des Wortschatzes. Als **gelebte Integration** müsste diese Tendenz doch auch positiv gesehen werden, denn **Kiezdeutsch** „bezieht alle Jugendlichen in multiethnischen Wohngebieten ein“ (M 4, Z. 43 f.). Damit ist diese Sprachvarietät kein Ausdruck der Abschottung von Migranten von Deutschen, sondern gelebtes Miteinander in der bundesdeutschen Gesellschaftsrealität. Die Identität des Einzelnen zeigt sich vor allem in der eigenen Sprache und was gäbe es als überzeugenderen Beweis für die Sympathie und Akzeptanz des Klassenkameraden aus Syrien, der Türkei oder aus Kasachstan als aktives Interesse an dessen Sprache? Kiezsprache im gemeinsamen Alltag von deutschen und anderssprachigen Jugendlichen hilft bei der Kontaktaufnahme und wird damit zum „Beispiel für eine besonders gelungene sprachliche Integration“ (M 4, Z. 44 f.).

Die **Aufgabe der Gesellschaft** liegt also weniger darin, diese neuen Tenden- 5
zen im Sprachgebrauch kritisch zu beäugen oder zu disqualifizieren, sondern die **positiven Aspekte** der Verwendung von Kiezdeutsch zu **würdigen** und **möglichen Gefahren** bei einseitigem Gebrauch konstruktiv zu **begegnen**. Aufgerufen sind hierbei vor allem Politik und Bildungseinrichtungen, um die deutsche „Mehrsprachigkeit“ zu unterstützen und allen Kindern und Jugendlichen die **gleichen Bildungschancen** zu ermöglichen. Grundlage dafür ist die Vermittlung eines soliden Standarddeutsch als Verkehrssprache in Ausbildung und Beruf, denn „[f]ür die gesellschaftliche Teilhabe Jugendlicher ist es

wichtig, dass zu[m] [Sprachr]epertoire auch das Standarddeutsche gehört" (M 4, Z. 32 f.). Gezielte Sprachförderung für Kinder, die aus dem Ausland nach Deutschland gekommen sind, sowie für deutsche Kinder aus bildungsfernen Schichten ist die Basis für Chancengleichheit und das wichtigste Mittel, „[u]m eine […] Spaltung der Gesellschaft zu verhindern" (vgl. M 3, Z. 29). Das fängt im Kindergarten an und setzt sich mit Förderkursen in Grundschulen und an weiterführenden Schulen fort. Ist die Grundvoraussetzung des Beherrschens der Standardsprache erfüllt, dann ist es doch kein Problem, wenn daneben weitere Sprachvarietäten (wie das Kiezdeutsche) gepflegt werden.

Angesichts der Merkmale von Kiezdeutsch als Jugendsprache und als *eine* mögliche Sprachvariante unter vielen können die Befürchtungen der Kiezdeutsch-Gegner entkräftet werden. Mit seiner These von der „transitorische[n] Sondersprache" (M 5, Z. 29 f.) verweist Kritiker Glück ja selbst auf den zeitlich begrenzten Übergangscharakter. Ob und welche Elemente dieser Sprachvarietät als feste Bestandteile in das Standarddeutsche eindringen werden, wird erst im Verlauf der nächsten Jahrzehnte absehbar. Ein **Verfall der deutschen Sprache** scheint dabei **unwahrscheinlich**, gelten doch auch französische Begriffe wie Marmelade oder Amerikanismen wie Teenager mittlerweile als fester Bestandteil des Hochdeutschen und werden von kaum einem Deutschen als fremd erkannt oder gar beanstandet. Den selbsternannten Sprachwächtern sei in diesem Zusammenhang auch ein Zitat von Ulrich Greiner mit auf den Weg gegeben: „Der Sprachpfleger gleicht einem Gärtner, der lange gegen ein bestimmtes Unkraut in seinem Blumenbeet kämpft, bis er am Ende eingestehen muss, dass es eigentlich ganz aparte Blüten treibt." (M 1) **Kreativität und Innovation** haben einer Sprache noch nie geschadet, vor allem wenn sie ihrem ureigenen Zweck dienen: der Verständigung und dem **lebendigen Austausch** mit anderen Menschen. 6

## Gliederung

*Variante 2:*

1 „Fack ju Göthe“, ein Kinoerfolg mit Kiezdeutsch-Dialogen

2 Ursprünge und Erscheinungsformen des jugendsprachlichen Phänomens Kiezdeutsch

3 Kiezdeutsch als zusätzliche Sprachvarietät von Jugendlichen

3.1 (Jugend-)sprachliche Einflüsse auf das Deutsche in Vergangenheit und Gegenwart

3.2 Jugendsprache als Möglichkeit der Identitätsfindung und Abgrenzung

4 Verhinderung einer Ausgrenzung Jugendlicher aufgrund von Kiezsprache

4.1 Kiezdeutsch als Zweitsprache statt Stigmatisierung und Gettoisierung

4.2 Vermittlung der deutschen Standardsprache als gesellschaftlicher Auftrag

5 Aufruf zu mehr Gelassenheit: Sprachvarietäten als Zeichen für Pluralität

## Lösungsvorschlag

Lassma Kiezdeutsch reden – krass, aber innovativ!

Kennen Sie Zeki Müller? Zeki Müller war im Jahr 2013 der erfolgreichste **1**
Kinoheld an deutschen Kinokassen – nein, kein Superheld aus Hollywoods Traumfabrik, sondern Aushilfslehrer an der Goethe-Gesamtschule, der sich mit schwer erziehbaren Schülern Wortgefechte lieferte. Sätze wie „Heul leiser, Chantal“ und „Ey, Sie Geisterkranker“ (wohlgemerkt „Geisterkranker“, nicht „Geisteskranker“) sind durch den **Überraschungserfolg** mittlerweile fast geflügelte Worte – und vielleicht Schlüssel zum Erfolg des Streifens „**Fack ju Göhte**“. Die Komik entsteht durch die brutale, nein „brontale“ Direktheit des Ausdrucks, mit der der ehemalige Knastbruder mit der Großstadtzicke Chantal buchstäbliche Wort-Battles wie aus der amerikanischen Hip-Hop-Szene austrägt. Der Zuschauer erhält eine hochprozentige, wenn auch ironisierte **Dosis deutschen Schulalltags und deutscher Sprachwirklichkeit** – da schmerzen jedem die Ohren, der schon mal ein Rilke-Gedicht gelesen hat. Wenn aber im Kino selbst Lehrer zu Idolen einer „Verlotterung der Sprache“ (M 1) werden, ist der Aufschrei der deutschen Sprachwächter bis ins letzte Klassenzimmer zu hören: Ist die deutsche Sprache, die deutsche Kultur, ja das europäische Abendland überhaupt noch zu retten?

Sprachwissenschaftler haben mit dem Begriff „**Kiezdeutsch**“ beschrieben, **2**
wie sich die deutsche Sprache auch unter dem Einfluss der Einwanderung aus der Türkei, aus arabischen Ländern, aus Russland und dem Balkan verändert

hat: Der große Trend ist die Vereinfachung, gesprochen wird eine grammatisch sehr entspannte Varietät des Deutschen: Artikel und Präpositionen werden weggelassen, Kasusendungen abgeschliffen (vgl. M 3, Z. 3 ff.; M 4, Z. 4 ff.). In der Popkultur haben Hip-Hopper wie Bushido und Komiker wie Bülent Ceylan das neue Deutsch durchgesetzt, im Film „Fack ju Göhte" kann man es aufs Extremste hören: So falsch und gleichzeitig innovativ sprechen Jugendliche.

Spiegelt die Kiezsprache der türkischstämmigen Jugendlichen ein Integra- **3**
tionsproblem wider? Ist sie Beweis für eine Parallelgesellschaft? Nein, sagt die Germanistin Heike Wiese: Sie ist „eine legitime sprachliche Variante" (M 4, Z. 41). Und als Jugendsprache, als „sprachlicher Ausdruck des Flegelalters" (M 5, Z. 35 f.), ist sie auch nichts Neues.

**Neue Einflüsse – durch jugendliche Ausdrucksweisen** oder **andere Spra-** 3.1
**chen** – haben noch keiner Standardsprache geschadet und entziehen kann man sich ihnen sowieso nicht, denn jede Sprache ist einem ständigen Wandel unterworfen (vgl. M 4, Z. 58). Auch die Amerikanismen aus den 50er-Jahren haben sich im deutschen Sprachgebrauch verewigt: Kaum jemand könnte heute ohne das bestätigende „okay" kommunizieren. Hinterließen die napoleonischen Truppen im Deutschland des 19. Jahrhunderts noch französische Begriffe, vermachten die GIs und US-Radiosender nach 1945 dem Deutschen eben amerikanische. Unserem Sprachsystem haben solche Einsprengsel, die übrigens schon immer gerne zuerst von der Jugend sprachlich aufgegriffen wurden, jedoch wenig ausgemacht. Und heute wird unsere Standardsprache nun mal vom Türkischen und Arabischen beeinflusst.

**Jugendsprachen wie das Kiezdeutsch** bringen nicht nur frischen Wind in 3.2
die verstaubte Standardsprache, sondern erfüllen noch eine weitere wichtige Funktion. Die **Abgrenzung von der Erwachsenenwelt** mit einem „zusätzliche[n] Register […], das, wie andere Sprachregister, im Laufe eines Lebens auch wieder abgelegt werden kann" (M 3, Z. 16 ff.), ist eine sehr gute Möglichkeit der **Identitätsfindung** und Abnabelung von Teenagern (Achtung: Amerikanismus!) vom Elternhaus. Kiezdeutsch provoziert, Kiezdeutsch bildet in der Peergroup einen gemeinschaftsstiftenden Sprachcode – Kiezdeutsch „rockt" (M 4, Überschrift) eben.

Bleibt der Vorwurf einer Bloßstellung, ja „**Stigmatisierung**" (vgl. M 3, **4**
Z. 24 f.) **von Kiezdeutsch-Sprechern** in unserer auf Anpassung und Konfor- 4.1
mität bedachten Leistungsgesellschaft. Ganz nach dem Motto: abweichender Sprachgebrauch gleich verbaute Zukunftschancen. Dies wäre tatsächlich für Jugendliche mit der vielgebrauchten Zuschreibung „Migrationshintergrund" fatal. Solange jedoch die Jugendlichen ihre **Kiezsprache nur als Zweitsprache** benutzen, bleibt die **Tür zur Integration offen**. Die, die tatsächlich nicht anders sprechen können, sind laut Professor Wiese ohnehin eine Minderheit (vgl. M 4, Z. 31 ff.). Längst hat die Ironisierung der „Kanak Sprak" (M 5,

Z. 2) auch den Großteil derer erreicht, die so sprechen. Der Komiker Kaya Yanar führt in seinen Programmen die Kiezsprache dermaßen überzeichnet vor, dass selbst deren Sprechern das Problem einer Bloßstellung bewusst wird.

Problematischer ist dagegen die Tatsache, dass in einigen rein türkischen 4.2
Vierteln insbesondere Frauen ein Leben isoliert von der Mehrheitsgesellschaft führen und mit ihren Kindern kein Deutsch sprechen können. Für sie wäre schon Kiezdeutsch ein Fortschritt. **Sprachkurse** für Einwanderer und **Sprachförderung** für Migrantenkinder sind also von Politik und Gesellschaft gefordert (vgl. M 3, Z. 29 ff.)! Ebensowenig wie auf gut ausgebildete Fachkräfte jedweder Herkunft kann ein Land auf eine für alle verständliche Sprache verzichten, welche für Zuwanderer unbürokratisch und kostenlos vermittelt wird. Unter der Voraussetzung empfiehlt sich eine **gelassene Haltung gegenüber dem Wandel**. Sprachliche Reinheitsgebote wie sie Frankreich mit selbst kreierten französischen Entsprechungen, seien sie noch so an den Haaren herbeigezogen, gegenüber Anglizismen durchsetzt, wirken nicht sehr zukunftsfähig.

Dass neben einem sicheren Standarddeutsch jede Sprechergruppe ihre **Varie-** 5
**täten pflegen** kann, gehört zu einer **pluralistischen Gesellschaft** dazu – gerade in dem regional so unterschiedlichen und dialektal so reichen Deutschland. Wenn selbst hier schon das Bairische auf der Liste der bedrohten Sprachen steht und das niedersächsische Platt verdrängt wurde (vgl. M 4, Z. 59 ff.), zwingt sich die Frage auf: Ist die deutsche Sprache, die deutsche Kultur, ja das europäische Abendland überhaupt noch zu retten? Man kann Sprache nicht unter einer Glasglocke einschließen in dem Glauben, sie so vor unerwünschten Einflüssen zu schützen. Das Deutsche wird auch das Kiezdeutsch überleben. Und wenn in hundert Jahren davon noch ein paar Souvenirs (Achtung: französischer Ursprung!) erhalten sind: Lassma entspannt bleiben!

# Übungsaufgabe 2:
# Materialgestütztes Verfassen eines argumentierenden Textes

**Aufgaben:**

Bearbeiten Sie **eine** der beiden Varianten.

*Variante 1:*
Erörtern Sie – ausgehend von den Materialien – Probleme und Chancen der Bibliotheken in der digitalen Gesellschaft! Beziehen Sie in Ihre Überlegungen auch eigenes Wissen und eigene Erfahrungen mit ein!

oder

*Variante 2:*
In Ihrer Heimatgemeinde sind Gerüchte laut geworden, dass die örtliche Bibliothek aus finanziellen Gründen schließen muss. Verfassen Sie für Ihre Heimatzeitung einen Kommentar, in dem Sie sich zum Thema positionieren!
Nutzen Sie dazu die folgenden Materialien und beziehen Sie eigene Erfahrungen und eigenes Wissen ein! Wählen Sie eine geeignete Überschrift!
Ihr Kommentar sollte etwa 800 Wörter umfassen.

**Material 1**

*© Heiko Sakurai; unter: http://www.cicero.de/sites/default/files/sakurai-e-book.jpg*

## Material 2

### Friederike Lübke: Der leise Tod der Bücher

*In Bibliotheken und Archiven frisst der Säurebefall unaufhörlich wertvolle Bücher. Sie zu erhalten ist aufwändig und teuer. Was ist uns die Erhaltung unseres kulturellen Erbes wert?*

[…] „Materie zerfällt", sagt Ursula Hartwieg. Diese simple Tatsache mache auch vor kostbaren Büchern nicht Halt. „Die Dinge zerbröseln uns in den Händen, wenn wir nichts tun." Hartwieg leitet die Koordinierungsstelle für die Erhaltung des schriftlichen Kulturguts (KEK) in Berlin. 2011 wurde die Einrichtung gegründet. Jährlich erhält sie nun 600 000 Euro, unter anderem um Modellprojekte zu fördern und Hilfe zu koordinieren. […] Bibliotheken und Archive können jede Hilfe gut brauchen. Der Schutz der wertvollen Bestände fängt schon bei den Gebäuden an, bei heilen Dächern und gesicherten Kabeln, der richtigen Luftfeuchtigkeit und Raumtemperatur. Besonders wertvolle Bände müssen gesondert gelagert werden. Gut ausgebildetes Personal muss Risiken erkennen und beschädigte Bücher reparieren können. All das kostet Geld. Von zehn Millionen pro Jahr ist die Rede in einer Denkschrift der Allianz zur Erhaltung des schriftlichen Kulturguts von 2009. Um den Verfall aufzuhalten, müssten es noch mehr sein, denn die Probleme sind mit den Jahren gewachsen. „In den Bibliotheken sind Altschäden, die weit zurückreichen", sagt Hartwieg.

Eines der größten Probleme ist der Säurefraß. Er betrifft Gedrucktes ab etwa 1840 und bis 1990. Zu dieser Zeit wurde in Masse gedruckt und das Papier industriell hergestellt. Im Alter wird es spröde und brüchig. Etwa vier Millionen Werke sind in der Bayerischen Staatsbibliothek von dem Säurefraß betroffen. […] Bibliotheken und Archive müssen ihren Bestand in Massen entsäuern lassen. Dabei werden die Bücher in ein Entsäuerungsmittel getaucht, das die Säure neutralisiert. Anschließend wird das Lösungsmittel durch ein Vakuum abgezogen. […]

Und die nächste Gefahr liegt schon in den Regalen. Die meisten Dissertationen aus der Zeit der DDR sind mit einem Verfahren hergestellt worden, dessen Farbe immer weiter verbleicht. „Wir befürchten, dass sie eines Tages ganz verschwinden könnte – und damit die Wissenschaftsgeschichte eines ganzen Staates", sagt Almuth Märker, wissenschaftliche Bibliothekarin an der Uni Leipzig.

Digitalisierung kann bei der Bestandserhaltung helfen. Sie macht die Bücher besser zugänglich und schützt die Originale, weil sie nicht mehr ausgeliehen werden müssen. Alle Probleme löst sie nicht. Erstens müssen auch die digitalisierten Informationen bewahrt werden: „Ein 100 Jahre altes, säurefreies Buch kann man ohne Probleme öffnen und lesen, ein 15 Jahre altes Word Dokument möglicherweise schon nicht mehr", sagt [Tobias] Beinert[1]. Zweitens müssen die Originale trotzdem erhalten werden. Nicht nur als Referenz, sondern auch, weil Tinte, Papier oder Buchrücken ebenfalls Informationen erhalten, die für die Forschung interessant sind.

„Bestandserhaltung ist eine Daueraufgabe", resümiert Ursula Hartwieg von der KEK.

*Quelle: http://www.helmholtz.de vom 11.02.2015; für didaktische Zwecke leicht gekürzt*

Erläuterung:
1 Tobias Beinert ist Referent für Bestandserhaltung an der Bayer. Staatsbibliothek, München

**Material 3**

## Interview: „Oasen in einer hektischen Welt“

*Monika Ziller ist Vorsitzende des Deutschen Bibliotheksverbands. Sie muss also schon aus Berufsgründen positiv über Bibliotheken sprechen – auch in der digitalen Welt. Im Interview spricht sie über Lotsen im Wissensdschungel und die glänzende Zukunft ihrer Branche.*

*[…] Was schätzen die Besucher an den Bibliotheken?*

Zum Beispiel 24-stündige Öffnungszeiten bei Hochschulbibliotheken. Die Studierenden finden dort die Ruhe, die sie brauchen, um sich zum Beispiel konzentriert auf eine Prüfung vorzubereiten. Kein Krach, kein Handy, keine Ablenkung. Wo sonst im zunehmend hektischen Alltag kann man sich noch so abschirmen? Es gibt aber auch Gruppenräume, vor allem in den neu errichteten Bibliotheken. Dort können sich Teams zum Lernen treffen. Was die Besucher auch sehr schätzen, ist unsere Beratungskompetenz.

*Können Sie dies an einem Beispiel illustrieren?*

Ja. Nehmen wir an, ein Schüler soll ein Referat über das Bienensterben halten. Zur Vorbereitung hat er in die Wikipedia geschaut und gegoogelt. Dann sind die meisten mit ihrem Latein am Ende. Kommt der Schüler zu uns, dann machen wir ihm viele andere Wissensquellen zugänglich, unter anderem kostenpflichtige Fachdatenbanken, an die er allein so schnell nicht gekommen wäre. […]

*[V]iele öffentliche Bibliotheken wirken marode und überhaupt nicht zukunftsfähig.*

Es muss viel investiert werden in den nächsten Jahren, das stimmt. In die Gebäude, in Personal und Weiterbildung. Aber auch in die digitale Zukunft. Ganz wichtig ist das bei den Nachschlagewerken. In meiner Bibliothek hier in Heilbronn haben wir vor 20 Jahren für viel Geld eine Encyclopedia Britannica angeschafft. Die nehmen wir jetzt aus dem Regal. Das Wissen ist weitgehend veraltet. Die Encyclopedia ist das beste Universallexikon der Welt, wir wollen es unseren Nutzern weiterhin anbieten – aber nur noch als elektronische Version. Etwas anderes stellt der Verlag auch gar nicht mehr zur Verfügung.

*Welche Rolle spielen gedruckte Medien in den deutschen Bibliotheken noch?*

In den naturwissenschaftlich-technischen Disziplinen geht ihre Bedeutung zurück. Fast alle Zeitschriften erscheinen mittlerweile digital und auch viele Bücher werden elektronisch publiziert. Deutlich größer ist die Bedeutung in den Geisteswissenschaften. Hier sind gedruckte Werke länger aktuell und werden zum Studium weiterhin primär genutzt. In den öffentlichen Bibliotheken dominieren die gedruckten Medien ohnehin noch mit großem Abstand, übrigens auch in der Nutzergunst.

*Noch bevorzugen die Deutschen das gedruckte Buch; nur wenige entscheiden sich beim Kauf für ein E-Book. Wird sich das ändern?*

Ja, und das kann sehr schnell gehen. Bei den Verlagen gibt es ja schon eine klare Trendwende. Die wissenschaftlichen Bibliotheken setzen bis zu 80 Prozent ihres Etats für elektronische Bestände ein. Bei den öffentlichen Bibliotheken sind es allerdings erst 20 Prozent, die auch digitale Medien zur Ausleihe anbieten. Rechtlich ist das übrigens nicht unproblematisch.

*Inwiefern?*

Bisher konnten die Bibliotheken jedes auf dem Markt angebotene Buch kaufen und verleihen. Den rechtlichen Rahmen dazu liefert das Urheberrecht. E-Books aber können die Bibliotheken nicht einfach kaufen, sondern sie müssen mit den Verlagen Lizenzverträge aushandeln. Das überfordert viele. Kompliziert ist die Situation auch bei digitalen Lehrbüchern. Früher konnten die Studenten die für sie wichtigen Seiten einfach auf Papier kopieren. Heute verhindert ein Kopierschutz das Duplizieren der Inhalte, falls die Bibliothek keine kostenpflichtige Lizenz mit dem Verlag ausgehandelt hat. Und selber kaufen ist für Studierende zu teuer: Die digitalen Versionen sind nur geringfügig preiswerter als die gedruckten. Was wir dringend brauchen, ist eine Novelle des Urheberrechts, die den Bedürfnissen von Bildung, Wissenschaft und Forschung Rechnung trägt.

*Digitalisieren die Bibliotheken ihre Bestände auch selbst?*

Ja. Erfasst werden aber nur die urheberrechtsfreien Werke, also zum Beispiel Bücher, deren Autor mindestens 70 Jahre tot ist. [...]

*Wie haltbar sind die digitalen Medien im Vergleich zu Papier?*

Sie sind deutlich kurzlebiger. Das älteste, auf Papier gedruckte Buch stammt aus dem 15. Jahrhundert, einige handgeschriebene Bücher auf Pergament oder Papyrus sind mehrere tausend Jahre alt. Demgegenüber kann man mit CDs, DVDs und anderen digitalen Speichermedien spätestens nach 20 Jahren nichts mehr anfangen. Seit Jahren wird nach zuverlässigen Techniken der Langzeitarchivierung gesucht, doch bisher gibt es keine überzeugende Lösung.

*Wo sehen Sie die Bibliotheken im Jahr 2030?*

Bis dahin sind die meisten Werke digitalisiert. Neuerscheinungen auf Papier wird es auch 2030 geben, doch nur für das Ausgefallene, das besonders Schöne. Der Bedarf an Beratung – ob persönlich oder online – wird steigen, denn die Welt im Netz wird noch komplexer sein als heute. In den Bibliotheken erwartet den Besucher eine attraktive Umgebung mit guten technischen Arbeitsbedingungen, Ecken zum Spielen und Entspannen, mit Cafés, Restaurants, Veranstaltungsräumen für Lesungen und vielen anderen Möglichkeiten, sich auszutauschen und Informationen zu sammeln. Bibliotheken werden zu Orten der Begegnung. Ihre beste Zeit kommt noch.

*Quelle: http://www.fr-online.de/wissenschaft/zukunft-der-bibliotheken--oasen-in-einer-hektischen-welt-,1472788,16706922.html; Frankfurter Rundschau vom 25. 07. 2012; für didaktische Zwecke leicht gekürzt*

*Anmerkung: Das Gespräch führte Lilo Berg.*

## Material 4

### Kathrin Passig: Die Zukunft des Papierverleihs

*Bibliotheken sind Papiermuseen. Wenn sie sich nicht bald grundsätzlich wandeln, haben sie kaum noch eine Existenzberechtigung. Was sie können, kann das Internet besser. Ein Kommentar von Kathrin Passig*

Auf der Frankfurter Buchmesse saß ich mit Frank Simon-Ritz, dem Vorsitzenden des Deutschen Bibliotheksverbands, auf einem Diskussionspodium. Es ging um die Zukunft der Bibliotheken, und eigentlich wollte ich mich nicht wieder dazu verleiten lassen, unmanierlich den Untergang alles Papierenen zu prophezeien. [...] Stattdessen lief es dann doch wie immer.

Ich bin überzeugt, dass interessante Diskussionen über die Funktionen der Bibliothek als Ort möglich sind. Aber um sie zu führen, müsste man sich damit auseinandersetzen, dass Bibliotheken ein Problem lösen, das in dieser Form nicht mehr existiert. Die flächendeckende Grundversorgung mit Unterhaltungs- und Bildungsmaterialien zu einem symbolischen Preis hat das Internet übernommen. Statt gemeinsam zu überlegen, wie unter diesen Bedingungen die Zukunft aussehen könnte, verschwenden wir unsere Zeit und die der Zuhörer immer wieder mit den gleichen Rückzugsgefechten.

[...] An dieser Stelle der Diskussion gibt es für Anhänger der Papierrecherche zwei Möglichkeiten: Entweder berufen sie sich darauf, dass die Papierbibliothek eine größere Informationsfülle biete, „das finden Sie doch alles gar nicht im Netz". Oder aber die Papierbibliothek sei gerade wegen ihrer geringeren Informationsfülle überlegen: Im Internet sei einfach zu viel drin. Die Argumente widersprechen sich nicht nur, jedes für sich ist problematisch.

Das erste impliziert, dass das Material im Netz für immer nur eine Teilmenge des in Bibliotheken vorhandenen Materials sein wird. Das ist schon heute nicht der Fall. [...]

Das zweite, umgekehrte Argument, das Internet müsse durch Fachleute gefiltert werden, bis nur noch eine erträgliche Menge übrigbleibe, ist ebenfalls schwierig. Auch der Internetnutzer hat es nie mit dem unsortierten Ganzen zu tun. Inhalte im Netz werden auf vielfältige Weise gefiltert und aufbereitet, die Algorithmen der Suchmaschinen sind nur eine davon. Ob im Umgang mit Papier oder mit digitalen Inhalten, es gibt hier wie dort zu viel von allem, und auch die Lösungsansätze gleichen sich. Googles Page Rank-Algorithmus ist ein enger Verwandter der Rankingsysteme, mit denen in der Wissenschaft Textmengen handhabbar gemacht werden. [...]

Wenn die Zeit ausreicht, um von den such- und findetechnischen Argumenten zu den sozialen zu gelangen – und auch diese Runde drehten wir in unserer Buchmessendiskussion –, geht es um Bibliotheken als „niedrigschwelligstes Kulturangebot". Bibliotheken sind dann niedrigschwellig, wenn man in ihrer Nähe wohnt, nicht in seiner Mobilität eingeschränkt ist, lesen kann, generell damit vertraut gemacht worden ist, dass eine Bibliothek nicht beißt und sich in einem Umfeld bewegt, in dem das Aufsuchen solcher Orte nicht als albern gilt.

Das Internet ist dann niedrigschwellig, wenn man Zugang zu einem internetfähigen Gerät hat und nicht glaubt, dass das Internet seine Nutzer ausraubt und verdirbt. Zum Abbau der übrigen Hürden ist mittlerweile nur noch in Ausnahmefällen (Seniorenheime, spezielle Rechercheanforderungen) gesonderte Ermutigung erforderlich. Warum die Bibliothek und nicht das Internet das niedrigschwelligere Kulturangebot sein soll, ist zumindest begründungsbedürftig.

[…] Es ist schön, dass es öffentliche Orte gibt, die so vielfältige Nutzungsmöglichkeiten eröffnen wie Bibliotheken, ohne dass man im Gegenzug auch nur einen Kaffee bestellen müsste. Aber in einem Paralleluniversum, in dem öffentliche Bibliotheken nie eingeführt worden sind, dürfte es heute schwerfallen, plausible Gründe für die Einführung solcher Einrichtungen zu benennen. […] Die Steuerzahler des Paralleluniversums würden fragen, ob man nicht stattdessen direkt Coworkingspaces, Veranstaltungsorte, Digitalisierungsprojekte oder eine private Internet-Grundversorgung für Bedürftige fördern und die großen Gebäude mit dem Papier weglassen könnte. […]

*Quelle: http://www.zeit.de/digital/internet/2013-11/passig-bibliotheken-internet; Zeit-Online vom 04. 11. 2013; für didaktische Zwecke gekürzt*

## Material 5

### DBS: Deutsche Bibliotheksstatistik – Vergleich von 1999 und 2013

| Gesamtauswertung | | Öffentliche Bibliotheken | Wissenschaftliche Bibliotheken | Bibliotheken insgesamt |
|---|---|---|---|---|
| Zahl der Bibliotheken (Standorte) | 1999 | 11 711 | 993 | 12 704 |
| | 2013 | 9 455 | 725 | 10 180 |
| Bestand Medien insgesamt (Mio.) | 1999 | 128 | 179 | 307 |
| | 2013 | 122 | 247 | 369 |
| Entleihungen Medien insgesamt (Mio.) | 1999 | 317 | 66 | 383 |
| | 2013 | 374,89 | 91,65 | 466,54 |
| Stellen lt. Stellenplan | 1999 | 12 829 | 12 237 | 25 066 |
| | 2013 | 11 540 | 10 732 | 22 272 |
| Ausgaben insgesamt (Mio. €) | 1999 | 760 | 678 | 1 438 |
| | 2013 | 931 | 928 | 1 860 |

*Quellen: https://www.hbz-nrw.de/dokumentencenter/produkte/dbs/aktuell/auswertungen/gesamt/gesamt_dt.pdf; https://www.hbz-nrw.de/dokumentencenter/produkte/dbs/archiv/auswertungen/gesamtauswertungen/DBS_Gesamt_1999.pdf;*
*für didaktische Zwecke wurden die Daten in einer gemeinsamen Grafik dargestellt und gekürzt.*

*Anmerkung: Die DBS erhebt trotz einer hohen Beteiligungsquote keinen Anspruch auf Vollständigkeit, da die Teilnahme freiwillig erfolgt. Die DBS ist eine Dienstleistung des hbz im Rahmen des Kompetenznetzwerks für Bibliotheken (KNB).*

## Hinweise und Tipps

*2016 verlangt die* ***länderübergreifende Aufgabe*** *des Deutschabiturs das materialgestützte Verfassen eines argumentierenden Textes. Zu einem vorgelegten Thema werden unterschiedliche Materialien bereitgestellt, die als Grundlage für die Argumentation genutzt werden sollen. Ein zentrales Bewertungskriterium ist, dass Sie sich eingehend und nachvollziehbar mit den Materialien auseinandersetzen. Das heißt nicht, dass Sie alle Informationen oder Argumente aufgreifen müssen, aber es sollte in jedem Fall deutlich werden, dass der Schreiber die Kernaussagen jeweils erkennt und in seinen eigenen Text integrieren kann.*
*In der folgenden* ***Übungsaufgabe*** *geht es um die* ***aktuellen Entwicklungen im Bibliothekswesen****, das in der Ära der Digitalisierung eine Zeitenwende erlebt. Die einzelnen Texte und Materialien enthalten sowohl Informationen als auch Standpunkte zur Frage, ob heute überhaupt noch Bibliotheken gebraucht werden.* ***Im ersten Schritt*** *ist es deshalb sinnvoll, die Quellen zu untersuchen und eine* ***Sammlung von Aussagen und Informationen*** *zum Thema anzulegen. Parallel dazu können Sie erste eigene Ideen festhalten. Es bietet sich dabei an, eine* ***Pro-und-Kontra-Tabelle*** *zu erstellen: Welche Argumente werden angeführt, um die altehrwürdige Tradition der Bibliothek zu erhalten? Welche Gegenargumente finden sich in den Materialien?*
*Wie bei jeder Erörterung ist es zielführend, wenn man sich mit* ***Definitionsfragen*** *auseinandersetzt: Was versteht man unter einer Bibliothek? Welche Institutionen gehören dazu? (z. B. die schuleigene Bibliothek) Wie lange gibt es schon Bibliotheken?*
*Nach der Beschäftigung mit den Materialien und dem* ***Notieren weiterer Assoziationen*** *zum Thema können Sie Ihren* ***eigenen Standpunkt festlegen****. Möchten Sie eher die These unterstützen, dass das Internet Bibliotheken überflüssig macht, oder die gegenteilige Meinung vertreten, dass gerade in Zeiten des omnipräsenten World Wide Web reale Orte wie die Schul- oder Universitätsbibliothek erhalten bleiben sollen?*
*Die Aufgabe wird in* ***zwei Varianten*** *vorgestellt. Zuletzt ist also die* ***Entscheidung*** *gefordert, ob man eher sachlich-distanziert das Für und Wider abwägt oder doch eine subjektiv gefärbte Stellungnahme abgeben möchte:*
***Variante 1*** *ist eine* ***traditionelle Erörterung****, die das Thema „Bibliotheken in der digitalen Gesellschaft“ vorgibt. Sie sollen „Probleme und Chancen“ erarbeiten, die die Bibliotheken heute charakterisieren. Es handelt sich also um eine klassische Pro-und-Kontra-Abhandlung. Die Einleitung führt zum Thema hin. Fragen der geschichtlichen Entwicklung können in einem ersten Teilschritt geklärt werden, um dann ausgehend von den Aussagen in den Materialien die beiden Seiten darzustellen. Am Ende steht ein Fazit, das durchaus offen gehalten werden kann.*
***Variante 2*** *ist ein* ***Kommentar****, der aus einer persönlichen Haltung heraus das Thema behandelt. Der Leser sollte die subjektive Betroffenheit des Schreibers erkennen, gleichzeitig aber auch durch gute Argumente überzeugt werden. Zwar kann in einem Kommentar, der ja deutlich kürzer ist (760–840 Wörter entsprechen je nach Handschrift ca. drei Seiten Text) nicht jedes Argument breit ausgeführt werden. Gerade deshalb muss man aber an den einzelnen Passagen besonders genau arbeiten. Das betrifft sowohl die Argumentationslinie als auch den sprachlichen Ausdruck.*

## Gliederung

*Variante 1:*

A Wissensspeicher Bibliothek

B Probleme und Chancen der Bibliotheken im digitalen Zeitalter (Auslauf- oder Zukunftsmodell?)

- I Historische Bedeutung und Aufgaben von Bibliotheken
- II Probleme der Bibliotheken im digitalen Zeitalter
  - 1 Teurer und aufwändiger Erhalt der Bestände und Gebäude
  - 2 Konkurrenz durch Möglichkeiten von Internet und Digitalisierung
- III Chancen
  - 1 Kultureller Aspekt: Bewahrung des kulturellen Erbes
  - 2 Sozialer und räumlicher Aspekt: Raum für Begegnung, Arbeiten und Lernen
  - 3 Ökonomischer Aspekt: kostengünstige Ausleihe
- IV Fazit: Die Bibliothek als Modell der Zukunft

C Die Magie des Buches: Buchmessen als Erfolgsgeschichten

## Lösungsvorschlag

Lesen und Schreiben, die beiden grundlegenden Kulturtechniken, waren lange Zeit an schriftliche Produkte gebunden, die in gedruckter Form vorlagen, also an Bücher und Zeitschriften. Die Erfindung von Johannes Gutenberg, die Druckerpresse, war deshalb wahrlich epochemachend. Dass sich das **gedruckte Wort** einmal nicht mehr als **Leitmedium der Gesellschaft** präsentieren würde, war kaum vorstellbar, und doch scheinen in der digitalen Welt andere Gesetze zu herrschen. In allen Lebensbereichen führt die **Digitalisierung** zu teilweise **dramatischen Änderungen**. Dass dies auch für Bücher gilt, liegt auf der Hand. Eine der wichtigsten Institutionen der Bücherwelt ist die Bibliothek. Aber ist es überhaupt noch notwendig, **Bibliotheken zu bewahren**, wenn zigtausende Bücherseiten auf einen Speicherchip passen? Eine mögliche Antwort auf diese Frage gibt eine **Karikatur** in der Zeitschrift Cicero (vgl. M 1): Ein älteres Paar sitzt auf gemütlichen Sesseln in einem Raum, der lauter leere Bücherregale zeigt. Nur in der Mitte leuchtet ein Tablet mit der Aufschrift „E-Book". Der Hausherr möchte seinen Kaffee hier einnehmen, aus „Gemütlichkeitsgründen", und er bezeichnet den Raum als „Bibliothek". Eine Bibliothek braucht demnach gar keine echten Bücher mehr. Die Aussage der Karikatur kann unschwer erkannt werden: Die kahlen Wände sind alles andere als gemütlich. Die Menschen halten an etwas fest, dessen Zeit lange vorbei ist. **A**

Ob mit der **Digitalisierung** tatsächlich ein **Zeitalter endet oder** nicht auch **neue Chancen** für das Buch und die Orte der Bücher, die Bibliotheken, **erwachsen**, wird im Folgenden näher untersucht.

Zunächst soll auf die historische **Bedeutung und Aufgaben der Bibliothe-** B
**ken** eingegangen werden. Die Geschichte der Zivilisation ist nämlich gleich- I
zeitig auch eine Geschichte der berühmten Büchersammlungen. In der Antike war es die Bibliothek von Alexandria, die das damals bekannte Wissen auf Schriftrollen gesammelt festhielt. Mehrere Brände zerstörten diese Schatzkammer des Wissens vollständig. Im Mittelalter waren es dann die Klosterbibliotheken, die die Aufgabe übernahmen, das **Weltwissen zu konservieren**. Wie in Umberto Ecos Roman „Der Name der Rose" gezeigt wird, sollte dieses Wissen nicht unbedingt allen Menschen zur Verfügung gestellt werden, aber allein die Aufbewahrung sorgte dafür, dass es nicht verloren ging. Auch in der Neuzeit gab es immer wieder Orte, die für ihre Büchersammlungen berühmt wurden. Dazu gehört ohne Zweifel die Anna-Amalia-Bibliothek in Weimar, die ein Beleg dafür ist, wie die Förderung von Kunst und Wissenschaft eng mit dem Aufbau einer Bibliothek verbunden war. Mit den Nationalbibliotheken entstanden schließlich riesige, architektonisch hervorstechende Gebäude, die sich zum Ziel gesetzt hatten, **Handschriften und Druckerzeugnisse jedweder Art** aufzunehmen. Sie erfüllen bis zum heutigen Tag die Aufgabe, Bücher und Zeitschriften zu **sammeln**, zu **katalogisieren** und dem Nutzer **zur Verfügung zu stellen**. Und noch immer gilt, dass derjenige, der sich zu einem Thema umfassend informieren will, auf das Material angewiesen ist, das hier zugänglich gemacht wird.
Schier unübersehbar groß sind die Mengen der gelagerten Wissensbestände also von Anfang an gewesen. Dass sich die Bestände ins beinahe Unendliche ausgedehnt haben, liegt auf der Hand. Deshalb ist die **Arbeit des Bibliothekars** so wichtig, denn seine Aufgabe ist ja nicht nur das **Sammeln** der veröffentlichten Schriften, sondern auch der nicht veröffentlichten Dokumente, der handschriftlichen Aufzeichnungen von Literaten zum Beispiel, die – um ein Beispiel zu nennen – im deutschen Literaturarchiv in Marbach aufbewahrt und der Forschung sowie Privatpersonen zugänglich gemacht werden. Nimmt man hier z. B. alle Dokumente, die zum Stichwort „Kafka" aufgerufen werden, so kommt man auf mehr als 6 000 Einträge. Neben dem Sammeln ist es deshalb die zweite große Aufgabe des Bibliothekars, das vorhandene Material zu **ordnen**. Niemand würde sich in einer Bibliothek oder einem Archiv zurechtfinden, wenn es nicht jemanden gäbe, der ein System bediente, um die Suche überhaupt erst zu ermöglichen. Lange Zeit wurde dabei mit Karteikarten gearbeitet – und manche Schulbibliothek tut dies heute noch.

Masse und Ordnungssystem führen aber auch zu zwei **zentralen Problemen**, II
die Bibliotheken heutzutage zu lösen haben. 1
Die weltweiten Bestände müssen erhalten werden. Und das scheint zunehmend zu einer Herkulesaufgabe zu werden, denn die **Kosten und der Aufwand zur Instandhaltung der Bücher** sind enorm. In erster Linie muss der sogenannte

**Säurebefall** bekämpft werden, der vor allem bei älteren, wertvollen Büchern an die Substanz geht. Das zwischen 1840 und 1990 industriell hergestellte Papier zerfällt schlicht und ergreifend im Laufe der Zeit. Allein in der Bayerischen Staatsbibliothek sind davon vier Millionen Werke betroffen (vgl. M 2, Z. 15 ff.). Es gibt zwar Möglichkeiten der Restaurierung, eine Entsäuerung der Bücher ist aber sehr kostenaufwändig. Seit 2011 koordiniert ein Berliner Institut diese Arbeit in der Bundesrepublik. Mit jährlich 600 000 Euro sollen u. a. Modellprojekte gefördert werden (vgl. M 2, Z. 3 ff.).

Neben dem Säurefraß gibt es speziell für Bücher aus der ehemaligen DDR noch das Problem, dass bestimmte Druckverfahren bei Dissertationen zu einem allmählichen Ausbleichen der Buchstaben führen. In den neuen Bundesländern befürchtet man deshalb, dass „die Wissenschaftsgeschichte eines ganzen Staates [verschwinden könnte]“ (M 2, Z. 24 f.). Man stelle sich vor, dass wissenschaftlich oder künstlerisch hochrangige Werke nicht mehr zugänglich sind, weil sie im Laufe der Zeit einfach gelöscht werden.

Zu den Erhaltungsmaßnahmen kommt noch hinzu, dass nicht nur die Bücher selbst, sondern auch die Gebäude bewahrt werden müssen. Als in Weimar vor einigen Jahren die berühmte Anna-Amalia-Bibliothek brannte, wurde der Öffentlichkeit bewusst, wie schnell unschätzbare Werte in Flammen aufgehen können. Um solch ein Unglück zu verhindern, ist es wichtig, dass die Räume stets überwacht werden, die Technik auf dem neuesten Stand ist und es ausgebildetes Personal gibt, um die Risiken zu erkennen und geeignete Maßnahmen zu ergreifen (vgl. M 2, Z. 7 ff.). All diese Notwendigkeiten kosten Geld, die „Allianz zur Erhaltung des schriftlichen Kulturguts“ geht in einer Denkschrift aus dem Jahr 2009 von zehn Millionen Euro pro Jahr für den laufenden Betrieb aus – um Altschäden zu reparieren sei sogar noch mehr nötig (vgl. M 2, Z. 11 ff.).

Der Materialzerfall bei den Büchern und den Gebäuden ist ein Problem, aber 2
technisch mit viel Aufwand zu stoppen. Was unaufhaltsam und zum Erhalt von Wissensbeständen geradezu ein Segen ist, ist das **Internet** mit seinen vielfältigen Möglichkeiten der **Speicherung und Bereithaltung von Wissen**. Während gedrucktes Wissen dem Säurefraß oder einem Bibliotheksbrand zum Opfer fallen kann, ist digitalisiertes Wissen weniger leicht zerstörbar. Zudem können Originale geschont werden, wenn sie nicht mehr ausgeliehen werden müssen, da sie in digitaler Form zur Verfügung stehen (vgl. M 2, Z. 27 ff.).

Doch auch in anderer Hinsicht macht das **Internet** herkömmlichen Bibliotheken **Konkurrenz**. Jeder Schüler kennt die Mühen und Anstrengungen, die es braucht, um sich auf ein Referat vorzubereiten. Der Gang in die Schulbibliothek erscheint meiner Generation zunehmend beschwerlich: Zu umständlich ist die Suche im Schlagwortverzeichnis, das Herumirren zwischen den Bücherregalen, schließlich das Durchblättern in den Publikationen, die zudem oftmals nicht dem neuesten Stand der Forschung entsprechen. Viel einfacher ist da die Recherche am heimischen PC. Wenige Mausklicks und man ist mit Grunddaten, kurzen Definitionen und Zusammenfassungen versorgt, die oft ausreichen, um einen kompetenten Kurzvortrag vor der Klasse zu halten. Der ent-

scheidende Vorteil der Arbeit am PC und im Internet ist also sicherlich die **einfache und effiziente Recherche**. Die Suchalgorithmen werden zwar immer wieder kritisiert, aber nach Aussage von Kathrin Passig unterscheidet sich z. B. der Google-Ansatz nicht wesentlich von den Rankingsystemen, die auch in der Wissenschaft verwendet werden (vgl. M 4, Z. 27 f.). Tatsächlich wird es niemanden geben, der zur Vorbereitung eines Referats oder einer längeren schriftlichen Arbeit nicht die Recherchemöglichkeiten des Netzes nutzen würde.
Passig ist es auch, die darauf hinweist, dass die „flächendeckende **Grundversorgung** mit Unterhaltungs- und Bildungsmaterialien zu einem symbolischen Preis [durch] das Internet übernommen [wurde]“ (M 4, Z. 9 f.). Das **Angebot** im Netz ist tatsächlich tendenziell **kostenfrei**. Texte von Autoren, die schon mehr als 70 Jahre tot sind, sind nämlich urheberrechtsfrei und dürfen im Internet kostenlos zur Verfügung gestellt werden (vgl. M 3, Z. 51 f.). Unzählige literarische Werke sind deshalb auf Plattformen wie dem „Projekt Gutenberg“ vorhanden und können schnell heruntergeladen werden. Angenommen ich will Büchners Woyzeck lesen, kann ich das, einen Internetzugang vorausgesetzt, z. B. auf meinem Smartphone oder Tablet kostenlos tun. Ein Gang in die Bibliothek rentiert sich so nicht mehr.
Dass die Zukunft auch in der **Bibliothek digital** sein wird, gibt sogar die Vorsitzende des Deutschen Bibliotheksverbands, Monika Ziller, zu. Nachschlagewerke können nach ihrer Aussage lediglich in der elektronischen Version auf dem **aktuellen Stand** gehalten werden (vgl. M 3, Z. 17 ff.) und in den Naturwissenschaften wird zunehmend gleich ganz auf Gedrucktes verzichtet. Hier erscheinen viele Aufsätze (nur noch) digital – der **Gang in die Bibliothek** wird dementsprechend **überflüssig**. Die ganze umständliche Prozedur der Anmeldung, des ausgestellten Bibliotheksausweises, der Ausleihe und rechtzeitigen Rückgabe – das alles fällt weg, wenn man sich im World Wide Web bedienen kann.

Ist mit den genannten Argumenten das **Zeitalter der Bibliothek besiegelt**? III
Schaut man zunächst auf die **Statistik**, so zeichnet sich durchaus ein Trend ab: Die Zahl der öffentlichen und der wissenschaftlichen Bibliotheken ist zwischen 1999 und 2013 zurückgegangen, nämlich von 12 704 auf 10 180. Allerdings bedeutet die Schließung von immerhin gut 2 500 Bibliotheken nicht, dass weniger Bücher und Medien nachgefragt werden – im Gegenteil. Im gleichen Zeitraum stieg die Anzahl der Entleihungen von 383 Millionen auf über 466 Millionen an (zu den Zahlen vgl. M 5, Deutsche Bibliotheksstatistik). Und auch der Bestand an Medien ist deutlich gestiegen. Dies wiederum kann nur heißen, dass die Bibliotheken in Deutschland weiter gebraucht werden. Dafür gibt es gute Gründe.

Festgehalten werden muss, dass **Bibliotheken** zunächst einmal eine **Aufgabe** 1
bewältigen, die niemand anders übernehmen kann: Sie sind der Ort, an dem das **kulturelle Erbe der Menschheit** insgesamt **bewahrt** wird. Noch ist nicht daran zu denken, dieses Kulturgut bloß digital zu speichern, denn abgesehen von chemischen Prozessen, die man aber grundsätzlich beherrschen kann, ist

in den Büchern das Wissen der Welt sehr **zuverlässig** aufbewahrt. Auf den ersten Blick ist zwar die **Digitalisierung** und damit auch **Langzeitarchivierung** aller Bücher dieser Erde zumindest vorstellbar: Der entsprechende Speicherplatz dazu ist vorhanden und bekannte Firmen wie der US-Konzern Google haben bereits damit begonnen, urheberrechtsfreie Werke einzuscannen. Allerdings ist das **Problem der Haltbarkeit** noch nicht gelöst. Digitale Kopien auf Servern und Festplatten sind nur scheinbar sicher. Viel zu oft kommt es vor, dass Dateien gelöscht werden. Tobias Beinert, Referent für Bestandserhaltung an der Bayerischen Staatsbibliothek, fasst etwas überspitzt zusammen: „Ein 100 Jahre altes [...] Buch kann man ohne Probleme öffnen und lesen, ein 15 Jahre altes Word Dokument möglicherweise schon nicht mehr“ (M 2, Z. 30 ff.). Auch Monika Ziller bestätigt, dass CDs, DVDs und andere digitale Speichermedien bisher nicht zur Langzeitarchivierung geeignet seien, wohingegen tausende Jahre alte beschriebene Pergament- oder Papyrusrollen immer noch lesbar seien (vgl. M 3, Z. 54 ff.). Die Beständigkeit und Zuverlässigkeit von bits und bytes ist also nicht so groß wie man meinen könnte. Die **Haltbarkeit des alten Mediums Buch** ist da ein klarer **Vorteil**.
Die **Gebäude** selbst gehören zum **kulturellen Erbe** zwingend dazu. Die Münchner Ludwigsstraße ohne die Front der Bayerischen Nationalbibliothek ist schwer vorstellbar. Darüber kann man nicht einfach hinweggehen und niemand würde ja auf die Idee kommen, Kirchen einzureißen, auch wenn die Nachfrage sinkt oder wenn es zweckmäßigere Gebäude gäbe, in denen eine Kirchengemeinde zusammenkommen könnte.

Von der Architektur kommt man schnell zu einem weiteren, noch wichtigeren 2
Aspekt der Bibliothekslandschaft. Büchereien sind „Oasen in einer hektischen Welt“, wie Monika Ziller es auf den Punkt bringt (M 3, Überschrift), denn sie sind im Gegensatz zu den Weiten der virtuellen Welt ganz **reale Orte**, an denen man reale Menschen trifft und sich mit realen Gegenständen auseinandersetzen kann. Bibliotheken bieten einen idealen **öffentlichen Raum** für **soziale Begegnungen** einerseits und **Arbeiten und Lernen** andererseits. Dies haben offensichtlich auch die Verantwortlichen erkannt: Hochschulbibliotheken haben nicht selten 24 Stunden am Tag geöffnet, weil die Nachfrage nach Räumen, in denen man sich alleine oder auch zusammen mit anderen konzentriert auf Prüfungen vorbereiten kann, sehr groß ist. „Kein Krach, kein Handy, keine Ablenkung. Wo sonst im zunehmend hektischen Alltag kann man sich noch so abschirmen?“ (M 3, Z. 4 f.), fragt Ziller und verweist gleichzeitig auf die „**Beratungskompetenz**“ (M 3, Z. 7 f.), die die Angestellten der Bibliotheken anbieten können. Wer zu Hause am Computer zu einem Thema recherchiert, findet schnell viele Links, weiß aber oft nicht, was wirklich brauchbar ist oder was sogar in die Irre führt. Die **Hilfen**, die man dagegen in der Bibliothek erfährt, können einen gezielt weiterbringen. Selbst in kleinen Schulbibliotheken sitzen Verwaltungskräfte, die sich gut auskennen. Manchmal ist es auch ein Lehrer, der den Dienst übernommen hat und der dann natürlich Insiderwissen parat hat. Davon kann man nur profitieren.

Letztlich spielt für die Bibliotheken der **Wohlfühlfaktor** eine entscheidende Rolle. Hier hat man vermutlich die **besten Arbeitsbedingungen**, es gibt meist auch Cafés und Veranstaltungsräume, sodass Begegnungen mit anderen Menschen zwangsläufig möglich sind. Der kommunikative Mehrwert solcher Orte ist unschwer zu erkennen.

Hinzu kommt der **wirtschaftliche Vorteil** öffentlicher und wissenschaftlicher 3
Büchereien für deren Nutzer bzw. die Allgemeinheit. Studierende erhalten einen Bibliotheksausweis automatisch mit der Einschreibung. Extragebühren fallen nicht an. Dies gilt analog für jede Schulbibliothek und selbst die städtische Bücherei verlangt für einen Jahrespass sehr wenig Geld. Das bedeutet, dass sich Nutzer rund um die Uhr und das ganze Jahr hindurch bei dem umfassenden Angebot **nahezu kostenlos** bedienen dürfen. Wer gerne aktuelle (Fach-)Zeitschriften durchblättert oder sich über Neuerscheinungen auf dem Laufenden halten will, der ist hier also am richtigen Ort.
Dass Bibliotheken inzwischen auch diejenigen Werke anbieten können, die nur digital publiziert wurden, muss in diesem Zusammenhang auch unter ökonomischen Gesichtspunkten betrachtet werden. Es stimmt nämlich gar nicht, dass grundsätzlich alles, was digital existiert, kostenfrei im Netz steht. Im Gegenteil sind viele Publikationen kostenpflichtig, der Erwerb derselben zumindest für Schüler und Studenten kaum zu machen. In den Bibliotheken können aber auch solche **digitalen Bücher ausgeliehen** werden. Hier müssen allerdings noch rechtliche Fragen geklärt werden, denn digitale Bücher können nur dann verliehen werden, wenn die entsprechenden Lizenzverträge mit den Verlagen abgeschlossen wurden. Falls dies nicht der Fall ist, ist es z. B. nicht möglich, Kopien wichtiger Kapitel zu ziehen (vgl. M 3, Z. 44 ff.). Eine Novellierung des Urheberrechts steht dazu noch aus.

Es ist eine Binsenweisheit, dass **epochale technische Entwicklungen** Aus- IV
wirkungen auf alle Bereiche des Lebens haben. Mit der **Digitalisierung** ist unter anderem die Frage aufgetaucht, ob das alte Speichermedium „Buch" weichen muss und alle schriftlichen Aufzeichnungen ab sofort nur noch virtuell festgehalten werden. Natürlich gibt es Propheten, die das **Ende des Gutenbergzeitalters** auf uns zukommen sehen und „den Untergang alles Papierenen" (M 4, Z. 4) vorhersagen. Trends in diese Richtung sind kaum zu leugnen. Zum einen zeigt sich jetzt schon deutlich, dass bestimmte Arten der Wissensspeicherung besser in der digitalen Welt verortet werden können als in Buchform. Dazu gehören in erster Linie Lexika, die in digitaler Form einfacher dem rasch sich entwickelnden Fachwissen angepasst werden können. Auch klassische Werke der Literatur, auf die kein Urheberrecht mehr erhoben werden kann, sind im Netz gut aufgehoben. Für diese Formen der Kulturspeicherung braucht man die Schwelle der Bibliothek nicht zu überschreiten – außer man ist ein Fan von anfassbaren Büchern.
Trotzdem verbleiben den **Bibliotheken und Büchereien viele kleine und große Aufgaben**, wie die Ausführungen oben gezeigt haben. Das sind zum einen solche, die nicht direkt mit Büchern, dafür umso mehr mit Menschen zu

tun haben: Die Bibliothek ist ein **Ort der Begegnung**. Zum anderen kann das Netz selbst bei größter Anstrengung nicht alle Wissensbestände der Welt in geordneter Form anbieten. Dazu müsste ja nicht nur der gesamte Bestand digital zur Verfügung gestellt werden, sondern auch jede Neuerscheinung, und das Ganze garantiert für einen sehr langen Zeitraum sicher und zuverlässig gespeichert werden. Vielleicht ist dies sogar irgendwann einmal möglich, aber im Moment können wir ohne Bibliotheken das **gesammelte Weltwissen** nicht anders **konservieren**.

Wenn die beiden großen **Buchmessen** der Bundesrepublik, die Veranstaltungen in Frankfurt und in Leipzig, ihre Tore schließen, dann ist jedes Jahr das Staunen groß. Wieder sind die Besucherzahlen hoch gewesen, die einzelnen Stände konnten sich über **rege Nachfrage** freuen und die Feuilletons der Zeitungen berichteten fast täglich vom Treiben der Kulturschaffenden vor Ort. Das Buch scheint alles andere als ein Auslaufmodell zu sein. Solange Bücher in diesem Umfang gekauft und gelesen werden, wird es wohl auch **Orte** geben müssen, die diese **Bücher sammeln und ordnen**. Das sind neben großen und potenten Privatsammlern in erster Linie die Bibliotheken – die sich ändern, aber die nicht überflüssig werden. C

## Gliederung

*Variante 2:*

1 Schließung von Bibliotheken – eine traurige Wahrheit

2 Bibliotheken als Auslaufmodelle
2.1 Online-Angebote statt echte Bücher
2.2 Kostenfaktoren von Bibliotheken

3 Zukunftsmodell Bibliothek
3.1 Bereitstellung des kulturellen Erbes
3.2 Beratungsleistung als Service
3.3 Wissens- und Kommunikationslandschaften
3.4 Anpassung als Weg in die Zukunft

4 Neuausrichtung der Bibliothek: Verbindung von Tradition und Moderne

## Lösungsvorschlag

Ändern, nicht schließen! –

Warum wir Bibliotheken auch im 21. Jahrhundert brauchen

Gerüchten zufolge planen die politisch Verantwortlichen, unsere **Stadtbiblio-** 1
**thek** zu **schließen**. Gründe dafür wurden noch nicht genannt, aber man kann sich leicht ausmalen, dass es wieder einmal um die Rendite geht: Das rechnet sich nicht mehr. Fast könnte man meinen, damit werde einem **allgemeinen Trend** gefolgt. Nach den Angaben der Deutschen Bibliotheksstatistik ging nämlich die Zahl der öffentlichen Bibliotheken zwischen 1999 und 2013 deutlich zurück: Mehr als 2 200 Einrichtungen haben ihre Tore geschlossen. Bei den wissenschaftlichen Bibliotheken ist ein Rückgang um über 25 Prozent festzustellen – alarmierende Zahlen (vgl. M 5)!

**Gründe für diese Entwicklung** gibt es viele. Entscheidend ist die Digitali- 2
sierung. Das **Buch** wird **durch die Angebote im Internet ersetzt**. Niemand 2.1
geht mehr in eine öffentliche Bibliothek, um sich ein Buch auszuleihen. Zwei Beispiele: Meine Eltern holten sich früher, wenn sie ihren Urlaub in Spanien planten, regelmäßig den neuesten Reiseführer zusammen mit einem Sprachführer aus der Bücherei. Beides wird heute digital ersetzt. Die Spanisch-App gibt es kostenlos im Onlinestore und Empfehlungen zum Urlaubsland findet man auf entsprechenden Reiseseiten im Internet. In die Urlaubstasche gehört dann noch der Krimi für den Strand. Auch da hat sich was geändert: Was früher der dicke Schmöker war, ist heute der Download auf dem Lesegerät. Bücher zum Anfassen – zumal in Bibliotheken – sind überflüssig geworden. Und

wenn ihr einziger Zweck nur mehr der ist, dass sie einen Raum gemütlicher machen (vgl. M 1), kann man getrost auf sie verzichten.

Lohnen sich überhaupt die Kosten, die eine öffentliche Bücherei erzeugt, für 2.2
eine Kommune? Es geht ja nicht nur darum, ständig neue Bücher anzuschaffen, sie müssen auch betreut werden. Die **Personalkosten** werden ergänzt durch Erhaltungsmaßnahmen für die Gebäude und den Bestand. Zwar wird es in einer städtischen Bibliothek nicht vorkommen, dass tonnenweise Bücher entsäuert werden müssen, weil sie durch chemische Prozesse zu zerfallen drohen. Aber auch in einer kleinen Bibliothek fallen **Instandhaltungskosten** an (vgl. M 2).

Die **Notwendigkeit einer Bibliothek** kann allerdings nur beurteilen, wer sich 3
Gedanken über deren **Kernaufgabe** macht. Seit der Antike sind Bibliotheken 3.1
Orte des Weltwissens. Hier wurden die schriftlichen Aufzeichnungen der Gelehrten gesammelt und geordnet. Über mittelalterliche Bibliotheken und die berühmten Sammlungen europäischer Fürsten – Weimarbesucher kennen die Bücherschatztruhe der Herzogin Anna Amalia – bis zu den großen Nationalbibliotheken in Berlin, Paris oder London hat sich die Tradition fortgeführt. Was diese berühmten Institutionen im Großen leisten, bewirken die Büchereien in jeder Gemeinde im Kleinen: Sie ermöglichen jedem **Zugang zu den Wissensquellen unserer Kultur**.

Das kann man inzwischen auch im Internet alles nachlesen, tönen die Kritiker 3.2
(vgl. M 4). Doch stimmt das wirklich? Tendenziell ist das Netz eine anonyme Maschine, die den Nutzer allein lässt. Wer aber in eine Bibliothek geht, wird bedient, d. h. konkret **beraten**. Über den Tellerrand des Wikipedia-Eintrags hinaus werden dem Besucher Zugänge zu Informationen geboten, die sich eben nur hier auftun. In der **öffentlichen Bibliothek** sitzen echte **Fachleute**, die darin geschult sind, z. B. anfangs recht hilflosen Schülern zu zeigen, wie sie mit ihren Seminararbeiten weiterkommen. „Lotsen im Wissensdschungel" hat Monika Ziller, die Vorsitzende des Deutschen Bibliotheksverbandes, diese Mitarbeiter genannt (vgl. M 3).

Das **Kerngeschäft** der Bibliothek ist die **Bereitstellung von Büchern und** 3.3
**anderen Medien** und das funktioniert immer noch gut. Dafür gibt es einen entscheidenden Grund. Seit jeher sind Bibliotheken **Orte der sozialen Begegnung**. Ob die Staatsbibliothek in München oder die kleine Bücherei in unserer Heimatgemeinde – immer geht es auch darum, Menschen zu treffen, sich mit ihnen auszutauschen und u. U. gemeinsam an einem Thema zu arbeiten. Vielerorts werden Büchereien zusätzlich als Veranstaltungsorte genutzt. Bibliotheken sind also nicht nur **Wissens-**, sondern auch **Kommunikationsräume**. Wer Onlinesucht beklagt und gleichzeitig Büchereien dichtmacht, begeht einen schweren Denkfehler!

Ein Fehler wäre ebenfalls, die Digitalisierung zu einer Frage von Sein oder 3.4
Nichtsein zu stilisieren. Monika Ziller hat ganz recht, wenn sie die Biblio-

theken vor der Aufgabe sieht, **sich an die digitale Zukunft anzupassen** (vgl. M 3). Es geht nämlich gar nicht um die Frage: **Bibliothek oder Internet**, sondern darum, **beide Bereiche zu verbinden**. Sie plädiert dafür, genau zu unterscheiden, wo digitale Angebote traditionelle Bücher ersetzen – z. B. im Bereich der Lexika und bei wissenschaftlicher Literatur – und wo auch künftig auf das Buch gesetzt wird. Nimmt man weitere Aussagen der Fachwelt hinzu, wird sich das Szenario einer buchlosen Welt nicht so schnell bewahrheiten, schon alleine deshalb, weil die Frage nach der dauerhaften Archivierung digitaler Werke noch nicht geklärt ist. Während Bücher über Hunderte von Jahren konserviert werden können, sind Dateien oft nach kurzer Zeit nicht mehr dechiffrierbar (vgl. M 2 und M 3).

**Bibliotheken** wird es noch lange geben, sie werden **weiterhin Bücher sam-** 4
**meln und anbieten** und sie werden **zunehmend digitale Angebote** machen. Unsere Stadtbücherei hat z. B. eine nicht unbedeutende Sammlung an CD-ROMs, DVDs und Onlinedatenbanken, die man nur hier einsehen kann. Die Parole bezogen auf Bibliotheken muss also lauten: **Ändern, nicht schließen**! Wer glaubt, dass es sich um eine veraltete Tradition einer gestrigen Wissensgesellschaft handelt, irrt gewaltig. Die einzige Frage, die geklärt werden muss: Wie kann man die **Tradition** sinnvoll **mit der digitalen Moderne verbinden**? Die Antwort ist nicht so schwer zu finden, es muss nur der politische Wille dazu da sein.

## Deutsch Bayern – Abiturprüfung 2013: Aufgabe 1: Erschließen eines literarischen Textes

a) Erschließen und interpretieren Sie das Gedicht *Der Unbekannte* von Joseph von Eichendorff (Text A)! Nutzen Sie dabei auch Text B und berücksichtigen Sie den literaturgeschichtlichen Hintergrund.

b) Legen Sie ausgehend vom Verhalten der Frau im Gedicht und mit Blick auf eigene Erfahrungen abschließend dar, weshalb von der Begegnung mit Unbekanntem Faszination ausgehen kann.

### Text A

**Joseph von Eichendorff** (1788–1857)
**Der Unbekannte** (Erstdruck 1837)

Vom Dorfe schon die Abendglocken klangen,
Die müden Vöglein gingen auch zur Ruh,
Nur auf den Wiesen noch die Heimchen[1] sangen
Und von den Bergen rauscht der Wald dazu;
Da kam ein Wandrer durch die Ährenwogen,
Aus fernen Landen schien er hergezogen.

Vor seinem Hause, unter blüh'nden Lauben
Lud ihn ein Mann zum fröhl'chen Rasten ein,
Die junge Frau bracht' Wein und Brot und Trauben,
Setzt dann, umspielt vom letzten Abendschein,
Sich neben ihn und blickt halb scheu, halb lose[2],
Ein lockigt Knäblein lächelnd auf dem Schoße.

Ihr dünkt, er wär' schon einst im Dorf gewesen,
Und doch so fremd und seltsam war die Tracht,
In seinen Mienen feur'ge Schrift zu lesen
Gleich Wetterleuchten fern bei stiller Nacht,
Und traf sein Auge sie, wollt' ihr fast grauen,
Denn's war, wie in den Himmelsgrund zu schauen.

Und wie sich kühler nun die Schatten breiten,
Vom Berg Vesuv, der über Trümmern raucht,
Vom blauen Meer, wo Schwäne singend gleiten,
Krystall'nen Inseln, blühend draus getaucht,
Und Glocken, die im Meeresgrunde schlagen,
Wußt' wunderbar der schöne Gast zu sagen.

„Hast viel erfahren, willst Du ewig wandern?“
Sprach drauf sein Wirt mit herzlichem Vertrau'n,
„Hier kannst Du froh genießen wie die andern,
Am eig'nen Herd Dein kleines Gärtchen bau'n,
Des Nachbars Töchter haben reiche Truhen,
Ruh' endlich aus, brauchst nicht allein zu ruhen.“

Da stand der Wandrer auf, es blühten Sterne
Schon aus dem Dunkel über'm stillen Land,
„Gesegn' euch Gott! mein Heimatland liegt ferne. –“
Und als er von den beiden sich gewandt,
Kam himmlisch Klingen von der Waldeswiese –
So sternklar war noch keine Nacht wie diese.

*Joseph von Eichendorff, Werke in sechs Bänden, Bd. 1: Gedichte. Versepen, hrsg. v. Wolfgang Frühwald u. a., Berlin 1987, S. 391. Erstdruck 1837; Orthographie und Interpunktion entsprechend der Werkausgabe von 1987*

Worterläuterungen:
1 *Heimchen:* eine Grillenart
2 *lose:* hier: nicht zurückhaltend, keck

## Text B

### Christiane Krautscheid
### „Und jeder Schritt des Wandrers ist bedenklich“. Eine Wanderung durch die Motivgeschichte (1997)

[…] „Nach innen führt der geheimnisvolle Weg“, heißt die Parole bei Novalis[1]. Nicht objektive Welterfahrung, sondern subjektives Sich-finden in der Natur, die zum Spiegel des eigenen Innern wird. Der Wanderer ist jetzt die Personifizierung romantischer Sehnsucht nach dem Unendlichen. Und zur unbestimmten Sehnsucht paßt das Wandern ins Blaue besser als eine zielgerichtete Fahrt. […] Der romantische Wanderer ist immer auf der Suche: nach einem unbekannten Glück, nach einer entfernten Geliebten, einem Seelenfreund. Ist er fündig geworden, sehnt er sich danach, erneut auszuziehen. „Sehnsüchtig sah ich jedem Wandersmann nach, der auf der Landstraße vorüberzog, wie wohl ist Dir, sagte ich, daß Du Dein ungewisses Glück noch suchst! Ich hab' es gefunden“, heißt es in *Franz Sternbalds Wanderungen* von Ludwig Tieck[2]. Die Sehnsucht nach dem Fremden rührt aus einer Spannung im Innern des Menschen, sie ist äußere Signatur einer Suche nach dem Selbst, dem Sinn der Existenz. […]

*Christiane Krautscheid, Und jeder Schritt des Wandrers ist bedenklich. Eine Wanderung durch die Motivgeschichte, in: „… ich bin ein Fremdling überall.“ Publikation zum Wanderer-Zyklus des Berliner Philharmonischen Orchesters, hrsg. v. Sabine Borris, 11/1997, S. 9–20*

Worterläuterungen:
1 *Novalis* (1772–1801): deutscher Schriftsteller, wichtiger Vertreter der Romantik
2 *Ludwig Tieck* (1773–1853): deutscher Schriftsteller, wichtiger Vertreter der Romantik

**Hinweise und Tipps**

- *Die Aufgabenstellung ist zweigeteilt in einen* ***erschließend-interpretierenden a)-Teil*** *und eine* ***b)-Aufgabe mit argumentativem Charakter****. Der Schwerpunkt der Arbeit liegt auch durch die Beigabe von Text B auf der Erschließung und Interpretation des Gedichts vor dem literaturgeschichtlichen Hintergrund.*
- *Die einzelnen Elemente der Erschließung werden in der Aufgabenstellung üblicherweise nicht mehr separat aufgelistet. Die* ***Untersuchungsschwerpunkte*** *ergeben sich vielmehr aus den spezifischen Besonderheiten des jeweiligen Gedichts. Erwartet wird die Herausarbeitung der Gesamtaussage in inhaltlich-struktureller, formaler und sprachlich-stilistischer Hinsicht. Es empfiehlt sich zu Beginn der Erschließung eine* ***strukturierte Inhaltsangabe*** *zu verfassen, die sowohl den Aufbau des Textes (durch Herausarbeitung der Struktur, Bildung thematisch zusammengehöriger „Blöcke") als auch den inhaltlichen Verlauf bzw. die Gedankenführung wiedergibt. Da im vorliegenden Eichendorff-Gedicht kein explizites lyrisches Ich zu erkennen ist, wird der Schwerpunkt auf der* ***Strukturierung der vorgeführten Handlungsabfolge*** *liegen. Besonderes Augenmerk ist dabei auf die Frage zu legen, ob inhaltliche Brüche, Wendepunkte oder thematische Verklammerungen erkennbar sind.*
- *Nach dieser inhaltlichen Klärung erfolgt die Hauptaufgabe der Erschließung: Die Wahl geeigneter* ***Interpretationsschwerpunkte*** *und ihre Erarbeitung am Text. Die literaturwissenschaftlichen Erläuterungen in Text B bieten hier eindeutige Hilfen. Die explizite Einforderung des literaturgeschichtlichen Hintergrunds legt die Konzentration auf typische Motive der Romantik (Natur, Sehnsucht, Religion, Fantasie …) nahe. Hier haben Sie auch Gelegenheit, Ihr* ***Epochenwissen*** *zur Romantik (Ziele, Motive, Poetik) einzubringen. Der zentralen Bedeutung des* ***Wanderermotivs*** *kann ein eigener Gliederungspunkt gewidmet werden. Führen Sie die Wirkung sprachlich-stilistischer (z. B. Bildlichkeit, Lautgestalt, Motivik) als auch formaler (z. B. Versmaß, Reim, Strophenform) Auffälligkeiten an geeigneten Stellen vor. Vermeiden Sie jedoch ein aneinanderreihendes „Abhaken" dieser Aspekte.*
- *Um einen geschlossenen Eindruck des Aufsatzes zu erreichen, empfiehlt es sich, die* ***Einleitung*** *und den* ***Schluss*** *auf den Wesenskern des Gedichts abzustimmen. Hier bieten sich Querverbindungen zu eventuell im Unterricht behandelten Gedichten und Erzählungen der Romantik an (z. B. Eichendorffs „Die zwei Gesellen", „Sehnsucht" oder „Aus dem Leben eines Taugenichts"). Genauso möglich ist auch die Formulierung des ersten Leseeindrucks (der dann später im Hauptteil überprüft wird) oder Überlegungen zum Zentralbegriff „Faszination".*
- *Die* ***b)-Aufgabe*** *ist eher knapp gehalten; der Hinweis „abschließend" kann auch als Möglichkeit für einen erweiterten Schlussteil gelesen werden. Der Operator „darlegen" verlangt also keine eigenständige, ausführliche Erörterung, sondern eine weiterführende* ***Reflexion*** *über die Bedeutung und Zeitlosigkeit des zentralen Aspekts „Faszination durch Unbekanntes". Der Verweis „mit Blick auf eigene Erfahrungen" fordert dabei nicht eine erzählende Vorführung konkrete Erlebnisse in der „Ich"-Form, sondern eine stichhaltige argumentierend-abstrahierende persönliche Auseinandersetzung mit dem Thema. Wahren Sie hier den* ***Bezug zur Aussage des Gedichts*** *(„ausgehend von Verhalten der Frau im Gedicht").*

**Gliederung**

A Das Reise-Motiv in der Literatur

B Erschließung und Interpretation des Gedichtes „Der Unbekannte" von Joseph von Eichendorff und Überlegungen zu der Frage, weshalb von der Begegnung mit Unbekanntem Faszination ausgehen kann

- I. Strukturierte Inhaltsangabe
  1. Schilderung einer ländlichen Abendlandschaft (V. 1–4)
  2. Konfrontation einer Dorffamilie mit dem faszinierenden Fremden (V. 5–18)
  3. Gedankenreise in ferne Welten durch die Erzählung des Wanderers (V. 19–24)
  4. Kontrastierung im Angebot des Hausherrn (V. 25–30)
  5. Veränderte Naturwahrnehmung nach dem Aufbruch des Wanderers (V. 31–36)
- II. Sprachlich-stilistische Gestaltung vor dem literaturgeschichtlichen Hintergrund der Romantik
  1. Volksliedhafter Charakter durch Harmonie in Metrum, Reim- und Strophenform
  2. Symbolische Orts- und Zeitgestaltung
  3. Klanggestalt und Bildlichkeit in der Beschreibung der Natur
  4. Religiöse Metaphorik und märchenhaft-mythisierende Elemente
- III. Die Bedeutung des Wanderer-Motivs unter Berücksichtigung von Text B
  1. Schaffen von Gegenwelten durch kontrastierende Lebensentwürfe
  2. Rastlosigkeit und Suche als zentrales romantisches Gefühl
- IV. Gründe für die Faszination bei der Begegnung mit Unbekanntem
  1. Ambivalenz durch Neugier und Irritation
  2. Chance für eine neue Selbsterfahrung
  3. Möglichkeit einer Projektion von Wünschen und Sehnsüchten

C Die Aktualität romantischer Sehnsucht heute

**Lösungsvorschlag**

Die **Figur des rastlos Reisenden** und des auf seiner Wanderschaft Suchenden ist eines der ältesten und beliebtesten Motive der Literaturgeschichte und findet sich bis in die großen – auch vom Film erfolgreich adaptierten – Epen unserer Zeit. Von der „Odyssee“ über die Artussage bis hin zu Tolkiens „Herr der Ringe“ machen sich meist männliche Helden auf den abenteuerlichen Weg, um entweder einen sagenumwobenen Schatz, ihre eigentliche Bestimmung oder die ferne Heimat zu finden. Im Zentrum steht dabei oft weniger das Ziel der Reise als die Suche danach. Die Helden reifen in ihrer Persönlichkeit gerade durch die vielfältigen Herausforderungen, Erfahrungen und Begegnungen auf den Stationen der Lebensfahrt, ganz nach dem Leitspruch: „**Der Weg ist das Ziel**“. Die Epoche der Romantik verarbeitete wie kaum eine andere das Motiv des sehnsüchtigen Abenteurers zwischen Fern- und Heimweh, dem Joseph von Eichendorff in seiner Erzählung „Aus dem Leben eines Taugenichts“ ein literarisches Denkmal gesetzt hat. Dabei ist diese **romantische Sehnsucht** durchaus zwiespältig: Einerseits steht sie für **ein positiv empfundenes Freiheitsverlangen**, andererseits dient sie auch als Warnung vor den **Gefahren des ruhelosen Schweifens** in die Ferne, wie es von Eichendorff selbst in seinem Gedicht „Die zwei Gesellen“ eindringlich vorgeführt wird. Der wohl bekannteste romantische Schriftsteller verarbeitet auch im Gedicht „Der Unbekannte“ dieses Sehnsuchtsmotiv, wenn er in der Begegnung eines Wandersmannes mit einer biedermeierlichen Dorffamilie eine Atmosphäre von Fremdheit und Faszination zugleich entstehen lässt. A

Im Folgenden soll Eichendorffs Gedicht auch unter Zuhilfenahme des Textes von Christine Krautscheid „Und jeder Schritt des Wanderers ist bedenklich“ erschlossen und interpretiert werden. Abschließend werden davon ausgehend eigene Überlegungen zu der Frage angestellt, warum von der Begegnung mit Unbekanntem Faszination ausgehen kann. B

Eingeleitet wird das Gedicht in der ersten Strophe mit dem Entwurf einer spätsommerlichen Abendlandschaft, die zugleich den **zeitlichen und örtlichen Rahmen** eröffnet und in ihrer verklärten, typisch romantischen Naturschilderung mit der Schlussstrophe die atmosphärische Klammer des Gedichtes bildet. Die dörfliche Szenerie mit kirchlichem Geläut und bewaldeter Bergkulisse strahlt dabei eine in sich ruhende Idylle aus (V. 1–4). I. 1.

In diese Harmonie fügt sich ein unbekannter Wandersmann, der in die Einheit der Natur integriert zu sein scheint und den **konkreten Schauplatz**, die Laube einer kleinen Dorffamilie, erreicht. Mit einem jungen Paar mit Kind werden nun die weiteren – den Wanderer kontrastierenden – **Figuren** eingeführt. Ein besonderes Augenmerk wird dabei auf die junge Frau gerichtet, die den fremden Wanderer gastfreundlich bewirtet und auf die er eine eigentümliche Anziehung ausübt. Die gesamte dritte Strophe ist daraufhin aus ihrer 2.

Perspektive verfasst und veranschaulicht die **ambivalente Wirkung**, die der Gast auf sie ausübt. Einerseits erscheint er ihr vertraut, andererseits ist sie gebannt von seiner geheimnisvoll anmutenden Fremdheit (V. 5–18).

In Strophe 4 entführt der Wanderer seine Zuhörer durch packende **Reise-** 3.
**erzählungen** gleichsam in andere Welten. Dabei wird ein Panorama der abenteuerlichen Ferne ausgehend von den Extremen eines Vulkans bis zur Tiefe des Meeres entfaltet. Diese Schauplätze, insbesondere die Evozierung Italiens als das Sehnsuchtsland der Romantik, erhalten auch in Kontrastierung zur aufkommenden Kälte der realen Abendlandschaft einen Zug ins **Irreal-Märchenhafte** (V. 19–24).

Der Einwand des Hausherrn, der die rastlose Wanderschaft des Unbekannten 4.
in Frage stellt, holt die Beteiligten wieder in die zweckorientierte Wirklichkeit zurück. Dessen direkte Rede in der fünften Strophe entwirft mit dem Angebot an den Wanderer, sesshaft zu werden und reich einzuheiraten, eine **bürgerlich-philisterhafte Gegenwelt** zu der vorher geschilderten romantischen Lebensführung und bildet sowohl inhaltlich als auch formal einen Kontrast zur vorangegangenen Strophe (V. 25–30).

Daraufhin erfolgt der abrupte Aufbruch des Wanderers in die mittlerweile 5.
nächtliche Natur, die als Ergebnis der Begegnung **ins Verklärte verwandelt** scheint und von den Zurückbleibenden als hoffnungsvolle und glücksverheißende Heilslandschaft erlebt wird (V. 31–36).

Das sechsstrophige Gedicht ruft beim Leser durch die gleichmäßige Stro- II.
phengestalt mit jeweils sechs Versen und Kreuzreim mit sich anschließendem 1.
Paarreim (ababcc) Assoziationen zu dem in der Romantik so beliebten **Volkslied** hervor. Durchgängiges Metrum ist der fünfhebige Jambus, der durch seine schwebend-leichte Regelmäßigkeit den schlichten, volksnahen Erzählton noch verstärkt und Ausgeglichenheit bewirkt. Unterstützt wird diese durch die überwiegend zweisilbigen, harmonisch fließenden Verben und Partizipien, die einen sanften Klang erzeugen („Vom blauen Meer, wo Schwäne singend gleiten" V. 21). Die auf den ersten Blick einfache Handlung mit szenischen Elementen (vgl. V. 25 ff.) trägt zugleich **balladenhafte Züge**. Unterbrochen wird die lineare Erzählstruktur lediglich durch die Inversion bei der rückblickenden Erzählung des Wanderers (V. 20–24), die somit sowohl syntaktisch als auch gedanklich eine Sprung in die vergangenen Erlebnisse erzeugt und – wie auch die direkte Rede des Hausherrn im Kontrast dazu – dadurch hervorgehoben wird. Unterstützt wird der **Eindruck eines Erzählgedichts** durch die Tempuswahl Präteritum und durch die Abwesenheit eines lyrischen Ichs, genauso wird das Geschehen durch genaue Orts- und Zeitangaben klar markiert.

Das Geschehen spielt sich in der **Dämmerung**, der Zwischenzeit zwischen 2.
Tag und Nacht ab, einer in der Romantik sehr wichtigen Übergangszeit, da sie laut Novalis das „zweite Augenpaar" öffne für die Dinge, die bei hellem

Tageslicht nicht sichtbar sind. Von den „Abendglocken“ (V. 1), über den „letzten Abendschein“ (V. 10) und das Ausbreiten von „Schatten“ (V. 19) erstreckt sich am Ende „Dunkel“ (V. 32) über die „Nacht“ (V. 36) – die Zeit, die aus romantischer Sicht das Irrationale hervorhebt und darüber gleichsam als **Medium der Transzendenz** die verborgenen Geheimnisse des Seins zu erschließen vermag. Genau in diesem Sinne wird so nach dem Weggang des Wanderers im „himmlisch[en] Klingen“ (V. 35) die gesteigerte Wahrnehmung einer kosmischen Weltordnung vonseiten der Zurückgebliebenen ermöglicht. Auch der **Handlungsort** bildet **romantische Idyllen** ab. Die Kleinfamilie wohnt etwas abseits „vom Dorfe“ (V. 1) inmitten unberührter Natur, die Begegnung mit dem Wanderer spielt sich bezeichnenderweise auch nicht im Haus ab, sondern unter „blühn'den Lauben“ (V. 7), also im überdachten, blumenumrankten Vorgarten des Hauses. Fern von jeder einengenden gesellschaftlichen Norm ist in der Natur, unter freiem Himmel physische und gedankliche Freiheit möglich.

Die zentrale Bedeutung der **Natur** wird durch onomatopoetische Verben wie „klangen“ (V. 1) oder „rauscht“ (V. 4) untermalt. Genauso wird durch die Nennung von „Vöglein“ (V. 2) und „Heimchen“ (V. 3) eine **Klangkulisse** evoziert, welche im gesamten Gedicht durch ausdrucksstarke Verben aus dem Bereich der Natur unterstrichen wird. So dient das Verb „blühen“ in dreimaliger Variation (Z. 7, 22, 31) als motivische Klammer, die die positive Grundstimmung, z. B. im metaphysisch überhöhten Blühen der nächtlichen Sterne (vgl. V. 31), versinnbildlicht. Die auffällige **Metaphorik des Gedichtes** arbeitet ebenso mit Bildern aus dem Bereich der Natur, die oft an verschiedenen Stellen des Textes miteinander in **Korrelation** zueinander treten. Der Wanderer taucht zwischen „Ährenwogen“ (V. 5) auf – eine Metapher, die das Kornfeld zum fernen Meer werden lässt und dadurch gleich zu Beginn eine Verbindung von ferner Seereise sowie ländlicher Realität schafft und ihn eins werden lässt mit der Natur. Genauso ist das Rauschen der Wälder und das Vogelsingen des Anfangs (vgl. V. 2 ff.) am Schluss einem „himmlisch Klingen“ (V. 35) gewichen, die dörflich-romantische Klangkulisse hat nun eine neue, fast himmlisch-sphärische Dimension erlangt. Die Natur ist also nicht nur atmosphärischer Hintergrund, sondern dient gleichsam als „Mitspieler“ im Gedicht zur Reflexion und als **Spiegel für Gedanken, Gefühle und Unbewusstes**. Erscheinungen aus der Natur werden auch gebraucht, um die **Wirkung des unbekannten Wanderers auf die junge Frau** zu verbildlichen. Neben den ohnehin schon markanten, charismatischen Zügen in der Mimik des Fremden (sinnbildlich dargestellt durch die „feur'ge Schrift“ V. 15), werden seine Mienen mit „Wetterleuchten fern bei stiller Nacht“ (V. 16) verglichen. Der Vergleich mit dem Widerschein von Blitzen als Verkündigung eines in der Ferne drohenden Gewitters ruft erstmals in der bisher rein positiv beschriebenen Umgebung das Gefühl einer nicht fassbaren **Bedrohung** hervor. Sein „Auge“ (V. 17) – für die Romantiker der Sitz der Seele – erscheint ihr im Moment des Blickkontakts wie der „Himmelsgrund“ (V. 18), in seiner 3.

Unendlichkeit also unergründlich, und bewirkt fast ein „[G]rauen“ (V. 17), eine Verunsicherung und instinktive Distanzierung von dem Unbekannten. Verdichtet wird dies noch in der Reiseerzählung des Wanderers, die sowohl fantastische Naturelemente wie singende Schwäne (vgl. V. 21) und „krystall'ne Inseln“ (V. 22) beinhaltet als auch den gefahrbringenden Vulkan, der alles in „Trümmer“ legt, oder das sogar Städte verschlingende unberechenbare Meer (vgl. V. 23).

Häufig verwendet werden auch Begriffe und Motive, die religiös konnotiert 4.
sind, so zunächst die „Abendglocken“ (Z. 1), die ebenso in der Reiseerzählung wieder aufgegriffen werden (vgl. Z. 23). Der Vers „Die junge Frau bracht' Wein und Brot und Trauben“ (Z. 9) lässt an das Abendmahl denken, die polysyndetische Reihung gibt diesem Mahl in seiner Schlichtheit zusätzlich einen feierlichen Ton. Das „lockigt Knäblein“ (Z. 12) erinnert an die Weihnachtsgeschichte, in der Jesus als holder Knabe mit lockigem Haar besungen wird. Diese Assoziationen zur heiligen Familie weisen der Dorffamilie die Rolle eines positiven Lebensmodells in Korrelation zum romantischen Freiheitsideal zu. Genauso beinhaltet die Abschiedsformel des Wanderers (vgl. V. 33) die **christliche Heilsgewissheit**. Nach dem Weggang des Wanderers bleibt etwas Magisches, Traumhaftes zurück, was sogar die Natur zu verändern scheint und die Menschen in ihrer Wahrnehmung im romantischen Sinne beeinflusst (vgl. V. 35 f.). Im letzten Vers scheinen sie hinter die Dinge zu blicken, das „zweite Augenpaar“ öffnet sich gleichsam im Blick auf die Schöpfung. Die Beschreibung der so poetisierten Nacht durch den Neologismus „sternklar“ (V. 36) lässt Assoziationen zum wohl bekanntesten Gedicht Eichendorffs, „Mondnacht“, zu, das am Ende mit derselben Wortwahl die Poetisierung der Natur im Sinne einer **harmonisch-kosmischen** Ordnung bezeichnet. Eine **metaphysisch-irreale** Ebene klingt auch in der Reiseerzählung des Wanderers an. Das faszinierende Schauspiel des rauchenden Vulkans Vesuv lässt wie die „krystall'nen Inseln“ (V. 22) die Kulisse des antiken Mittelmeerraums entstehen, die Anspielung auf die Sage der versunkenen Stadt Vineta in der Ostsee (vgl. V. 23) vermischt den Erfahrungsraum des Reisenden mit **märchenhaften Elementen**. Die für die Romantik zentrale Welt der **Fantasie** erweitert die Schilderung der Reise, die ohnehin ziellos wirkt, ins Imaginäre.

Die fortdauernde Suche, die niemals zu enden scheint, spiegelt sich in der III.
Frage des Gastgebers wieder: „Willst Du ewig wandern?“ (V. 25). Dass der 1.
Reisende sich nicht „endlich“ (Z. 30) ausruht, ist für diesen nicht verständlich. Das **Wortfeld „ruhen“** formuliert dabei den **biedermeierlichen Gegenentwurf** zum rastlosen Wanderleben. Der Rat des Wirts „Ruh' endlich aus“ (V. 30), also der Wunsch nach einer inneren Zufriedenheit, ist damit genauso gemeint wie die Assoziation zum bürgerlich-sesshaften Eheleben im Vers „brauchst nicht allein zu ruhen“ (V. 30). Dabei werden implizit mit dem Preis der **Einsamkeit** und Unsicherheit die **negativen Seiten der Wanderschaft** verdeutlicht und das Glückspotenzial des bürgerlichen Lebensentwurfs betont.

Dass dies auch materiellen Wohlstand voraussetzt, gibt dem Angebot des Wirts durchaus **philisterhafte Züge** (vgl. V. 29). Die Alternative zum Wanderleben, die der Wirt in schlichter Sprache als erstrebenswert skizziert, enthält allerdings nur in einem kurzen Einwurf etwas Natürliches: ein „kleines Gärtchen“ (V. 28). Dieses erscheint in diesem Kontext jedoch eher künstlich angelegt. Die vier Verse haben etwas Einengendes, das kleine Gärtchen wirkt bedrängt in den Satz gefügt, zwischen „Herd“ (V. 28) und „Truhen“ (V. 29) steht wenig Platz zu Verfügung. Die vom Hausherrn vorgeführte **einfache Bildlichkeit** erhält so auch im Gegensatz zu den in der vorangegangenen Strophe entworfenen Idyllen etwas Banales.

Mit der abrupten Verabschiedung des Wanderers, die als direkte Reaktion auf 2.
die Rede des Wirtes schon fast einer Flucht gleicht (vgl. V. 31), wird deutlich: „Der romantische Wanderer ist immer auf der Suche: nach einem unbekannten Glück, nach einer entfernten Geliebten, einem Seelenfreund“ (Text B, Z. 6 f.). Wird dem Wanderer in „Der Unbekannte“ gerade nicht all dies in Aussicht gestellt? Als Glück wird ihm ein „eig’ner Herd“ (V. 28) angeboten, wo er „froh genießen“ (V. 27) könne. Eine Geliebte, sogar mit reicher Mitgift, und als Seelenfreund der Wirt, mit „herzlichem Vertrau’n“ (Z. 26), sind greifbar nahe. Und trotzdem verlässt der Wanderer den gastfreundlichen Ort, denn: „Ist er fündig geworden, sehnt er sich danach, erneut auszuziehen“ (Text B, Z. 7 f.). Der Unbekannte in Eichendorffs Gedicht zieht sogar nachts weiter, ohne geschlafen zu haben. Auch dies verdeutlicht **den radikal romantischen Impuls, immer weiter zu suchen** und – auch wenn das Glück gefunden scheint – sich nicht auch nur eine geringe Zeit damit zufrieden zu geben. Wenn er sich mit den Worten „Gesegn’ euch Gott, mein Heimatland liegt ferne. –“ (V. 33) verabschiedet, endet dieser Abschiedsgruß mit einem Gedankenstrich: Er stockt – man meint, er wolle noch etwas hinzufügen. Er erzeugt damit eine Pause, die Raum offen lässt für Ergänzungen. Wo dieses „Heimatland“ liegt, ist die bewusste **Leerstelle im Gedicht**, die vom Leser zu füllen ist. Genauso wird die nach dem Abschied des Wanderers als verändert empfundene Natur mit der Kunstpause eines Gedankenstriches hervorgehoben (vgl. V. 35). „Zur unbestimmten Sehnsucht paßt das Wandern ins Blaue besser als eine zielgerichtete Fahrt“ (Text B, Z. 5). Mit dieser Feststellung bringt Christiane Krautscheid die **Rastlosigkeit und Suche als zentrales romantisches Gefühl** auf den Punkt. So wie die Forderung nach der „**progressiven Universalpoesie**“ keinen Endpunkt auf der Suche nach der poetischen Vervollkommnung kennt, so ist der Wanderer „immer auf der Suche“ (Text B, Z. 6).

Der Wanderer bildet das **zentrale Motiv** des Gedichtes und eröffnet gerade in IV.
der Begegnung mit der völlig entgegengesetzten Lebenswelt der jungen Frau 1.
den **Blick auf romantische Lebens- und Glücksvorstellungen**. Die Frau im Gedicht ist fasziniert von der Begegnung mit dem Unbekannten. Zunächst verhält sie sich als Gastgeberin, wie sie es wohl gewöhnlich bei der Einladung von Fremden tut. Dann setzt sie sich jedoch, sogar mit dem Kind auf

dem Schoß, etwas schüchtern aber auch keck (vgl. V. 11) zu ihm. Sie zeigt also keine Angst, jedoch Neugier und einen gewisse Befangenheit. **Das Unbekannte, Ungewisse irritiert sie und zieht sie zugleich an**. Der Fremde übt eine eigentümlich anziehende, fesselnde Wirkung, eine verzaubernde Ausstrahlung auf sie aus. Das Verhalten der Frau, begrifflich auf den Punkt gebracht in der Paarformel „halb scheu, halb lose" (V. 11), spiegelt also die **Ambivalenz** wider, die den Umgang mit dem Unbekannten kennzeichnet: die **Faszination** auf der einen Seite und die **Skepsis** auf der anderen Seite. Gerade im Gegensatz zu ihrem begrenzten, ländlichen Erfahrungsraum eröffnet er ihr durch seine Erscheinung und durch die „wunderbar[en]" (V. 24) Erzählungen völlig neue Welten und erweckt in ihr eine „Sehnsucht nach dem Fremden" (Text B, Z. 11). Wenn auch dieser Sehnsucht nicht nachgegeben wird, klingt die Faszination, die von dem Fremden ausgeht, nach und bleibt für die Zurückgebliebene als Veränderung ihrer Sichtweise zurück. Diese kann allerdings nur dadurch erfolgen, weil die Frau im Gedicht sich begeistern lässt und Interesse für die Einstellung und Lebensweise des Unbekannten zeigt. Diese **Neugierde**, die Grundvoraussetzung für Faszination, kann man bei der Begegnung mit fremden Kulturen und Mentalitäten zum Beispiel auf Reisen entwickeln. Losgelöst von der Alltagsroutine und herausgelöst aus dem gewohnten Umfeld hat man in dieser kurzen Zeitspanne, gerade wohl auch weil sie zeitlich begrenzt ist, die Gelegenheit, völlig **neue Entdeckungen und Erfahrungen** zu machen, die den Blick auf scheinbar selbstverständliche Dinge ändern und den eigenen Horizont erweitern. So wird man die Eindrücke beim ersten Flug wohl kaum vergessen. Einerseits die Aufregung und auch Unsicherheit vor dem Start, andererseits dann das bereichernde Gefühl, über den Wolken zu schweben und die Welt von oben zu betrachten. Diese Begegnung mit unbekannten Sehweisen löst **neue Gedankenprozesse** aus: Grenzen zu durchbrechen und eine neue, eigentümliche Art von Freiheit zu erleben.

Die Faszination bei der Begegnung mit dem Unbekannten rührt von einer 2.
Ursache her, die auch schon Novalis erkannte: **Im Umgang mit dem Unbekannten lernt man sich selbst kennen.** Das kann sowohl faszinierend als auch angsteinflößend sein. Auch der jungen Frau kommt der Fremde auf eigentümliche Weise bekannt vor. Einerseits glaubt sie ein Gefühl von **Vertrautheit** zu spüren (vgl. V. 13), andererseits ist sie gebannt durch dessen geheimnisvoll anmutende **Fremdheit**. Die Psychoanalyse wird siebzig Jahre später darlegen, dass uns das Fremde als ein abgespaltener, verdrängter Teil unseres Selbst erscheint. Diese Beschäftigung mit den Seelenvorgängen des Menschen beginnt fast hundert Jahre vor Freud in der Romantik. Die unterbewusste Ahnung, dass in der eigenen Persönlichkeit viel mehr Facetten innewohnen, als man selbst glaubt, ist eine Erfahrung, die man beispielsweise bei der **Bewältigung von bisher unbekannten Aufgaben** macht. Gerade in der Qualifikationsphase des Gymnasiums ist man oft vor Herausforderungen gestellt, die einem zunächst nicht bewältigbar erscheinen. Vor der selbstständigen Arbeit in Seminaren, der bisher unbekannten Verantwortung bei der Or-

ganisation von Projekten kann manchem Schüler durchaus zunächst „grauen“ (V. 17). Andererseits ist es doch faszinierend, zu erleben, welche Talente und Charaktereigenschaften in einem selbst und den Mitschülern schlummern, die auf diese Weise zum Vorschein kommen. Diese Erfahrungen wirken also **sinnstiftend** und können sogar Berufsentscheidungen, also existenzielle Fragen, entscheidend beeinflussen.

Das Gedicht ist betitelt mit „Der Unbekannte“ und nicht beispielsweise mit „Der Wanderer“. Der Fremde bleibt unbekannt, bleibt schwer zu fassen. Der Leser erfährt nicht viel über ihn, durch die Fremdheit und das „[S]eltsam[e]“ (V. 14) seiner Erscheinung erhält er selbst den Anschein des Irrealen, die Bedeutung seines Abschiedsgrußes bleibt offen. Damit wird der Wanderer mehr zum **Motiv** als zu einer konkreten Person und es drängt sich die Frage auf, ob er nicht in erster Linie als **Projektionsfläche** für Wünsche und Sehnsüchte der jungen Frau (und auch des Lesers) dient. Die Begegnung mit Unbekanntem, Nicht-Einordbarem, beispielsweise bei der Lektüre der eingangs genannten Romane, übt einen geheimnisvollen Reiz aus. Hier wird der Leser zum (Mit-)Erlebenden und damit in einen Zustand wachsamster Präsenz versetzt. In einer solchen Begegnung mit dem Unbekannten ereignet sich ein **Sich-Wundern und Überrascht-Werden jenseits von rationaler Bewertung und Einordnung**. Durch das Staunen, Schauen und Erfahren, z. B. der von Tolkien geschaffenen fantastischen Ereignisse in Mittelerde, wird das Lesen zur Begegnung mit eigenen Urängsten, Wünschen, Träumen und damit zu einem Vorgang intensiver ursprünglicher Lebendigkeit. Dies macht wohl auch die Faszination und das Erfolgsgeheimnis dieser über viele Generationen hinweg beliebten Bestseller aus. 3.

„Wer bin ich und wenn ja wie viele?“, so lautete der Titel des vielleicht aufsehenerregendsten Bestsellers der letzte Jahre. Mit seiner „philosophischen Reise“ zur Sinnfrage des modernen Menschen traf der Autor Richard David Precht den Nerv unserer durch Globalisierung und Digitalisierung geprägten Zeit. Dabei ähneln die hier aufgeworfenen Fragen sehr stark den wesentlichen Fragestellungen der Romantiker. Die „Suche nach dem Selbst“ (Text B, Z. 13) darf dabei als überzeitlich und vor allem in Umbruchzeiten als existenzielle Frage gelten. Genauso wie die Romantiker der Veränderung ihrer Welt durch die Industrialisierung eine Gegenwelt der Fantastik und Irrationalität entgegensetzten, ist auch die Sinnsuche der globalisierten Menschen des 21. Jahrhunderts als Sehnsucht nach einem bewussten Leben, „einer Suche nach dem Selbst, dem Sinn der Existenz“ (Text B, Z. 13) zu deuten. Sich hierfür „auf den Weg“ zu machen, sei es auf Reisen, beruflich oder in der Welt der Literatur, wird immer faszinierend bleiben. C

## Deutsch Bayern – Abiturprüfung 2013: Aufgabe 2: Erschließen eines literarischen Textes

a) Erschließen und interpretieren Sie den folgenden Ausschnitt aus Arthur Schnitzlers Drama *Das weite Land!* Arbeiten Sie dabei insbesondere heraus, wie Friedrich Hofreiter sein Reisevorhaben rechtfertigt!

b) Zeigen Sie ausgehend von Ihren Ergebnissen vergleichend auf, wie die Entfremdung zwischen zwei Menschen in einem anderen literarischen Werk dargestellt wird!

**Vorbemerkung**
Arthur Schnitzler gilt als einer der bedeutendsten österreichischen Schriftsteller der Jahrhundertwende. Der folgende Ausschnitt aus *Das weite Land* stammt aus dem zweiten von insgesamt fünf Akten: Der erfolgreiche Fabrikant Friedrich Hofreiter lebt mit seiner Gattin Genia in einer Villa nahe Wien, während sich ihr gemeinsamer Sohn Percy in einem Internat in England befindet. Genia weiß von den zahlreichen Liebesaffären Friedrichs, weist aber ihrerseits ihren Verehrer Korsakow, einen mit der Familie befreundeten Klaviervirtuosen, zurück. Als Korsakow sich deshalb erschießt, eröffnet Genia ihrem Mann den Grund für den Selbstmord, indem sie ihm den Abschiedsbrief Korsakows präsentiert. Zwei Wochen später beschließt Friedrich, dem Angebot seines Freundes Mauer nachzukommen und für einige Zeit in die Tiroler Berge zu reisen. Als er das Haus verlassen will, stellt ihn Genia zur Rede.

**Arthur Schnitzler** (1862–1931)
**Das weite Land**

**2. Akt**

[…] FRIEDRICH Du hast mir noch was zu sagen, Genia?

GENIA Eigentlich nichts, als daß ich mich ein bißchen über deinen Entschluß wundre. Ich hab' nämlich keine Ahnung gehabt, daß du heute fortfahren willst.

FRIEDRICH Ich doch auch nicht, mein Kind.

GENIA Wirklich, keine Ahnung?

FRIEDRICH Daß es gerade heute abend sein wird – absolut nicht. Wenn der Mauer nicht zufällig gekommen wäre … Aber daß ich Lust hätt', auf ein paar Tage ins Gebirge zu gehen – das war dir ja nicht unbekannt. Ob ich nun heut fahr', – oder morgen oder übermorgen … Also zum Wundern ist doch kein Anlaß.

GENIA *sich über die Stirn streichend.* Gewiß, du hast ja recht. Nur weil eben so gar keine Rede davon war.

*Bange Pause.*

FRIEDRICH Also, ich telegraphier' natürlich täglich, sowohl hierher als ins Bureau. Und schreib' auch. Bitte gleichfalls um regelmäßige Berichterstattung. Und wenn von Percy was kommt, so schick' mir's nach … Auch wenn's nur an die *dear mother* gerichtet ist … Ja, mein Kind. Also jetzt heißt's … der Mauer wird wirklich schon ungeduldig werden.

GENIA Warum – warum – fährst du fort?

FRIEDRICH *etwas ungeduldig, aber nicht heftig.* Du, Genia, mir scheint als hätt' ich dir darauf schon geantwortet.

GENIA Du weißt sehr gut, daß du mir noch nicht geantwortet hast.

FRIEDRICH Jedenfalls ist diese Art zu inquirieren etwas ganz neues – in unserm Haus.

GENIA Du bist nicht verpflichtet mir Rede zu stehn, gewiß nicht. Aber ich seh' eigentlich auch keinen Grund, warum du mir die Antwort direkt verweigern solltest.

FRIEDRICH Ja, mein liebes Kind, wenn du wirklich findest, daß es erst ausdrücklich festgestellt werden muß … also schön: Ich fühle mich seit einiger Zeit nicht besonders wohl. Das wird ja wieder vorübergehn – wahrscheinlich … gewiß. Aber in den nächsten Tagen brauch' ich eben eine andere Luft, eine andre Umgebung. Sicher ist jedenfalls, daß ich von hier fort muß.

GENIA Von hier!? … Von m i r ! !

FRIEDRICH Von dir – Genia –? Das hab' ich doch nicht – Aber wenn du's absolut hören willst – gut, von d i r ! Ja, Genia.

GENIA Aber warum? Was hab' ich dir denn getan?

FRIEDRICH Nichts … Wer sagt denn, daß du mir was getan hast.

GENIA So erklär' dich doch, Friedrich … Ich bin ja ganz … Auf alles war ich eher gefaßt, als daß du jetzt … so plötzlich … Von einem Tag zum andern – von einer Stunde zur andern hab' ich erwartet, daß wir uns … aussprechen werden … daß wir …

FRIEDRICH Ja. Diese Erwartung hab' ich dir schon angemerkt, Genia. Ja. Aber … ich glaube, dazu ist es noch zu früh, – zum – Aussprechen … Ich muß mir noch über mancherlei klar werden …

GENIA Klar –? Ja … wo gibt's denn eine Unklarheit? Du hast doch … den Brief in der Hand gehabt? Du hast ihn doch gelesen? Wenn du vorher gezweifelt hast … was ich ja gar nicht glaube … seit dem Abend[1] – um Himmels willen, Friedrich – seit dem Abend muß dir doch eine Ahnung aufgegangen sein – Friedrich, was – was du mir … Gott … ist es denn wirklich notwendig, das erst mit Worten zu sagen! …

FRIEDRICH Nein, gewiß nicht … Das ist es ja eben. Der Abend. Ja. Mir ist nämlich schon die ganze Zeit her, verzeih – es ist natürlich nicht deine Absicht – aber ich hab' halt den Eindruck, als wenn du diese Affäre …

*Zögert.*

GENIA Nun – nun –?

FRIEDRICH Als wenn du den Selbstmord von Korsakow gegen mich irgendwie ausspieltest … Innerlich natürlich … Und das – das macht mich halt … ein bissel nervös …

GENIA Friedrich! Ja, bist du denn … Ich spiele den Selbstmord … Nein – ist es möglich! … Das! …

FRIEDRICH Ich sag' ja schon, du kannst nichts dafür. Du meinst es nicht so. Du bist gewiß nicht stolz darauf, daß er deinetwegen … daß du ihn sozusagen in den Tod – du bildest dir gewiß nichts ein, auf deine Standhaftigkeit, das weiß ich ja alles …

GENIA Nun also, wenn du das weißt …

FRIEDRICH Ja, aber daß es überhaupt geschehen ist …

GENIA Was, was?

FRIEDRICH Daß er sich hat umbringen müssen … das ist das Furchtbare … darüber komm' ich nicht weg.

GENIA Was … das … *Greift sich an den Kopf.*

FRIEDRICH Na, ja, bedenk doch nur, man kann's drehn und wenden, wie man's will … daß der arme Korsakow jetzt unter der Erde liegt und verwest … die Ursache davon bist ja doch du! … Natürlich … unschuldig – in doppeltem Sinn. – Ein andrer als ich würde vielleicht vor dir auf den Knien liegen, dich anbeten – wie eine Heilige – gerade deswegen! … Ich bin halt nicht so … Mir bist du gerade dadurch … gleichsam fremder geworden.

GENIA Friedrich!! … Fremder … Friedrich! –

FRIEDRICH Ja, wenn er dir zuwider gewesen wäre – ja, dann, dann wär' es die natürlichste Sache von der Welt. Aber nein, ich weiß ja, er hat dir sogar sehr gut gefallen … Man kann schon sagen, du warst ein bissel verliebt in ihn. Oder – wenn ich's … um dich verdient hätte … wenn du mir gegenüber zu der sogenannten Treue verpflichtet gewesen wärst … Aber ich hab' doch wirklich kein Recht gehabt … na … davon müssen wir doch nicht erst reden. – Also ich frag' mich halt immer und immer wieder: Warum hat er sterben müssen?

GENIA Friedrich!

FRIEDRICH Und, verstehst du, dieser Gedanke … daß irgend etwas, das doch in Wirklichkeit gar nicht ist – ein Schemen, ein Phantom, ein Nichts, wenigstens einem so furchtbaren Ding gegenüber, einem so irreparabeln wie der Tod – daß deine Tugend – einen Menschen in den Tod getrieben hat, das ist mir einfach unheimlich. Ja … Ich kann's nicht anders sagen … Ja … Es wird ja wohl wieder vergehn … mit der Zeit … im Gebirg … und wenn wir ein paar Wochen nicht beieinander sind … Aber jetzt ist es nun einmal da – und da kann man nichts machen … Ja, liebe Genia … So bin ich einmal … Andre wären halt anders …

GENIA *schweigt.*

FRIEDRICH Ich hoffe, du nimmst mir's nicht übel, daß ich – auf deinen Wunsch hin – alles das so deutlich ausgesprochen habe. So deutlich, daß es schon wieder beinah nicht wahr geworden ist …

GENIA Es ist schon wahr geblieben, Friedrich … […]

*Arthur Schnitzler, Gesammelte Werke in zwei Abteilungen. Die Theaterstücke, 4. Band, Berlin 1923, S. 344–348. Uraufführung 14. 10. 1911; Orthographie entsprechend der Werkausgabe von 1923*

Worterläuterung:
1 *seit dem Abend:* der Abend, an dem Genia Friedrich den Abschiedsbrief Korsakows zeigte

## Hinweise und Tipps

- *Die Aufgabe ist in einen* ***Erschließungs- und Interpretationsauftrag*** *(a) und einen* ***Vergleichsauftrag*** *(b) gegliedert. Zunächst muss der Dramenauszug bearbeitet werden.*
- *Kriterien für die Erschließung und auch die Reihenfolge der Analyseinstrumente können Sie selbst wählen. Allerdings werden die bekannten Aspekte wie* ***Inhalt und Aufbau, dramaturgische*** *(Redeanteile, Regieanweisungen, Bewegungen im Raum, Requisiten) und* ***sprachlich-stilistische Mittel*** *sowie die* ***Dialoganalyse*** *im Mittelpunkt der Untersuchung stehen müssen. Zu entscheiden ist, ob die sprachlich-stilistischen Beobachtungen in die Interpretation integriert werden. Sie können aspektorientiert vorgehen oder integrativ (indem Sie den Dialog nach inhaltlichen Abschnitten gliedern und die verschiedenen Aspekte gemeinsam abhandeln). Arbeiten Sie dabei, wie in der Aufgabenstellung gefordert, heraus, wie Friedrich Hofreiter sein Reisevorhaben rechtfertigt.*
- *Die* ***Vergleichsaufgabe*** *ist auf ein anderes literarisches Werk bezogen. Hier gibt es weder eine Gattungs- noch eine Epochenbegrenzung, Sie dürfen neben dem Drama also auch Gedichte und epische Texte verwenden. Das Thema Entfremdung zwischen Menschen wird in zahlreichen literarischen Werken verarbeitet. So bietet sich ein Vergleich z. B. mit Goethes „Faust“, Fontanes „Effi Briest“, Hauptmanns „Bahnwärter Thiel“ oder Büchners „Woyzeck“ an.*
- ***Einleitung*** *und* ***Schluss*** *können z. B. Besonderheiten des Epochenumbruchs um 1900 behandeln oder auch Reflexionen zum Thema Entfremdung. Eine literaturgeschichtliche Einordnung Arthur Schnitzlers wird aber nicht verlangt.*

## Gliederung

1 Epochenumbruch 1900

2 Erschließung und Interpretation eines Auszugs aus dem II. Akt aus Arthur Schnitzlers „Das weite Land“

2.1 Inhaltkern und Aufbau: steigernder Aufbau des Gesprächs zwischen Genia und Friedrich als Zeichen der Entfremdung zwischen beiden

2.2 Gesprächssituation: Friedrich als sich überlegen fühlender Gesprächslenker

2.3 Entfremdung zwischen Friedrich und Genia und Friedrichs Rechtfertigungsversuch für seine unvermittelte Abreise

2.3.1 Thematisieren der plötzlichen Abreise

2.3.2 Schrittweises Offenbaren eines Beziehungskonflikts als Ursache für Friedrichs Reiseentschluss

2.3.3 Aussprechen des Zusammenhangs zwischen Korsakows Selbsttötung und der Entfremdung zwischen den Partnern

2.3.4 Zuspitzung des Konflikts durch Friedrichs Schuldzuweisungen

3 Entfremdung in Georg Büchners „Woyzeck“

3.1 Gesellschaftliche Zwänge als Ursache der Entfremdung zwischen Marie und Woyzeck

3.2 Unterschiedliche Ursachen der Entfremdung bei Marie und Woyzeck und dem Ehepaar Hofreiter

4 Entfremdung zwischen Gretchen und Faust

**Lösungsvorschlag**

Die **Jahrhundertwende um 1900** bedeutet für die europäische Gesellschaft nicht nur einen zeitlichen Einschnitt, sondern einen **umfassenden kulturellen Umbruch**. Rasante Fortschritte von Industrialisierung und Urbanisierung, verbunden mit Entwicklungen in den Bereichen Technik und Naturwissenschaften kontrastieren mit einem konservativen Politikverständnis und den entsprechenden kulturellen Werten. Das sich daraus entwickelnde moderne Lebensgefühl ging einher mit einem von Dynamik und Traditionsverlust geprägten Klima. Die zeittypische Spannung zwischen einem Gefühl des Verlusts von Vertrautem, der Desorientierung, Sinnleere und Ungewissheit und der Erwartung eines Wandels, der Eröffnung neuer Möglichkeiten finden sich auch in der Literatur der Zeit wieder. **Arthur Schnitzler** gehört mit Sicherheit zu den bekanntesten Literaten dieser Zeit; er greift die genannten Phänomene auf und übersetzt sie in Literatur. In seinen Werken stehen oft Figuren im Zentrum, die in einer Sinnkrise sind. Meist sind es Menschen mit gewöhnlichen Lebenslügen in einer brüchig gewordenen Gesellschaft. Ehebruch, heimliche Affären oder Frauenhelden sind häufig sein Thema. So steht auch in seinem Drama „**Das weite Feld**“ ein sich fremd gewordenes Ehepaar im Mittelpunkt. 1

Die Beziehung zwischen Friedrich und Genia Hofreiter, einem gut situierten Ehepaar, das in einer Villa in der Nähe von Wien lebt, ist durch zahlreiche Affären Friedrichs belastet. Zudem hat sich ein Verehrer Genias vor Kurzem umgebracht, weil er mit seinem Werben erfolglos war. Die Szene setzt ein, als Friedrich gerade zu einer Reise in die Berge aufbrechen will. Die Ehefrau fordert ein klärendes Gespräch, das aber wegen der immer deutlicher werdenden Entfremdung zwischen beiden nicht mehr möglich ist. 2 2.1

Der Dramenauszug beginnt mit der **Thematisierung der plötzlichen Abreise Friedrichs**. Genia bringt ihre Verwunderung über sein Vorhaben zum Ausdruck, während ihr Mann nach Ausflüchten sucht und seine Ehefrau beruhigen will (Z. 1–17).

Genia beharrt aber weiter auf einer Begründung, sodass Friedrich zögerlich zugibt, dass er Distanz zu Genia brauche. Gleichzeitig weigert er sich aber, weiter darüber zu sprechen. Schrittweise wird so ein **ungelöstes Beziehungsproblem** als **Ursache seines Reiseentschlusses** offensichtlich (Z. 18–43).

Friedrich kommt nämlich auf den Selbstmord des gemeinsamen Freundes Korsakow zu sprechen und wirft schließlich Genia vor, dass sie ihn gewissermaßen unter Druck setze durch ihr Bekenntnis, zu ihrem Ehemann zu stehen und den Annäherungsversuchen Korsakows stets widerstanden zu haben. Genia hinterfragt zunehmend fassungslos diese Position Friedrichs (Z. 44–64).
Im Laufe des Gesprächs spitzt sich der Konflikt immer weiter zu durch Friedrichs Vorwurf, Genia trage Verantwortung für Korsakows Tod. Er bekennt, dass damit sein Gefühl der **Entfremdung** ihr gegenüber zusammenhänge. Genia reagiert auf diese befremdliche Schuldzuweisung von mal zu mal verzweifelter und wird dabei auch immer sprachloser (Z. 65–92).
Der Dramenauszug endet mit einer Selbstrechtfertigung Friedrichs, dass er alles nur auf Wunsch Genias ausgesprochenen habe, und einer resignierten Zustimmung Genias (Z. 93–96).

Das Gespräch findet in der Villa des Ehepaares Friedrich nahe Wien statt, 2.2
kurz vor der Abreise Friedrichs in die Berge.
Es ist **asymmetrisch** aufgebaut. Die Redeanteile von Friedrich überwiegen, die von Genia sind meist kurz und bestehen oft nur aus Fragen oder Reaktionen auf Friedrichs Ausführungen.
Friedrich beginnt das Gespräch und fragt seine Frau Genia, ob sie ihm „noch was zu sagen“ (Z. 1) habe. Er redet sie mit „mein Kind“ (Z. 4) an, wodurch deutlich wird, dass er sich **überlegen** fühlt und sie nicht als gleichberechtigte Partnerin sieht, mit der er seine Probleme besprechen könnte. Erst als Genia fragt, „Warum – warum – fährst du fort?“ (Z. 18), wird klar, dass sie sich nicht wie ein Kind behandeln lässt, ihre eigene Position hat und erfahren will, was der wirkliche Grund für Friedrichs Reise ist. Friedrich ist schon *„etwas ungeduldig“* (Z. 19, Regieanweisung) und überrascht über diese „Art zu inquirieren“ (Z. 22). Genia hat es geschafft, sich als Frau gegenüber ihrem Mann zu beweisen. In diesem Teil lenkt sie das Gespräch durch ihre **direkten Fragen**. Friedrichs Gesprächsverhalten ist eher **ausweichend**. Er verweist darauf, dass es ihm nicht gut gehe, dieses Unwohlsein aber „wieder vorübergehn“ (Z. 29) werde. Danach scheint sich das Gespräch im Kreis zu drehen. Genia will weiterhin den Grund für Friedrichs Abreise wissen und stellt deshalb immer die gleiche Frage, nur etwas anders formuliert (vgl. Z. 32 ff.). Als Friedrich letztendlich als Grund nennt, dass Genia ihren Verehrer zurückgewiesen hat, gewinnt er wieder die Oberhand über das Gespräch. Genia ist zunehmend verzweifelt, verwirrt und *„schweigt“* schließlich (Z. 92). Sie geht auch nicht mehr auf die Entschuldigung ihres Mannes ein und man muss das **Gespräch** als **gescheitert** ansehen.

Das **Verhältnis** zwischen Friedrich und Genia ist schon zu Beginn des Dialogs 2.3
merklich **gestört**. Friedrich fragt Genia, ob sie „noch was zu sagen“ (Z. 1) ha- 2.3.1
be, worauf Genia antwortet „Eigentlich nichts“ (Z. 2). Da man aber im Laufe des Dialogs erfährt, dass sie eigentlich doch einiges geklärt haben möchte, zeigen bereits die ersten Zeilen, dass zwischen dem Ehepaar **keine vertraute, offene Atmosphäre** besteht. Friedrich spricht Genia mit „mein Kind“ (Z. 4)

an und versucht sie **jovial** wie ein Vater zu beruhigen. Er rechtfertigt seine Abreise damit, dass es ihr „ja nicht unbekannt“ (Z. 8) gewesen sei, dass er für ein „paar Tage ins Gebirge“ (Z. 7 f.) fahren wolle, um einen Freund zu besuchen. Friedrich stellt sein Reisevorhaben als eine ganz normale Sache dar. Er meint darüber hinaus, es sei egal, ob er „nun heut fahr’, – oder morgen oder übermorgen“ (Z. 8 f.). Mit der Reihung von beliebigen Abfahrtstagen verdeutlicht er seinen Standpunkt und versucht Genias Besorgnis als unbegründet erscheinen zu lassen.
Genia streicht sich *„über die Stirn“* (Z. 10, Regieanweisung) und zeigt damit ihre **Unsicherheit**. Einerseits findet sie, dass er „ja recht“ (Z. 10) habe, andererseits weiß sie, dass mehr dahinter steckt. Auch die folgende *„bange Pause“* (Z. 12, Regieanweisung) macht deutlich, dass sich Genia nicht traut, die eigentlichen Probleme auszusprechen. Friedrich ist sich nicht sicher, ob es ihm gelungen ist, Genia zu beruhigen. Er zieht sich in **floskelhaftes Sprechen** zurück und verspricht, sich „natürlich täglich“ (Z. 13) zu melden. Gleichzeitig bittet er um die Briefe des gemeinsamen Sohnes, der in England in einem Internat untergebracht ist, und versucht dadurch, sich als verantwortungsbewussten Vater hinzustellen.

Genia bleibt aber standhaft und **insistiert** mit der Wiederholung des Frage- 2.3.2
worts „warum“ (Z. 18) auf einer Begründung für die Abreise. Wieder spricht Friedrich seine Frau mit „mein liebes Kind“ (Z. 27) an und zeigt ihr damit noch einmal, dass sie sich nicht wie eine Erwachsene verhalte und deshalb von ihm nicht ernst genommen werden müsse. Seine Frau zwinge ihn seiner Meinung nach, dass er ausspreche, was eigentlich klar ist, dass er sich „seit einiger Zeit nicht besonders wohl“ (Z. 28 f.) fühle. Dies macht deutlich, dass die Entfremdung zwischen beiden schon fortgeschritten ist. Friedrich ist sich durchaus **unsicher**, wie es weitergehen wird. Das zeigt allein die Tatsache, dass er seine Aussage, es werde „ja wieder vorübergehn“ (Z. 29), mit „wahrscheinlich“ (Z. 29) einschränkt. Als Friedrich dann endlich zugibt, von Genia wegzuwollen (vgl. Z. 33 f.), fehlen ihr immer mehr die Worte. Sie ist **fassungslos**, sodass sie ihre Sätze nicht mehr zu Ende bringt. „Auf alles war [sie] eher gefasst, als dass [er] jetzt … so plötzlich … Von einem Tag zum andern – von einer Stunde zur andern (…)“ (Z. 37 f.). Genias Forderung, sich auszusprechen, weist Friedrich als zu früh zurück (vgl. Z. 42). Dass Friedrich genauso seine **überlegene Position verloren** hat, offenbart sich darin, dass auch seine Sätze unterbrochen sind (vgl. Z. 41 ff.) und teilweise nicht zu Ende geführt werden.

Auf Friedrichs Ausflucht, dass er sich „noch über mancherlei klar werden …“ 2.3.3
(Z. 42) müsse, spricht Genia den **Abschiedsbrief** ihres gemeinsamen Freundes Korsakow an und meint, dass dadurch keine Unklarheiten entstehen könnten. Sie kann ihre Aufregung kaum unter Kontrolle halten und keine vollständigen Sätze mehr formulieren. Fassungslos wiederholt sie „seit dem Abend“ (Z. 46), „seit dem Abend“ (Z. 47), „Friedrich, was – was“ (Z. 47).

Doch Friedrich *„zögert"* (Z. 53) immer noch, bis er endlich nach weiterem Drängen Genias (vgl. Z. 54) seinen **ungeheuerlichen Vorwurf** ausspricht, dass Genia den „Selbstmord von Korsakow gegen [ihn] irgendwie" (Z. 55) ausspiele. Das Entsetzen Genias angesichts von Friedrichs Vorwürfen belegen die vielen Ausrufe: „Friedrich! Ja, bist du denn … […] … Nein! – ist es möglich! … Das! …" (Z. 58 f.) Genias **emotionale Aufwühlung** lässt sich kaum noch in Worte fassen. Sie wiederholt nur noch das Fragewort „Was, was?" (Z. 65). Auch Friedrich ist irritiert und kann seinen Vorwurf nur gebrochen formulieren. Genia sei ihm gerade dadurch fremd geworden, dass sie ihm treu geblieben sei und sich Korsakow deswegen umgebracht habe. „Ein andrer (…) würde vielleicht vor [ihr] auf den Knien liegen, [sie] anbeten – wie eine Heilige – gerade deswegen! … [Er sei] halt nicht so … [Ihm sei sie] gerade dadurch … gleichsam fremder geworden." (Z. 72 ff.) Friedrichs Argumentation ist immer wieder von **Sprechpausen** unterbrochen. Die **Paradoxie des Vorwurfs** gegenüber Genia wird nur angetippt. Die Gedankengänge Friedrichs werden nicht immer zu Ende geführt. Auch deutet er manches nur sehr **indirekt** an, so zum Beispiel auch seine Untreue. Die „sogenannte Treue", die ihm seine Ehefrau eigentlich schulde, gilt in seinen Augen nur, wenn er sie „verdient hätte" (Z. 79). Durch den Konjunktiv wird nahegelegt, dass dies eben nicht der Fall ist, Genia also wegen seines Verhaltens ihr gegenüber auch ihm untreu hätte sein können.

Diese **verqueren Beweisführungen** werden aber noch **gesteigert**: Genias „Tugend" habe „einen Menschen in den Tod getrieben" und „das [sei ihm] einfach unheimlich" (Z. 87). Genia kann auf diese Ungeheuerlichkeit nur noch mit Ausrufen vor allem auch von Friedrichs Namen (vgl. Z. 75, 83) reagieren. Völlig sprachlos bleibt sie beim Bekenntnis ihres Mannes: „So bin ich einmal … Andre wären halt anders …" (Z. 91). Die **Entfremdung** zwischen beiden Figuren ist dadurch zu einem **Höhepunkt** gelangt und zeigt das völlig unterschiedliche Treueverständnis von Mann und Frau. Für Friedrich sind seine Affären offensichtlich selbstverständlich und er macht seiner Frau, die, ihm treu ergeben, einen Verehrer, in den sie sogar „ein bissel verliebt" (Z. 78) war, zurückgewiesen hat, ihre „Standhaftigkeit" (Z. 62) zum Vorwurf. Dass die Ehefrau eine konträre Position vertritt, zeigt ihre Sprachlosigkeit (vgl. Z. 92) und auch ihre Einsicht, nachdem Friedrich noch einmal versucht, das Gesagte abzuschwächen. „Es ist schon wahr geblieben, Friedrich …" (Z. 96), sind ihre letzten Worte. 2.3.4

Der Dramenauszug macht deutlich, wie schwierig es ist, seelische Befindlichkeiten adäquat in Sprache umzusetzen. Immer wieder stocken die Figuren in ihrer Rede und es gelingt ihnen nicht, eine echte Kommunikation in der Krise aufrechtzuerhalten. Die Entfremdung zwischen den Ehepartnern spiegelt auch die **Verunsicherung des modernen Menschen** wider, der sich in einer zunehmend brüchig gewordenen Welt nicht mehr zurechtfindet.

Auch in **Georg Büchners „Woyzeck“** erkennt man, wie sich zwei Menschen 3
immer mehr voneinander entfernen. Der arme Soldat Franz Woyzeck lebt mit 3.1
Marie und ihrem gemeinsamen Kind. Mit allen Mitteln versucht Woyzeck, seine kleine Familie zu ernähren. Hierfür nimmt er mehrere Arbeiten gleichzeitig an. Er nutzt neben seinem Militärdienst jede freie Minute, um zusätzlich Geld zu verdienen, um sein Kind und Marie versorgen zu können. So rasiert er den Hauptmann und unterzieht sich für den Doktor einer Erbsendiät zu wissenschaftlichen Zwecken. Der Hauptmann macht sich stets über den Soldaten Woyzeck lustig, er behandelt ihn wie einen unselbständigen Dummkopf, der nur zu seiner Erheiterung da ist. Büchner allerdings ist hier auf der Seite des geknechteten Soldaten, denn der Leser bzw. der Zuschauer erkennt bald, dass der eigentliche Idiot der Hauptmann selber ist, der den durchaus sozialkritischen Aussagen Woyzecks nicht folgen kann.
Auch der Doktor ist an Woyzeck nur als Versuchsobjekt interessiert, er ist für den Wissenschaftler ein „interessanter Casus“, den er seinen Studenten zeigen kann, da aufgrund der Mangelernährung seine Reaktionsfähigkeit nachlässt. Von der Oberschicht wird Woyzeck nicht als Subjekt wahrgenommen und deshalb nur mit dem Personalpronomen „er“ angesprochen. Neben dem körperlichen Verfall wird auch der psychische Druck immer größer, sodass er Stimmen hört. Sein Körper wird physisch und psychisch immer mehr zerstört und er kann daher Maries Bedürfnis nach Sozialprestige und Erotik nicht mehr adäquat erfüllen. Die Entfremdung zwischen beiden führt dazu, dass Marie eine Affäre mit einem stattlichen Tambourmajor beginnt. Die gesellschaftlichen Umstände treiben Woyzeck schließlich soweit, dass er die Aggression gegen das ihm Liebste auf der Welt, Marie, richtet und sie ersticht.

Die **Ursache der Entfremdung** ist in beiden Werken sehr **unterschiedlich**. 3.2
Armut und die damit verbundene körperliche und psychische Schwäche Woyzecks sind die Gründe dafür, dass sich **Marie und Woyzeck** immer weiter voneinander entfernen und sie schließlich nicht mehr zueinanderfinden können. Das einzig verbindende Element ist offenbar das gemeinsame Kind, das aber bereits das Zeichen der Armut trägt. Als Woyzeck einmal das schlafende Kind betrachtet, stellt er fest, dass es stark schwitzt. Für ihn ist das ein Beleg dafür, dass in seiner Schicht selbst das Schlafen zu einer harten Arbeit wird.
Diametral entgegengesetzt ist die soziale Schicht des **Ehepaars Hofreiter**. Der erfolgreiche Fabrikant lebt mit seiner Frau in einer Villa bei Wien. Materielle Sorgen haben sie nicht. Das zeigt allein die Tatsache, dass der Sohn im weit entfernten England ein Internat besuchen kann. Auch scheint es kein Problem zu sein, dass der Fabrikant spontan zu einem mehrtägigen Urlaub in die Berge aufbricht. Die Entfremdung beider entsteht hier vor allem aus den zahlreichen Affären, die Friedrich Hofreiter trotz Wissens seiner Frau offensichtlich selbstverständlich auslebt. Er geht sogar soweit, dass er seine Untreue als Maßstab setzt und seiner Frau die Treue vorwirft. Dieser paradoxe Umstand führt zur Entfremdung der Partner und endet in der Sprachlosigkeit.

Sprachlosigkeit ist auch in „Woyzeck“ ein Zeichen der Entfremdung, diese
geht bei **Büchner** sogar bis zum Mord. Jedoch zeigt er mit seinem Drama,
dass die Schuld nicht bei autonom handelnden Figuren liegt, sondern die
**gesellschaftlichen Umstände** einen Menschen dazu bringen. Bei **Schnitzler**
dagegen finden sich keine gesellschaftlichen Ursachen für die Entfremdung.
Soweit es der Textauszug erkennen lässt, sind es eher **unterschiedliche psy-
chische Bedingtheiten**, die eine Beziehung scheitern lassen.

**Entfremdung** zwischen den Figuren ist in zahlreichen literarischen Werken 4
ein zentrales Thema. Auch in **Goethes „Faust I“** glaubt Faust in Gretchen eine
ideale Partnerin gefunden zu haben. Sein Ziel „zu erkennen, was die Welt im
Innersten zusammenhält“, das Absolute zu erfahren, will er mit seiner Marga-
rete erreichen. Bei näherer Bekanntschaft stellt sich aber schnell heraus, dass
die Unterschiede zwischen beiden doch zu groß sind. Am Höhepunkt der Be-
ziehung zeigen sich erste Entfremdungserscheinungen, als Gretchen mit der
Frage nach der Religion Fausts Weltanschauung prüft und sich die intellektu-
ellen Differenzen zwischen beiden offenbaren. Dass aufgrund der Wette mit
Gott Mephisto dem Geschehen noch eine diabolische Wendung gibt, führt zur
weiteren Entfremdung der beiden. Im Kerker schließlich möchte Gretchen, zu
ihren Taten stehend, nicht mehr mit Faust fliehen, der sie nur noch aus Mitleid,
nicht mehr aber aus wahrer Liebe retten möchte. Gretchens Ausruf „Heinrich,
mir graut vor dir“ ist der Höhepunkt der Entfremdung zwischen beiden.

## Deutsch Bayern – Abiturprüfung 2013: Aufgabe 3: Erschließen eines literarischen Textes

a) Erschließen und interpretieren Sie das vorliegende Ende des Romans *Leyla* von Feridun Zaimoglu! Berücksichtigen Sie dabei auch Material 1 und 2!

b) Zeigen Sie ausgehend von Ihren Ergebnissen vergleichend auf, wie die Protagonistin eines anderen literarischen Werks den sich ihr stellenden Herausforderungen begegnet!

**Vorbemerkung**

Der türkischstämmige deutsche Autor Feridun Zaimoglu, Verfasser zahlreicher Romane und Theaterstücke, erhielt 2007 für seinen Roman *Leyla* den Grimmelshausen-Preis, der Autorinnen und Autoren würdigt, die einen bemerkenswerten Beitrag zur Auseinandersetzung mit der Zeitgeschichte geleistet haben. Im Roman *Leyla* wird aus Sicht der Ich-Erzählerin Leyla erzählt, wie sie in den 1950er-Jahren als jüngstes Kind von fünf Geschwistern in einem ostanatolischen Dorf aufwächst. Die Zeit ihrer Kindheit ist von der Gewaltherrschaft des Vaters geprägt. Nach dem Umzug der Familie nach Istanbul lernt Leyla dort ihren Mann Metin kennen, den sie den „Schönen" nennt und der als „Gastarbeiter"* nach Deutschland geht. Nach dem Tod ihres Vaters folgt Leyla ihrem Mann zusammen mit ihrer Mutter und ihrem Kind nach Deutschland nach. Mit dem abgedruckten Auszug endet der Roman.

* Die Bundesrepublik Deutschland warb seit Mitte der 1950er-Jahre Arbeitskräfte aus verschiedenen Ländern, z. B. der Türkei, an. Da ursprünglich nur an einen befristeten Aufenthalt gedacht war, wurde für diese Arbeitskräfte der Begriff „Gastarbeiter" verwendet.

**Feridun Zaimoglu** (* 1964)
**Leyla** (2006)

[…] Der Reiseproviant geht uns am zweiten Tag aus, ich traue mich nicht, die Passagiere in den anderen Abteilen um Brot und Käse zu fragen. Ich übergebe meiner Mutter das Kind und mache mich auf die Suche nach dem Schaffner. Doch ich kann ihn nicht finden, bestimmt hat er sich zu einer seiner vielen Mittagspausen zurückgezogen. Auf dem Weg zum Abteil bleibt der Zug auf der freien Strecke stehen, ich schaue hinaus und sehe nur weites verdorrtes Land. Der Schaffner tritt aus einem Abteil hinaus, er kaut noch an dem großen Bissen in seinem Mund.

Herr, ich brauche heißes Wasser für die Babynahrung, sage ich, und außerdem haben meine Mutter und ich nichts mehr zu essen.

Er hört schlagartig auf zu kauen, starrt mich nur kurz an, tritt wieder in das Abteil, in dem sein Schaffnerkollege an einem kleinen Tisch mit Brot, Käse und Oliven sitzt. Er erklärt ihm, daß „die Dame und ihre Mutter" am Verhungern seien, der zweite Schaffner steht sofort auf und packt eine Papiertüte voll, die mit Hackfleisch gefüllten Auberginen und Paprikaschoten müsse ich auch unbedingt probieren. Der Heizkessel sei defekt, ich müsse wegen des heißen Wassers leider etwas warten.

Meine Mutter wartet ab, bis ich das Essen in zweieinviertel Portionen teile, sie brockt den salzigen Käse in das Brot und beißt hinein, eine Tasse Tee würde ihre Laune heben, aber wir müssen geduldig sein, wie wir immer Geduld aufbringen mußten, um einen Brocken dessen zu bekommen, das wir uns gewünscht hatten. Ich bette meinen Sohn in meine linke Achselhöhle, meine Körperwärme soll auf ihn übergehen, ich reinige sein Gesicht, traue mich aber wegen der Kälte im Abteil nicht, sein Leibchen und seine Hose zu wechseln. Plötzlich muß ich auflachen, meine Mutter schaut mich verwundert an.

Mein Gott, sind wir naiv, sage ich, wir haben unsere Festtagskleider angezogen. Ich bin beim Friseur gewesen und habe mich geschminkt. Wir haben gedacht, es gehe auf eine kurze Reise. Jetzt sehen wir aus wie zwei zerrupfte Raben.

Du wirst langsam irre, sagt meine Mutter.

Ich habe wirklich geglaubt, daß der Zug uns sehr schnell hinbringen wird, ich zeige meinen Paß vor und entsteige dem Zug mit dem Kind, so schön und so gepflegt wie beim Einstieg.

Du wußtest doch, daß wir drei Tage und drei Nächte fahren.

Ja, sage ich, ich habe gehofft, daß es schnell geht.

Wir sind da, wenn wir da sind, sagt sie und starrt aus dem Fenster.

Sie ist diesem Leben entrückt, meine Mutter, meiner schönen Mutter Seele verfängt sich in ihren Träumen, ein unheimlich feiner Schleier hat sich auf ihre Augen gelegt.

Bereust du deine Entscheidung? frage ich.

Erst habe ich mein Leben einem Mann geopfert, sagt sie, jetzt schenke ich mein Leben meinem Enkelkind.

Und die Söhne, die du zurückgelassen hast?

Ich werde sie vermissen, sagt sie, genauso, wie ich den Duft der regengetränkten Erde vermissen werde … Dafür sehe ich meine Töchter[1] wieder.

Bist du froh, daß … du ihn[2] losgeworden bist?

Wirst du froh sein, wenn du mich los wirst? fragt sie zurück, kümmere dich um deinen Sohn.

Ich schließe die Augen, lehne meinen Kopf gegen die harte Sitzstütze, mein Kind ist in meiner Achselhöhle eingeschlafen. Ich bin unendlich müde. Vier Lidschläge später, so scheint es mir, rüttelt mich meine Mutter wach.

Der Schaffner sagt, wir sind gleich da!

Ich richte mich mit einem Ruck auf und bin wütend auf mich, einen halben Tag habe ich verschlafen, das Kind sitzt still auf dem Schoß meiner Mutter, ich fahre mir durch die Haare, ziehe vor dem Wandspiegel die Lippen nach. Wir hängen gespannt am Zugfenster, und endlich fährt der Zug im Bahnhof der deutschen Stadt ein. Die Schienenstränge ordnen sich zu geraden Linien, auf den Bahnsteigen verharren die Menschen reglos wie Statuen.

Ist das Deutschland? frage ich mit leiser Stimme.

Meine Mutter starrt eine Weile hinaus und sagt: Deutschland ist außerhalb des Bahnhofs.

Als die Türen schließlich aufgehen, lasse ich vor Angst meiner Mutter den Vortritt, der Schaffner reicht uns die Koffer herunter, und dann stehen wir auf dem kleinen Fleck deutsches Land, die Menschen um uns herum zerren und schleppen an ihren Mitbringseln, ich erblicke die Frauen, die uns aus sicherer Entfernung mustern, sie scheinen in tiefe Gedanken versunken zu sein. Plötzlich steht der Schöne vor mir, nimmt mir das Kind ab und drückt es an seine Brust. Endlich seid ihr da, ruft er aus, dem Herrn sei Dank.

Die Heizung war defekt, und wir sind halb erfroren, sage ich und schäme mich sofort meiner Worte, und um die Verlegenheit zu übergehen, umarme ich meinen Mann, der mich am Ohrläppchen faßt, und jetzt schäme ich mich wegen meiner Mutter, das gehört sich nicht in ihrer Gegenwart. Der Schöne küßt ihre Hand und führt sie an die Stirn.

Ich habe Hunger, mein Sohn[3], sagt sie.

Natürlich, ich besorge uns sofort heiße Suppe, sagt der Schöne, wir haben ja noch eine lange Zugfahrt vor uns.

Was? sage ich, ich dachte, wir sind schon angekommen.

Das seid ihr auch, aber in München. Es geht weiter nach Berlin. Das dauert zehn Stunden.

Bewegt euch nicht vom Fleck, ermahnt er uns und verschwindet in der Menschenmenge. Ich bin so unendlich müde, mein Sohn fängt an zu weinen, er ist das Geschrei nicht gewöhnt. Mir fallen die Frauen auf, die ohne männliche Begleitung in der großen Bahnhofshalle unterwegs sind, sie schreiten auf hohen Absätzen voran, als kennten sie ihr Ziel genau. Ich bewundere ihren blassen Teint, ihre zu Turmfrisuren hochgesteckten Haare, ihre Halstücher in schreiend bunten Farben. Sie gehen an den Männern achtlos vorbei, die Männer schauen ihnen nicht nach. Der Schöne kommt zurück und verteilt deutsche Kekse an uns, heiße Suppe sei ausgegangen, sagt er, und wir stärken uns mit den Butterkeksen, dafür, daß sie nicht hausgemacht sind, schmecken sie ganz gut. Ich nehme mir vor, mich in der Stadt Berlin nach einem Zuckerpastetenhaus umzusehen, vielleicht lerne ich dort deutsche Damen meines Alters kennen. Der Schöne hat mir erklärt, daß die Menschen hier ihre Festtagsglückwünsche nicht auf der Straße austauschen. Aber auch hier erkenne man am Zierrat der Frau den Wohlstand ihres Mannes.

Sind wir soweit? sagt mein Mann.

Ja, sage ich, und umfasse fest den Koffergriff, wir können weiterfahren.

Ich will dieses Land lieben, weil es vermißt werden will.[4]

Ich werde den Wolf streicheln, und er wird vielleicht die Hand nicht beißen, die ihm über das Rückenfell fährt.

Ende

*Feridun Zaimoglu, Leyla, Köln: Kiepenheuer & Witsch [4]2006, S. 521–525*

Worterläuterungen:

1 Leylas Schwestern Yasmin und Selda sind bereits nach Deutschland emigriert.
2 Gemeint ist ihr verstorbener Ehemann, Leylas Vater.
3 Sie spricht ihren Schwiegersohn mit „mein Sohn“ an.
4 Leyla geht, wie viele Gastarbeiterfamilien der ersten Generation, davon aus, nach einer gewissen Zeit in die Heimat zurückzukehren.

## Material 1

### Türkisches Sprichwort

Sürüden ayrilani kurt kapar.

(Übersetzung: Wer sich von der Herde trennt, den schnappt sich der Wolf; vgl. Z. 94 f.)

*Türkisches Sprichwort u. a. nach Asker Kartari, „Deutsch-türkische Kommunikation am Arbeitsplatz", Münster u. a. 1997, S. 107; online u. a. unter http://derstandard.at/1297818983740/Islam-in-Europa-Deutschland-erfindet-sich-neu, zuletzt aufgerufen am 29. 11. 2012*

## Material 2

### Gespräch des Journalisten und Bloggers Eren Güvercin mit Feridun Zaimoglu, geführt am 06. 04. 2006

EREN GÜVERCIN: Herr Zaimoglu, […] seit einigen Wochen ist Ihr neuer Roman *Leyla* auf dem Markt. Darin erzählen Sie die Geschichte eines jungen Mädchens, Leyla, wie sie in einem anatolischen Dorf aufwächst und später ihren Mann kennenlernt, mit dem sie als einem der ersten Gastarbeiter nach Deutschland kommt. Was für eine Person ist Leyla? In einem Interview für eine türkische Zeitung bezeichneten Sie die erste Generation der Gastarbeiter als die „goldene Generation". Ist die Geschichte von Leyla die Geschichte dieser „goldenen Generation"? Was macht diese Generation aus?

FERIDUN ZAIMOGLU: Leyla ist eine einfache Frau aus dem Volk: Sie könnte meine Mutter sein, oder die Mutter eines Freundes, oder einer Bekannten aus der zweiten Generation. Viele junge Frauen […] erkennen in der Romanheldin ihre eigene Mutter wieder. Leyla ist eine Frau aus dem anatolischen Kernland, aus dem sich hunderttausende andere moslemische Bäuerinnen nach Deutschland aufgemacht haben, alleine oder an der Seite ihrer Männer. Heute fällt es schwer, die Aufbruchstimmung des großen goldenen Anfangs zu begreifen. Aber wenn denn den Trümmerfrauen nach dem Krieg zu Recht großer Respekt gezollt wird, ist es auch an der Zeit, diesen großartigen Türkinnen der ersten Stunde den Platz zuzuweisen, den sie verdienen. Man muss sie aus dem historischen Dunkel herausstellen als die wahren Heldinnen der Einwanderung.

*Gespräch von Eren Güvercin mit Feridun Zaimoglu, geführt am 06. 04. 2006, online unter http://erenguevercin.wordpress.com/interviews/, zuletzt aufgerufen am 16. 01. 2013*

**Hinweise und Tipps**

- *Wie üblich ist auch hier die Aufgabenstellung* ***zweiteilig****. Verfassen Sie dennoch insgesamt einen in sich* ***geschlossenen Aufsatz****, der alle geforderten Aspekte der Themenstellung abdeckt.*
- *„****Erschließen****" und „****interpretieren****" beinhaltet neben der Beschreibung von* ***Inhalt und Aufbau*** *des Textes die Analyse der* ***erzählerischen und sprachlich-stilistischen Gestaltung*** *und die* ***Deutung*** *des Textes. Im vorliegenden Lösungsvorschlag wird die sprachlich-stilistische Gestaltung integrativ in die Interpretation eingearbeitet. Auch das* ***Zusatzmaterial*** *wird einbezogen. Dies ist allerdings nicht zwingend erforderlich, auch jeweils eigene Gliederungspunkten wären hier möglich.*
- *Für den zweiten Teil der Aufgabenstellung müssen Sie ein passendes* ***Vergleichswerk*** *finden. Die Fragestellung, wie eine Protagonistin auf die ihr gestellten Herausforderungen reagiert, ist sehr offen, sodass sich dafür zahlreiche literarische Werke anbieten. Den literatur- und zeitgeschichtlichen Hintergrund sowie formale Aspekte können Sie dabei mitberücksichtigen, explizit gefordert ist dies allerdings nicht. Wichtig ist nur, dass Sie – ausgehend von den Ergebnissen der Teilaufgabe (a) –* ***geeignete Vergleichskriterien*** *wählen. Dabei bieten sich z. B. die Art der Herausforderung, die Umstände, aus denen die Herausforderung resultiert, die Rolle des Umfelds, die Art und Weise des Umgangs mit der Herausforderung und die Konsequenzen für die Figur und ggf. auch für deren Umwelt an.*

**Gliederung**

1 Migrationsliteratur

2 Erschließung und Interpretation des Romanendes von „Leyla" von Feridun Zaimoglu: von Zuversicht und Entschlossenheit geprägte Zukunftsvorstellung

2.1 Inhalt und Aufbau: letzte Etappe der Reise von Istanbul nach München
2.1.1 Organisieren von Essen und selbstironische Beurteilung der Situation (Z. 1–30)
2.1.2 Gespräch mit Mutter über die Veränderung in deren Leben (Z. 31–45)
2.1.3 Schilderung der Ankunft am Bahnhof in München (Z. 46–86)
2.1.4 Positiver Blick in die Zukunft (Z. 86–96)

2.2 Erzählerische Gestaltung: Ermöglichen der Identifikation durch personale Ich-Erzählerin Leyla

2.3 Leylas positive Lebenseinstellung als Grundhaltung beim Umgang mit Neuem
2.3.1 Probleme des Übergangs zwischen Alt und Neu
2.3.2 Gegenüberstellung der Befangenheit Leylas mit ihrer Offenheit für die neue Kultur
2.3.3 Verantwortungsbewusste Leyla in einer Übergangssituation
2.3.4 Leylas Leistung als Repräsentantin der „goldenen Generation"
2.3.5 Offenheit der weiteren Entwicklung

3 Vergleich mit den Effi Briest gestellten Herausforderungen in Theodor Fontanes „Effi Briest“

3.1 Konfrontation Effis mit Heirat und Umzug nach Kessin

3.2 Neugierde, Angst und Flucht in eine Affäre

3.3 Resignation und Tod

3.3 Vergleichsaspekte Leyla – Effi

4 Immigration in Deutschland heute

## Lösungsvorschlag

Ein wichtiges Kennzeichen der modernen Gesellschaft weltweit ist die Bereit- 1
schaft zur **Flexibilität** in jeglicher Hinsicht. Menschen sind gezwungen, aus wirtschaftlichen oder politischen Gründen ihre Heimat zu wechseln und sich in anderen Ländern und Kulturen zu integrieren. Dass dieser Migrationsprozess die deutsche Gesellschaft merklich verändert hat, ist auch an der Literatur zu sehen. Autoren mit Migrationshintergrund sind aus der deutschen Literatur nicht mehr wegzudenken. Man spricht mittlerweile gar von **Migrationsliteratur**. Diese Literatur bietet die Möglichkeit, Einblicke in für Deutsche fremde Kulturen zu gewähren und damit fremde Lebensweisen und Mentalitäten zu erschließen, um gängige Vorurteile abzubauen. So wird ein wertvoller Beitrag zur **Integration** von Einwanderern in unserer Gesellschaft geleistet.

Die Ursprünge der Migration nach Deutschland liegen in der 1950er-Jahren, 2
als überwiegend türkische Gastarbeiter mit all ihren Gewohnheiten und ihrer Kultur nach Deutschland kamen und damit die heutige Interkulturalität ihren Anfang nahm. Der Roman **„Leyla“** von **Feridun Zaimoglu** erzählt die Geschichte einer dieser Immigrantinnen. Geschildert wird hier hauptsächlich die Vorgeschichte, die Zeit also, bevor Leyla nach Deutschland aufbricht.

Der zu erschließende **Schluss des Romans** beschreibt den letzten Teil der Zug- 2.1
fahrt von Istanbul nach München und die daraus resultierenden Ängste und Herausforderungen an die Protagonistin Leyla, denen sie sich offen stellt.

Der Romanauszug setzt am zweiten Tag der **Zugreise nach Deutschland** ein, 2.1.1
als den Reisenden, Leyla, ihrem kleinem Sohn und ihrer Mutter, der Proviant ausgegangen ist. Es wird dargestellt, wie Leyla verantwortungsbewusst Essen beim Schaffner organisiert und sich fürsorglich um ihr Kind kümmert. Selbstironisch beurteilt Leyla die Situation, indem sie sich über ihre eigene Naivität, mit Festtagskleidern in den Zug gestiegen zu sein, lustig macht. Ihrer Mutter fehlt hingegen das Verständnis für diese Sichtweise (Z. 1–30).

Dieser Beschreibung folgt ein **Gespräch mit der Mutter** über die Verände- 2.1.2
rung in deren Leben. Leyla fragt ihre Mutter direkt, was sie denn empfinde, nachdem sie ihre Heimat und auch ihre Söhne zurücklassen und darüber hin-

aus immer noch den Tod des Ehemanns verarbeiten müsse. Leyla erhält aber nur knappe, ausweichende Antworten (Z. 31–45).

Im sich anschließenden nächsten Teil des Romanauszug wird zunächst kurz die aufgeregte Vorbereitung auf das Einlaufen des Zuges geschildert, dann die **Ankunft am Bahnhof in München**. Nach einer schnell vorübergehenden Unsicherheit und Ängstlichkeit beim Verlassen des Zuges und der ersten Begegnung mit ihrem Mann betrachtet Leyla interessiert die Umgebung, während ihr Mann versucht, Essen zu organisieren. Dabei fallen ihr vor allem die selbstbewusst auftretenden Frauen auf (Z. 46–86). 2.1.3

Der letzte Abschnitt beschreibt die von Zuversicht und Entschlossenheit geprägte **Zukunftsvorstellung** von Leyla, die sich vornimmt, das neue Land, in dem sie nun wohnen wird, zu lieben und sich darauf einzulassen. Ob ihr das gelingen wird, erfährt der Leser nicht mehr (Z. 86–96). 2.1.4

Erzählt wird die Zugfahrt aus der Perspektive der **Ich-Erzählerin Leyla**. Gefühle und Gedanken werden dabei wiedergegeben, wenn Leyla beispielsweise ihre Bewunderung für die deutschen Frauen am Bahnhof in München zugibt (vgl. Z. 81). 2.2
In diesem Auszug wird eine **Übergangssituation**, die mit der Reise im Zug über eine weite Strecke gleichgesetzt wird, beschrieben. Dies zeigt sich auch in der **Zeitgestaltung**. An einigen Stellen scheint die Zeit gleichsam zu verschwimmen, wenn Leyla „die Augen" schließt und „vier Lidschläge später [sie ihre Mutter wieder wach]rüttelt" (Z. 46 ff.). Wie viel Zeit vergangen ist, wie lange die Zugfahrt konkret dauert, erfährt man nicht. Daneben gibt es Passagen, die den Leser unmittelbar am Geschehen teilhaben lassen durch **szenische, weitgehend zeitdeckende Darbietung der Handlung im Präsens**. Zahlreiche **wörtliche Reden** (allerdings hier ohne Anführungszeichen) ermöglichen ein direktes Hineintauchen in die Situation. Das Gespräch mit der Mutter (vgl. Z. 31 ff.) oder die Ankunft in München (vgl. Z. 64 ff.) werden in direkter Rede wiedergegeben. Die **Identifikationsmöglichkeit** mit Leyla wird aber noch verstärkt durch die immer wieder eingeschobene **Gedankenrede**. Auf die Tautologie ihrer Mutter, „wir sind da, wenn wir da sind" (Z. 33), reflektiert sie: „Sie ist diesem Leben entrückt, meine Mutter, meiner schönen Mutter Seele verfängt sich in ihren Träumen" (Z. 34 f.). Der **Wechsel zwischen äußerem und innerem Geschehen** ist meist unvermittelt. Am Bahnhof in München macht sich Leylas Mann auf, Essen zu besorgen, und ermahnt die Familie, sich nicht vom Fleck zu rühren (vgl. Z. 77). Leyla bekennt: „Ich bin so unendlich müde" (Z. 78). Im selben Satz findet dann der Wechsel zum äußeren Geschehen statt, wenn es heißt, „mein Sohn fängt an zu weinen", um daraufhin wieder zum inneren Geschehen zu wechseln, als Leyla nach einer Erklärung für die Unruhe ihres Sohnes sucht (vgl. Z. 78 f.). Dadurch gewinnt der Leser **Einblicke in die psychische Auseinandersetzung Leylas** mit der momentanen Umbruchssituation und es gelingt eine Identifikation. Das **Sprachniveau** ist insgesamt **gehoben**.

Der Romanschluss rückt **die positive Grundeinstellung der Figur Leyla** in den Mittelpunkt. Auf der Reise von Istanbul nach Deutschland wird sie immer wieder mit neuen Problemen und fremden Eindrücken konfrontiert. 2.3

Am Beginn des Textauszugs versucht Leyla, vom Schaffner Essen zu bekommen, nachdem den Reisenden nach zwei Tagen der Proviant ausgegangen ist. Als der Zug auf freier Strecke stehen bleibt, sieht sie draußen „nur verdorrtes Land" (Z. 6), Symbol für ihre **Ängste**, dass vielleicht auch im neuen Land, in Deutschland, sich nicht alles zum Besseren wendet. Vom Schaffner, den sie, wie es sich für eine türkische Frau gehört, respektvoll mit „Herr" (Z. 8) anspricht, bekommt sie Lebensmittel, die typisch für die Türkei sind und ihr noch einmal bewusst machen, was sie zurücklässt (vgl. Z. 11–13). Gleichzeitig erinnert sie sich aber auch an die Entbehrungen in ihrer Heimat, wo sie und ihre Mutter „immer Geduld aufbringen mussten, um einen Brocken dessen zu bekommen", was sie sich „gewünscht hatten" (Z. 18 f.). Leyla hat auf ihrer Reise aber nicht nur das **Essen-Problem** zu lösen, sondern muss auch mit der **Kälte** fertig werden. Sie versucht, ihr Baby durch ihre „Körperwärme" (Z. 20) zu schützen. Heißes Wasser für die Babynahrung ist nicht verfügbar, da der „Heizkessel […] defekt" (Z. 14f.) ist. Nirgends gibt es Wärme, Halt für die Reisenden, den müssen sie sich selber geben. 2.3.1
Gleichzeitig sieht die Figur Leyla sich aber auch **selbstironisch** und belächelt ihre Naivität, mit der sie sich mit neuer Frisur, „Festtagskleider[n]" und Schminke für die dreitägige Zugreise hergerichtet hatte (vgl. Z. 24 ff.). Jetzt sehen sie aus „wie zwei zerrupfte Raben" (Z. 26). Die Reise zehrt an ihnen, „der Zug" bringt sie eben nicht „sehr schnell hin" (Z. 28) und sie „entsteige[n] dem Zug […] [nicht] so schön und so gepflegt wie beim Einstieg" (Z. 29 f.). Leylas Hoffnung, dass die Reise nach Deutschland „schnell geht" (Z. 32), erweist sich als **Trugschluss** und ist ein Indiz dafür, dass sie sich nicht besonders gut auf die doch bedeutsame Veränderung in ihrem Leben vorbereitet hat. Sie hat sich vielmehr einen **leichten, weniger anstrengenden Übergang** gewünscht, während ihre Mutter scheinbar lethargisch mit der Situation umgeht (vgl. Z. 34). Die Wiederholung „meine Mutter" an dieser Stelle und die gleichzeitige Präzisierung („meine[…] schöne[…] Mutter", Z. 34) unterstreicht die Wertschätzung, die Leyla ihrer Mutter entgegenbringt, und das, obwohl diese sich so zurückzieht.
Das sich anschließende Gespräch mit der **Mutter** belegt, dass sich diese **ihrem Schicksal ergeben** hat. Sie „starrt aus dem Fenster" (Z. 33) und harrt der Dinge, die auf sie zukommen. Mit der Tautologie „Wir sind da, wenn wir da sind" (Z. 33) wird dies noch einmal betont. Sie hat ihr Leben nie selbstbestimmt geführt, sondern „erst […] einem Mann geopfert […], jetzt schenk[t sie ihr] Leben [ihrem] Enkelkind" (Z. 39). Auch wenn sie ihre Söhne, die sie in der Türkei zurücklässt, vermissen werde „wie den Duft der regengetränkten Erde" (Z. 41), den Geruch der Heimat, wird sie in Deutschland ihre bereits ausgewanderten Töchter wiedersehen. Dass sie aber nicht weiter darüber sprechen will, zeigen die Auslassungszeichen (vgl. Z. 42). Was wirklich in ihrem

Kopf vorgeht, erfährt der Leser nicht. Auch Leyla hat Schwierigkeiten, den Tod ihres Vaters zu thematisieren, wenn sie fragt: „Bist du froh, daß … du ihn losgeworden bist?“ (Z. 43) Ihre Mutter weigert sich, darüber zu sprechen und fordert sie auf: „kümmere dich um deinen Sohn“ (Z. 45). Beide wissen um das patriarchalische, gewaltsame Verhalten des Vaters bzw. Ehemanns, setzen sich aber nicht damit auseinander. Leyla „schließ[t] die Augen, […] ist unendlich müde.“ (Z. 46 f.) Die anstrengende Reise, die Verletzungen der Vergangenheit und auch die Angst davor, was auf sie zukommen wird, **erschöpfen** sie.

Bei der Ankunft am Münchner Hauptbahnhof wird wieder Leylas Angst vor der Zukunft thematisiert. Sie lässt ihrer „Mutter den Vortritt“ (Z. 59). Gleichzeitig wird in diesem Abschnitt deutlich, dass die Figur **zwischen den alten Traditionen**, die in der Türkei ihre Gültigkeit haben, **und einer selbstbewussten Grundhaltung** steht. Leyla beklagt die Beschwernisse und Kälte der Zugfahrt und begrüßt ihren Mann zärtlich, merkt aber gleichzeitig, dass sich beides vor den Augen ihrer Mutter nicht schickt, und sie schämt sich (vgl. Z. 68). Nach deutschem Verständnis wäre ein solches Verhalten jedoch nicht kritikwürdig. Dass sie ihren Mann bewundert und zu ihm aufschaut, zeigt sich auch darin, dass er für sie immer nur der „Schöne“ (Z. 69) ist. 2.3.2
Das Motiv des Essens tritt hier erneut auf. Leylas Mutter hat „Hunger“ (Z. 71) und ihr Mann macht sich auf, etwas zu besorgen. Währenddessen beobachtet Leyla deutsche Frauen, ist fasziniert von ihrem selbstbewussten Verhalten, „bewunder[t] ihren blassen Teint, ihre zu Turmfrisuren hochgesteckten Haare, ihre Halstücher in schreiend bunten Farben“ (Z. 81 f.). Die Aufzählung, mit der die deutschen Frauen beschrieben werden, betont die **Intensität der Sinneseindrücke**, mit denen Leyla das neue Land mit seinen anderen Sitten wahrnimmt. Besonders fällt ihr auf, dass die Frauen sich selbstständig und frei bewegen. „Sie gehen an den Männern achtlos vorbei, die Männer schauen ihnen nicht nach.“ (Z. 82 f.) Allein die Erwähnung belegt, dass dies in der Türkei eben anders ist. Leyla ist **offen für die Veränderungen** und sie nimmt sich vor, in ihrer neuen Stadt Berlin nach Kontaktmöglichkeiten zu suchen, in der Hoffnung „dort deutsche Damen [ihres] Alters“ (Z. 87) kennenzulernen.

Die **Entschlossenheit Leylas, sich auf die neue Situation einzulassen,** wird am Ende der Textstelle noch einmal betont. Sie ist bereit, die Reise nach Berlin fortzusetzen, und „umfass[t] fest den Koffergriff“ (Z. 92) als Zeichen dieser Bereitschaft. Sie will sich den Anforderungen stellen, die mit einem Neuanfang in einem anderem Kulturkreis verbunden sind, und nimmt sich vor, „dieses Land [zu] lieben“ (Z. 93). Die letzten beiden Sätze beginnen mit einem selbstbewussten „Ich“ (Z. 93 f.) und zeigen bereits **Ansätze eines veränderten weiblichen Rollenverständnisses**. Das türkische Sprichwort „Wer sich von der Herde trennt, den schnappt sich der Wolf“ (M. 1) wird abgewandelt und umgedeutet durch den Vorsatz Leylas, sich auf das Fremde, den Wolf, einzulassen, „den Wolf [zu] streicheln, und er wird vielleicht die Hand nicht beißen, die ihm über das Rückenfell fährt“ (Z. 94 f.). 2.3.3

Der Autor betont mit seiner Figur Leyla die Leistung der ersten Gastarbeiterfrauen, die sich positiv den Anforderungen des neuen Kulturkreises stellten. Er sieht sie als **Repräsentantin der „goldenen Generation“** (M 2, Z. 7). „Sie ist eine einfache Frau aus dem Volk: Sie könnte meine Mutter sein, oder die Mutter eines Freundes“ (M 2, Z. 9 f.), sagt Zaimoglu in einem Interview und fordert, man solle diese Frauen „aus dem historischen Dunkel herausstellen als die wahren Heldinnen der Einwanderung“ (M 2, Z. 18 f.), die die auftretenden Herausforderungen angenommen und diese auch gemeistert haben. 2.3.4

Ob Leyla sich in Deutschland erfolgreich einleben wird, wie die Immigrantin in Deutschland zurechtkommt, lässt der Roman bewusst **offen** – im Kontrast dazu steht jedoch das abschließende Wort „Ende“ (Z. 96). Die kurze Textstelle betont aber, dass es darum gehen müsse, Traditionen nicht einfach abzuschneiden, sondern behutsam aufzugreifen und so in das Neue zu integrieren. Der Schmerz, der aus der Trennung von der Heimat notwendig resultiert, darf dabei auch nicht einfach ignoriert werden, sondern die Situation muss stets reflektiert werden. Indem **Leyla** die Trauer der Mutter aufmerksam beobachtet, indem sie die neue Umgebung mit wachen Blicken aufnimmt und schließlich indem sie gegenüber dem neuen Land zupackend-positiv auftritt, ist sie eine Protagonistin, die **Vorbildfunktion** hat. 2.3.5

In zahlreichen anderen literarischen Werken stehen Frauen im Mittelpunkt, die mit den ihnen gestellten Herausforderungen fertig werden müssen – im positiven, aber auch im negativen Sinn. Ganz anders als Leyla reagiert **Effi Briest** im gleichnamigen Roman von **Theodor Fontane** auf Veränderungen. Der Roman beschreibt das Leben der jungen Effi, die mit dem weitaus älteren Innstetten, einem ehemaligen Verehrer ihrer Mutter, verheiratet wird, von dieser Hochzeit bis zu ihrem frühen Tod. 3

Die erste Herausforderung im Leben von Effi ist ihre **frühe Hochzeit**, die sie aus ihrer glücklichen Kindheit reißt. Zwar willigt Effi in diese Heirat ein, da auch sie den Konventionen verhaftet ist, sich einen gesellschaftlichen Aufstieg erhofft und nicht das nötige Selbstbewusstsein hat, gegen den Willen ihrer Eltern zu handeln. Sie folgt ihrem Ehemann nach **Kessin** und muss dort mit den **Strukturen einer abgeschiedenen Kleinstadt** zurechtkommen. Ihr Mann, der beruflich als Landrat viel unterwegs ist, lässt sie oft allein und kann ihr auch nicht die für sie notwendige Wärme geben. Ihr Hund Rollo und ihre Tochter Anni sind die Einzigen, bei denen sie sich geborgen fühlt. 3.1

Effis einzige Ablenkung in diesem verlassenen Ort ist ihre **Beteiligung an der Aufführung eines Theaterstücks** durch eine Laienspielgruppe. Dazu wird sie vom Apotheker Gieshübler aufgefordert. Diese neue Herausforderung meistert Effi mit Bravour und es gelingt ihr, sich von ihrer Unzufriedenheit abzulenken. Auch eine sich daraus entwickelnde **Affäre mit Major Crampas** ist im Grunde nur eine Reaktion auf diese Situation. Ihre **Ängste und Unsicherheit** werden von ihrem Mann Innstetten aber bewusst nicht aufgeklärt. Er hält 3.2

sie im Unklaren über einen möglichen Chinesenspuk und nimmt sich auch nicht die Zeit, offen mit seiner Frau zu sprechen.

**Effi** wird, nachdem Jahre später ihre längst beendete Affäre bekannt wird und Innstetten im Duell Crampas tötet, jeder Kontakt mit ihrer Tochter untersagt. Auch ihre Eltern verstoßen sie zunächst und Effi fügt sich ihrem Schicksal. Sie ist **gebrochen** und kann **keine Aktivität** mehr entwickeln. Als ihr Vater Effi dann doch noch die Rückkehr ins Elternhaus gestattet, **stirbt** sie dort, wo die Geschichte ihren verhängnisvollen Lauf genommen hat. 3.3
Fontane erzählt seine Geschichte als **Geschichte einer Herausforderung**, die sich daraus ergibt, dass die Protagonistin ihre Heimat sehr früh verlassen muss, um eine Ehe zu führen, die sie nicht wirklich selber wollte. Der Roman ist die **Geschichte eines Scheiterns**.

Bei **Leyla** ist die Ausgangssituation zunächst ganz ähnlich wie bei Effi. Ihr Mann wandert nach der Hochzeit nach Deutschland aus und sie bleibt mit ihrem Kind allein zurück. Dass auch sie niemanden hat, mit dem sie offen reden kann, zeigt ihr Versuch, auf der Zugfahrt mit ihrer Mutter über den Vater zu sprechen. Diese antwortet ihr nicht, sondern konfrontiert sie nur mit einer Gegenfrage (vgl. Z. 43f.). Einschränkungen und zum Teil körperliche Gewalt gehören zum Leben Leylas in der Türkei. Sie darf nicht mit jedem reden und ihr Vater schlägt sie. Leyla jedoch **reagiert** auf den Druck mit einer Hochzeit mit Metin, lässt sich nicht einschüchtern wie Effi und folgt ihrem Mann schließlich nach Deutschland, wo sie sich vornimmt, sich **aktiv** auf das Neue einzulassen. Anders als Effi geht Leyla die Probleme mit einer positiven Haltung an. 3.4
Bei Zaimoglu, das muss festgehalten werden, stellt sich die Herausforderung anders dar als bei Fontane. Leylas Geschichte endet mit der Konfrontation mit einer ganz neuen Situation. Ob sie diese Herausforderung meistert, wird nicht beantwortet. Nur aus den Aussagen des Autors im zitierten Interview lässt sich erschließen, dass sie es geschafft hat. Der Roman begründet also in erster Linie, mit welchen Verhaltensmustern man an neue Aufgaben herangehen müsse. **Offenheit, Mut und Zuversicht** gehören auf jeden Fall dazu.

Auch heute noch ist **Immigration** in Deutschland ein großes Thema. Der Anteil der Bevölkerung mit Migrationshintergrund nimmt ständig zu. Statistisch gesehen ist etwa jeder fünfte Bewohner der Bundesrepublik zugewandert oder hat immigrierte Eltern oder Großeltern. Angesichts der demographischen Entwicklung wird dieser Bevölkerungsanteil immer wichtiger für die Gesellschaft. So ist es nicht verwunderlich, dass immer mehr unternommen wird, um die **Eingliederung** zu erleichtern, sei es mit besonderen Förderkursen für die Schüler oder Sprachkursen für Frauen, die nicht im Berufsleben stehen und damit nicht per se gezwungen sind, die deutsche Sprache zu lernen. Dass die sogenannte **Migrationsliteratur** mittlerweile Einzug in die Deutschbücher gehalten hat, ist ein weiterer Beleg dafür, dass sich die Bevölkerung mit den Erfahrungen der Migranten auseinandersetzen muss, um ein **friedliches Neben- und Miteinander** zu ermöglichen. 4

## Deutsch Bayern – Abiturprüfung 2013
## Aufgabe 4: Vergleichendes Analysieren von Sachtexten

Analysieren Sie vergleichend die Texte A und B im Hinblick auf ihren gedanklich-argumentativen Aufbau und auffällige sprachlich-stilistische Gestaltungsmittel! Arbeiten Sie dabei heraus, welche Position die beiden Texte zu der Frage einnehmen, ob Lesen „schöne[r] Literatur" (vgl. Text A, Z. 13) glücklich macht! Nehmen Sie abschließend unter Heranziehung eigener Leseerfahrungen zu dieser Frage Stellung!

**Vorbemerkung**
Der Journalist Ulrich Greiner war von 1998 bis 2009 verantwortlicher Redakteur des Ressorts Literatur bei der Wochenzeitung DIE ZEIT. Seitdem ist er Kulturreporter und Herausgeber des Magazins ZEITLiteratur. Der von ihm verfasste Text A erschien am 25. Oktober 2007 in der ZEIT.
Peter Spork studierte Biologie, Anthropologie und Psychologie und arbeitet seit 1991 als freier Wissenschaftsjournalist. Text B wurde anlässlich einer Expertentagung des Jahres 1996 zum Thema „Leseglück" verfasst und 1999 in der populärwissenschaftlichen Monatszeitschrift *bild der wissenschaft* publiziert.

### Text A

**Ulrich Greiner** (* 1945)
**Macht Lesen glücklich? Über einen verbreiteten Irrtum** (2007)

Ums Lesen gibt es ein großes Gewese[1]. Den Welttag des Buches haben wir hinter, den Vorlesetag (23. November) vor uns. Außerdem gibt es die Stiftung Lesen sowie manch andere ebenso philanthropische wie geschäftsfördernde Einrichtung. Die Branche, die vom Lesen lebt (zu ihr gehört auch dieses Blatt), ist groß, und sie muss zusehen, dass ihr der Nachwuchs nicht ausgeht. Das ist legitim, aber man sollte nicht übertreiben.

Zunächst mal ist klar, dass diejenigen, die nicht lesen können, von Wissen und Bildung und damit von beruflichem Erfolg ausgeschlossen sind. Die Nachricht, dass 22 Prozent aller Deutschen in diesem Jahr noch kein einziges Buch gelesen haben, bestätigt die Vermutung, dass der Prozess der Marginalisierung voranschreitet. Dagegen etwas zu tun ist notwendig. Aber wenn vom Lesen die Rede ist, dann meist im emphatischen Sinn.[2] Da sind nicht Lehrbücher oder Handbücher gemeint, sondern die Werke der schönen Literatur, der Dichter und Denker. *Warum Lesen glücklich macht* heißt ein Buch von Stefan Bollmann[3] (Elisabeth Sandmann Verlag), und diese Behauptung ist irreführend. Wer liest, um glücklich zu werden, sollte es lieber lassen. Lesen ist, wie die Fähigkeit, Rad zu fahren oder den Computer zu benutzen, eine Kulturtechnik, man muss sie beherrschen, um in dieser Gesellschaft überleben zu können. Mit Glück hat sie nichts zu tun, eher im Gegenteil: Das dauerhafte, wahrhafte Glück besteht wahrscheinlich in der vollendeten Dummheit.

Erinnert sich jemand an Emma Bovary[4]? Das Unglück dieser hübschen und selbstsüchtigen Frau in Flauberts Roman beginnt damit, dass sie andauernd Romane liest, die ihr Bild von der Wirklichkeit nachhaltig beschädigen. Auch der berühmte Ritter von der traurigen Gestalt,[5] der Don Quijote des Cervantes, hat so viele Romane gelesen, dass er sich zum Gespött seiner Mitmenschen macht. Nun ist es sicherlich richtig, dass Frau Bovary und Herr Quijote nicht intelligent genug waren, um aus ihrer Lektüre die richtigen Schlüsse zu ziehen. Angenommen, sie wären dazu imstande gewesen: Es hätte ihnen nicht zum Glück verholfen. Und wir hätten zwei große Romane weniger.

Die gern verbreitete These, Lesen im emphatischen Sinn führe zu größerer Weisheit und Einsicht und es wäre um die Welt besser bestellt, wenn die Staatsmänner und Wirtschaftslenker häufiger Hölderlin[6] läsen, ist unbeweisbar. Schaden würde es ihnen nicht, aber ob sie danach menschlicher und klüger entschieden, weiß man nicht. Marcel Reich-Ranicki[7] erzählte einmal, er habe seinen Augenarzt wechseln müssen. Der Mann habe ihn allzu oft mit der Kenntnis neuer Romane beeindrucken wollen, anstatt sich fachlich weiterzubilden.

Man sollte für das Lesen nicht mit falschen Versprechungen werben. Es vergrößert die geistige Reichweite. Zu Risiken und Nebenwirkungen fragen Sie Ihren Literaturkritiker.

*Ulrich Greiner, Macht Lesen glücklich? Über einen verbreiteten Irrtum, in: DIE ZEIT Nr. 44 vom 25. 10. 2007, online unter http://www.zeit.de/2007/44/Glosse-Literatur, zuletzt aufgerufen am 16. 01. 2013*

Worterläuterungen:

1 *Gewese:* laute, Aufmerksamkeit erregende Betriebsamkeit
2 *Lesen im emphatischen Sinn:* Lesen als Begegnung mit gehobener Literatur
3 Das Buch erschien 2007.
4 *Emma Bovary:* Titelfigur aus Gustave Flauberts berühmtem Roman *Madame Bovary* (zuerst 1856)
5 *Ritter von der traurigen Gestalt:* zur festen Redewendung gewordener Beiname Don Quijotes, der Titelfigur aus dem Roman von Miguel de Cervantes Saavedra (zuerst 1605); Don Quijote vermag nicht mehr zwischen der Welt der Ritterromane und der Realität zu unterscheiden.
6 *Friedrich Hölderlin* (1770–1843): Dichter der Goethezeit
7 *Marcel Reich-Ranicki* (* 1920): Publizist, Literaturkenner und -kritiker

## Text B

**Peter Spork** (* 1965)
**Unzufrieden? Sie sollten mehr lesen! Bücher sind gedruckte Arzneimittel.** (1999)

Die Bettdecke spannt sich zwischen Nacken und Knien und bildet eine Höhle. Die rechte Hand hält eine Taschenlampe. Kein Lichtstrahl darf unter der Zimmertür nach außen dringen. Schon vor Ewigkeiten hat die Mutter dem Jungen befohlen, er solle endlich schlafen. Aber Viertelstunde um Viertelstunde vergeht, während der Daumen der linken Hand Seite für Seite umblättert. Ein Buch entführt den Leser in das ferne *Land der Skipetaren*[1], läßt ihn durch endlose Wüsten reiten, gemeinsam mit Kara Ben Nemsi und dem treuen Begleiter Hadschi Halef Omar Ben Hadschi Abul Abbas Ibn Hadschi Dawuhd Al Gossarah. An ihrer Seite reitet er im Geiste mit, fängt üble Schurken und erlebt tausend fesselnde Abenteuer.

Wer aus der heutigen Elterngeneration erinnert sich nicht gerne an die Jugendzeit, als Karl May, Michael Ende und Astrid Lindgren die Tür öffneten in ferne Welten, als Lesen gleichbedeutend war mit Abheben, Entschweben, Versinken oder mindestens Verreisen? Wer erinnert sich nicht daran, wie glücklich er damals war? Wer bedauert nicht hin und wieder die heutige Jugend, die scheinbar – Knopf im Ohr und Bildschirm vor der Nase – dieses Glück nicht mehr kennt? Wer bedauert nicht manchmal sich selbst, daß er für dieses Glück keine Zeit mehr hat? Umfragen des Allensbacher Instituts für Demoskopie zufolge nimmt nur ein Drittel der Deutschen mehrmals pro Woche ein Buch zur Hand. Ist die Mehrheit der Nicht- oder Gelegenheitsleser also unglücklich?

[...] „Nur auf Umwegen erreicht man das Glück", predigte schon Anfang der neunziger Jahre der prominente Glücksforscher Mihaly Csikszentmihalyi, Psychologe an der Universität Chicago. Er suchte nach gemeinsamen Verhaltensmustern zufriedener Menschen und entwickelte die Flow-Theorie: Wenn Menschen konzentriert auf ein Ziel hinarbeiten, ständig Rückmeldungen über ihr Fortkommen erhalten und sich selbst vergessen, empfinden sie irgendwann den sogenannten Flow, ein glücksbringendes Gefühl.

[...] Buchmarktforscher Ludwig Muth zeigte die Parallelen zwischen Flow-Theorie und Leseerfahrung – und definierte gleichzeitig die Grundvoraussetzungen für Leseglück: So wie Flow eine schwierige Aufgabe voraussetze, „der man gewachsen ist – und an der man wächst", erfordere Lesen eine „dynamische Balance zwischen Lese-Anstrengung und Lese-Fähigkeit".

Auch andere Aspekte der Flow-Theorie, etwa die volle Konzentration auf eine Aufgabe, ein verändertes Zeitgefühl oder das Gefühl, sich über das eigene Ich zu erheben, lassen sich laut Muth problemlos auf das Lesen übertragen. Kurt Tucholsky[2] jedenfalls empfand beim Lesen Flow: „Herz und Lungen arbeiten, der Körper verrichtet gleichmäßig seine innere Fabrikarbeit – Du fühlst ihn nicht. Du hörst nichts, Du siehst nichts, Du liest."

Aber Vorsicht, warnt die Literaturwissenschaftlerin Aleida Assmann, Lesen als selbstvergessene Erfahrung könne auch zu „Aussteigen und Eskapismus" führen, weshalb „Leseglück leicht umschlagen kann in Lebensunglück". Assmann definiert ein zweites, ganz praktisches Leseglück: Nur dank Bücher könnten viele Menschen die Welt kennenlernen, Erfahrungen machen, die ihnen sonst verwehrt blieben. Somit sei Leseglück oft geradezu „ein Einsteigen in soziokulturelle Zusammenhänge".

Doch Einsteigen hin, Aussteigen her: Wenn das Lesen wirklich eine so schöne Erfahrung ist, warum tun es so wenige, und – wenn man den Umfragen glauben will – immer weniger? Auch darauf wissen die Experten eine Antwort: Konzentriertes Schmökern erfordert ständiges Training. Nur wer im Flow-Kanal schwimmt, also eine fordernde, aber nicht überfordernde Lektüre liest, macht die glücksbringende Erfahrung. Als Kinder stiegen früher viele völlig unbefangen mit *Hanni und Nanni,* den *Fünf Freunden* oder den *Drei Fragezeichen* in den Kanal ein. Der schwemmte sie früher oder später zu Grass und Eco[3]. Die neue Erwachsenengeneration aber hat den Kanal irgendwo auf dem Weg zur Erwachsenenlektüre verlassen, macht jetzt lieber den Fernseher an und schaut *Kommissar Rex, Boulevard Bio* oder *Wetten, daß …*[4]

[…] Als Erwachsener muß man sich sein Leseglück ungleich härter erkämpfen, sich mit Büchern gezielter und bewußter auseinandersetzen. Viele Menschen sind irgendwann nicht mehr bereit, die Zeit dafür bereitzustellen.

Daß Erwachsene weniger lesen als Jugendliche, ist also nichts Neues. Bedenklich ist dagegen, daß immer weniger Kinder überhaupt zum Buch finden. Graf[5] betont, wie wichtig es für künftiges Leseglück ist, „Rahmenbedingungen wie die Versorgung mit Lesestoff sicherzustellen, Erwartungen zu wecken und beginnende Aktivitäten zu unterstützen".

Gefordert sind die Eltern. Statt den Wünschen ihrer Kinder nach Videospielen und einem Fernsehgerät nachzugeben und den Nachwuchs ständig zwischen Klavierunterricht, Bastelgruppe, Fußballtraining und Nachhilfestunden hin- und herzufahren, sollten sie ihm Freizeit gönnen, altersgerechte Bücher herumliegen lassen, beispielgebend die Fernbedienung weglegen – und selbst mehr lesen. Dann bräuchte wohl auch keine Expertentagung das fragile Leseglück unter warmen Bettdecken hervorzerren in den kalten Raum der Wissenschaft. Oder ist das nur die Idealvorstellung eines lebensfernen Germanisten?

*Peter Spork, Unzufrieden? Sie sollten mehr lesen! Bücher sind gedruckte Arzneimittel, in: bild der wissenschaft 3/1999, S. 73–75, online unter http://www.peter-spork.de/39-0-Unzufrieden-Sie-sollten-mehr-lesen.html, zuletzt aufgerufen am 16. 01. 2013*

Worterläuterungen:

1 *[Durch das] Land der Skipetaren:* Abenteuerroman von Karl May (1842–1912), einem über lange Zeit bei Jugendlichen sehr erfolgreichen Schriftsteller; Kara Ben Nemsi und Hadschi Halef Omar (dessen vollständiger Name hier wiedergegeben ist) sind die Hauptfiguren in mehreren seiner Romane.
2 *Kurt Tucholsky* (1890–1935): deutscher Schriftsteller und Journalist
3 *Umberto Eco* (* 1932): Verfasser anspruchsvoller Bestsellerromane
4 erfolgreiche und bekannte Fernsehsendungen zur Zeit der Abfassung des Artikels
5 *Werner Graf* (* 1949): Germanist und Literaturdidaktiker an der Universität Paderborn

**Hinweise und Tipps**

- *Bei einer vergleichenden Sachtextanalyse werden die Positionen zweier Autoren zu einem Thema gegenübergestellt. In der Regel ist davon auszugehen, dass sie unterschiedliche, meist sogar entgegengesetzte* ***Positionen zu derselben Fragestellung*** *einnehmen. Diese wird bereits in der Aufgabenstellung explizit genannt: Macht das Lesen „schöner Literatur" glücklich?*
- *Die Aufgabenstellung gibt im vorliegenden Fall die Vorgehensweise und damit auch die Gliederung der Ausarbeitung vor: Zunächst soll der* ***gedanklich-argumentative Aufbau*** *der beiden Texte herausgearbeitet und verglichen werden. Hier gliedern Sie den Text in zusammengehörige Abschnitte und skizzieren die Bedeutung des jeweiligen Abschnittes für den Argumentationsgang. Wie bei jedem argumentativen Text arbeiten die Autoren bei der Entwicklung ihrer Gedanken mit behauptenden, begründenden und illustrierenden Anteilen. Um die Funktion der Textabschnitte bereits sprachlich zu signalisieren, empfiehlt sich die Verwendung von Verben, die Sprechakte markieren: Der Autor verdeutlicht, weist darauf hin, stellt fest, stellt infrage, begründet seine Auffassung, betont seine Forderung, gibt zu bedenken, führt als Folge vor, schränkt seine Aussage ein, bestreitet die Möglichkeit, rechtfertigt die Behauptung …*
- *Bei der vergleichenden Analyse der* ***sprachlich-stilistischen Gestaltungsmittel*** *sollten Sie dem Charakter des Textes gerecht werden. Die Wirkungsabsicht ist dabei oft untrennbar mit der Textsorte bzw. dem Publikationsrahmen (wissenschaftliche Zeitschrift, Fachbuch, Wochenzeitung …) und der Adressatenorientierung verbunden. Lesen Sie daraufhin auch genau die in der* ***Vorbemerkung*** *enthaltenen Informationen. Gehen Sie stets präzise auf die Wirkung auffälliger sprachlicher Mittel an der konkreten Stelle ein. Vermeiden Sie nichtssagende Zuschreibungen wie: Der Autor veranschaulicht. Der Autor will den Leser zum Nachdenken/zum Schmunzeln anregen …, die auf sehr viele Formulierungen zutreffen können.*
- *Auf diesen analysierend-erschließenden Aufgabenteil folgt die* ***eigene Stellungnahme****, in der Sie auf eigene Leseerfahrungen eingehen sollen. Wie in jeder argumentierenden Schreibform sollten Sie sich hier mit Bezug auf konkrete Lektürebeispiele mit dem Thema auseinandersetzen, allzu persönliche Formulierungen in der Ich-Form jedoch eher vermeiden.*
- ***Einleitung und Schluss*** *sollten den Rahmen der Arbeit bilden und schlüssig in Bezug zur Themafrage stehen (definieren Sie den Begriff „schöne Literatur", bringen Sie Ihr Wissen über aktuelle Tendenzen am Buchmarkt ein, formulieren Sie einen anekdotisch-erzählenden Einstieg …).*

**Gliederung**

1 Was bedeutet „schöne Literatur“?

2 Unterschiedliche Sicht auf das Glückspotenzial von „schöner Literatur“ in den Texten von Ulrich Greiner und Peter Spork

2.1 Ablehnung eines Zusammenhangs von Lesen und Lebensglück bei Greiner
2.1.1 Infragestellen der Relevanz von Aktionen zur Förderung des Lesens (Z. 1–6)
2.1.2 Ablehnung der These eines Zusammenhangs von Lebensglück und dem Lesen „schöner Literatur“ (Z. 7–19)
2.1.3 Illustrierung dieser ablehnenden Haltung durch zwei literarische Beispiele (Z. 20–28)
2.1.4 Veranschaulichung des Unterschieds von Bildungswissen und Fachwissen (Z. 29–35)
2.1.5 Appell zu einer relativierend-pragmatischen Einschätzung „schöner Literatur“ (Z. 36–38)

2.2 Möglichkeit einer Glückserfahrung beim Lesen von „schöner Literatur“ bei Spork
2.2.1 Szenischer Einstieg zur Illustrierung des Glückspotenzials von Literatur (Z. 1–9)
2.2.2 Aktuelle Lesewirklichkeit Erwachsener und Jugendlicher im Kontrast dazu (Z. 10–19)
2.2.3 Untermauerung seiner These durch Autoritäten aus Psychologie und Kunst (Z. 20–37)
2.2.4 Gefahren und Chancen beim Vertiefen in belletristische Literatur (Z. 38–43)
2.2.5 Gründe für den Rückgang beim Lesen von belletristischer Literatur (Z. 44–56)
2.2.6 Appell an die Verantwortung von Eltern zur Steigerung der Leselust ihrer Kinder (Z. 57–61)
2.2.7 Rückbezug zur atmosphärischen Eingangsszenerie (Z. 66–69)

2.3 Sprache und Wirkungsabsicht beider Texte im Vergleich
2.3.1 Bewusst distanziert-polemischer Ton einer pointierten Glosse bei Greiner
2.3.2 Engagiert-persönliche Auseinandersetzung in dem Essay von Spork

2.4 Nüchtern-pragmatische Ablehnung einer Glückszuschreibung an Belletristik bei Greiner versus emotionales Plädoyer für das Glückspotenzial schöner Literatur bei Spork

3 Was ist „Leseglück“? – Eine sehr subjektive Frage!

**Lösungsvorschlag**

Was versteht man unter „**schöner Literatur**"? „Literatur" und „schön" – ein vertrautes Substantiv wird attribuiert durch ein gängiges Adjektiv, das in dieser Kombination auf den ersten Blick etwas holprig klingt. Man kennt „anspruchsvolle Literatur", „gehobene Literatur", „seichte Literatur", „leichte Literatur" – aber was macht Literatur „schön"? Ulrich Greiner definiert sie als Literatur der „Dichter und Denker" (Text A, Z. 13), was nicht sehr viel weiterhilft, denn wer entscheidet, welcher Autor sich „Dichter" nennen darf, von der Zuschreibung „Denker" ganz zu schweigen. Einen anderen Zugang bietet der Umweg über den an das Französische angelehnten und auf dem Buchmarkt gängigen Ausdruck „Belletristik", der die unterhaltende Literatur fern von Fach- und Sachliteratur bezeichnet. Eine weitere, noch eindeutigere Unterscheidung würde die Trennung in fiktionale und nicht-fiktionale Literatur bieten, die Bücher mit realem Sachbezug von denen unterscheidet, die eine ausgedachte Welt mit erfundenen Personen schaffen. Letztere füllen wohl auch die Sparte, in der sich die „schöne Literatur" bewegt. Ist diese Bezeichnung also weitgehend mit den Zuschreibungen „**Belletristik**" und „**fiktionale Literatur**" bedeutungsgleich, bekommt sie doch durch das positiv besetzte Adjektiv eine Nuance der **Aufwertung**. Im Zusammenhang mit der Themafrage „Macht das Lesen von ‚schöner Literatur' glücklich?" erscheint diese Begriffskombination sehr sinnig, impliziert doch bereits die Zuschreibung „schön" eine gewisses Glückspotenzial. 1

Die Frage „**Macht Lesen schöner Literatur glücklich?**" beantworten die Journalisten Ulrich Greiner in einem 2007 erschienenen Artikel der „Zeit" und Peter Spork in der Monatszeitschrift „Bild der Wissenschaft" (1999) auf gegensätzliche Weise. 2

**Greiner** stellt in seiner Glosse bewusst provokativ die Annahme, Lesen mache glücklich, in Frage und verneint diese abschließend mit dem Verweis auf einen vom Glücksbegriff unabhängigen intellektuellen Zugewinn durch Lesen. 2.1

Der Autor steigt mit der Behauptung ein, dass dem **Lesen** zum Zeitpunkt der Veröffentlichung des Artikels eine **große öffentliche Beachtung** geschenkt werde. Er belegt seine Auffassung mit der Nennung von öffentlichen Aktionstagen und der Existenz unterschiedlicher lesefördernder Projekte. Daraufhin relativiert er jedoch diese Maßnahmen mit einer Warnung vor zu vielen lesebezogenen Aktionen (vgl. Z. 1–6). 2.1.1

In seinen anschließenden Ausführungen nimmt er seine in dieser Warnung enthaltene implizite Forderung nach einem geringeren Stellenwert der Leseförderung teilweise wieder zurück. Er räumt ihr eine wichtige Bedeutung für die Ermöglichung von Chancengleichheit im Bildungssystem ein. Damit bezieht er sich jedoch auf die Kulturtechnik „Lesen" und nimmt davon ausdrücklich das Lesen als Begegnung mit der Hochkultur aus. Durch diese Differen- 2.1.2

zierung konzentriert er sich von da an auf die **Ablehnung** der aus seiner Sicht naiven Behauptung von Stefan Bollmann, der einen **positiven Zusammenhang zwischen Lesen und Lebensglück** postuliert. Auf die Spitze getrieben wird diese Zurückweisung mit der Verkehrung von Bollmanns Theorie in das Gegenteil: Das höchste Glück erreichten nur die Einfältigen (vgl. Z. 7–19).

Illustrierend zu seiner provokanten Erwiderung führt er schließlich **zwei Beispiele** eben aus dem Bereich der „schönen Literatur" an. Sowohl die weibliche Hauptfigur aus Flauberts „**Madame Bovary**" als auch Cervantes' „Ritter von der traurigen Gestalt" **Don Quijote** hätten gerade durch übertriebene Lektüre von Romanen den Bezug zur Realität verloren und sich dadurch um ihr Lebensglück gebracht. Allerderdings bezweifelt Greiner, dass beide Figuren auch bei einer realistischen Einschätzung ihrer Lesestoffe das Lebensglück hätten finden können, und wiederholt seine zentrale These, dass Lesen nicht glücklich mache (Z. 20–28). 2.1.3

Ergänzend dazu zweifelt Greiner die Auffassung an, dass belletristische Literatur einen Nutzen für das soziale Zusammenleben der Menschheit und ihre intellektuellen Fähigkeiten bringe. Mit Hilfe einer Anekdote, die den **Gegensatz von Bildungswissen und Fachwissen** pointiert illustriert, unterstreicht er seinen rationalen und zweckorientierten Argumentationsgang (Z. 29–35). 2.1.4

Greiner beendet seine Glosse mit dem **pragmatischen Appell**, keine übertriebenden Erwartungen an das Lesen zu haben, und bringt gleichzeitig die aus seiner Sicht eigentliche Leistung des Lesens für den Zugewinn an intellektueller Bildung auf den Punkt (Z. 36–38). 2.1.5

Die entgegengesetzte Auffassung vertritt **Peter Spork**, der in seinem Essay „Unzufrieden? Sie sollten mehr lesen! Bücher sind gedruckte Arzneimittel" (1999) eine Glückserfahrung beim Lesen von Büchern für möglich hält. 2.2

Sein Aufsatz beginnt im Gegensatz zu der nüchtern-pragmatischen Herangehensweise von Greiner mit einem atmosphärisch untermalten, szenischen Einstieg, der die selbstvergessene, nächtliche **Lektüre der Kindheit** vor Augen führt und die Hauptfiguren der klassischen Jugendliteratur als persönliche Helden der vergangenen Jugendzeit glorifiziert (Z. 1–9). 2.2.1

Angesichts dieser nostalgisch überhöhten Leseerlebnisse wird ein Zusammenhang zwischen Lesen und persönlicher Glückserfahrung vorausgesetzt. Ausgehend von dieser Prämisse bedauert Spork den Verlust dieses Glücksgefühls angesichts des **veränderten Leseverhaltens der Gegenwart**. Der positiven Eingangsszenerie stellt er sowohl den Zeitmangel der Erwachsenen als auch das durch moderne Medien veränderte Freizeitverhalten der Jugendlichen gegenüber (Z. 10–19). 2.2.2

Seine auf persönliche Erfahrungen basierende These stützt Spark durch Bezug auf den anerkannten Psychologen Csikszentmihalyi und dessen Flow-Theorie, die das Gefühl des Glücks in Zusammenhang mit der vertieften 2.2.3

Konzentration auf einen Gegenstand stellt. Mit der durch den Buchmarktforscher Muth gezogenen Analogie zwischen Flow und Leseglück und einem Zitat von Kurt Tucholsky führt Spark weitere **Autoritäten zur Bekräftigung seiner Argumentation** an. Damit erweitert er aber auch seine zu Beginn rückblickend-verklärte Sicht auf den Leseprozess durch den Aspekt der Anstrengung, die eine Voraussetzung für das Glücksgefühl sei (Z. 20–37).

Eine Einschränkung seiner positiven Sicht auf das Lesen von „schöner Literatur" nimmt Spork mit der Warnung der Literaturwissenschaftlerin Assmann vor, dass **Lesen** auch zur **Flucht in imaginäre Scheinwelten** führen könne. Hier argumentiert er ganz ähnlich wie Greiner, der ja auch den verderblichen Einfluss von Romanen in seine Beispielgebung aufnimmt. Allerdings wird dieses Negativbeispiel sogleich ergänzt um die von Assmann komplementär dazu formulierte Chance der Lektüre, **neue Einblicke und Einsichten in die Welt** zu ermöglichen. Den Begriff „Glück" weitet Spork also vom empathisch-emotionalen über das intellektuelle zum lebenspraktischen Glücksgefühl aus (Z. 38–43). 2.2.4

Als **Erklärung** für die vor allem bei Erwachsenen konstatierte **hohe Leseunlust** räumt Spork daraus folgernd die mangelnde Anstrengungsbereitschaft bzw. die aufgrund von Zeitknappheit mangelnde Anstrengungsmöglichkeit ein. Als weiteren Faktor für den Rückgang des Lesens belletristischer Literatur nennt er die Ablenkung durch das weit weniger anstrengende Medium Fernsehen (Z. 44–56). 2.2.5

Wie Greiner seine pointierte Glosse mit einem knappen Schlussappell beschließt, formuliert auch Spork eine **appellierende Schlussbotschaft** an seine Leser, diese freilich sehr viel ausführlicher und differenzierter. Aus seiner Sicht liegt die **Verantwortung** für das künftige Leseverhalten bei den **Eltern**, die ihren Kindern sowohl durch die Bereitstellung von Lesestoff als auch durch vorgelebte Lesebegeisterung ein leseaffines Umfeld bieten sollen, um auch ihnen Leseglück zu ermöglichen (Z. 57–66). 2.2.6

Abgerundet wird der Essay durch den **Rückbezug** auf die zu Beginn evozierte atmosphärische Lesesituation der Kindheit und die rhetorisch-spielerische Infragestellung seiner Wunschvorstellung (Z. 66–69). 2.2.7

**Greiners Text** wurde für die Wochenzeitung „Die Zeit" verfasst und greift 2.3.
bereits zu Beginn tagesaktuelle Ereignisse auf, die den Buchmarkt betreffen. 2.3.1
Durch die **kurzen Gedankenstränge** wie den knappen Verweis auf die Publikation von Stefan Bollmann (vgl. Z. 14), dessen Thesen nicht weiter ausgeführt und diskutiert werden, wirkt der Text **bewusst skizzenhaft** und kann als idealtypisch für eine **Glosse** gelten. Als einzigen Gewährsmann für seine Position wählt Greiner keinen Geringeren als Marcel Reich-Ranicki, den wohl berühmtesten Literaturkritiker, auf den er auch in seinem Schlussgag nochmals anspielt (vgl. S. 37 f.). Das **anekdotenhafte Anzitieren** von Ranickis Verhältnis zu seinem Augenarzt kann jedoch nicht für eine Beweisführung im

eigentlichen Argumentationssinn dienen. Bezeichnend für Greiners Text sind dagegen Sprünge in der Gedankenführung und **argumentationslogische Brüche**. So führt er seine These vom Unglück der beiden Romanfiguren Bovary und Don Quijote aufgrund von Naivität und Dummheit ad absurdum, wenn er schließlich lakonisch feststellt, dass ihnen auch Intelligenz „nicht zum Glück verholfen" (Z. 27) hätte.
**Polemische Spitzen** wie die textsortentypische **Schlusspointe**, eine Abwandlung der in der Werbung oft heruntergeleierten Wendung „Zu Risiken und Nebenwirkungen …" (Z. 37 f.), sind dabei auf eine – aus seiner Sicht – naive Glückserwartung begeisterter Literaturliebhaber gemünzt. Mit solchen Anspielungen und sprachlichen Versatzstücken aus einem völlig anderen Bereich nimmt Greiner dem Thema den Ernst und verleiht ihm eine **schnoddrige Lässigkeit**. Dabei verwendet er aber durchaus auch Fachbegriffe und formuliert im elaborierten Stil, wenn er vom „Prozess der Marginalisierung" (S. 10) und „Lesen im emphatischen Sinn" (Z. 12) spricht und somit die überwiegend akademische Leserschaft im Blick hat.
Die Position Greiners wird bereits durch die als **rhetorische Frage** formulierte Überschrift und den Nachsatz „Über einen verbreiteten Irrtum" (Überschrift) deutlich. Dass Greiners klare Ablehnung einer glücksversprechenden Wirkung von Literatur nicht als differenzierte, abwägende Auseinandersetzung gewertet werden kann, beweisen die **knappen, apodiktischen Aussagesätze**, die nur selten durch relativierende Konjunktionen oder Adverbien eingeschränkt oder modifiziert werden (vgl. Z. 15: „Wer liest, um glücklich zu werden, sollte es lieber lassen."). Seine Position bringt er mit einer Feststellung wie „[z]unächst mal ist klar" (Z. 7) und den Parataxen z. B. im letzten Absatz (vgl. Z. 36 ff.) unmissverständlich zum Ausdruck. Die Position der Gegenseite formuliert er konsequent im **Konjunktiv** (vgl. Z. 29 ff.) und betont damit eine Realitätsferne. (Ab)wertungen drückt er häufig subtil, jedoch mit unmissverständlicher Schärfe aus, wenn er beispielsweise lesefördernde Stiftungen als „philanthropisch wie geschäftsfördernd" (Z. 3 f.) bezeichnet und in der kontrastierenden Gegenüberstellung diese Kulturinstitutionen als „Branche" (Z. 4) diskreditiert und ihnen damit den Nimbus der Gemeinnützigkeit nimmt.
Die gerade für eine Glosse so typische **Ironie** dient auch bei Greiner als Mittel der Herabwürdigung und endet nicht selten in **Spott**. So räumt er sogar ein, selbst ein Teil der „Branche, die vom Lesen lebt" (Z. 4), zu sein, rät aber dann beinahe herablassend: „… aber man sollte nicht überteiben" (Z. 5 f.). Mit der ironischen Anrede „Herr Quijote" und „Frau Bovary" (Z. 25) gibt er diesen beiden Kunstfiguren den Anschein realer Personen und zieht damit deren hohe Ansprüche an die Literatur zusätzlich zu deren Scheitern süffisant ins Lächerliche.
Greiner **bezieht** von Anfang an (vgl. Z. 1 f.) **den Leser** seines Artikels in die Darstellung **mit ein** und schafft gerade beim Thema Literatur ein Vertrauensverhältnis, wenn er die Frage in den Raum stellt: „Erinnert sich jemand an Emma Bovary?" (Z. 20) und schließlich resümiert: „Und wir hätten zwei große

Romane weniger“ (Z. 27 f.). Dadurch gibt er dem Leser nicht nur das Gefühl einer überdurchschnittlichen Bildung, er suggeriert ihm damit auch sehr geschickt eine gedankliche Nähe zu seinen Thesen. Die vertrauliche Anrede gipfelt in der Schlusspointe sogar in einen gespielt fürsorglichen Ratschlag bezüglich der Gesundheit der „Zeit“-Leser.

Differenzierter und ernsthafter verhandelt **Peter Spork** die Frage, ob das Lesen 2.3.2
von schöner Literatur glücklich mache. Seine Ausführungen sind bereits auf den ersten Blick viel breiter als die von Greiner, der textsortentypisch auf den Platz der Zeitungskolumne beschränkt ist. Der persönliche Stil Sporks rührt auch unter Umständen von dem **Konzept als mündlicher Vortrag** auf einer Expertentagung (vgl. Vorbemerkung) her, die ja eine **direkte Adressatenorientierung** verlangt. Später publiziert in der populärwissenschaftlichen Zeitschrift „bild der wissenschaft“, ist dieser Artikel nicht für Zeitungskonsumenten wie bei Greiner bestimmt, sondern bewegt sich auf dem schmalen Grat zwischen wissenschaftlicher Exaktheit und leserorientierter Verständlichkeit. Die Zielgruppe der interessierten Laien wird dadurch in passender Weise erreicht. Die drei Auslassungen (vgl. Z. 20, Z. 27, Z. 54) lassen vermuten, dass der Text im Original noch mehr Raum beansprucht und noch weitere illustrierende Aspekte umfasst.
Der Artikel kann als Beispiel für einen **Essay** gelten. Typisch dafür ist der **Wechsel der Stilebenen** in der Argumentationsstruktur, die eher assoziativ als reihend aufgebaut ist. So beginnt Greiner mit einem in **szenischem Präsens** gehaltenen, sehr persönlichem Einstieg, der bewusst nahelegt, dass es sich um eigene Jugenderlebnisse handelt (vgl. Z. 1–13). Auch mit der Präsentation der Nachhaltigkeit dieser prägenden Erlebnisse (er kennt sämtliche Vornamen von Kara Ben Nemsis Gefährten noch nach Jahrzehnten!) schafft er gleich zu Beginn eine Intimität. Psychologisch geschickt stellt er ein **Einverständnis mit dem Leser** her, das durch dessen unwillkürliche Assoziationen zu den eigenen frühen Lesererfahrungen erreicht wird. Mit seiner rhetorischen Schlussfrage „Oder ist das nur die Idealvorstellung eines lebensfernen Germanisten?“, kokettiert er mit dieser vorausgesetzten stillen Übereinkunft. Mit einer **anaphorischen Reihung von rhetorischen Fragen** spricht er den Leser auch direkt an („Wer erinnert sich nicht …?“, „Wer bedauert nicht …?“ Z. 1–19), er unterstreicht die Relevanz seines Anliegens und hebt den – aus seiner Sicht beklagenswerten – Verlust der Lesekultur hervor. Ähnliche **Akkumulationen** finden sich bei der Beschreibung der kindlichen Lesewelten als ein „Abheben, Entschweben, Versinken oder mindestens Verreisen“ (Z. 12). Beinahe poetisch adaptiert er damit sprachlich das Gefühl der Entgrenzung beim Lesen und spricht den vorher genannten Klassikern der Kinder- und Jugendliteratur eine einzigartige Qualität zu.
Im Gegensatz zu Greiner führt er **wissenschaftliche Autoritäten** zur Untermauerung seiner These vom Glückspotential schöner Literatur präzise und für den interessierten Leser durch **illustrierende Bildlichkeit** verständlich vor. So geht Spork im Mittelteil seines Essays auf wissenschaftliche Aussagen an-

erkannter Autoritäten aus Psychologie, Wissenschaft und Literatur ein und erreicht durch die **Vermittlung dieser Sachkompetenz** einen hohen Überzeugungsgrad. Diese werden an geeigneten Stellen zitiert, was die Vorstellung von Leseglück nicht nur präzisiert und durch eine Einschränkung differenziert (vgl. Z. 40 f.), sondern auch z. B. durch das Tucholsky-Zitat bildhaft vor Augen führt (vgl. Z. 35 ff.).
Die Bildebene prägt auch den fünften Absatz (Z. 44–53), in der er mit der **Metaphorik aus dem Vorstellungsbereich „Schwimmen"** das Ringen um das individuelle Leseglück einprägsam vorführt. Das von dem Psychologen Csikszentmihalyi übernommene Bild vom „Flow-Kanal" (Z. 47) wird so gleichsam zum Ausgangspunkt einer plastischen Vorstellungsebene. Die Gefühle beim Lesen werden den körperlichen Mühen, aber auch dem erhebenden Gefühl nach einer bewältigten Schwimmstrecke gleichgesetzt. Die Bildlichkeit des Textbeginns wird **antithetisch** auch im Schluss aufgegriffen, wenn die anfangs beschworene Intimität zwischen belletristischer Lektüre und jugendlichem Leser durch die Kälte der Wissenschaft „unter warmen Bettdecken" (Z. 67) hervorgezerrt wird. Den Kontrast zwischen seiner idealisierten Jugendzeit und der „heutigen Jugend" (Z. 14) formuliert er ebenso pointiert mit der formelhaften Parenthese „Knopf im Ohr und Bildschirm vor der Nase" (Z. 14 ) und übt damit auch deutliche **Kritik an der modernen Medienwelt**.

Spork behandelt das Lesen als ureigene Herzenssache und versucht nicht ein- 2.4.
mal den Anschein einer neutralen Abwägung zu erwecken. Seine Kritik an den Ursachen, die dem Zustandekommen eines von ihm verteidigten Leseglücks entgegenstehen, ist durch die vielen persönlichen Bezüge und die oben vorgeführte bildhafte Beispielgebung immer **authentisch** und erhält dadurch eine große Überzeugungskraft. Greiners „Waffe" im Argumentationskampf dagegen ist die des **bissig-ironischen Spiels** mit dem Thema. Gerade weil er sprachlich und auf der Beispielebene mit Versatzstücken der literarischen Bildung arbeitet, erhält seine Glosse **Esprit und Witz**. Interessanterweise argumentieren beide Autoren – trotz des großen zeitlichen Abstands von acht Jahren zwischen dem Erscheinen der Artikel – mit der Vorstellung, dass das **Lesen eine therapeutische Wirkung** haben könnte. Wenn Spork jedoch in der Überschrift seiner Publikation aus dem Jahre 1999 Bücher als „gedruckte Arzneimittel" tituliert, geschieht dies mit dem Brustton tiefster Überzeugung. Im Gegensatz dazu dient Greiners Anlehnung an den Sprachduktus der Pharmaindustrie am Schluss allein der spöttischen Verneinung dieses Zusammenhangs. Greiner stellt sich in seiner Glosse **bewusst provokativ** gegen die These, dass das Lesen schöner Literatur glücklich machen könne. Bereits zu Beginn seines Artikels präsentiert er sich als nüchterner Beobachter des literarischen Marktes, wenn er die Bildungsdiskussion über das hohe Kulturgut „Lesen" zu einer bloßen Kulturtechnik herabstuft und mit einem pejorativen Begriff wie „Gewese" (Z. 1) bewertet. Damit wendet er sich ausdrücklich gegen den bildungsbürgerlichen **Anspruch eines Mehrwerts von Belletristik** fern von jeder Zweckorientierung. Dies ist angesichts des bildungsaffinen

Mediums, in dem seine Glosse erscheint, durchaus mutig. Er eröffnet aber gerade in einem intellektuellen Umfeld wie der „Zeit“ dem Leser dadurch ein **Forum zur Kontroverse** und lädt den liberal denkenden Rezipienten dazu ein, den „Gegenstand Literatur“ fern von jeder Überhöhung, rein rational zu beleuchten. Der appellative Charakter seines Textes ist dadurch eher implizit erkennbar, ganz im Gegensatz zu Spork, der sich offensiv für die Ermöglichung von Leseglück von Jung und Alt einsetzt und mit den Eltern die dafür Zuständigen direkt anspricht. Sein **Appell an deren Verantwortung für die zukünftige Lesebiografie der nachwachsenden Generation** entbehrt nicht eines moralischen Zeigefingers. Diese mahnenden Schlussworte würde Greiner wohl als „Gewese“ (Z. 1) abtun.

Wie aber steht es nun um das Glückspotenzial „schöner Literatur“? **Sowohl Sporks Plädoyer für den Zugewinn an Lebensqualität durch das Lesen von Belletristik, als auch Greiners relativierende Gegenposition sprechen für sich.** Um einer Antwort näher zu kommen, sollte zuerst geklärt werden, was hierbei eigentlich unter „Glück“ verstanden wird. Greiners Glosse lässt diese Antwort gänzlich offen, Spork setzt Glück im Wesentlichen mit dem von Csikszentmihalyi entworfenen Begriff des „Flow-Erlebnisses“ gleich. Die Vorstellung vom Glück ist eine der schillerndsten und subjektivsten, die man sich vorstellen kann, und wird von jedem Einzelnen wohl auf andere Weise geklärt werden. So würden viele Menschen verständnislos den Kopf schütteln, wenn man als Voraussetzung von Glück Anstrengung und Aufgabenbewältigung voraussetzt. Diese Vertreter einer hedonistischen Glücksauffassung würden wohl im befreiten Genießen des perfekten Augenblicks, im tatenlosen Faulenzen oder im anregenden Austausch mit Freunden ihr Glück empfinden. Demgegenüber klingt Sporks Theorie vom Erarbeiten eines „Lese-Flows“ sehr mühsam. Gerade in unserer schnelllebigen Zeit gibt es Glücksmomente, die auf viel weniger zeitaufwändige Weise erreicht werden können. 3
Die meisten Zeitgenossen würden wohl auch das höchste Glück im Austausch mit anderen und dem Erleben von echter Freundschaft beschreiben. Da wirkt die isolierende Lektüre auch noch so abenteuerlicher und anregender Romane doch eher als Flucht vor den Problemen des realen Lebens, worauf ja auch Spork einräumend hinweist (vgl. Text B, Z. 39). Auf der anderen Seite besteht durch die außerordentliche Erfahrung einer fesselnden Lektüre wie von Dan Browns „Illuminati“ ja gerade ein Anlass, um anregende Gespräche, wenn nicht sogar heiße Diskussionen mit Gleichgesinnten führen zu können und sich – im Idealfall im Austausch mit anderen Begeisterten – in eine fremde Welt zu vertiefen, die man zuvor überhaupt nicht kannte. Ist dieses fast kriminologische Interesse einmal geweckt, erlebt man das beglückende Gefühl, aus eigenem Antrieb Anteil zu haben an einem Kosmos von Zusammenhängen und kulturellen Einsichten, fernab von verordnetem Schulwissen.
Für viele Jugendlichen ist das „Verschlingen“ von Romanen und Geschichten ein durchaus nachvollziehbares Phänomen, aber eben beschränkt auf die – wie Spork es nennt – „unbefangen[e]“ (Text B, Z. 49) Kindheit, in der es für

die Eltern am wichtigsten war, dass ihre Kinder überhaupt irgendetwas lesen. So durften Bücher wie „Gregs Tagebuch“ oder „Harry Potter“ völlig wertfrei genossen werden und es konnte durchaus vorkommen, dass man Bedauern empfand, wenn die noch verbleibende Seitenzahl eines heißgeliebten „Schmökers“ immer geringer wurde und einem der Gedanke kam: „Schade, schon bald aus …“. Bereits die Vorfreude auf das genussvolle Vertiefen in die Welt von Harry und Hermine rief bei einer großen Lesegemeinde schon vor dem Erscheinen des neuen „Potter-Bandes“ Glücksgefühle hervor.

Der Spaß am Lesen von schöner Literatur endet für viele aber spätestens dann, wenn diese zur Pflichtlektüre in der Schule werden. Dies ist eigentlich bedauerlich, denn auch dem „Faust“ kann man in der Oberstufe durchaus eine bereichernde Erfahrung abgewinnen. Das „Aha“-Erlebnis nach den ersten Verständnisschwierigkeiten gibt doch auch die Empfindung von Stolz und der Ahnung, Teil eines kleinen Kreises von Eingeweihten zu sein. Eingeweiht in die außerordentliche Sprachgewalt und Stofffülle eines Mammutwerks. Ob man das „Leseglück“ nennen kann, bleibt wohl jedem selbst überlassen. Auf jeden Fall hat man das Gefühl, nun vielleicht auch andere vermeintlich „schwere“ Klassiker bewältigen zu können. Deswegen ist das Bild vom Flow-Kanal, der einen in das große Meer der Literatur schwemmt, sogar recht treffend. Angeregt von der Lektüre der „Schachnovelle“, wurde eine Mitschülerin beispielsweise regelrecht zum Stefan-Zweig-Fan und legte sich nach und nach alle seine Erzählungen zu. Ein Abiturient des letzte Abschlussjahres erzählte vor Kurzem, dass er beim Umzug an den neuen Studienort auch die für den Unterricht angeschaffte Reclam-Ausgabe von Eichendorffs „Aus dem Leben eines Taugenichts“ eingepackt habe, irgendwie war ihm das Buch wohl wichtig geworden. Er studiert übrigens nicht Germanistik.

Vielleicht ist die Frage nach dem „Leseglück“ wirklich nur von jedem selbst zu beantworten. Der eine schätzt sich glücklich, die Tolkien-Gesamtausgabe zu besitzen (und diese noch nicht komplett gelesen zu haben), ein anderer nennt die Erfahrung beglückend, in den Heldinnen der Jane-Austen-Romane verwandte Seelen entdeckt zu haben, wieder ein anderer ist bereits glücklich, mit Wolfgang Herrndorfs „Tschick“ endlich ein Schullektüre behandelt zu haben, die er mit Genuss gelesen hat – und damit ist doch auch schon viel gewonnen.

**Deutsch Bayern – Abiturprüfung 2013:**
**Aufgabe 5: Textbezogenes Argumentieren, auch in freieren Formen**

**Die Phrase**

In Lexika wird der Begriff „Phrase“ u. a. wie folgt definiert: „Abwertende Bezeichnung für wortreiches leeres Gerede“ (Lexikon der Sprachwissenschaft); „abgegriffene, nichtssagende Aussage“ (Duden online).

a) Erarbeiten Sie die Argumentationsstruktur des Essays *Sagen Sie jetzt nichts* von Rainer Marx und klären Sie die Position des Verfassers!

b) Setzen Sie sich mit dem Text *Sagen Sie jetzt nichts* auseinander, indem Sie eine der beiden folgenden Varianten bearbeiten! Die beigefügten Materialien 1–3 bieten Ihnen jeweils Anregungen für Ihre Ausführungen.

**Variante 1:**

Erörtern Sie ausgehend von Ihren Ergebnissen, inwieweit sich die Verwendung von Phrasen positiv bzw. negativ auf Kommunikation auswirken kann!

*oder*

**Variante 2:**

Verfassen Sie einen Kommentar für eine überregionale Zeitschrift für junge Erwachsene zum Thema „Phrasen“, in dem Sie sich auf den Essay *Sagen Sie jetzt nichts* beziehen! Formulieren Sie eine passende Überschrift! Ihr Kommentar sollte etwa 750 Wörter umfassen.

**Rainer Marx**
**Sagen Sie jetzt nichts** (2012)

Die Phrase hat viele Gesichter, und keines davon ist besonders hübsch anzusehen. Mal ist es panische Hilflosigkeit, mal interesseloses Nichtgefallen […]. So ist sie, die Phrase: Wie der Igel im Märchen ist sie immer schon vor dem Gedanken da, liegt passgenau zwischen Gaumen und Zunge, rollt über die Lippen, Wort um Wort, spielt sich auf und in den Vordergrund. Bühne frei für das geschniegelte Nichts, die klappernden Signifikantenketten[1]! Ja, die Phrase ist das Förmchen im Sandkasten der Sprache. Liegt einfach da, griffbereit. Man muss nur hinlangen.

Die Phrase ist immer da, wenn nichts gesagt werden soll, das aber ganz entschieden. Sie ist die Emanation[2] des Selbstverständlichen. Sie stört nicht, regt nicht auf, stellt nicht infrage, bringt keinen Widerstand und keine neuen Erkenntnisse. Sie sickert einfach warm in die Großhirnrinde ein, irgendwo Richtung Wernicke-Zentrum und Broca-Areal[3]. Dort macht sie es sich bequem, ihr Bett ist längst gemacht. Die Phrase ist das Rauschen innerhalb der Sprache.

Es ist nicht zu leugnen, sie hat einen schlechten Ruf, die Phrase – und das ist mehr als ungerecht. Niemand setzt sich für sie ein, bekennt sich zu ihr oder zeigt sich gern neben ihr in der Öffentlichkeit. Dabei hat die Phrase auch noch ein anderes Gesicht: Gerade in Gestalt der Floskel, unserem treuen Begleiter, macht sie gute Miene zum blöden Spiel. Wie oft schon hat sie uns gerettet, wenn nichts mehr zu retten war, etwa an der neuen Frisur der Kollegin oder dem Wohnzimmerteppich des Nachbarn, an der Pasta della casa im Restaurant an der Ecke oder dieser völlig verbogenen Diskussion über den Weltfrieden. Wie haben wir sie geliebt, als plötzlich der alte Schulkamerad vor uns stand, die Ex an derselben Kasse im Supermarkt oder der Vermieter im Hausflur.

Was hat sie uns nicht alles erspart, wie hat sie uns nicht geholfen, das Gesicht zu wahren, die Fassung, oft genug sogar den Anstand. Als nichts mehr ging, war sie zur Stelle, gerade noch rechtzeitig, bevor wir uns um Kopf und Kragen bringen konnten. Phrasen haben eine unschätzbare Funktion. Sie bauen eine Brücke, wenn kein Weg mehr sichtbar ist, öffnen eine Tür, wenn alles verschlossen scheint. Und das Beste ist: Sie sind selbst dann noch abrufbar, wenn bereits der Fluchtreflex ausgelöst und der zerebrale Apparat[4] nahezu außer Kraft gesetzt ist. Selbst dann sind wir noch in der Lage, etwas Verständliches und Nachvollziehbares zu artikulieren. Dafür sollten wir dankbar sein.

Irgendwie schafft die Phrase ja auch ein Gefühl der Zugehörigkeit, der Gemeinsamkeit, des Miteinanders. Man könnte es auch mit den Worten eines Ex-Bundespräsidenten sagen: „Die Menschheit sitzt in einem Boot.“[5] Phrasen haben schließlich auch mit ritualisiertem Handeln zu tun, dessen wichtige Funktion für das menschliche Zusammenleben unbestritten ist. Unser gesamter Höflichkeitsapparat beispielsweise fußt auf Phrasen.

Unbestritten: Ohne die Phrase wäre wohl vieles nichts. Veranstaltungen wie etwa eine Fußballeuropameisterschaft oder Olympische Sommerspiele wären ohne sie medial nicht zu vermitteln, geschweige denn eine handfeste Krise wie die des Euro zu meistern. Ja, Politik wäre nachgerade in Zeiten des Wahlkampfs überhaupt nicht zu praktizieren, zumal wenn es eine der ausgestreckten Hand ist oder sie nah am Bürger gemacht wird. Es gilt das gedroschene Wort. So sehr wir uns auch sträuben: Wir brauchen die Phrase, denn wir bauen auf sie. Sie bildet das Fundament unserer Kommunikation. Und solange sich in der Phrase die Kommunikation nur für einen kurzen Moment ihrer selbst versichert, um dann voranzuschreiten, ist der Untergang des Abendlands noch mal verschoben.

In der Phrase lässt sich etwas ablesen, das die Sprachwissenschaft Sprechplanung nennt. Man sieht förmlich jemanden seine Gedanken ordnen. Heinrich von Kleist hat das die „allmähliche Verfertigung der Gedanken beim Reden“ genannt und gleich eine ganze Abhandlung darüber geschrieben. Auch wenn es heutzutage oft eher der allgemeinen Verfettung der ursprünglichen Gedanken zu gleichen scheint oder, schlimmer noch, der allgemeinen Verflüchtigung der Gedanken beim Reden. [...] Es ist dieses kurze Luftholen, jener Moment des Innehaltens, der dem Sprecher die nötige Zeit verschafft, in sich zu gehen, um dann vielleicht im Anschluss etwas Sinnvolles zu sagen. Die Phrase ist die kleine Denkpause für zwischendurch, geschenkte Zeit mittels geliehener Wörter. Man muss nur etwas daraus machen.

Denn natürlich ist es so, dass in immer kürzerer Zeit immer mehr gesagt werden will, weil sich alles immer schneller bewegt in alle möglichen Richtungen, die Dinge sich zunehmend rasant verändern und auch das Umweltschutzprojekt in Patagonien nicht unkommentiert bleiben soll. Dadurch wächst der Sprechdruck. Bald meint man, die Zeit sei irgendein großes Gefäß, das ausschließlich dafür gemacht worden ist, um es mit Wörtern zu füllen.

Die Phrase ist schon deshalb unverzichtbar, weil ständig Dinge passieren, die so undenkbar sind, dass uns erst einmal die Worte fehlen. In diese Sprachlosigkeit hinein spricht sie. Hinein in eine Stille, die nicht auszuhalten ist, weil wir dahinter die Leere vermuten, ein Nichts, in dem wir zu verschwinden drohen.

Wohl niemand hat diese Stille so schön inszeniert wie der geniale Komponist John Cage[6]. In seinem *Vortrag über nichts* von 1959 hat er sie sogar mit Worten rhythmisch strukturiert. Die ersten Sätze lauten: „Ich bin hier, und es gibt nichts zu sagen. Wenn unter Ihnen die sind, die irgendwo hingelangen möchten, sollen sie gehen, jederzeit. Was wir brauchen, ist Stille; aber was die Stille will, ist, dass ich weiterrede."

*Rainer Marx, Sagen Sie jetzt nichts, in: DIE WELT vom 25. 08. 2012, online unter http://www.welt.de/print/die welt/debatte/article108791247/Sagen-Sie-jetzt-nichts.html, zuletzt aufgerufen am 30. 11. 2012*

Worterläuterungen:
1 *Signifikantenketten:* hier im Sinne von Aneinanderreihung von Wörtern/Bezeichnungen
2 *Emanation:* hier im Sinne von Heraustreten, Hervorgehen
3 *Wernicke-Zentrum, Broca-Areal:* wesentliche Bestandteile des Sprachzentrums im Gehirn
4 *der zerebrale Apparat:* das Gehirn
5 In seiner „Berliner Rede" vom 23. März 2009 zur Finanz- und Wirtschaftskrise plädierte der ehemalige Bundespräsident Horst Köhler mit den Worten „Die Menschheit sitzt in einem Boot. Und die in einem Boot sitzen, sollen sich helfen" für ein neues, solidarischeres Miteinander.
6 *John Cage* (1912–1992): US-amerikanischer Komponist, berühmt für ausgefallene Kompositionen und Klangexperimente

## Material 1

### Brigitte Online-Forum, *Schatzkästlein beliebter & nützlicher Phrasen*[1]

*Beitrag von Madiba (Beitrag 2):*
Das hat nichts mit Dir zu tun! Ist nicht persönlich gemeint!

*Beitrag von sterfing (Beitrag 9):*
Ich werde ALS MENSCH immer für Dich da sein.

*Beitrag von Amphib (Beitrag 24):*
Ich bin jetzt mal ganz ehrlich.

*Beitrag von PetitPots (Beitrag 32):*
Das Leben ist kein Ponyhof!

*Beitrag von Andilina (Beitrag 54):*
In zehn Jahren denkt kein Mensch mehr dran!

*Brigitte Online-Forum, Schatzkästlein beliebter & nützlicher Phrasen, online unter http://bfriends.brigitte.de/foren/pavillon/119810-schatzkaestlein-beliebter-and-nuetzlicher-phrasen-6.html, zuletzt aufgerufen am 16. 01. 2013*

Worterläuterung:
1 In diesem Online-Forum der Frauenzeitschrift *Brigitte* finden sich unter dem obigen Titel Hunderte von Beiträgen mit Beispielen für Phrasen.

## Material 2

### Anne Otto, *Nie wieder sprachlos* (2012)

SMALLTALK

Die erste Stunde der Geburtstagsparty. Die erste Minute beim Vorstellungsgespräch. Immer, wenn wir uns munter unterhalten sollen, ohne allzu viel von uns preiszugeben, wird es irgendwie stressig. Dementsprechend holperig und löcherig läuft die Unterhaltung. Denn klar, es ist ein schmaler Grat: Wer wie eine fleischgewordene Phrasen-Dresch-Maschine von „Haben Sie gut hergefunden?“ zu „Was für ein herrliches Wetter“ springt, wirkt schnell unpersönlich, gestelzt, langweilig. Wer dagegen spannende Geschichten von den roten Zahlen in der Abteilung oder dem Krach mit dem Liebsten erzählt, erntet betretene Gesichter.

Genau aus dem Grund hassen viele Menschen Smalltalk. Sie denken, sie treffen den Ton nicht, müssten es besser machen. Und schweigen lieber. Tasten nach passenden Worten. Mühen sich. Das ist Quatsch. Denn besonders bei ersten Begegnungen gilt: Hauptsache, irgendetwas reden.

Der amerikanische Wirtschaftswissenschaftler Kay-Yut Chen hat in einer Studie herausgefunden: Wenn zwei Personen, die sich nicht kennen, Smalltalk machen, sind sie später, wenn sie zusammen Aufgaben lösen sollen, sehr kooperativ und arbeiten harmonisch zusammen. Haben sie vor der Aufgabe aber nicht miteinander gesprochen, sind sie eher auf Konkurrenz gepolt und streiten schneller. Dabei ist es komplett egal, ob die Mini-Unterhaltung im Vorfeld floskelhaft oder souverän gelaufen ist. Das pure Reden bricht das Eis zwischen den Personen für immer. Also: Entdecken Sie die innere Plaudertasche. […]

*Anne Otto, Nie wieder sprachlos, in: MAXI (November 2012), S. 124 f., online unter http://maxi.wunderweib.de/leben/bildergalerie-2760958-leben/Smalltalk-Guide-Nie-wieder-sprachlos.html, zuletzt aufgerufen am 30. 11. 2012*

**Material 3**

***Phrasendreschen ist tabu*** (2011)

Bewerber dürfen im Vorstellungsgespräch keine hohlen Phrasen dreschen. Von Aussagen wie „Ich bin flexibel und teamfähig“, wenn jemand nach seinen Stärken gefragt wird, rät Peter Krötenheerdt vom Berufsverband für Trainer, Berater und Coaches (BDVT) ab.

„Das sind leere Worthülsen – so etwas muss man konkret belegen“, sagt der Coach. Wollen Bewerber zeigen, dass sie verantwortungsbewusst und zuverlässig sind, müssten sie dafür ein Beispiel geben. Dafür bietet es sich etwa an, wenn sie für das morgendliche Aufschließen im Betrieb oder für die Wartung der Produktionsmaschinen verantwortlich waren.

„Durch das Beispiel fängt es an zu leben – dann hat der Personaler ein Bild vor Augen“, sagt Krötenheerdt. Auch komme man durch solche lebendigen Erzählungen besser mit dem Personaler ins Gespräch. Denn auf ein konkretes Beispiel könne er leichter eingehen. „Das schafft aber nur eine Story, niemals die Worthülse.“

*n-tv.de/dpa, Phrasendreschen ist tabu (25. 02. 2011), online unter http://www.n-tv.de/ratgeber/Phrasendreschen-ist-tabu-article2705556.html, zuletzt aufgerufen am 30. 11. 2012*

---

## Hinweise und Tipps

- *Die Aufgabe erfordert zunächst eine **Auseinandersetzung mit einem essayistischen Text**, der eine klare Argumentationsstruktur aufweist, obwohl er über weite Strecken auch eine Sprachübung darstellt. Rainer Marx kleidet seine Aussagen und Intention nämlich sehr intensiv in sprachlich-rhetorische Bilder. Gerade deshalb ist es ganz wichtig zu wissen, dass die Aufgabe **keine Sprachanalyse** verlangt. Es geht in Teilaufgabe a) lediglich darum, herauszuarbeiten, welche Einstellung Marx zu seinem Thema entwickelt. Leicht erkennt man, dass er die Phrase gegen ihre Verächter verteidigen will. (Deshalb steckt sein eigener Text auch voller Phrasen und Floskeln. Das macht ihn nicht unbedingt einfacher zu lesen!)*
- *Der **Schwerpunkt** der Aufgabe liegt allerdings nicht bei Teilaufgabe a), bei der es um die reine Textanalyse geht, sondern bei der **Erstellung eines argumentierenden Textes**, der den eigenen Standpunkt schlüssig vertreten soll. Die geschieht in **Variante 1** in Form einer **eigenständigen Erörterung**, in **Variante 2** in Form eines **Kommentars** für eine überregionale Zeitung.*
- *Während bei **Variante 1** der **überzeugende Aufbau einer Argumentation** sichtbar gemacht werden muss, sollte bei **Variante 2** unbedingt die Orientierung an den **Adressaten** (hier: junge Erwachsene, also Leser im Alter von Abiturienten) und der **Ort der Veröffentlichung** (hier: überregionale Zeitung) berücksichtigt werden. Nicht vergessen werden darf die Überschrift und die Begrenzung der Wörterzahl, die mit 750 relativ gering angesetzt ist (handgeschrieben je nach Schrifttyp ca. drei Seiten).*

- *Für die Gliederung muss je nach Variante eine andere Form gewählt werden: Während **Variante 1** ein **alphanumerische Gliederung** nahelegt, geht bei **Variante 2** nur die rein **numerische Gliederung**, weil hier ein abschließender C-Teil wenig Sinn macht.*
- *Es ist in beiden Varianten wichtig, dass die eigene Argumentation von einer **klaren Position** ausgeht, bei der Begründung kann natürlich auch die Gegenseite berücksichtigt werden. Schließlich müssen die richtigen **Schlussfolgerungen** gezogen und ein eindeutiges **Ergebnis** erzielt werden. Die Stellungnahme sollte widerspruchsfrei verfasst werden.*
- *Schwierig ist die Entscheidung, ob die Konjunktion „**beziehungsweise**", die in Variante 1 verwendet wird, tatsächlich die Freiheit eröffnet, entweder **nur** die negativen oder **nur** die positiven Seite der Phrasenverwendung darzustellen. Um hier ganz sicher zu gehen, sollte man auf jeden Fall beide Seiten in seine Argumentation einbauen.*
- *In beiden Varianten muss neben dem Ausgangstext (dem Essay von Marx) auch das beigefügte **Material** verwendet werden. Allerdings gibt es hier Unterschiede: **Variante 1** verlangt grundsätzlich, dass die Zusatzmaterialien in Form von Textbelegen oder direkten Zitaten eingebunden werden. Dies ist in **Variante 2** nicht unbedingt der Fall; eine Vielzahl von Zitaten, die mit Zeilenangaben nachgewiesen werden, würde sogar die Intention eines Artikels für eine Zeitschrift mit der genannten Ausrichtung konterkarieren. Der Rückgriff auf die Materialien erfolgt hier deshalb in der Regel indirekt. Weil die Aussagekraft der Materialien insgesamt begrenzt ist, wird man in den Ausführungen nicht besonders intensiv daraus zitieren.*

**Gliederung – Variante 1**

A Miteinander sprechen: Grundlagen menschlicher Kommunikation

B Die Phrase: Fluch oder Segen?

I. Rettung der Phrase: Der Essay „Sagen Sie jetzt nichts" von Rainer Marx
1. Die Phrase als nichtssagender Baustein der Sprache
2. Die Phrase als Mittel zur Aufrechterhaltung von Kommunikation
3. Die Phrase als soziale Funktion und sprachliches Hilfsmittel
4. Schlussgedanke: Reden und Schweigen
5. Position des Autors: Aufwertung der Phrase

II. Erörterung: Phrasen in Beruf und Alltag
1. Begriffsklärungen: Kommunikation, Phrase, Floskel
2. Negativer Gebrauch: Phrasendrescherei
3. Positive Funktion: Soziale und kommunikative Leistung der Phrase

C Miteinander schweigen als Alternative

**Lösungsvorschlag – Variante 1**

Ein Gespräch zwischen zwei Personen kann mit dem **Sender-Empfänger-Modell** beschrieben werden. Person A sendet eine Botschaft, die Person B empfängt und entschlüsselt. Träger der Information sind verbale wie nonverbale Signale. Dieses einfache Modell allerdings erfasst nicht unbedingt die ganze Bandbreite menschlicher Kommunikation, weil hier nur der Aspekt des Informationsaustausches erklärt wird. Der **Kommunikationsforscher Schulz von Thun** hat aber dargelegt, dass neben der bloßen **Information** drei weitere Aspekte in einem Gespräch zum Tragen kommen: die **Beziehungsebene**, die Ebene der **Selbstoffenbarung** und schließlich der **Appellcharakter**, der in jeder Äußerung auch eine Rolle spielt. Das alles zusammen macht ein Gespräch zu einem ziemlich komplizierten Akt des Austausches. Dies ist sicher mit ein Grund dafür, warum man sich manchmal sehr schwer tut mit der Kommunikation. Weil wir nicht immer genau genug wissen, auf welcher Ebene welche konkreten Botschaften gesendet werden, ist eine gewisse **Verunsicherung** in einem Gespräch gar nicht selten. Schulz von Thun selbst hat anschauliche Beispiele zur Darstellung seiner Theorie vorgestellt. Ein einfacher Satz wie „Du, die Ampel ist grün!“, gesprochen von einem Mann auf dem Beifahrersitz zu der neben ihm sitzenden Frau, kann dann zu einem heftigen Streit führen, weil die Frau vor allem die Beziehungsaussage („Ich traue dir nicht zu, richtig zu fahren!“) oder den Appell („Gib endlich Gas!“) heraushört, während der Sprecher doch nur eine sachliche Information (grüne Ampel in 50 Metern Entfernung) weitergeben will. A
Wenn es nun schon so schwierig ist, einen eigentlich klaren Satz wie den oben genannten – die grüne Ampel – zu entschlüsseln, der ein Gespräch zwischen zwei Bekannten einleitet, wie viel komplizierter ist es dann, einen Dialog zwischen zwei Unbekannten zu verstehen, die zufällig beieinander stehen und sich über das Wetter unterhalten? Menschen verwenden nämlich sehr häufig wenig eindeutige Aussagen in ihren Unterhaltungen und man denkt sich: das habe ich jetzt aber schon oft gehört. Die meisten Gespräche werden in der Tat von sogenannten **Phrasen und Floskeln** begleitet oder gar geprägt.
Welche **Bedeutung** diese Sprachbausteine **für die Kommunikation** haben, damit setzt sich Rainer Marx in einem Essay mit dem bezeichnenden Titel „Sagen Sie jetzt nichts“, der am 25. 8. 2012 in der „Welt“ erschienen ist, auseinander. Ihm geht es darum, den schlechten Ruf der Phrase zu rehabilitieren und die kommunikativ-soziale Bedeutung der Phrase nachzuweisen.

Rainer Marx leitet seinen Essay mit einer zusammenfassenden Charakterisierung der **Phrase** als einem Baustein der Sprache, der allgegenwärtig ist und vor allem **negativ bewertet** wird, ein. Die Funktion dieses Sprachelements ist es, genau das zu tun, was nach der einleitend beschriebenen Kommunikationstheorie eigentlich gar nicht geht, nämlich keine Aussage zu machen (Z. 1–13). Diese negative Einschätzung **kritisiert** der Autor entschieden und möchte eine Neubewertung der Phrase durchsetzen (Z. 14–48). B I.1

Er sieht nämlich im phrasenhaften bzw. floskelhaften Sprechen eine entschei- I.2
dende **Hilfsfunktion in schwierigen Kommunikationssituationen**. Nach der Meinung des Journalisten ist eine Phrase immer dann angebracht, wenn die Wahrheit nicht gesagt werden kann. Seine Beispiele verweisen auf Alltagssituationen, die mit Bewertungsfragen verbunden sind, etwa wenn über Neuerwerbungen oder über das Essen ein Urteil erwartet wird, man aber sein Gegenüber nicht enttäuschen will. Ähnliches gilt für das Zusammentreffen mit Menschen, die man zwar kennt, aber mit denen man lange keinen Kontakt mehr hatte.

Die zentrale Leistung des inhaltsleeren Sprechens ist dann laut Marx die Auf- I.3
rechterhaltung der Kommunikation. Deshalb übernimmt die Phrase neben der kommunikativen Funktion eine **soziale Funktion**, weil sie, wie andere Rituale auch, dafür sorgt, dass sich die Menschen innerhalb einer Gemeinschaft immer miteinander verständigen können, selbst dann, wenn es nicht um den Austausch von konkreten Informationen geht (Z. 33–48). Marx nennt die Bereiche Sport und Politik, in denen die Sprecher nicht selten darauf angewiesen sind, Verbindungen zum Publikum herzustellen, ohne konkrete Inhalte zu vermitteln. Deshalb sieht der Autor die Phrase sogar als Basis von Kommunikation überhaupt an. Nach seiner Meinung wäre ohne sie die Gefahr ständig präsent, dass Gespräche abgebrochen werden müssten.
Dass dies so ist, kann Marx durch den Verweis auf die Sprachwissenschaft belegen (Z. 49–58). Im mündlichen Sprechakt, der ja immer schnell und direkt auf eine Äußerung reagieren muss, kann es sehr nützlich sein, wenn der eigentlich intendierten Aussage erst einmal eine Äußerung vorausgeschickt werden kann, die nur den Zweck hat, Zeit zu gewinnen. Für die sogenannte „Sprechplanung" (Z. 49) sind Phrasen dann nichts anderes als gesprochene Pausen, die das Gespräch aufrechterhalten, ohne Inhaltliches preiszugeben. Schon Heinrich von Kleist hat um 1800 diesen Zusammenhang in einem Aufsatz aufgedeckt.
Marx macht darauf aufmerksam, dass es gerade in unserer schnelllebigen und globalisierten Zeit immer häufiger darum geht, ein Statement zu allen möglichen Themen abzugeben. Weil es aber unmöglich ist, dann stets gleich etwas Sinnvolles zu sagen, bietet die Phrase immerhin die Chance, am Gespräch wenigstens teilzunehmen (Z. 59–68). Offensichtlich ist es unmöglich, seine eigene Unkenntnis durch Schweigen zu bekennen.

Am Ende seiner Ausführungen bringt der Autor noch ein Beispiel dafür, wie I.4
dieses **paradoxe Verhältnis von Reden und Stille** durch den Komponisten John Cage ausgedrückt wurde. 1959 hat Cage ein Stück aufgeführt, das er „Vortrag über nichts" genannt hat und das die Stille feiern sollte, und zwar mit gesprochenen Worten. Also ist auch das tatsächliche Nichtssagen an Sprache gebunden – so lautet die Schlusspointe des Essays.

Rainer Marx vertritt eine klare Position zur Bewertung der **Phrase**. Sie stellt I.5
für ihn einen **entscheidenden Beitrag zur menschlichen Kommunikation**

dar. Phrase und Floskel ersetzen dabei nicht den Kern eines Gesprächs, aber sie sorgen unter bestimmten Umständen dafür, dass echte Kommunikation überhaupt erst stattfinden kann. Zunächst geht es nämlich nach der Meinung des Journalisten darum, den Austausch zwischen zwei oder mehreren Menschen in Gang zu bringen. Erst danach ist es möglich und sinnvoll, Informationen, eventuell auch Appelle und Selbstaussagen auszutauschen. Marx kann sich bei seinen Ausführungen nicht nur auf zahlreiche Beispiele aus der Alltagswelt stützen, sondern auch auf wissenschaftliche Ansätze, die sich mit der Mündlichkeit auseinandersetzen.

Schaut man in aktuelle Lexika, dann wird mit dem **Begriff Phrase** tatsächlich II.1
zunächst vor allem Negatives verbunden. So ist für das Lexikon der Sprachwissenschaft die Phrase eine „(a)bwertende Bezeichnung für wortreiches leeres Gerede" und der Duden definiert sie als „abgegriffene, nichtssagende Aussage". Diese Charakterisierung der Phrase deckt sich mit der Definition für den **Begriff Floskel**, der laut Duden eine „nichtssagende Redensart; formelhafte, leere Redewendung" ist. Vor allem in der sogenannten „Höflichkeitsfloskel" wird die Bedeutung greifbar. Man sagt etwas, nur um seinem Gegenüber nicht die Wahrheit mitteilen zu müssen. „Das wäre doch nicht nötig gewesen", ist z. B. ein Standardsatz bei der Entgegennahme eines Geschenks. Vielleicht steckt hinter dieser Aussage das Bekenntnis: „Ich weiß jetzt auch nicht, was ich darauf sagen soll."
Phrasen und Floskeln sind allerdings nur dann inhaltsleer, wenn man sie vor allem auf die Sachebene der Kommunikation bezieht. Mit Schulz von Thun müssen aber auch die anderen **Ebenen der Kommunikation** im Auge behalten werden. Wer dies tut, kann durchaus die positiven Aspekte eines phrasenhaften Gesprächs herausfiltern. Im Folgenden sollen deshalb kurz die Probleme der Phrasendrescherei angesprochen, dann aber vor allem die Leistungen der Phrase, ausgehend von den Überlegungen, die Rainer Marx angestellt hat, herausgearbeitet werden.

Marx weist in seinem Essay den **Bereich des Sports** als besonders anfällig für II.2
Phrasen aus. Jeder, der regelmäßig die Sportberichterstattung im Fernsehen verfolgt, kann dem nur zustimmen. An erster Stelle steht hier die journalistische Arbeit bei Fußballübertragungen. Es gibt wohl kaum eine Kommunikationssituation, die so von **nichtssagenden Beiträgen** getragen wird, wie die Minuten nach dem Spiel, wenn Reporter einzelne Spieler in die Interviewzone zerren, um deren Einschätzung des Spiels einzufordern. Nun mag man zu diesem Sport stehen wie man will, nach neunzig Minuten intensiver Laufarbeit und manchmal frustrierender oder beglückender Momente ist die Antwort auf die Frage: „Wie schätzen Sie Ihre Leistung heute ein?" wirklich nicht leistbar. Der Sportler, verschwitzt, durstig und wohl körperlich auch ausgelaugt, greift zur Phrase. „Ja, gut, ich meine, dass wir das Spiel gewonnen/verloren haben. Wichtig war nur, dass ich der Mannschaft helfen/nicht helfen konnte …". Es fällt schon auf, dass in dem beschriebenen Fall in der Regel nur sprachliche Bausteine ausgetauscht werden, ohne konkrete Inhalte

zu vermitteln. Marx würde vielleicht auch diese Form des Interviewgesprächs verteidigen, denn seiner Meinung nach ist es ja immer noch besser, in gestanzten Formulierungen keine Aussage zu machen, als eben ganz zu schweigen. Im vorliegenden Beispiel muss das aber kritisch hinterfragt werden. Die Gespräche, die hier geführt werden, sind nämlich in der Tat **überflüssig**. Sie leiten auch nicht eine weiterführende Analyse des Spiels ein, denn die Expertenrunde, die sich im Anschluss meist im trockenen Studio trifft, um weiter über das sportliche Ereignis zu sprechen, findet kaum über die **Phrasendrescherei** hinaus. Auch hier werden die immer gleichen Aussagen mit den immer gleichen Formulierungen aufgetischt, die man aus unzähligen Liveübertragungen kennt. „Die Räume waren eng", „dem Gegner wurde zu viel Platz gelassen", „das Umschaltspiel hat funktioniert" und „gegen individuelle Fehler ist kein Kraut gewachsen" – „und dann verlierst du halt das Spiel". Dem Zuschauer beschleicht dabei ein Verdacht, nämlich der, dass es nur um die Ausdehnung von Sendezeiten geht, **nicht** um ein **wirkliches Gespräch über eine Sache**.

Wenn es im sportlichen Bereich noch akzeptiert werden kann, dass die Beteiligten mit dieser Art von **Aussageverweigerung** die Kommunikation beschädigen – Sport ist und bleibt eine beliebte Nebensache –, dann wird dieses Verhalten **in der politischen Arena schon problematischer**. Wie Marx andeutet, greifen Politiker zur Phrase, wenn sie nichts zu erklären haben. Oft tun sie es auch, wenn sie etwas zu erklären hätten, aber dies nicht wollen. Ein Beispiel hierfür ist die **Kommentierung von Wahlergebnissen**, die unabhängig vom Ausgang immer gleich besprochen werden. Egal, wie viele Wähler sich für die eigene Partei entschieden haben, immer wird zunächst den „Wählerinnen und Wählern" gedankt für ihre Stimme, dann meistens den „Helferinnen und Helfern" der eigenen Partei, die „unermüdlich dafür gekämpft haben, das gute Wahlprogramm nach außen zu vertreten". Auf die Frage, welche Koalition denn nach der Wahl möglich sei, kommt dann die Antwort: „Jetzt lassen Sie uns erstmal das Ergebnis in aller Ruhe analysieren!" Natürlich ist es richtig, dass mit diesen Aussagen vor allem Zeit gewonnen werden soll. Richtig ist aber auch, dass der interessierte Zuschauer doch wissen möchte, was der Befragte in diesem Augenblick wirklich denkt und vor allem, was er konkret plant. Die **Politikverdrossenheit**, die immer wieder diskutiert wird, hat m. E. genau hier ihre Ursache. Wer die Menschen von der Ernsthaftigkeit seines Tuns überzeugen will, darf sich nicht allzu lange mit **inhaltsleerem Gerede** aufhalten. Darunter leidet die Glaubwürdigkeit im wahrsten Sinn des Wortes. Es würde mit Sicherheit niemand wirklich abschrecken, wenn ein Politiker am Abend der Wahl einfach zugeben würde, dass er enttäuscht ist vom Wahlausgang, dass er darüber hinaus beim besten Willen nicht weiß, wie es weitergehen soll und dass er erst einmal eine Nacht darüber schlafen müsse. Konkrete Aussagen unter dem Deckmantel der Phrase zu verbergen, ist keine Lösung, Ehrlichkeit in diesem Fall aber schon.

Würde man in der **Berufswelt** so umstandslos zur Phrase greifen, könnten sich Probleme ergeben. Dies trifft vor allem auf **Bewerbungsgespräche** zu, bei denen es um konkrete Aussagen geht. In einem Ratgeber wird deshalb sehr deutlich darauf verwiesen, dass Personalchefs **keine Worthülsen** vertragen, sondern immer genau wissen wollen, mit wem sie es zu tun haben. In der Situation des Vorstellungsgesprächs muss man also seine jeweiligen Vorzüge, seine konkreten Tätigkeiten und Ideen auf den Tisch legen. Ausweichmanöver sind dabei kontraproduktiv (vgl. M 3).

Das heißt nun nicht, dass Phrasen, Floskeln und andere sprachliche Nullaussagen wie die Redewendung oder der Smalltalk generell keine Berechtigung hätten. Ganz im Gegenteil. Marx' These, dass Phrasen eine **kommunikative und soziale Funktion** hätten, kann durchaus auch zugestimmt werden. II.3

Dies gilt in erster Linie für viele Situationen des **Alltags**. Wer in allen Gesprächen immer gleich mit der Wahrheit – oder dem, was er dafür hält – herausrückt, zerstört unter Umständen nicht nur die Kommunikation, sondern belastet auch die Beziehung zu seinem Gegenüber. Marx berichtet von der Frisur der Kollegin, die mit einer Floskel sozusagen schöngeredet wird. Ein weiteres Beispiel lässt sich aus dem Schulalltag anführen. Der beste Freund hat gerade eine Fünf in Mathematik geschrieben, verzweifelt sucht er Rat, vor allem aber sichtbar Trost. Nun könnte man ganz einfach ehrlich sein und darauf hinweisen, dass ganz offensichtlich weder die Begabung noch der nötige Fleiß vorhanden sind, um das Anspruchsniveau der Jahrgangsstufe zu erreichen. Zahlreiche gemeinsame Hausaufgabenstunden haben das sehr deutlich gemacht. Ganz unmittelbar nach der Herausgabe der Schulaufgabe ist diese Form der Ehrlichkeit aber nicht angesagt. Zunächst kann es nämlich wesentlich hilfreicher sein, wenn man einfach zur Phrase greift und darauf hinweist, dass „in zehn Jahren kein Mensch mehr daran" denke, welche Ziffer auf der dritten Matheschulaufgabe stand. Eine schlechte Note ist eben auch eine persönliche Kränkung und mit einer nichtssagenden Phrase kann man da unter Umständen etwas gegensteuern. Eine weitere Phrase kann in der gleichen Situation weiterhelfen, wenn man selbst ratlos ist und einfach nicht weiß, wie man helfen kann. „Das Leben ist eben kein Ponyhof" – damit ist zumindest klar gemacht, dass immer wieder Konstellationen auftreten werden, die einem an die Nieren gehen können, die aber zum Leben dazugehören.

Neben der privaten Kommunikation gibt es auch im **beruflichen Umfeld** Situationen, die es nahelegen, auf die Kunst der Phrase zu setzen. Das oben bereits erwähnte Vorstellungsgespräch gehört selbstverständlich nicht dazu, auch nicht das Mitarbeitergespräch mit dem Vorgesetzten oder die Diskussionsrunde in der Projektgruppe. Oft hat man es aber im Beruf mit neuen, unbekannten Gesprächspartnern zu tun. Bevor nun gemeinsame Aufgaben angegangen werden können, gilt es, überhaupt einen Kontakt aufzubauen. Forscher haben herausgefunden, dass der Smalltalk zwischen zwei Unbekannten die Erfolgsaussichten für das gemeinsame Lösen von Aufgaben erheblich steigert. Wenn dagegen zwischen den beiden vor der Erledigung der Aufgabe Funkstille herrscht, dann komme es viel eher zu einem Konkurrenzdenken (vgl. M 2, Z. 14 ff.). Der gleiche Effekt wird zwar nach dieser Studie auch

durch ein normales, phrasenfreies Gespräch erzielt, aber grundsätzlich gilt, dass auch das inhaltsleere Gerede eine intensive und erfolgreiche Kooperation einleiten kann.
In beiden Bereichen, also Alltag und Beruf, sind Phrasen und Floskeln immer dann hilfreich, wenn es um die bloße **Aufrechterhaltung des Gesprächs** geht. Egal ob beim Stehempfang in der Firma oder bei der privaten Party, nicht selten kommt eine Zeit, in der keiner mehr so recht weiß, was er jetzt sagen soll. Das ungute Gefühl, das dabei aufkommen kann, hat jeder schon mal erlebt. Witze zu erzählen, ist dann nicht immer die beste Lösung, weil diese schon auch peinlich sein können. Viel besser erscheint es, wenn der stotternde Motor der Unterhaltung mit ein paar Phrasen wieder in Gang gebracht werden kann. Ein Spruch über das aktuelle Wetter führt dann vielleicht schnell zu einem interessanten Urlaubserlebnis, das wiederum zu Beobachtungen über die wirtschaftliche Entwicklung – und schon hat das Gespräch wieder das gewünschte Format gefunden. Die **kommunikative Funktion der Phrase** ist hier nicht so sehr auf der **Sachebene** zu finden, sondern eher auf der **Ebene der Selbstoffenbarung** („Ich will das Gespräch weiterführen!") oder der **Beziehungsebene** („Wir sollten uns noch unterhalten!").
Man sieht also sehr deutlich, dass positive wie negative **Auswirkungen des Phrasengebrauchs** stark von der jeweiligen **Kommunikationssituation** abhängen. Wichtig scheint mir in jedem Fall zu sein, dass über die Bedeutung des Phrasengebrauchs auch nachgedacht wird. Der Sprecher sollte stets wissen, ob er in seinem Sprachgebrauch leere Aussagen macht, um damit seinem Gegenüber die Chance auf ein sinnvolles Weiterreden zu eröffnen, oder ob er damit nur etwas verschleiern will. Bei Letzterem gilt die dringende Bitte, diese Form des Gesprächs nicht zu übertreiben.

Kommunikation ist natürlich stark vom verbalen Zeichensystem, der Sprache also, abhängig. Dazu gehören dann auch Ausdrücke und Sätze, die nichts anderes aussagen, als dass sie nichts sagen wollen. Bei den eingangs erwähnten vier Ebenen der Nachricht spielen aber auch die **nonverbalen Signale** eine große Rolle. Deshalb muss man auch nicht immer etwas sagen, man könnte auch mal **schweigen**. Wenn man dabei nicht alleine ist, sendet man dabei ebenso Signale aus, die der Empfänger „lesen" kann. Marx scheint den Eindruck zu vermitteln, dass alles andere als reden den Menschen sehr schwer falle. Da kann man auch ganz anderer Meinung sein. Unter bestimmten Umständen ist es nämlich hilfreich, wenn zwischen zwei Menschen Ruhe herrscht. Kein Austausch von Informationen, keine Aufrechterhaltung des müden Gesprächs mit sinnleeren Worten, keine missverständlichen Interpretationen der unterschiedlichen Botschaftsebenen. Einfach schweigen und sich dabei gegenseitig respektieren. Auch das ist eine Möglichkeit. **c**

## Gliederung – Variante 2

1 Miteinander sprechen: Grundlagen menschlicher Kommunikation
*(siehe Variante 1)*

2 Rettung der Phrase: Der Essay „Sagen Sie jetzt nichts“ von Rainer Marx
2.1 Die Phrase als nichtssagender Baustein der Sprache
2.2 Die Phrase als Mittel zur Aufrechterhaltung von Kommunikation
2.3 Die Phrase als soziale Funktion und sprachliches Hilfsmittel
2.4 Schlussgedanke: Reden und Schweigen
2.5 Position des Autors: Aufwertung der Phrase
*(siehe Variante 1)*

3 Kommentar: Schweigen ist Silber, Reden ist Gold
3.1 Kritik an Phrase, Floskel, Redensart
3.2 Lob der Phrase

## Lösungsvorschlag – Variante 2

Schweigen ist Silber, reden ist Gold!

Herr Müller hat mich nun schon zum zweiten Mal einen Phrasendrescher genannt – Herr Müller ist unser Deutschlehrer, und die Bezeichnung war nicht als Lob gedacht. Herr Müller meint das nicht böse, wenn er an den Rand meiner Aufsätze immer wieder das Wort Floskel schreibt, z. B. wenn da steht: Eichendorff verwendet die Metapher, weil er damit die Erfahrungen des lyrischen Ichs „anschaulicher darstellen“ will. Ich habe jetzt extra nachgeschaut, was mein Kritiker damit meint: Eine **Floskel** ist nach einer Definition des Duden eine „formelhafte, leere Redewendung“. Das trifft ebenso auf die **Phrase** zu, die in einem Lexikon der Sprachwissenschaft als „(a)bwertende Bezeichnung für wortreiches leeres Gerede“ bezeichnet wird. Und zu guter Letzt darf hier auch noch die **Redensart** erwähnt werden, die – wieder laut Duden – aus „leeren, nichtssagenden Worten“ besteht. Klar, dass ich mit meiner Eichendorff-Interpretation den Deutschlehrer enttäuscht habe: Zu seinem Lieblingsdichter fällt mir also nichts ein. Diesen Vorwurf muss ich mir gefallen lassen.
Bloß – und ich hoffe, dass die Leser mir in dieser Sache zustimmen werden – ist für mich die Frage, was ich hätte tun sollen, wenn ich mit einem Text der Romantik einfach nicht so viel anfangen kann. Gleich gar nichts hinschreiben? Ich bin mir sicher, dass Herr Müller das noch schlechter gefunden hätte. Gehen wir noch einen Schritt weiter: Ist es wirklich so schlimm, wenn in unseren Aufsätzen, in unseren Gesprächen auch einmal zur Floskel gegriffen wird? Das gilt es genauer zu untersuchen. **Drei Beispiele** dazu können weiterhelfen.
Bei einem überregionalen Workshop mit Schülervertretern aus ganz Deutschland stehen vor der ersten Veranstaltung Gruppen von Menschen zusammen, die sich noch nie gesehen haben. Worüber reden? Welches Thema eignet sich zur ersten Kontaktaufnahme? Wenn gar nichts geht, ein paar Sätze über das Wetter gehen immer. Dass

dabei eine Floskel an die andere gereiht werden kann, ist eine oft gemachte Beobachtung. Aber niemand wird sich daran stören, solange überhaupt etwas gesprochen wird. Erste Einschätzungen des Gegenübers sind auf diesem Weg ganz entspannt möglich, man lernt sich kennen – das ist das Entscheidende. Es gibt Hinweise darauf, dass Menschen immer dann besonders gut zusammenarbeiten, wenn sie sich im Vorfeld durch Gespräche bereits abgetastet haben und so erste Barrieren abgebaut werden konnten.
Zweites Beispiel: Bei der Q12-Party taucht plötzlich ein bekanntes Gesicht auf. Das ist doch der Klassenkamerad aus der achten, der dann von der Schule musste, weil er nicht nur in einem Fach ein Mangelhaft im Zeugnis hatte. Gott, wie heißt der gleich nochmal? Wie ein Gespräch beginnen? „Ja, so ein Zufall. Lange nicht gesehen und gleich wieder erkannt. Wie laufen die Geschäfte?“ Lauter Phrasen und lauter kleine Helfer, um peinliche Situationen zu vermeiden. Erstmal. Je nachdem, wie der Gesprächspartner reagiert – ob er es bei dem inhaltsleeren Austausch belässt, weil er selbst nicht weiß, was er sagen soll, oder ob er dann erzählt, wie seine Geschichte weiterging –, wird sich der Abend so oder so entwickeln. Und in jedem Fall genau so, wie es in der Situation richtig war.
Und als Letztes komme ich noch einmal zur Schule zurück: Herr Müller möchte das Wissen seiner Schüler abfragen. Wir sind nicht mehr in der Romantik, sondern in der Moderne angelangt. Stefan George steht auf dem Plan, wir haben in der letzten Stunde ein Gedicht von ihm gelesen. Irgendetwas mit einem „totgesagten Park“. Ich soll die Ergebnisse zusammenfassen. Also los! „Das Gedicht ist ja zunächst ein Buch mit sieben Siegeln“ – so recht kann ich mich nicht an die Interpretation erinnern –, „also, wenn ich ganz ehrlich bin, habe ich da letzte Stunde nur Bahnhof verstanden“. Die Augenbrauen des Lehrers gehen steil nach oben, aber ich habe Zeit gewonnen, zumal er jetzt den Ball aufgreift: „Da hast du, meine ich, durchaus etwas Wichtiges gesagt. Warum ist denn George rein inhaltlich nur schwer zu fassen?“ Aha, jetzt fällt mir was ein: „‚Den Wert der Dichtung entscheidet nicht der Sinn‘ – das hat George, glaube ich, gesagt“. „Sehr gut“, lobt Herr Müller und fährt fort: „Sondern die Form“. Voila, das also ist auch der Sinn der Phrase, dass man nachdenken kann und hoffentlich dann die richtige Antwort auf die Frage findet.
Man kann also mit Fug und Recht behaupten, dass Phrasen, Floskeln und Redensarten **nicht zufällig** zu unserem Sprachschatz gehören, sie haben durchaus einen **Sinn**. Im Privaten helfen sie uns, peinliche Situationen zu vermeiden. Im Beruflichen können sie neue, unbekannte Gesprächskontexte entschärfen. Natürlich muss man gerade in diesem Bereich genau wissen, wann man zur Phrase greifen kann und wann man sich damit nur blamiert. Es ist nicht anzuraten, dass ein Vorstellungsgespräch mit lauter Phrasen und Floskeln wie „Ich bin für den Job hochmotiviert und werde mich mit meiner ganzen Kraft engagieren, um die Firma weiterzubringen“ bestritten wird.
Aber auch in diesen und vielen weiteren Situationen hilft die Phrase einen kurzen Moment des Stillstands zu überbrücken. Ich weiß nicht weiter, also greife ich zur Phrase. Denn in (fast) allen Fällen gilt: Schweigen ist Silber, aber Reden ist Gold.

**Deutsch Bayern – Abiturprüfung 2014:**
**Aufgabe 1: Erschließen eines literarischen Textes**

a) Erschließen und interpretieren Sie das Gedicht „Transparenz in Blau" (Text A) von Durs Grünbein. Nutzen Sie dazu auch Text B!

b) Zeigen Sie ausgehend von Ihren Ergebnissen vergleichend auf, wie die Stadt in Text C dargestellt wird!

Der Schwerpunkt der Aufgabenstellung liegt auf Teilaufgabe a).

**Text A**

**Durs Grünbein** (*1962)
**Transparenz in Blau**

*Vorbemerkung: Durs Grünbein ist deutscher Lyriker, Übersetzer und Essayist. Geboren in Dresden lebt er heute in Rom. Er hat u. a. den renommierten Georg-Büchner-Preis erhalten.*

Das ist die Stadt: ein Inventar unserer Tage,
Der Ort, wo die Toten die Lebenden streifen,
Nicht nur in Friedhofsnähe, nein überall,
Wo Mieter sich folgen in wohnlicher Enge.

Dies sind die Wege, zu Fuß ausgemessen,
So oft, daß man sie blind noch gehen könnte –
Ein Traumspiel, das schon die Kinder mögen.
Löwenzahn kämpft da mit Staub und Regen,
Klee schluckt die Gase am Straßenrand.
Sieh nur das Kleeblatt: unter Tarnfarben grün.

Solange die Augen übergehen, glaubt keiner
An Leere, die uns sicherer ist als das Amen,
Das unter Kuppeln und Kirchenbänken verhallt.
Unfaßbar die Leere, du findest sie überall.
Vorläufig ist sie, aus Glas, dort die Häuserflucht.

Sieh nur den Kiosk, die Menschheit abgedichtet –
Zumindest für heute. Alles ist gut, sie klagen …
Und vergessen dabei, wie durchsichtig sie sind
Einer dem andern und alle zusammen der Zeit.

Fang jetzt schon an zu trainieren. Üb dich
In Abwesenheit. Dieser physischen Welt
Wird nichts fehlen, wenn bis zum letzten Atom
Luft bezeugt, was du immer schon warst: Luft.

*Durs Grünbein: Koloss im Nebel. Gedichte, Frankfurt, Berlin: Suhrkamp 2012, S. 37; Orthographie nach dem Erstdruck von 2012*

## Text B

### Aus einer Rezension von Ron Winkler zu Durs Grünbeins Gedichtband „Nach den Satiren“

[…] Grünbein widmet sich gern und fast exegetisch[1] neben dem Bedeutungslosen der Vergänglichkeit. Der Mensch findet sich immer mal wieder zurückradiert auf den corpus passatus, einen vergehenden Körper. Was von ihm bleibt, Ich-frei zuletzt, ist nicht mehr als ein Fundstück für eine spätere Archäologie. […] Ihm geht es um die Beobachtung des konditionierten[2] Menschen in den Routinen einer Potemkinschen Welt[3]. […]

*Ron Winkler, Durs Grünbein „Nach den Satiren“, Online-Rezension unter http://rezensionen.literaturwelt.de/content/buch/g/t_gruenbein_durs_nach_den_satiren_rowi_11449.html; zuletzt aufgerufen am 07. 01. 2014*

Worterläuterungen:
1 *exegetisch* hier: detailliert erklärend und auslegend
2 *konditioniert* hier: mit automatisierten Reaktionen auf bestimmte Reize antwortend
3 *Potemkinsche Welt* hier: i. S. v. Vorspiegelung, kulissenhafte Welt

## Text C

**Wolfgang Borchert** (1921–1947)
**Hamburg** (entstanden 1946, Orthographie nach der Werkausgabe von 2013)
*Vorbemerkung: In dem kurzen Prosatext „Hamburg“ stellt der Schriftsteller Wolfgang Borchert dem Leser sein Bild seiner Heimatstadt Hamburg vor Augen.*

Hamburg!

Das ist mehr als ein Haufen Steine, Dächer, Fenster, Tapeten, Betten, Straßen, Brücken und Laternen. Das ist mehr als Fabrikschornsteine und Autogehupe – mehr als Möwengelächter, Straßenbahnschrei und das Donnern der Eisenbahnen – das ist mehr als Schiffssirenen, kreischende Kräne, Flüche und Tanzmusik – oh, das ist unendlich viel mehr.

Das ist unser Wille, zu sein. Nicht irgendwo und irgendwie zu sein, sondern hier und nur hier zwischen Alsterbach und Elbestrom zu sein – und nur zu sein, wie wir sind, wir in Hamburg.

Das geben wir zu, ohne uns zu schämen: Daß uns die Seewinde und die Stromnebel betört und behext haben, zu bleiben – hierzubleiben, hier zu bleiben! […]

Hamburg, Stadt: Steinwald aus Türmen, Laternen und sechsstöckigen Häusern; Steinwald, dessen Pflastersteine einen Waldboden mit singendem Rhythmus hinzaubern, auf dem du selbst noch die Schritte der Gestorbenen hörst, nachts manchmal.

Stadt: Urtier, raufend und schnaufend, Urtier aus Höfen, Glas und Seufzern, Tränen, Parks und Lustschreien – Urtier mit blinkenden Augen im Sonnenlicht: silbrigen, öligen Fleeten! Urtier mit schimmernden Augen im Mondlicht: zittrigen, glimmernden Lampen! […]

*Wolfgang Borchert, Das Gesamtwerk, hg. von Michael Töteberg, 3. Auflage, Reinbek bei Hamburg: Rowohlt 2013, S. 82–85*

## Hinweise und Tipps

- *Die Aufgabenstellung ist zweigeteilt in einen* ***erschließend-interpretierenden Teil a)*** *und einen davon ausgehenden* ***Vergleichsauftrag b)****. Der Schwerpunkt der Arbeit liegt auch durch die Beigabe von Text B auf der Erschließung und Interpretation des Gedichts.*
- *Die einzelnen Elemente der Erschließung werden in der Aufgabenstellung üblicherweise nicht mehr separat aufgelistet. Die* ***Untersuchungsschwerpunkte*** *ergeben sich vielmehr aus den spezifischen Besonderheiten des jeweiligen Textes und aus dem* ***thematischen Fokus des Vergleichsauftrags****. In jedem Fall wird von Ihnen die Herausarbeitung der Gesamtaussage in inhaltlich-struktureller, formaler und sprachlich-stilistischer Hinsicht erwartet. Es empfiehlt sich, zu Beginn der Erschließung eine* ***strukturierte Inhaltsangabe*** *zu verfassen, die sowohl den Aufbau des Textes (durch Herausarbeitung der Struktur, Bildung thematisch zusammengehöriger „Blöcke", Herausarbeitung thematischer Verklammerungen) als auch die Gedankenführung des lyrischen Ichs wiedergibt.*
- *Nach dieser inhaltlichen Klärung erfolgt die Hauptaufgabe der Erschließung: die Wahl geeigneter* ***Interpretationsschwerpunkte*** *und ihre Überprüfung am Text. Die Aufgabenstellung a) gibt dabei keinen konkreten Interpretationsfokus vor. Die Erläuterungen in Text B bieten jedoch Hinweise an, die gerade bei der Erschließung von verrätselten Bildern des modernen Gedichtes hilfreich sind. Sie sollten die* ***sprachlich-stilistische Gestaltung*** *nicht getrennt von der Interpretation untersuchen, vielmehr besteht die Hauptaufgabe einer Gedichtanalyse in der Herausarbeitung der* ***Leistung der Sprache für die Aussage des Gedichts****. Ein aneinanderreihendes „Abhaken" von Stilmitteln widerspricht der Forderung nach einer in sich geschlossenen Interpretation und sollte von Ihnen auf jeden Fall vermieden werden. Gelegentlich ist es von Vorteil – wie auch beim vorliegenden Gedicht –, die* ***Auffälligkeiten formaler Aspekte*** *gesondert zu klären. Da gerade in modernen Gedichten die üblichen lyrischen Gestaltungsmittel wie Reim oder Metrum fehlen, kann die Bedeutung der Syntax bzw. der Sprechhaltung für den gesamten Text vorab erarbeitet werden.*
- *Um einen geschlossenen Eindruck des Aufsatzes zu erreichen, sollten Sie die* ***Einleitung*** *und den* ***Schluss*** *auf den Wesenskern des Gedichts abstimmen. Im vorliegenden Fall bieten sich dabei Querverbindungen zu eventuell im Unterricht behandelten Texten zum* ***Motiv der Stadt*** *an. Da Grünbein durch seine postmoderne Schreibweise viele Epochen und Motive zitiert, können Sie hier auch Literaturwissen z. B. zum Vanitas-Gedanken im Barock einbringen. Genauso möglich ist die* ***Formulierung des ersten Leseeindrucks*** *(der dann später im Hauptteil überprüft wird) oder erste bzw. abschließende Überlegungen zum Titel.*
- *Die* ***b)-Aufgabe*** *verlangt eine vergleichende Interpretation von* ***Gemeinsamkeiten und Unterschieden in der Gestaltung des Stadt-Motivs*** *in Text C. Auch hier sind die Vergleichspunkte z. B. bezüglich Form, Bildlichkeit, Sprachgestus oder Motivik frei wählbar. In jedem Fall sollten Sie dabei die unterschiedliche Aussage beider Texte ggf. auch vor dem Hintergrund der Entstehungszeit einander gegenüberstellen.*

## Gliederung

| | |
|---|---|
| 1 | Die Stadt als ein zentrales Motiv der Lyrik |
| 2 | Erschließung und Interpretation des Gedichts „Transparenz in Blau“ |
| 2.1 | Strukturierte Inhaltsangabe: Vanitas-Gedanke als Rahmen für eine Reflexion über die Stadt in den Binnenstrophen |
| 2.1.1 | Einführung: Definition der Stadt als Begegnungsraum von Lebenden und Verstorbenen (V. 1–4) |
| 2.1.2 | Hinweis auf die bedrohte Natur am Rande der bekannten Wege (V. 5–10) |
| 2.1.3 | Verweis auf metaphysische und zwischenmenschliche Leere in der urbanen Architektur (V. 11–19) |
| 2.1.4 | Abschließender Appell: Aufforderung zur Einsicht in die eigene Vergänglichkeit (V. 20–24) |
| 2.2 | Formale Gestaltung und Sprechhaltung |
| 2.2.1 | Prosaähnliche Gestaltung trotz formaler Rückbindung an lyrische Tradition |
| 2.2.2 | Dominanz des impliziten Sprechers durch Zeigegestus und Anrede des Lesers |
| 2.2.3 | Hypotaktische Struktur mit prägnanter Zeichensetzung |
| 2.3 | Interpretation von „Transparenz in Blau“ unter Berücksichtigung von Text B und unter Einbeziehung stilistischer Gestaltungsmittel und Leitmotive |
| 2.3.1 | Vergänglichkeits-Motiv in Variation barocker Vanitas-Dichtung |
| 2.3.2 | Motiv des entindividualisierten und automatisierten Menschen als Produkt der Stadt |
| 2.3.3 | Überschrift als thematische Klammer und Chiffre für die Leere der Welt |
| 3 | Darstellung der Stadt in „Transparenz in Blau“ (2012) von Durs Grünbein verglichen mit „Hamburg“ (1946) von Wolfgang Borchert |
| 3.1 | Problematik einer genauen Gattungszuschreibung bei beiden Texten |
| 3.2 | Emphatische Verbundenheit mit Hamburg gegenüber distanziertem Blick |
| 3.3 | Borcherts Text als Sinnbild von Vitalität und Lebensbejahung gegenüber morbid-fatalistischer Weltsicht bei Grünbein |
| 3.4 | „Hamburg“ als identitätsstiftender Ort gegenüber „Transparenz in Blau“ als Sinnbild für Entfremdung |
| 4 | „Transparenz in Blau“ als Text der Postmoderne |

**Lösungsvorschlag**

Die Stadt ist ein **Motiv**, das vor allem **Künstler der Moderne** in ihren Werken herausforderte. Spätestens seit der Industrialisierung und der darauf folgenden Urbanisierung nahm diese Siedlungsform einen hohen Stellenwert im Leben der Menschen ein. Neben neuen technischen und beruflichen Möglichkeiten erhofften sich viele ein besseres Leben in den Metropolen. Schnell zeigten sich jedoch auch die Schattenseiten der Verstädterung, die um 1900 explosionsartig zunahm. Wurden im **Naturalismus** noch die **unwürdigen Lebensverhältnisse** der Arbeiterschicht in den Industriezentren thematisiert, behandelten die **Expressionisten** das immer deutlicher werdende **Problem der Anonymisierung** in den Großstädten. Heutzutage lebt mehr als die Hälfte der Weltbevölkerung in Städten, die alle Möglichkeiten im Hinblick auf Ausbildung, Arbeit oder Selbstentfaltung und Versorgung zu bieten scheinen. 1

Urs Grünbein setzt sich als zeitgenössischer Lyriker 2012 in seinem Gedicht „**Transparenz in Blau**", das im Folgenden auch unter Heranziehung einer Rezension von Ron Winkler erschlossen werden soll, auf ganz eigenständige Weise mit diesem Thema auseinander. Sein Blick auf die Stadt und ihre vielfältigen Facetten führt zu einer tiefgehenden Reflexion über die Rolle der Menschen darin. Abschließend soll das von Grünbein entworfene Bild der Stadt mit demjenigen aus dem 1946 entstandenen Prosatext „Hamburg" von Wolfgang Borchert verglichen werden. 2

In der ersten Strophe führt ein **nicht explizit auftretender Sprecher** mit seiner Sicht auf die Stadt in die Thematik ein. In einer ersten Überschau wird bereits der transzendente Ansatz der Betrachtung deutlich. Die Stadt wird als eine **Bestandsaufnahme der Gegenwart** definiert, als Lebensraum, in dem die Menschen durch die Nähe zueinander ein Gefühl der Beengtheit empfinden, aber auch die Präsenz der Verstorbenen spüren. Diese Allgegenwart des Todes kennzeichnet von Beginn des Gedichtes an dessen zentrale Thematik: die der **Vergänglichkeit und Flüchtigkeit des Menschen**. 2.1 2.1.1

In den Binnenstrophen 2–4 wirkt der Text wie ein **Spaziergang durch die Stadt**, in der der Sprecher die Rolle eines Reiseführers einnimmt und das zu Sehende erklärt. Diesen Eindruck erwecken auch die **detailgetreuen Beschreibungen**, in denen einzelne Facetten der Stadt und konkrete Orte vorgeführt werden. Die zweite Strophe zerfällt so thematisch in zwei Teile. Einerseits (V. 5–7) wird dem Leser am Beispiel von **Alltagsroutinen** in der Benutzung bekannter Wege die Vertrautheit der eigenen Wohnumgebung vorgeführt, andererseits wird der Blick auf die **kärglichen Reste der Natur** gelenkt (V. 8–10), die sich in einer lebensfeindlichen Umwelt zu behaupten versucht. 2.1.2

In den folgenden Versen (Z. 11–19) rücken die **Fassadenhaftigkeit und Nichtigkeit der Stadtkulisse** und die **Rolle des Menschen** darin in den Mittelpunkt. So kann die in Strophe drei angedeutete Fülle von städtischen Kon- 2.1.3

sum- und Architekturwelten nicht über deren inhaltliche Leere hinwegtäuschen. Die **Allgegenwart dieses Nichts** wird schließlich auch auf die Stadtbewohner selbst übertragen. Dies wird von jenen allerdings nicht wahrgenommen. Am Beispiel eines sozialen Treffpunkts, des Kiosks, werden die Beschränktheit der Menschen und die Banalität der alltäglichen Kommunikation angedeutet und in Bezug zu ihrer **Flüchtigkeit** angesichts der verstreichenden Zeit gesetzt.

Den thematischen Abschluss und Gipfelpunkt der zentralen Vergänglichkeits- 2.1.4
Thematik bildet die letzte Strophe in der Tradition des barocken „Memento mori" (Bedenke, dass du sterblich bist). Mit einem **abschließenden Appell** wird der Leser in kurzen Sätzen unmissverständlich dazu aufgefordert, den Gedanken der eigenen Entbehrlichkeit nicht nur zu akzeptieren, sondern sich bereits zu Lebzeiten darin zu üben (V. 20–24). Die letzte Strophe stellt somit den **negativen Höhepunkt einer nihilistischen Grundhaltung** dar. Das Fazit lautet, dass den Menschen weder während ihres Lebens noch nach dem Tode irgendeine Bedeutung zukommt. Dies wird durch die Aussicht auf die **Atomisierung des Einzelnen** auf die Spitze getrieben.

Auf den ersten Blick erscheint das Gedicht durch die Beibehaltung einer 2.2
**klaren Strophenstruktur** und die annähernd gleichmäßige Zeilenlänge ge- 2.2.1
ordnet und **verweist somit auf die traditionelle Lyrik**. Auch in der Strophenlänge ist ein System erkennbar, das sich auf den Inhalt übertragen lässt. Zwei Vierzeiler bilden den gedanklichen Rahmen für die drei Binnenstrophen, die absteigend aus sechs, fünf und vier Versen bestehen. Zunächst geraten hier der Lebensalltag mit den Wegen, der spärlichen Vegetation, den Bauten und schließlich der Kiosk als Kristallisationspunkt sozialer Begegnung und der Mensch selbst in den Fokus des Betrachters. Diese **zoomende Blickrichtung vom Allgemeinen auf das Einzelne** findet schließlich auch in der Benennung des „Atoms" bzw. der „Luft" am Gedichtende seinen konsequenten Endpunkt. Ein Reimschema ist nicht vorhanden. Anklänge an ein Versmaß sind insbesondere durch daktylische und jambische Versfüße erkennbar, sodass das Gedicht auch ohne eindeutiges Metrum rhythmisiert wirkt. Das fehlende Reimschema und der unstrukturierte Wechsel von männlichen und weiblichen Kadenzen erwecken beim Lesen den **Eindruck von gesprochener Sprache** und haben so eher den Anschein von Prosa als von Lyrik.

Die dadurch entstehende Nüchternheit beim Vortrag wird noch verstärkt 2.2.2
durch die **dozierende Haltung des Sprechers**, die alle Strophen in unterschiedlicher Intensität beherrscht. Er ist stets präsent, redet den Leser sogar direkt in der 2. Person an (vgl. V. 14) oder fordert ihn durch Imperative zu einer bestimmten Haltung auf (vgl. V. 20 f.). Die Aufmerksamkeit des Lesers wird durch den **sachlich-nüchternen Stil** auf die wesentliche Aussage des Gedichtes gelenkt, da der Leser gleichsam „von oben" – geführt durch die Perspektive des Sprechers – aus der **Distanz** mit ihm auf die Städter herabschaut. Diese Überschau lässt auch Assoziationen zu einer technischen Experimentbeschreibung zu. Das Leben und der Tod der Städter werden sach-

lich betrachtet, ohne irgendwelche Gefühlsbezeugung, mit einem geradezu **naturwissenschaftlichen Sprachduktus**, der die „physische Welt“ (V. 21) erklärt und gleichsam bis zum letzten „Atom“ (V. 22) seziert. Dies geschieht ganz im Sinne einer „**exegetisch[en]**“ (Text B, Z. 1), **auf das Detail bezogenen erklärenden Haltung**. Durch die gehobene Wortwahl und den Gebrauch von Verallgemeinerungen, wie der „Menschheit“ (V. 16) oder Indefinitpronomina („Einer dem andern“, V. 19), erhebt der Sprecher zudem den **Anspruch auf allgemeine Gültigkeit** seiner Botschaft. Der Blick des Lesers wird durch Demonstrativpronomina („Dies sind die Wege“, V. 5) gelenkt; das geschieht noch deutlicher durch die explizite, zweimalige Aufforderung: „Sieh nur“ (V. 10, 16). Er wird dadurch direkt in den Text mit einbezogen. Genauso fungiert der Doppelpunkt vor dem letzten, zentralen Wort „Luft“ (V. 24) als **Zeigegeste des Sprechers**.

Den Charakter der **gesprochenen Erzählrede** unterstreicht auch die häufig 2.2.3
**hypotaktische Satzstruktur**. Die Sätze laufen durch Enjambements über mehrere Verse, wenn der Sprecher beispielsweise die „zu Fuß ausgemessen[en]“ (V. 5) Wege schildert und damit die Vorstellung dieser Alltagsroutine verdeutlicht. Durch die genaue und detaillierte Beschreibung des Systems Stadt wird auch die **Komplexität des Themas** betont. Abweichungen von dieser Erzählsprache kommen umso deutlicher zur Geltung und markieren inhaltlich Bedeutsames. Der Satz „Alles ist gut, sie klagen …“ (V. 17) bricht scheinbar ab, eine Auslassung wird durch drei Punkte gekennzeichnet und lässt Raum für eigene Ergänzungen. Gedankenstriche (vgl. V. 6, 16) verweisen auf Denkpausen und verdeutlichen so den **Redecharakter des Textes**. Dagegen fokussieren Inversionen und syntaktische Zusammenziehungen und Verknappungen zentrale Aussagen, wie die Beschränktheit menschlicher Einsicht in die eigene Vergänglichkeit („Und vergessen dabei, wie durchsichtig sie sind / Einer dem anderen und alle zusammen der Zeit“, V. 18 f.). Den syntaktisch gleich gebauten Imperativen zu Beginn der Schlussstrophe (vgl. V. 20 f.) wird durch die parallele, knappe Satzstruktur **Eindringlichkeit und Nachdruck** verliehen.

Das **Motiv der Vergänglichkeit** ist mit dem **Motiv der Stadt die thematische Klammer** des gesamten Textes. Bereits zu Beginn wird der Ablauf der 2.3 2.3.1
Zeit durch **antithetische Bilder** verdeutlicht. Dem statischen Konstrukt Stadt wird der Wechsel der Generationen in den Wohnhäusern entgegengehalten, was im paradoxen Bild von der „wohnliche[n] Enge“ (V. 4) auf den Punkt gebracht wird. Dies geschieht nicht nur „in Friedhofsnähe“ (V. 3), die Emphase „nein überall“ (V. 3) macht das eindrücklich klar. Durs Grünbein stellt den Menschen in seinem Gedicht als einen Teil der Welt dar, der keinerlei Bedeutung für diese hat. Es „[w]ird nichts fehlen“ (V. 23), wenn ein Mensch stirbt, da er nur ein winziges Element des Systems ist und jederzeit ersetzt werden kann. Der Bewohner der Stadt fungiert lediglich als – wie es Ron Winkler in seiner Rezension formuliert – „**corpus passatus**“ (Text B, Z. 2 f.) und wird damit auf seine Körperlichkeit und damit Hinfälligkeit reduziert. Mit dem

Mittel der antithetischen Gegenüberstellung greift Grünbein das zentrale Thema der **barocken Vanitas-Dichtung** auf. Wurde im 17. Jahrhundert angesichts herrschaftlicher Prachtentfaltung die Eitelkeit der Menschheit beklagt, gehen in Grünbeins Gedicht dem Menschen angesichts der Erscheinungsformen moderner Megacitys „die Augen über“ (V. 11).

Das Grundprinzip antithetischer Gegenüberstellung verwendet Grünbein auch, um den **Gegensatz des urbanen Lebens zur Natur** aufzuzeigen. Die Vegetation, die in der zweiten Strophe angesprochen wird, trotzt dem „Staub“ (V. 8) und den „Gase[n]“ (V. 9). Um diesen Kontrast zu verstärken, werden die Pflanzen als Antagonisten der Stadt personifiziert. Im Unterschied zum Menschen versuchen sie sich noch zu wehren, um ihre ureigene Natur und Daseinsberechtigung zu behalten. Wenn dabei ausgerechnet der „Löwenzahn kämpft“ (V. 8), eine Pflanze, die überall von selbst wuchert, stellt sich die Frage, wie dann die Menschen in solch einer **lebensfeindlichen Umgebung** existieren können. Den **Niedergang der Natur** verdeutlicht der personifizierte Klee, der ja auch ein Symbol für Glück darstellt. Er „schluckt die Gase“ (V. 9) und ist nur noch „unter Tarnfarben grün“ (V. 10). Der Dreck der Auto- und Industrieabgase liefert also der Natur eine Tarnung für deren eigentlichen Charakter, für das Grün – die Farbe der Hoffnung. Dieses Bild für den **ignoranten Umgang der Menschen mit ihrer Umwelt** wirkt paradox und erhält so einen deutlich **ironischen Klang**.

Angesichts der eigenen Beschränktheit in einer „abgedichtet[en]“ (V. 16) Welt lebt dagegen der Mensch im Irrglauben, er spiele darin eine wichtige Rolle. Das Gedicht versucht, mit seinem zutiefst **misanthropischen Grundzug** diesen Irrtum aufzudecken und den Menschen vorzuführen, dass sie „durchsichtig“ (V. 18) sind, ohne es zu wissen. Diese Durchsichtigkeit kann dabei als Durchschaubarkeit gedeutet werden, aber auch im Sinne des Vanitas-Gedankens als **Bedeutungslosigkeit**. Verwiesen die barocken Dichter vor dem Hintergrund der allgegenwärtigen Todeserfahrung des Dreißigjährigen Kriegs auf die tröstliche Heilsgewissheit des Jenseits, ist eine solche metaphysische Geborgenheit in der Lyrik der Gegenwart nicht mehr vorhanden. Deutlich wird dies in der dritten Strophe, in der mit den „Kuppeln“ und „Kirchenbänken“ (V. 13) Begriffe aus dem Wortfeld der Religion dieses Verweismuster, auch lautlich durch Alliteration verbunden, zitieren. Die Hoffnung auf das Jenseits wird mit Hinweis auf die „Leere“ (V. 12) jedoch sofort verneint. Die gängige Redewendung „Das ist so sicher wie das Amen in der Kirche“, die die Geltung einer Aussage hervorhebt, wird durch den Komparativ „sicherer“ (V. 12) variiert und damit ironisch verstärkt. Der prophezeiten Leere ist also nicht zu entkommen. Die explizite **Verweigerung eines heilsgeschichtlichen Hoffnungsgedankens** am Ende des Gedichtes wirkt in seiner kategorischen Form sarkastisch, ja beinahe zynisch. Das barocke Sonett endete oft mit einem Appell zur Hinwendung zum Glauben oder zum tätigen Leben im Sinne des „Carpe diem“. Die Aufforderung, sich bereits zu Lebzeiten aktiv mit der eigenen Bedeutungslosigkeit auseinanderzusetzen, geschieht im Jahr 2012 mit den Verben „trainieren“ und „üb[en]“ (Z. 20 f.) aus dem Bereich des Sports und lässt mit der durch Wiederholung und dem Doppelpunkt betonten Pointe „Luft“ (V. 24) keinen Zweifel an der **Nichtigkeit der menschlichen Existenz**. Der Stadtbewohner ist nur Luft, sonst nichts. Sein Leben verpufft.

Letztendlich führt der Mensch demnach eine **Existenz des Übergangs**. Man wird, was man war – „Luft“ (V. 24), hier vergleichbar mit dem Nichts. Von persönlichen Erlebnissen oder dem eigenen Charakter bleibt auf der Erde nichts zurück, als wäre der Mensch nur eine Hülle. Eine individuelle Sichtweise verbietet auch die dargestellte Monotonie des Alltags (vgl. V. 6 f.). Diese kann sich bis hin zu einer Art „blind[em]“ (V. 6) **Automatismus** steigern – zu einem „Traumspiel“ (V. 7) –, wobei der dadurch „konditionierte“ (Text B, Z. 5) Mensch in einer Welt der verinnerlichten Routinen lebt. Die **Fassadenhaftigkeit dieser „Potemkinschen Welt“** (Text B, Z. 5), hier verbildlicht als Häuserflucht aus Glas (vgl. V. 15), verdeckt nur vordergründig die Leere in der Stadt. Dabei handelt es sich jedoch nicht nur um eine räumliche Leere, sondern vielmehr um **Mangel an Persönlichkeit, an erfülltem, sinnhaften Leben und an Individualität**. Doch die Einwohner bemerken die Leere angesichts der Vielzahl an Eindrücken (vgl. V. 11) und aufgrund der vorherrschenden Anonymität (vgl. V. 18 f.) nicht. Während das Leben in der Stadt immer monotoner, schneller und oberflächlicher wird, ist der Städter in seinem Mikrokosmus „abgedichtet“ (V. 16), also luftdicht verschlossen. Der Nachsatz „Zumindest für heute“ (V. 17) schwächt diese Aussage jedoch deutlich ab und verweist bereits auf die Prophezeiung am Schluss. Der einzelne Mensch hat für die Stadt keine Bedeutung, **der Einzelne ist nur Teil einer homogenen Masse** und ersetzbar. 2.3.2

Das Schlusswort „Luft“ spannt auch den Bogen zum **Titel** des Gedichtes „**Transparenz in Blau**“, das den **Grundgedanken des Textes vorwegnimmt** und spiegelt. Für sich genommen stellt die Wendung ein Oxymoron dar, da etwas Transparentes, also Durchsichtiges, keine Farbe annehmen kann. In Verbindung mit dem zentralen Begriff der Luft wirkt dieses Paradox jedoch aufgelöst, da die Luft sowohl Assoziationen zum Himmel des blauen Planeten und zu seiner Nicht-Fassbarkeit zulässt. Der **Gedanke der Durchsichtigkeit** wird so zu einem **Leitmotiv** des Textes, der sich in Bildern wie den gläsernen Hausfassaden (vgl. V. 15) und der „Leere“ (V. 12, 14) wiederfindet. Am Ende bleibt jedoch von der himmlischen Dimension nur das Nichts. Assoziationen des Wortes „Transparenz“ zu einer – wie oben dargelegt – im Gedicht verneinten Transzendenz oder zum Transit als Übergangszeit menschlicher Existenz werden vom Inhalt des Gedichtes hervorgerufen. Dagegen werden alle positiven Gedankenverbindungen zur Farbe Blau (nicht zuletzt als Symbol romantischer Sehnsucht) durch die Textaussage ad absurdum geführt. Assoziiert man Blau jedoch als **Farbe der Kälte**, würde die Überschrift zur **Chiffre für den gefühlskalten-seelenlosen, durchsichtigen Menschen**. Letztendlich verweist so auch der Titel des Gedichtes auf die **Leere menschlichen Lebens und seine Sinnlosigkeit**. 2.3.3

Nach Grünbeins zutiefst **nihilistischer Sicht auf die Stadt und den Men-** 3
**schen der Gegenwart** erscheint ein Blick auf eine literarische Betrachtung 3.1
der Großstadt aus dem Jahr 1946 spannend. Wolfgang Borchert, der wohl bekannteste Vertreter der sogenannten **Trümmerliteratur**, verfasste im zerstörten Nachkriegsdeutschland einen Prosatext über Hamburg, der auf den ersten Blick bereits durch die gewählte Darstellungsform von Grünbeins Text abweicht. Der **Unterschied der Gattung Prosa gegenüber der vorliegenden lyrischen Form** ist jedoch nach der Lektüre kaum mehr von Bedeutung. Auch Grünbeins Gedicht ist ja – wie oben bereits festgestellt – vom Sprachduktus und durch die Syntax stark berichtend und kommentierend angelegt und unterscheidet sich so deutlich vom traditionellen Gedichtbegriff. Fast zwangsläufig ergibt sich daraus die analytische und **verallgemeinernde Betrachtung des abstrakten Systems Stadt**, das auf alle übertragbar ist. Dagegen wirkt Borcherts Beschreibung seiner – explizit bereits in der Überschrift genannten – Heimatstadt durch eine **verdichtete Sprache** sehr poetisch. So ergibt sich der fast paradoxe Eindruck, dass der Text Borcherts stellenweise lyrischer wirkt als das Gedicht Grünbeins.

Interessanterweise wird die Zerstörung der Hansestadt, die bei Abfassung des 3.2
Textes zerbombt war und in Trümmern lag, mit keinem Wort thematisiert. Im Gegensatz zu Grünbeins Gedicht verflüchtigen sich die Stadtbewohner in „Hamburg“ nicht in „Luft“ (Text A, V. 24) sondern bleiben **im Hier präsent**. Völlig unbeeindruckt von der Trümmerwelt schwärmt er von der Stadt, wohingegen Grünbeins gläserne (vgl. Text A, V. 15), aber **seelenlose Städte im Jahre 2012** eigentlich doch ein Maximum an Komfort und Wohlstand bieten könnten. Die in „Transparenz in Blau“ allgegenwärtige Morbidität würde man eher in einem Text von 1946 vermuten, aber genau das Gegenteil ist der Fall. Die **Euphorie**, mit der Borchert über seine Stadt schreibt, wird durch die **emphatische Anrede** bereits in der ersten Zeile bestärkt, die zusätzlich durch Gesperrtdruck (vgl. Text C, Z. 12, 15) unterstrichen wird. Weitere Emphasen finden sich im gesamten Text, oft unterstützt auch durch den deiktischen Doppelpunkt (vgl. Text C, Z. 15 ff.). Der Text liest sich so fast wie eine **Liebeserklärung, eine Hymne an Hamburg und seine Bewohner**. Dass es sich um eine ganz konkrete Beschreibung dieser und keiner anderen Stadt handelt, wird vielfach wiederholt (vgl. Text C, Z. 1, 9, 12) und betont (vgl. Text C, Z. 7–9). Grünbein dagegen beginnt sein Gedicht mit der nüchternen Feststellung: „Das ist die Stadt“ (vgl. Text A, V. 1), wobei der bestimmte Artikel hier als Abstrahierungsmittel benutzt wird, sodass die Stadt zu einer **allgemeinen Institution** wird. Die Begeisterung, die Borchert für seine Heimatstadt aufbringt, kann der Sprecher in Grünbeins Gedicht nicht teilen. Konstatiert dieser das reine Vegetieren des Menschen, ja das **„Nicht-Sein“ in der physischen Welt**, so schwärmt Borchert: „Das ist unser Wille, zu sein“ (Text C, Z. 7). Wie in „Transparenz in Blau“, wo die Menschheit (vgl. Text A, V. 16) als eine homogene Masse dargestellt wird, fasst Borchert die Einwohner Hamburgs mit dem Personalpronomen „wir“ (Text C, Z. 9 f.) zu

einer Einheit zusammen. Doch agiert diese als **individuelles, belebtes Wesen repräsentativ für jeden ihrer Bewohner im Einklang mit ihrer Stadt**, im Gegensatz zu Text A, in dem Monotonie und Routine die Bewohner zu seelenlosen Robotern machen.

Für Borchert zählt in Hamburg nicht nur das „Inventar“ (Text A, V. 1). Zu 3.3 Beginn porträtiert er zwar in einer detaillierten Aufzählung seine Stadt mit Gebäuden, Gegenständen, Industrie, Verkehrsmitteln sowie deren akustischen und visuellen Reizen (vgl. Text C, Z. 2–5). Wiederholt wird jedoch betont: „Das ist mehr […] – oh, das ist unendlich viel mehr“ (Text C, Z. 3–6). Die Stadt und der Mensch haben eine Beziehung zueinander, die durch die ausdrucksstarke Beschreibung geradezu einen **magischen Zauber** (vgl. Text C, Z. 11) erhält. Der Text Borcherts lebt von **plastischen und eindringlichen Bildern** in der Schilderung Hamburgs bei Tag und bei Nacht. Die Stadt ist kein lebloses, starres, gläsernes Gebilde, sondern verspricht als Ort am Fluss Weite und Freiheit und steckt voller Lebendigkeit. In ausdrucksvollen Personifizierungen wie „Straßenbahnschrei“ (Text C, Z. 4) und „kreischende Kräne“ (Text C, Z. 5) ist das **expressionistische Erbe** der Zeit vor 1933 erkennbar. Hamburg erscheint als ein „Urtier“ (Text C, Z. 15 ff.), mit „blinkenden Augen im Sonnenlicht“ und „schimmernden Augen im Mondlicht“ (Text C, Z. 16 f.), das im **Einklang mit Mensch und Natur** existiert. Die Natur hat in Form von „Seewinde[n]“ (Text C, Z. 10) einen bestimmenden Einfluss auf den Menschen, die Bewohner werden davon „betört und behext“ (Text C, Z. 11). Die Natur muss nicht gegen die menschliche Zivilisation kämpfen wie in Grünbeins Gedicht, wo das System Stadt nicht im Einklang mit der Natur lebt und diese nur noch im Untergrund unter „Tarnfarben“ (Text A, V. 10) existiert. Hier ertönt „Möwengelächter“ (Text C, Z. 4) und das Fehlen einer natürlichen Vegetation scheint nicht zu stören, denn Pflastersteine „zaubern“ einen natürlichen „Waldboden“, dessen „singende[r] Rhythmus“ (Text C, Z. 13 f.) **Vitalität gegenüber der Morbidität** der Stadt Grünbeins verströmt.

Während Grünbein in seinem Gedicht ein **Stadtbild von Leere und Ignoranz** schafft, beschreibt Borchert seine Stadt Hamburg voller Stolz als 3.4 **identitätsstiftenden Ort**. Für ihn ist die Fülle an Leben, welche für Grünbein in Wirklichkeit Leere ist, genau das, was das Besondere seiner Stadt ausmacht. Es ist der Charakter einer Stadt, der die Menschen dazu bewegt zu bleiben und **die Menschen geben der Stadt den Charakter:** „und nur zu sein, wie wir sind, wir in Hamburg“ (Text C, Z. 8 f.). Die Stadt bei Grünbein ist reduziert auf ein Konstrukt von Glas und „Häuserflucht[en]“ (Text A, V. 15). Für Wolfgang Borchert ist die Heimatstadt ein **emotionales Nest**. Er ist verzaubert von seiner Stadt und ihren Attributen. Wie eine abenteuerliche Welt ist sie schön, wild und aufregend durch eine Vielfalt von Sinneswahrnehmungen (vgl. Text C, Z. 15–18). Diese machen nicht nur das Heimatgefühl aus, sondern wecken auch ein **emphatisches Lebensgefühl**. Tod und Leben liegen in beiden Texten nah nebeneinander. In „Transparenz in Blau“ erscheint der Mensch durch seine Vergänglichkeit und die mechanischen Verhaltensroutinen bereits leblos vor seinem physischen Tod. In der ersten Strophe wird die **Allgegenwart der Toten in der Stadt** beschrieben. Auch in „Hamburg“ wird von einer **möglichen Begegnung mit den Verstorbenen** gesprochen. In Borcherts Stadt kann man „selbst noch die Schritte der Gestorbenen“ (Text C, Z. 14) hören. Dies hat aber nichts mit der Einsicht in die allgemeine Vergänglichkeit zu tun, sondern wirkt im Verbindung mit dem beschriebenen „Steinwald“ (Text C, Z. 12), in dem man mit den Verstorbenen nur gelegentlich, „nachts manchmal“ (Text C, Z. 14) in Kontakt kommen kann, eher positiv. Diese gehören dann zum Leben dazu und sind nicht endgültig fern. Die Stadt vergisst die Toten nicht, sie bleiben in Erinnerung und werden ein Teil von ihr, wohingegen der Mensch in Grünbeins Gedicht nach dem Tod zu Luft wird und die Toten die Städter mahnend „streifen“ (Text A, V. 2). Es besteht hier **keine emotionale Verbindung zu der vergangenen Generation**, so wie auch keine Verbindung zu den lebenden Menschen untereinander existiert (vgl. Text A, V. 18 f.).

Borcherts expressiver und lebensbejahender Text entzieht sich sowohl vom **4**
Schreibstil als auch von der Thematik einer Einordnung in die Literatur der Nachkriegszeit. Dagegen bietet sich das Grünbein-Gedicht zur Überprüfung der **Kriterien postmodernen Schreibens** an. Die typische **Stilpluralität** und die deutlichen **Anleihen an Themen und Motive vergangener Epochen** sind hierbei sehr auffällig. Wie bereits aufgezeigt, stehen sowohl die barocke Vergänglichkeits-Thematik als auch der expressionistische Topos der Anonymisierung und des Ich-Zerfalls im Zentrum des Textes. Anspielungen auf die Romantik im Titel und ex negativo durch das Verschwinden der Natur können eher versteckt gefunden werden. Die in der ersten Zeile prominent gesetzte Bezeichnung der Stadt als „Inventar“ der Gegenwart lässt Assoziationen zum wohl bedeutendsten Gedicht der Nachkriegszeit „Inventur“ von Günther Eich zu, in dem ebenso detailliert und mit explizitem Zeigegestus die Habseligkeiten des lyrischen Ichs vorgeführt werden. Die **lakonische Sprechhaltung**, die völlige Abwesenheit von Emotionalität und Vertröstungsangeboten sowie demgegenüber feine Ironie bis hin zum Zynismus finden sich als **typisch postmoderne Elemente** ebenso in Grünbeins Gedicht wie die **Absage an das selbstbestimmte Individuum**. Die Botschaft von der Auflösung des Ichs in der Vielzahl von äußeren Reizen hat angesichts der gegenwärtigen Informations- und Mediengesellschaft eine deutliche **gesellschaftspolitische Relevanz**.
Die pessimistische und negative Grundhaltung, mit der sein Blick auf die Stadt und deren Bewohner fällt, fordert auch zum Widerspruch heraus, gerade vor der Folie anderer, vergangener Stimmen zum Thema – nicht zuletzt angesichts der beeindruckenden Hommage Borcherts an seine Heimatstadt nach dem Zweiten Weltkrieg.

## Deutsch Bayern – Abiturprüfung 2014: Aufgabe 2: Erschließen eines literarischen Textes

a) Erschließen und interpretieren Sie den vorliegenden Dramenauszug!

b) Zeigen Sie ausgehend von Ihren Ergebnissen vergleichend auf, wie das Thema der unerfüllten Liebe in einem anderen literarischen Werk gestaltet wird!

Der Schwerpunkt der Aufgabenstellung liegt auf Teilaufgabe a).

**Vorbemerkung**
Friedrich Schillers fünfaktige Tragödie „Don Karlos“ spielt 1568 am spanischen Königshof. König Philipp II. von Spanien hat die französische Königstochter Elisabeth geheiratet, die ursprünglich die Frau von Philipps Sohn Karlos werden sollte. Das angespannte Verhältnis zwischen Prinz Karlos und seinem Vater wird dadurch zusätzlich belastet. Im folgenden Ausschnitt aus dem ersten Akt ist es Karlos erstmals gelungen, mit Elisabeth ein Gespräch unter vier Augen herbeizuführen:

**Friedrich Schiller** (1759–1805)
**Don Karlos** (Uraufführung am 29. 08. 1787)
(Orthographie entsprechend der Werkausgabe von 1989)

[…] KARLOS Sie waren mein – im Angesicht der Welt
Mir zugesprochen von zwei großen Thronen,
Mir zuerkannt von Himmel und Natur,
Und Philipp, Philipp hat mir Sie geraubt –
KÖNIGIN Er ist Ihr Vater.
KARLOS Ihr Gemahl.
KÖNIGIN Der Ihnen
Das größte Reich der Welt zum Erbe gibt.
KARLOS Und *Sie* zur Mutter –
KÖNIGIN Großer Gott! Sie rasen –
KARLOS Und weiß er auch wie reich er ist? Hat er
Ein fühlend Herz, das Ihrige zu schätzen?
Ich will nicht klagen, nein, ich will vergessen,
Wie unaussprechlich glücklich Ich mit ihr
Geworden wäre – wenn nur Er es ist.
Er ist es nicht – Das, das ist Höllenqual!
Er ist es nicht und wird es niemals werden.
Du nahmst mir meinen Himmel nur, um ihn
In König Philipps Armen zu vertilgen.
KÖNIGIN Abscheulicher Gedanke!
KARLOS O ich weiß,

Wer dieser Ehe Stifter war – ich weiß,
Wie Philipp lieben kann und wie er freite.
Wer sind Sie denn in diesem Reich? Laß hören.
Regentin etwa? Nimmermehr! Wie könnten,
Wo Sie Regentin sind, die Alba[1] würgen?
Wie könnte Flandern[2] für den Glauben bluten?
Wie, oder sind Sie Philipps Frau? Unmöglich!
Ich kann's nicht glauben. Eine Frau besitzt
Des Mannes Herz – und wem gehört das seine?
Und bittet er nicht jede Zärtlichkeit,
Die ihm vielleicht in Fieberglut entwischte,
Dem Zepter ab und seinen grauen Haaren?

KÖNIGIN Wer sagte Ihnen, daß an Philipps Seite
Mein Los beweinenswürdig sei?

KARLOS Mein Herz,
Das feurig fühlt, wie es an meiner Seite
Beneidenswürdig wäre.

KÖNIGIN Eitler Mann!
Wenn mein Herz nun das Gegenteil mir sagte?
Wenn Philipps ehrerbiet'ge Zärtlichkeit
Und seiner Liebe stumme Mienensprache
Weit inniger als seines stolzen Sohns
Verwegene Beredsamkeit mich rührten?
Wenn eines Greises überlegte Achtung –

KARLOS Das ist was andres – Dann – ja dann Vergebung.
Ich wußt' es nicht. – Das wußt' ich nicht, daß Sie
Den König lieben.

KÖNIGIN Ihn ehren ist mein Wunsch und mein Vergnügen.

KARLOS Sie haben nie geliebt?

KÖNIGIN Seltsame Frage!

KARLOS Sie haben nie geliebt?

KÖNIGIN – Ich liebe nicht mehr.

KARLOS Weil es Ihr Herz? weil es Ihr Eid verbietet?

KÖNIGIN Verlassen Sie mich, Prinz, und kommen Sie
Zu keiner solchen Unterredung wieder.

KARLOS Weil es Ihr Eid? weil es Ihr Herz verbietet?

KÖNIGIN Weil meine Pflicht – – Unglücklicher, wozu
Die traurige Zergliederung des Schicksals,
Dem Sie und ich gehorchen müssen?

KARLOS Müssen?
Gehorchen müssen?

KÖNIGIN Wie? Was wollen Sie
Mit diesem feierlichen Ton?

KARLOS So viel,
Daß Karlos nicht gesonnen ist, zu müssen,

Wo er zu wollen hat; daß Karlos nicht
Gesonnen ist, der Unglückseligste
In diesem Reich zu bleiben, wenn es ihm
Nichts als den Umsturz der Gesetze kostet,
Der Glücklichste zu sein.

KÖNIGIN Versteh' ich Sie?
Sie hoffen noch? Sie wagen es, zu hoffen,
Wo alles, alles schon verloren ist?

KARLOS Ich gebe nichts verloren als die Toten.

KÖNIGIN Auf mich, auf Ihre Mutter hoffen Sie? –
*Sie sieht ihn lange und durchdringend an – dann mit Würde und Ernst.*
Warum nicht? O! Der neu erwählte König
Kann mehr als das – kann die Verordnungen
Des Abgeschied'nen durch das Feu'r vertilgen,
Kann seine Bilder stürzen, kann sogar –
Wer hindert ihn? – die Mumie des Toten
Aus ihrer Ruhe zu Eskurial[3]
Hervor an's Licht der Sonne reißen, seinen
Entweihten Staub in die vier Winde streun,
Und dann zuletzt, um würdig zu vollenden –

KARLOS Um Gottes willen, reden Sie nicht aus.

KÖNIGIN Zuletzt noch mit der Mutter sich vermählen.

KARLOS Verfluchter Sohn!
*Er steht einen Augenblick starr und sprachlos.*
Ja, es ist aus. Jetzt ist
Es aus. – Ich fühle klar und helle, was
Mir ewig, ewig dunkel bleiben sollte.
Sie sind für mich dahin – dahin – dahin –
Auf immerdar! – Jetzt ist der Wurf gefallen.
Sie sind für mich verloren – O in diesem
Gefühl liegt Hölle. – Hölle liegt im andern,
Sie zu besitzen. – Weh! Ich faß' es nicht,
Und meine Nerven fangen an zu reißen.

KÖNIGIN Beklagenswerter, teurer Karl! Ich fühle –
Ganz fühl' ich sie, die namenlose Pein,
Die jetzt in Ihrem Busen tobt. Unendlich,
Wie Ihre Liebe, ist Ihr Schmerz. Unendlich,
Wie er, ist auch der Ruhm, ihn zu besiegen.
Erringen Sie ihn, junger Held. Der Preis
Ist dieses hohen, starken Kämpfers wert,
Des Jünglings wert, durch dessen Herz die Tugend
So vieler königlichen Ahnen rollt.
Ermannen Sie Sich, edler Prinz. – Der Enkel
Des großen Karls[4] fängt frisch zu ringen an,
Wo andrer Menschen Kinder mutlos enden.

KARLOS Zu spät! O Gott! Es ist zu spät!
KÖNIGIN Ein Mann
Zu sein? O Karl! Wie groß wird unsre Tugend,
Wenn unser Herz bei ihrer Übung bricht!
Hoch stellte Sie die Vorsicht[5] – höher, Prinz,
Als Millionen Ihrer andern Brüder.
Parteilich gab sie ihrem Liebling, was
Sie andern nahm, und Millionen fragen:
Verdiente der im Mutterleibe schon
Mehr als wir andern Sterblichen zu gelten?
Auf! retten Sie des Himmels Billigkeit[6]!
*Verdienen* Sie, der Welt voran zu gehn,
Und opfern Sie, was keiner opferte.
KARLOS Das kann ich auch. – Sie zu erkämpfen, hab'
Ich Riesenkraft; Sie zu verlieren, keine.
KÖNIGIN Gestehen Sie es, Karlos – Trotz ist es
Und Bitterkeit und Stolz, was Ihre Wünsche
So wütend nach der Mutter zieht. Die Liebe,
Das Herz, das Sie verschwenderisch mir opfern,
Gehört den Reichen an, die Sie dereinst
Regieren sollen. Sehen Sie, Sie prassen
Von Ihres Mündels anvertrautem Gut[7].
Die Liebe ist Ihr großes Amt. Bis jetzt
Verirrte sie zur Mutter. – Bringen Sie,
O bringen Sie sie Ihren künft'gen Reichen,
Und fühlen Sie, statt Dolchen des Gewissens,
Die Wollust Gott zu sein. Elisabeth
War Ihre erste Liebe. Ihre zweite
Sei Spanien. Wie gerne, guter Karl,
Will ich der besseren Geliebten weichen!
KARLOS *wirft sich, von Empfindung überwältigt, zu ihren Füßen:*
Wie groß sind Sie, o Himmlische! – Ja alles,
Was Sie verlangen, will ich tun! – Es sei!

*Friedrich Schiller: Don Karlos, in: Friedrich Schiller, Werke und Briefe, Bd. 3, hg. von Klaus Harro Hilzinger u. a., Frankfurt a. M. 1989, S. 797–801*

Worterläuterungen:

1 *Alba:* königstreue herzogliche Familie, welche die spanische Herrschaft in Flandern mit brutaler Gewalt vertritt.
2 *Flandern:* heute Teil von Belgien; zur Zeit der Dramenhandlung eine protestantische Provinz des spanischen Reiches, die sich gegen die Herrschaft der katholischen spanischen Könige auflehnt.
3 *Eskurial:* Residenz des spanischen Königs
4 *des großen Karls:* Kaiser Karl V. (Lebensdaten: 1500–1558)
5 *Vorsicht:* hier im Sinne von „Vorsehung"
6 *retten Sie des Himmels Billigkeit:* Karlos soll die göttliche Ordnung handelnd bestätigen.
7 *prassen / Von Ihres Mündels anvertrautem Gut:* wiederholt den Gedanken des vorherigen Satzes.

**Hinweise und Tipps**

- *Die Aufgabe ist in einen* ***Erschließungs- und Interpretationsauftrag a)*** *und einen* ***Vergleichsauftrag b)*** *gegliedert. Der Schwerpunkt liegt auf der Aufgabe a), d. h. das Verständnis des Textes ist wichtiger als der Vergleich mit einem anderen Werk. Das sollte sich auch in Ihrer Gliederung widerspiegeln. Erschließen Sie also den Dramenauszug möglichst genau.*
- *Kriterien für die Erschließung und auch die Reihenfolge der Analyseinstrumente können Sie selbst wählen. Allerdings werden die bekannten Aspekte wie* ***Inhalt und Aufbau, dramaturgische*** *(Redeanteile, Regieanweisungen, Bewegungen im Raum, Requisiten) und* ***sprachlich-stilistische Mittel*** *sowie die* ***Dialoganalyse*** *im Mittelpunkt der Untersuchung stehen müssen. Zu entscheiden ist dabei, ob die sprachlich-stilistischen Beobachtungen in die Interpretation integriert werden. Es kann aspektorientiert vorgegangen werden oder integrativ (indem man den Dialog nach inhaltlichen Abschnitten gliedert und die verschiedenen Aspekte integrativ gemeinsam abhandelt). Nachdem im b-Teil der Aufgabe der Aspekt der unerfüllten Liebe im Mittelpunkt stehen wird, sollten Sie natürlich bereits bei der Textbeschreibung herausarbeiten, welche Rolle die Liebe in der Beziehung zwischen Karlos und der Königin spielt.*
- *Die* ***Vergleichsaufgabe*** *ist auf ein anderes literarisches Werk bezogen. Dabei gibt es weder eine Gattungs- noch eine Epochenbegrenzung, d. h. dass neben einem weiteren Drama auch Gedichte und epische Texte verwendet werden dürfen. Das Thema unerfüllte Liebe zwischen Menschen wird in zahlreichen literarischen Werken verarbeitet. So bietet sich etwa ein Vergleich mit Goethes „Faust“, Fontanes „Effi Briest“ oder Büchners „Woyzeck“ an.*
- ***Einleitung*** *und* ***Schluss*** *können z. B. Besonderheiten des Epochenumbruchs zwischen Sturm und Drang und Klassik behandeln. Möglich sind auch Reflexionen zum Thema Liebe in der Literatur oder ein Hinweis auf den historischen Hintergrund des Dramas, das den Freiheitskampf der Niederländer gegen das spanische Habsburgerreich thematisiert. Eine literaturgeschichtliche Einordnung wird zwar nicht verlangt, doch können Sie durchaus drauf verweisen, weil der Auszug eindeutige Züge sowohl der Sturm-und-Drang-Epoche als auch der Klassik zeigt.*

**Gliederung**

A. Epochenumbruch vom Sturm und Drang zur Klassik

B. Unerfüllte Liebe in Schillers „Don Karlos" im Vergleich zu Büchners „Woyzeck"
   I. Inhaltskern und Aufbau von „Don Karlos": Wandel von individueller Liebe zur Liebe für den Staat
   II. Dialoganalyse: Emotionalität Karlos' gegen Elisabeths Pflichtbewusstsein
   III. Interpretation (Sprache und dramaturgische Mittel): Von der Selbstverwirklichung zur Entsagung
      1. Karlos' Klage über den Verlust von Elisabeth (V. 1–33)
      2. Relativierung der Klage (V. 34–60)
      3. Karlos' verzweifeltes Aufbegehren gegen sein Schicksal und Elisabeths rigorose Zurückweisung (V. 61–99)
      4. Elisabeths Appell an Karlos' Pflichtbewusstsein und Karlos' Einlenken (V. 100–144)
   IV. Vergleich der Darstellung unerfüllter Liebe im „Don Karlos" mit Georg Büchners „Woyzeck"
      1. Beziehung zwischen Woyzeck und Marie
      2. Unterschiede zur Beziehung zwischen Elisabeth und Karlos

C. Unerfüllte Liebe als epochenübergreifende Thematik

**Lösungsvorschlag**

Friedrich Schiller ist ein **Autor des Sturm und Drang und der Klassik**. A
Seine **Jugendwerke** – „Die Räuber", „Kabale und Liebe", „Fiesco" – verkörpern die Ideen des Sturm und Drang in geradezu idealer Weise. Hier steht der **Freiheitskampf des Individuums** gegen jede Beschränkung seiner Subjektivität im Mittelpunkt. Gefühle und Leidenschaften äußern sich in Kraftausdrücken und **Gefühlsausbrüchen**. Schiller kritisiert alle Formen politischer Bevormundung. Die Literatur übernimmt dabei eine zentrale Aufgabe, denn seiner Idee nach ist vor allem die Bühne eine „moralische Anstalt", die die Zuschauer politisch bilden soll. Mit Beginn der **Französischen Revolution** erhofft er sich tiefgreifende Veränderungen. Doch die von Gewalt und Krieg geprägte Entwicklung und die **Enttäuschung** darüber verändert auch sein Literaturverständnis. Seine ursprüngliche Idee, dass durch das Aufzeigen der gesellschaftlichen Missstände in der Literatur eine Veränderung möglich sei, wird zunehmend abgelöst von der Vorstellung einer umfassenden **Humanisierung**, eines Programms – so Schiller – „veredelter Menschheit". Er geht dazu über, in der Literatur Persönlichkeiten darzustellen, die alle guten Anlagen und Kräfte des Menschen in **Harmonie** zusammenführen. Schillers Texte

handeln jetzt eher von Menschen, die ihre sinnliche Natur nicht leugnen, aber ihre Freiheit an die **Vernunft** binden und sich in einem Prozess der Selbsterziehung selber Regeln und Ziele geben. Dieses Ideal nennt Schiller „schöne Seele" und sucht dafür vor allem in historischen Stoffen nach Vorbildern. Sein Drama „Don Karlos" ist ein Werk, das zu beiden Epochen – dem Sturm und Drang *und* der Klassik – gehört.

Der **Konflikt zwischen Subjektivität und Entsagung** auf dem Weg zum Ideal zeigt sich bereits in der zu erschließenden Szene des ersten Akts aus dem Drama **„Don Karlos"**, das Mitte des 16. Jahrhunderts am Hof des spanischen Königs Philipp II. spielt. Der Zuschauer wird Zeuge, wie der Protagonist Karlos mit dem Schicksal hadert, dass sein Vater, König Philipp II., die ursprünglich ihm selbst zugedachte französische Königstochter Elisabeth geheiratet hat. Im ersten Akt kommt es zum ersten Gespräch zwischen Karlos und seiner großen Liebe, Elisabeth, die nun auch seine Stiefmutter ist. B

Karlos, enttäuscht und zornig zugleich, eröffnet das **Gespräch** mit einer **Klage**, dass der eigene Vater ihm die Braut geraubt habe. Er unterstellt diesem, nicht in der Lage zu sein, Elisabeth so zu würdigen und mit ihr glücklich zu werden, wie Karlos es gekonnt hätte. Dieses Wissen verursache ihm höllischen Schmerz. Er spricht Elisabeth auch die Möglichkeit ab, in einem von Unterdrückung geprägten Land politisch Einfluss zu nehmen. Gleichzeitig besteht er auf seiner Ansicht, der König sei unfähig, sie wirklich zu lieben. Vielmehr gehe es diesem nur um den Machterhalt (V. 1–33). I.

Elisabeth, die im ersten Abschnitt nur durch kurze Einwürfe versucht, Karlos zu beruhigen, kontert nun mit der berechtigten Frage, wie Karlos zu dieser Ansicht komme. Seinen Einwand, dass sie an seiner Seite weitaus glücklicher wäre, entkräftet sie, indem sie König Philipps innere Werte wie seine Zärtlichkeit im Gegensatz zu Karlos' Extrovertiertheit hervorhebt. Dieser geht zunächst auf **Elisabeths scheinbares Liebesbekenntnis zu Philipp** ein und bittet um Verzeihung, obgleich er ihr mit dem nächsten Satz provokativ in den Mund legt, den König tatsächlich zu lieben. Daraufhin **relativiert Elisabeth ihre Aussage** durch die Bestätigung, dass sie den König mit Freude ehren wolle. Karlos versucht wiederholt, von Elisabeth ein eindeutiges Liebesbekenntnis zu bekommen. Diese weicht jedoch aus und gibt schließlich zu, nicht mehr zu lieben. Auf Karlos' weitere Nachfragen reagiert sie mit der Bitte, das Gespräch zu beenden, und appelliert an ihn, dass sie beide sich ihrem **Schicksal fügen** müssten (V. 34–60).

Diesem Wunsch Elisabeths begegnet Karlos mit massivem **Widerspruch**. Er deutet voller Hoffnung und Tatendrang seine Bereitschaft an, für eine gemeinsame Zukunft mit Elisabeth sogar Gesetze zu brechen und das Land zu verlassen. Letztendlich muss er aber verzweifelt einsehen, dass sein Wunsch, Elisabeth zu heiraten, unerfüllbar bleibt (V. 61–99).

Elisabeth bekundet einfühlsam ihr Mitleid und ermutigt Karlos gleichsam, seinen Schmerz zu besiegen. Dabei erinnert sie ihn an seine historische **Verantwortung**. Diese ergebe sich auch aus einer göttlichen Ordnung, welche es durch tugendhaftes Handeln zu bestätigen gelte. Sie fordert ihn auf, seine leidenschaftliche Liebe in Liebe für sein Vaterland und Lust zur Herrschaftsausübung umzuwandeln. Sie will eine **Übertragung der Emotionen**, die Karlos ihr gegenüber hegt, auf das Königreich Spanien. Mit Karlos' Bereitschaft, ihrer Aufforderung Folge zu leisten, endet der Dramenauszug (V. 100–144).

Das Gespräch findet vermutlich in den Privatgemächern der Königin am spa- II.
nischen Königshof im Jahr 1568 statt. Es ist ein **privates Gespräch** zwischen Elisabeth und dem spanischen Prinzen Karlos. Elisabeth ist eine französische Königstochter und war ursprünglich Karlos versprochen, wurde dann aber mit dessen Vater König Philipp II. verheiratet. Beide Figuren gehören dem Adel an. Kennzeichen dafür ist der **gehobene Wortschatz**.

Karlos hat das Gespräch arrangiert, um sich mit seiner früheren Verlobten auszusprechen. In der **ersten Hälfte** ist das Gespräch weitgehend **symmetrisch** aufgebaut (vgl. V. 1–71): Die Redeanteile beider Gesprächsteilnehmer sind in etwa ausgewogen. In der **zweiten Hälfte** jedoch **überwiegen die Redeanteile Elisabeths** deutlich (vgl. V. 72–144). Karlos reagiert meist nur mehr auf Elisabeths Ausführungen und lässt sich zum Schluss überzeugen, seine Liebe zu ihr in Pflichterfüllung umzuwandeln.

Zu Beginn der Szene erscheint **Karlos** in tiefster Weise **gekränkt** und fühlt sich betrogen von den Herrscherhäusern, insbesondere von seinem Vater (vgl. V. 4). In seinem Zorn charakterisiert er diesen als unfähig zu Liebe und Treue (vgl. V. 30 ff.). Karlos **reagiert gefühlsbetont** und lässt seinen Emotionen freien Lauf. Diese Eigenschaft führt zu erstaunlichem Mut, der fast schon an Hochmut grenzt. Er ist entschlossen, für seine Liebe mit allen Konventionen zu brechen (vgl. V. 65 ff.), bis hin zum Staatsstreich. Im letzten Abschnitt der Szene schlägt diese **Risikobereitschaft** jäh um in tiefe **Verzweiflung und Hoffnungslosigkeit** und letztendlich dann aber auch in das Einverständnis, sich – angesichts der Ausweglosigkeit – in sein Schicksal zu fügen.

Im klaren **Gegensatz zu Karlos' Überschwänglichkeit** charakterisiert Schiller in diesem Dramenauszug die **Elisabeth**. Sie zeichnet sich durch große **Gefasstheit** aus. Überlegt und ruhig stellt sie sich dem Gespräch und versucht stets, Karlos von ihrer Sicht zu überzeugen (vgl. V. 77 ff.). Dabei begegnet sie ihm mit dem nötigen Respekt, mit Würde und Anerkennung und geht auch mit seinen Gefühlen sensibel um (vgl. V. 100 ff.). Sie schreckt jedoch nicht davor zurück, zu so **drastischen Redemitteln** wie dem des Ausrufs, der Hyperbel oder der Metapher zu greifen, um Karlos seine Gott- und Tugendlosigkeit vor Augen zu führen (vgl. V. 78 ff.). Anders als dieser **akzeptiert** sie **ihr Schicksal**, das ihr durch die Ehe mit König Philipp auferlegt wurde (vgl. V. 59 f.), und fordert dies auch von Karlos, was ihr letztendlich gelingt.

In dieser Szene wird die **Entwicklung** der Figur des **Karlos von der stür-** III.
**mischen Selbstverwirklichung zur Entsagung** und zur Akzeptanz des eigenen Schicksals deutlich.

Karlos eröffnet das Gespräch mit dem Vorwurf, dass Elisabeth ihm geraubt 1.
wurde. Seine Rede (vgl. V. 1–33) ist geprägt von großem **Pathos**, das von der Überschwänglichkeit seiner Gefühle und seinem jugendlichen Alter zeugt. Allein im ersten Redebeitrag kommt in den vier Versen viermal das Pronomen „mir“ bzw. „mein“ (V. 1–4) vor. In Vers 2 und 3 betont eine Anapher das **Personalpronomen „mir“** besonders und manifestiert damit Karlos’ Anspruch auf Elisabeth. Dass sein Vater schuld an dieser Situation sei, hebt Karlos durch die **Wiederholung** seines Namens hervor, wenn er klagt: „Und Philipp, Philipp hat mir Sie geraubt“ (V. 4). Der Zorn seinem Vater gegenüber, den er als Räuber seiner Liebe diffamiert, verleitet ihn zunächst dazu, Philipp als zu Liebe und Treue unfähig zu charakterisieren. Er unterstellt ihm, er sei nicht glücklich und wiederholt gleich zweimal im **parallelen Satzbau:** „Er ist es nicht“ (V. 16 f.). Er verspottet Elisabeths Stellung im Staat (vgl. V. 24 ff.) und prophezeit dem Ehepaar verbittert eine lieblose und unglückliche Beziehung. Dabei steht er stets zu seinen Gefühlen, verhehlt sie nicht, sondern stellt sie im Gegenteil stolz zur Schau. Die **Leidenschaftlichkeit** Karlos’ zeigt sich auch in der **Versstruktur**. Kennzeichen dafür ist die häufige Verwendung der **Antilabe**, also der Verteilung je eines Verses auf die beiden Figuren (vgl. z. B. V. 6 f., 9 f., 20 f., 35 f., 38 f., 50 f., 52 f., 61 f.).

Durch ein solches **Rededuell** wird eine deutliche **Dynamisierung** und starke Dramatisierung **des Dialogs** erreicht. Trotzdem wird gleichzeitig der **Vers stabil** gehalten.

Auffällig erscheint auch die Verwendung von Wörtern, die den **Schmerz** Karlos’ **bildlich dokumentieren**. Dazu gehört beispielsweise die **Parenthese** „das ist Höllenqual“ (V. 16), die darüber hinaus zugleich als **Metapher** gelesen werden muss, welche Karlos’ Seelenzustand illustriert. Das **Wortfeld „Feuer“** dient hier dazu, zwei Arten der Liebe gegeneinander abzugrenzen: Während sein Vater allenfalls in „Fieberglut“ (V. 32), also als Kranker, zärtlich zu Elisabeth sei, sei Karlos’ Herz „feurig fühl[end]“ (V. 37).

Zu Beginn des Gesprächs versucht die Königin, Karlos durch wenige Sätze zu 2.
beruhigen. Sie lässt ihn sich erst mal den Schmerz von der Seele reden, weist ihn aber schon deutlich in seine Schranken und stellt die Frage, woher er denn wisse, dass sie unglücklich sei. Dann entwirft sie ein Gegenbild. Auch wenn Karlos sie nicht zu einem Eingeständnis ihrer Liebe bewegen kann, wird in ihrem Ausspruch „Ich liebe nicht mehr“ (V. 53) indirekt deutlich, dass sie Karlos zugeneigt ist. Aus **Gründen der Staatsräson** bittet sie jedoch Karlos, sie zu verlassen und nicht wiederzukommen (vgl. V. 55 f.). Die vielen **elliptischen Sätze** in dieser Textstelle, hier auch in der Sonderform der **Aposiopese**, zeigen die innere Aufgewühltheit der beiden. Sie suchen nach Begrün-

dungen und Karlos fragt nach: „Weil es Ihr Herz? weil es Ihr Eid verbietet?" (V. 54) Er wiederholt die Fragen gleich noch einmal, allerdings in umgekehrter Reihenfolge, um sich zu vergewissern (vgl. V. 57). Auch Elisabeth bricht den Satz ab, wenn sie die Pflicht über das Herz stellt und dazu auffordert, dass beide dieser gehorchen müssen (vgl. V. 58 ff.). Der elliptische Abbruch zeigt ihre **emotionale Überwältigung**.

Dies führt bei Karlos zu **leidenschaftlichem Widerspruch**. Er ist bereit, alles zu riskieren, mit sämtlichen Konventionen zu brechen und für seine Liebe Opfer zu bringen (vgl. V. 65 ff.). Die Radikalität, mit der er sein Vorhaben erklärt, zeugt neben Mut vor allem auch von ungezügelter Leidenschaft und Lebensbejahung, die **hedonistische Züge** aufweist. Für sein Glück ist Karlos gewillt, sein bisheriges Leben mit all seinen Vor- und Nachteilen aufzugeben. Die **Antithese**, „der Unglücklichste/In diesem Reich zu bleiben" (V. 68 f.) und „Der Glücklichste zu sein" (V. 71), zeigt die **Alternativlosigkeit**, in der er sich sieht. Sein Glück begreift er allein in der Erfüllung der Liebe zu Elisabeth. Diese **führt ihm mit drastischen Bildern vor Augen**, welche **Konsequenzen** seine Umsturzgedanken haben würden (vgl. V. 78 ff.). Unterstützt wird ihre Rede durch einen „durchdringend[en]" Blick „mit Würde und Ernst" (Regieanweisung, V. 77). Auch **Ausrufe** (vgl. V. 78) und **Fragen** setzt sie ein, um Karlos abzuhalten. Als sie ihn darauf hinweist, welchen Frevel er beginge, würde er sich mit der Mutter verbinden, „steht [er] einen Augenblick starr und sprachlos" (Regieanweisung, V. 90). Er erkennt, dass er sich ähnlich wie Ödipus versündigen würde, er ein „[v]erfluchter Sohn" (V. 89) wäre. Er **wiederholt** immer wieder, dass Elisabeth „dahin – dahin – dahin" (V. 94) sei. Hier wird noch einmal der **Bild der „Hölle**" (V. 97) für sein Gefühl verwendet. Auch Ausrufe wie „O" (V. 96) und „Weh!" (V. 98) verdeutlichen sein **emotionales Aufgewühltsein**. 3.

**Elisabeth** äußert Verständnis für Karlos' Gefühle und führt ihm vor Augen, wie groß seine moralische Leistung wäre, die **Leidenschaft zu besiegen und sie in Pflichterfüllung** gegenüber dem Staat zu **verwandeln**. Die Unterwerfung unter die göttliche Ordnung genießt für Elisabeth einen hohen Stellenwert in ihrem **Wertesystem**. Dieses ist stark vom **klassischen Weltbild** geprägt. Nicht nur erklärt sie sich bereit, sich aus freien Stücken der Gesetzlichkeit zu unterwerfen, gleichzeitig fordert sie dies auch von Karlos. Sie gesteht ihm Gefühle zu, erklärt jedoch, dass es möglich sei, den Schmerz zu besiegen. Schließlich stellt sie Karlos die **Synthese** seiner Pflicht und Liebe in Aussicht, sollte er Spanien selbst als seine zweite, „bessere Geliebte" (V. 141) anerkennen. Mit ihrer Aufforderung „Auf! retten Sie des Himmels Billigkeit!" (V. 122) zeigt sie deutlich ihren Anspruch, die **göttliche Weltordnung** zu erfüllen. In der zweiten Hälfte des Szenenauszugs **dominiert** die Figur der **Elisabeth** zunehmend den **Gesprächsverlauf**. Sie übernimmt den argumentativen Part, während Karlos nur noch kurz antwortet. Er ringt immer mehr um die richtigen Worte und „wirft sich, von Empfindung überwältigt, zu ihren Füßen" (V. 142, Regieanweisung). Er **akzeptiert** am Ende der Szene **Elisabeths For-** 4.

**derung nach Entsagung** und bezeichnet sie als „Himmlische" (V. 143). Letztlich siegt damit die **Einsicht**, dass die persönlichen Interessen dem Gemeinwohl untergeordnet werden müssen. Dieser Verantwortung stellt sich am Schluss also auch Karlos. Die Szene endet mit seinem Bekenntnis: „Es sei!" (V. 144) Damit ist die Wandlung des gefühlsbetonten Prinzen angedeutet. Die für den Sturm und Drang typische absolute **Subjektivität** und das Beharren auf **Selbstverwirklichung weichen** der Einsicht, dass es eine **Verbindung von Pflicht und Neigung** geben muss. Zudem wird Elisabeth durch die Anrede mit „Himmlische" (V. 143) in die Nähe einer „**schönen Seele**" gerückt, die der klassische Schiller als *das* Ideal ansah. Gerade dies zeigt deutlich die Stellung von „Don Karlos" als **Übergangsdrama zwischen Sturm und Drang und Klassik**. Hier finden sich noch **beide ästhetischen Prinzipien** – einerseits das aufbrausende, ich-bezogene Auftreten des Stürmers und Drängers Karlos, andererseits die klassische Haltung der vernunftgeleiteten „schönen Seele", die schließlich siegt. Schiller hat damit noch vor der Französischen Revolution – die Uraufführung fand 1787 statt – den **Weg hin zur Klassik** beschritten.

Die **Darstellung der unerfüllten Liebe** nimmt in diesem Dramenauszug IV.
**drastische Züge** an: Karlos, blind vor Liebe und Eifersucht, ist zum Äußersten bereit und droht, verletzt wie er ist, sich selbst aufzugeben. Desillusioniert und verzweifelt gesteht er sich schließlich ein, dass seine Liebe nicht mehr erwidert werden kann, und unterwirft sich dem Willen seiner früheren Geliebten und damit zugleich seinem Schicksal.

Anders verhält sich die Darstellung der unerfüllten Liebe des Protagonisten in 1.
Büchners Drama „**Woyzeck**". Im Gegensatz zu Karlos führt Woyzeck eine Beziehung mit seiner Freundin Marie, aus der sogar ein gemeinsames Kind hervorgegangen ist. Aufgrund eines medizinischen Experiments, an dem er sich aus finanziellen Gründen beteiligen muss, leidet er an einer Psychose. Neben seinen Aufgaben als Soldat ist er gezwungen, zahlreiche Nebenjobs annehmen, um seine kleine Familie ernähren zu können. Die Folgen sind Zeitnot und körperliche Zerrüttung. Woyzecks **physische und psychische Probleme** belasten seine Beziehung zu Marie zunehmend und beide entfremden sich immer mehr: Er kann ihre Wünsche nach Sozialprestige und ihre sexuellen Bedürfnisse nicht mehr erfüllen, sodass sie sich auf eine **Affäre** mit einem Tambourmajor einlässt. Diese Demütigung und die soziale Erniedrigung, die Woyzeck von allen Seiten erfahren hat, führen letztendlich dazu, dass er **Marie**, das Liebste, was er auf Erden hat, **ermordet**. Dabei macht zwar die **unerfüllte Liebe** nur einen Teil seiner gestörten Persönlichkeit aus, gibt jedoch letztendlich den Ausschlag dafür, dass Woyzeck in sein Unglück stürzt. Anders als Karlos ist Woyzeck, der **durch seine Umwelt zermürbt** wird, nicht in der Lage, im Zwiegespräch mit seiner Freundin oder mit seinem Konkurrenten zu bestehen. In diesem Gefühl der **Ohnmacht** und Verlassenheit bleibt ihm scheinbar keine Alternative als brutale Gewalt. Büchner zeigt ihn also **nicht** als **autonomes Individuum**, das Entscheidungsfreiheit besitzt.

**Karlos** hingegen, wortgewandt und von königlichem Blut, weiß sich zu behaupten und seine **Gefühle auszudrücken**. Dass seine Liebe nicht erfüllt werden kann, liegt an den von Gott gegebenen und allgemein akzeptierten Rahmenbedingungen: **Höhere Mächte** außerhalb seines Einflussbereichs verhindern eine Beziehung mit der ihm ursprünglich zugedachten Elisabeth. Trotzdem hat er als **autonomer Charakter** die Möglichkeit, gegen diese Situation argumentativ anzukämpfen und sie letztendlich frei zu akzeptieren. Der **Konflikt** ergibt sich bei **„Don Karlos" insbesondere aus der Figurenkonstellation**, während das Scheitern von Woyzecks Beziehung aus **widrigen gesellschaftlichen und wirtschaftlichen Zuständen** erwächst. Seine Persönlichkeit ist das Resultat seiner niedrigen sozialen und wirtschaftlichen Stellung in einer unbarmherzigen Zeit und durch sein Milieu geprägt. Damit unterscheiden sich nicht nur die **Reaktionen** Karlos' und Woyzecks auf das Scheitern bzw. die Nichterfüllung ihrer Liebe, sondern vor allem deren **Ursachen** essentiell. 2.

Liebe zwischen zwei Menschen ist mit Sicherheit das am häufigsten anzutreffende **literarische Motiv**. Die meisten großen Werke der Weltliteratur handeln von Beziehungen – und in der Regel geht es nicht um gelungene Partnerschaften, sondern um **unerfüllte Liebe**. Schillers Freund Goethe hat das im ersten Teil seines Dramas „Faust" in die sogenannte Gretchentragödie gefasst. Der Ausgang dieser Liebesgeschichte ist bekannt: eine tote Mutter, ein toter Bruder, ein totes Neugeborenes und ein wahnsinniges Gretchen, das sich weigert, von Faust gerettet zu werden. Beziehungen sind eine schwierige Angelegenheit – das scheint die Botschaft der Literatur zu sein. C

## Deutsch Bayern – Abiturprüfung 2014: Aufgabe 3: Erschließen eines literarischen Textes

a) Erschließen und interpretieren Sie den folgenden Textausschnitt! Beziehen Sie die Kerngedanken des beigefügten Materials in Ihre Überlegungen ein und berücksichtigen Sie den literaturgeschichtlichen Hintergrund!

b) Legen Sie ausgehend von Ihren Ergebnissen vergleichend dar, wie das Unheimliche in einem anderen literarischen Werk gestaltet wird!

Der Schwerpunkt der Aufgabenstellung liegt auf Teilaufgabe a).

**Vorbemerkung**
Die Erzählung „Das öde Haus" eröffnet den zweiten Band des Erzählzyklus „Nachtstücke" von E. T. A. Hoffmann. Die Freunde Franz, Lelio und Theodor unterhalten sich über die Fähigkeit, das Wunderbare im Alltag zu erkennen. In diesem Zusammenhang erzählt Theodor folgendes Erlebnis:
In einer prachtvollen Allee in der Stadt B… übt ein heruntergekommenes und angeblich unbewohntes Haus magische Anziehungskraft auf ihn aus. Als er eines Tages eine Frauenhand hinter einem der Fenster bemerkt, befragt er den benachbarten Konditor, der von unheimlichen Geräuschen im Haus zu berichten weiß. Nachdem Theodor sich vergewissert hat, dass das Haus seit Langem lediglich von einem alten Hausverwalter und seinem Hund bewohnt wird, erblickt er eines Tages unversehens wieder die schöne Frauengestalt am Fenster; er nimmt auf einer Bank auf der Allee Platz, um von dort aus die Frau zu beobachten:

**Ernst Theodor Amadeus Hoffmann** (1776–1822)
**Das öde Haus** (1817)

[…] Ja! Sie war es, das anmutige, holdselige Mädchen, Zug für Zug! – Nur schien ihr Blick ungewiß. Nicht nach mir, wie es vorhin schien, blickte sie, vielmehr hatten die Augen etwas Todstarres, und die Täuschung eines lebhaft gemalten Bildes wäre möglich gewesen, hätten sich nicht Arm und Hand zuweilen bewegt. Ganz versunken in den Anblick des verwunderlichen Wesens am Fenster, das mein Innerstes so seltsam aufregte, hatte ich nicht die quäkende Stimme des italienischen Tabulettkrämers[1] gehört, der mir vielleicht schon lange unaufhörlich seine Waren anbot. Er zupfte mich endlich am Arm; schnell mich umdrehend, wies ich ihn ziemlich hart und zornig ab. Er ließ aber nicht nach mit Bitten und Quälen. Noch gar nichts habe er heute verdient, nur ein paar Bleifedern, ein Bündelchen Zahnstocher möge ich ihm abkaufen. Voller Ungeduld, den Überlästigen nur geschwind los zu werden, griff ich in die Tasche nach dem Geldbeutel. Mit den Worten: „Auch hier hab ich noch schöne Sachen!" zog er den untern Schub seines Kastens heraus, und hielt mir einen kleinen runden Taschenspiegel, der in dem Schub unter andern Gläsern lag, in kleiner Entfernung seitwärts vor. – Ich erblickte das öde Haus hinter mir, das Fenster und in den schärfsten deutlichsten Zügen die holde Engelsgestalt meiner Vision. – Schnell kaufte ich den kleinen Spiegel, der mir es nun möglich machte, in bequemer Stellung, ohne den Nachbarn aufzufallen, nach dem Fenster hinzuschauen. – Doch, indem ich nun länger und länger das Gesicht im Fenster anblickte, wurd ich von einem seltsamen, ganz unbeschreiblichen Gefühl, das ich beinahe waches Träumen nennen möchte, befangen. Mir war es, als lähme eine Art Starrsucht nicht sowohl mein ganzes Regen und Bewegen als vielmehr nur meinen Blick, den ich nun niemals mehr würde abwenden können von dem Spiegel. Mit Beschämung muß ich euch bekennen, daß mir jenes Ammenmärchen einfiel, womit mich in früher Kindheit meine Wartfrau[2] augenblicklich zu Bette trieb, wenn ich mich etwa gelüsten ließ, abends vor dem großen Spiegel in meines Vaters Zimmer stehen zu bleiben und hinein zu gucken. Sie sagte nämlich, wenn Kinder nachts in den Spiegel blickten, gucke ein fremdes, garstiges Gesicht heraus, und der Kinder Augen blieben dann erstarrt stehen. Mir war das ganz entsetzlich graulich, aber in vollem Grausen konnt ich doch oft nicht unterlassen, wenigstens nach dem Spiegel hinzublinzeln, weil ich neugierig war auf das fremde Gesicht. Einmal glaubt ich ein Paar gräßliche glühende Augen aus dem Spiegel fürchterlich herausfunkeln zu sehen, ich schrie auf und stürzte dann ohnmächtig nieder. In diesem Zufall[3] brach eine langwierige Krankheit aus, aber noch jetzt ist es mir, als hätten jene Augen mich wirklich angefunkelt. – Kurz, alles dieses tolle Zeug aus meiner frühen Kindheit fiel mir ein, Eiskälte bebte durch meine Adern – ich wollte den Spiegel von mir schleudern – ich vermocht es nicht – nun blickten mich die Himmelsaugen der holden Gestalt an – ja ihr Blick war auf mich gerichtet und strahlte bis ins Herz hinein. Jenes Grausen, das mich plötzlich ergriffen, ließ von mir ab und gab Raum dem wonnigen Schmerz süßer Sehnsucht, die mich mit elektrischer Wärme durchglüht. „Sie haben da einen niedlichen Spiegel“, sprach eine Stimme neben mir. Ich erwachte aus dem Traum und war nicht wenig betroffen, als ich neben mir von beiden Seiten mich zweideutig anlächelnde Gesichter erblickte. Mehrere Personen hatten auf derselben Bank Platz genommen, und nichts war gewisser, als daß ich ihnen mit dem starren Hineinblicken in den Spiegel und vielleicht auch mit einigen seltsamen Gesichtern, die ich in meinem exaltiertem[4] Zustande schnitt, auf meine Kosten ein ergötzliches Schauspiel gegeben. „Sie haben da einen niedlichen Spiegel“, wiederholte der Mann, als ich nicht antwortete, mit einem Blick, der jener Frage noch hinzufügte: „Aber sagen Sie mir, was soll das wahnsinnige Hineinstarren, erscheinen Ihnen Geister“ etc. Der Mann, schon ziemlich hoch in Jahren, sehr sauber gekleidet, hatte im Ton der Rede, im Blick etwas ungemein Gutmütiges und Zutrauen Erweckendes. Ich nahm gar keinen Anstand, ihm geradehin zu sagen, daß ich im Spiegel ein wundervolles Mädchen erblickt, das hinter mir im Fenster des öden Hauses gelegen. – Noch weiter ging ich, ich fragte den Alten, ob er nicht auch das holde Antlitz gesehen. „Dort drüben? – in dem alten Hause – in dem letzten Fenster?“ so fragte mich nun wieder ganz verwundert der Alte. „Allerdings, allerdings“, sprach ich; da lächelte der Alte sehr und fing an: „Nun das ist doch eine wunderliche Täuschung – nun meine alten Augen – Gott ehre mir meine alten Augen. Ei ei, mein Herr, wohl habe ich mit unbewaffnetem Auge das hübsche Gesicht dort im

Fenster gesehen, aber es war ja ein, wie es mir schien, recht gut und lebendig in Öl gemaltes Porträt.“ Schnell drehte ich mich um nach dem Fenster, alles war verschwunden, die Jalousie heruntergelassen. „Ja!“ fuhr der Alte fort, „ja, mein Herr, nun ist’s zu spät, sich davon zu überzeugen, denn eben nahm der Bediente, der dort, wie ich weiß, als Kastellan[5] das Absteigequartier der Gräfin von S. ganz allein bewohnt, das Bild, nachdem er es abgestaubt, vom Fenster fort und ließ die Jalousie herunter.“ – „War es denn gewiß ein Bild?“ fragte ich nochmals ganz bestürzt. „Trauen Sie meinen Augen“, erwiderte der Alte. „Daß Sie nur den Reflex des Bildes im Spiegel sahen, vermehrte gewiß sehr die optische Täuschung und – wie ich noch in Ihren Jahren war, hätt ich nicht auch das Bild eines schönen Mädchens, kraft meiner Fantasie, ins Leben gerufen?“ – „Aber Hand und Arm bewegten sich doch“, fiel ich ein. „Ja, ja, sie regten sich, alles regte sich“, sprach der Alte, lächelnd und sanft mich auf die Schulter klopfend. Dann stand er auf und verließ mich, höflich sich verbeugend, mit den Worten: „Nehmen Sie sich doch vor Taschenspiegeln in acht, die so häßlich lügen. – Ganz gehorsamster Diener.“ – Ihr könnt denken, wie mir zu Mute war, als ich mich so als einen törichten, blödsichtigen Fantasten behandelt sah. Mir kam die Überzeugung, daß der Alte recht hatte, und daß nur in mir selbst das tolle Gaukelspiel aufgegangen, das mich mit dem öden Hause, zu meiner eignen Beschämung, so garstig mystifizierte[6].

Ganz voller Unmut und Verdruß lief ich nach Hause, fest entschlossen, mich ganz loszusagen von jedem Gedanken an die Mysterièn des öden Hauses, und wenigstens einige Tage hindurch die Allee zu vermeiden. Dies hielt ich treulich, und kam noch hinzu, daß mich den Tag über dringend gewordene Geschäfte am Schreibtisch, an den Abenden aber geistreiche fröhliche Freunde in ihrem Kreise festhielten, so mußt es wohl geschehen, daß ich beinahe gar nicht mehr an jene Geheimnisse dachte. Nur begab es sich in dieser Zeit, daß ich zuweilen aus dem Schlaf auffuhr, wie plötzlich durch äußere Berührung geweckt, und dann war es mir doch deutlich, daß nur der Gedanke an das geheimnisvolle Wesen, das ich in meiner Vision und in dem Fenster des öden Hauses erblickt, mich geweckt hatte. Ja selbst während der Arbeit, während der lebhaftesten Unterhaltung mit meinen Freunden, durchfuhr mich oft plötzlich, ohne weitern Anlaß, jener Gedanke, wie ein elektrischer Blitz. Doch waren dies nur schnell vorübergehende Momente. Den kleinen Taschenspiegel, der mir so täuschend das anmutige Bildnis reflektiert, hatte ich zum prosaischen Hausbedarf bestimmt. Ich pflegte mir vor demselben die Halsbinde festzuknüpfen. So geschah es, daß er mir, als ich einst dies wichtige Geschäft abtun wollte, blind schien, und ich ihn nach bekannter Methode anhauchte, um ihn dann hell zu polieren. – Alle meine Pulse stockten, mein innerstes bebte vor wonnigem Grauen! – ja so muß ich das Gefühl nennen, das mich übermannte, als ich sowie mein Hauch den Spiegel überlief, im bläulichen Nebel das holde Antlitz sah, das mich mit jenem wehmütigem, das Herz durchbohrendem Blick anschaute! – Ihr lacht? – Ihr seid mit mir fertig, ihr haltet mich für einen unheilbaren Träumer, aber sprecht, denkt was ihr wollt, genug, die Holde blickte mich an aus dem Spiegel, aber sowie der Hauch zerrann, verschwand das Gesicht in dem Funkeln des Spiegels. […]

*E. T. A. Hoffmann, Das öde Haus, in: E. T. A. Hoffmann, Nachtstücke, München: Deutscher Taschenbuch Verlag 1984, S. 139–169; Orthographie entsprechend der Ausgabe von 1984*

Worterläuterungen:
1 *Tabulettkrämer:* ein fahrender Händler, der seine Ware in einem Kasten (Tabulett) anbietet
2 *Wartfrau:* Kindermädchen
3 *Zufall:* hier veraltet für plötzlicher Anfall
4 *exaltiert:* überspannt, überdreht
5 *Kastellan:* hier: Hausverwalter
6 *mystifizieren:* täuschen, irreführen

## Material

### Thomas Meyer, Das Grauen im konstruierten Erzähltext: Zu E. T. A. Hoffmanns „Nachtstücken"

[…] In diesem Sinne ist das hoffmannsche Unheimliche nicht ein Einbrechen von Übernatürlichem in die Realität. Vielmehr ist es in der Realität latent anwesend und kann sich ‚allein' mit einem Blick durch ein optisches Instrument, einem Betrachten eines Bildes oder einer Begegnung mit einer sich grotesk ausnehmenden Person offenbaren – die bisherige Sichtweise der Welt wird verrückt, die Perspektive eine fremde, bisher ungesehene, aber immer schon da gewesene; wird sie verschoben, fällt der vermeintlich mit beiden Füßen auf dem Boden stehende Mensch aus allen Wolken – hinein in Unsicherheit und Desorientierung. […]

*Thomas Meyer, Das Grauen im konstruierten Erzähltext. Zu E. T. A. Hoffmanns „Nachtstücken", Hamburg: Diplomica Verlag 2012, S. 25*

---

## Hinweise und Tipps

- *Die **Aufgabenstellung** weist die übliche **Zweiteiligkeit** auf. Die Vorgehensweise bei der Erschließung und Interpretation ist nicht exakt vorgegeben, kann also unterschiedlich angegangen werden. Es empfiehlt sich jedoch, den Aufsatz mit einer kurzen **inhaltlichen Zusammenfassung** zu beginnen und dabei **den Aufbau des Textes** deutlich zu machen. Es wird schon bei der Inhaltsangabe erkennbar, dass Hoffmann mit den Bedeutungen des Wortfeldes „Blicke" bzw. „sehen" operiert. Deshalb bietet sich ein eigener thematischer Gliederungspunkt zur Interpretation an. Den beigefügten kurzen **Textauszug des Literaturwissenschaftlers** Thomas Meyer können Sie insofern nutzen, als mit seinen Hinweisen zum Unheimlichen die **Richtung der Interpretation** vorgegeben ist. Bei E. T. A. Hoffmann geht es sehr häufig um die Frage, wie die Wirklichkeit beschaffen ist bzw. in welchen Formen Unrealistisches, Phantastisches oder eben **Unheimliches in der Realität** aufscheint. Im vorliegenden Textauszug ist das unschwer zu erkennen. Wichtig für die Textinterpretation ist grundsätzlich, dass man die Offenheit der Erzählung nicht zwanghaft auflösen muss, sondern mögliche **Leerstellen zulässt** und daran **eigene Überlegungen** anschließen kann.*
- *Epische Besonderheiten werden durch die genaue **Analyse der Erzähltechnik** des Textes herausgearbeitet. Die Erzählgestaltung ist wie die **sprachliche Gestaltung***

*sehr gut nutzbar, um in der Interpretation der Textstelle nachzuweisen, dass Hoffmann Ambivalenzen herstellen möchte. In jedem Fall wird deutlich, welche Auswirkung und welche Funktion* ***das Unheimliche bei Hoffmann*** *haben. Gehen Sie auch – wie in der Aufgabenstellung verlangt – auf* ***literaturgeschichtliche Hintergründe*** *ein.*

– *Die zweite Frage verlangt einen* ***Vergleich*** *mit der Gestaltung des Unheimlichen in einem anderen literarischen Werk. Es bieten sich wie immer zahlreiche Werke aus der deutsch- und fremdsprachigen Literatur an. Wichtig ist hierbei, dass* ***geeignete Vergleichskriterien*** *gefunden werden. So könnten Sie z. B. herausarbeiten, wie das Unheimliche auftritt, was es auslöst oder wie die Figuren des jeweiligen Werkes das Unheimliche wahrnehmen. Formale Aspekte können berücksichtigt werden, sind aber von der Aufgabenstellung her nicht gefordert.*

**Gliederung**

A. Das Unheimliche als Charakteristikum im Film

B. Erschließung und Interpretation des Textauszugs aus Hoffmanns Erzählung „Das öde Haus“

- I. Inhalt und Aufbau: Das geheimnisvolle Mädchen hinter dem Fenster
  1. Die seltsame Frauengestalt
  2. Kindheitserinnerungen des Ich-Erzählers
  3. Fortbestehen des Unheimlichen im Alltag des Erzählers
- II. Thematischer Aspekt: Der unheimliche Blick
- III. Erzählerische und sprachliche Gestaltung des Unheimlichen
  1. Verschiedene Realitätsebenen in der Erzählstruktur
  2. Wortschatz des Unheimlichen
- IV. Vergleich des Motivs des Unheimlichen bei Hoffmann mit dem Chinesenspuk in Fontanes Roman „Effi Briest“
  1. Roman einer scheiternden Ehe
  2. Der Chinese als Albtraum und Innstettens Reaktion
  3. Erklärungen für den Spuk
  4. Das Unheimliche in Romantik und Realismus

C. Die Auseinandersetzung mit dem Unheimlichen als anthropologische Konstante

**Lösungsvorschlag**

A

Er gehört zur Grundausstattung der Filmgeschichte: **der erschrockene Blick des Protagonisten**, der offensichtliche etwas sieht, was ihm Angst macht, ihn in größte Verwirrung stürzt oder ihm gar ein schreckliches Ereignis ankündigt. In Mimik und Gestik der Figur erahnt der Zuschauer die kommenden Bilder – und wendet sich manches Mal vorsichtshalber von der Leinwand ab. Aber auch dann, wenn nichts folgt, der filmische Blick sozusagen ins Leere geht, bleibt die Anspannung bei den Figuren und den Zuschauern gleichermaßen erhalten. Das ist die *Suspense*, wie sie Hitchcock meisterlich beherrschte und wie sie selbst in TV-Serien immer wiederholt wird.

Natürlich ist dieses **Mittel der Spannungssteigerung** keine Erfindung der Filmindustrie. Schon die Romantiker wussten damit umzugehen. Vor allem **E. T. A. Hoffmann**, der von seinen Zeitgenossen als „Gespenster-Hoffmann" tituliert wurde, hat sich in seinen Werken immer wieder mit der Frage auseinandergesetzt, wie sich das Unheimliche für die Struktur der Erzählung nutzen lässt. Dies kann man sehr schön an der 1817 entstandenen **Erzählung „Das öde Hause"** aufzeigen, die im Folgenden erschlossen und interpretiert werden soll. Hoffmann thematisiert in diesem Prosastück das Verhältnis **von realistischer Begebenheit und Fantasie**. Dabei spielt der besondere Blick des Protagonisten und Ich-Erzählers eine große Rolle.

B

Es geht in der Erzählung um ein **altes Haus**, das nach allgemeinen Aussagen nur noch von einem Verwalter bewohnt wird, an dessen Fenster der **Ich-Erzähler Theodor** aber wiederholt eine Frauengestalt entdeckt. Diese fasziniert ihn so sehr, dass er sich dazu entschließt, sie genauer zu beobachten.

I.
1.

Der Textauszug beginnt mit der **Beschreibung des Mädchens** durch den Ich-Erzähler, dem zunächst auffällt, dass die junge Frau ihn zwar enorm anziehe, aber gleichzeitig etwas ganz und gar **Unnatürliches** habe (Z. 1–5). Seine Überlegungen über das seltsame Wesen werden von einem fahrenden Händler unterbrochen, der ihm einen **Spiegel** verkauft. Mit dessen Hilfe glaubt er, seine Nachforschungen ohne weiteres Aufsehen gestalten zu können. Allerdings stellt sich schnell heraus, dass der Spiegel seinen Blick gleichsam bannt, denn er kann nicht mehr damit aufhören, das Mädchenbild zu betrachten (Z. 6–23).

2.

Dies löst nun eine **Erinnerung** an seine **frühe Kindheit** aus. Weil er offensichtlich öfters das Zubettgehen durch einen langen Blick in einen großen Spiegel hinauszögern wollte, erzählte ihm das Kindermädchen eine **Schauergeschichte** über dessen Kraft, Kinderaugen erstarren zu lassen. Obwohl er sich nun gruselte, konnte er nicht ganz von seiner Gewohnheit lassen und eines Nachts bildete er sich tatsächlich ein, fremde Augen im Spiegel zu sehen. Als Konsequenz dieser Begebenheit lag er lange Zeit **krank** darnieder (Z. 24–36). Anders aber als in seiner Kindheit empfindet der Erzähler in der

**Gegenwart** den **Blick in den Spiegel** und damit auf das vermeintliche Mädchen als **wohltuend**, weshalb er zunächst nicht einmal bemerkt, dass er von mehreren Menschen argwöhnisch beobachtet wird. Ein **älterer Herr** spricht ihn darauf an, dass er wohl im Spiegel etwas sehr Unheimliches sehen müsse, so wie er sich benehme. Weil der Mann auf ihn einen vertrauensvollen Eindruck macht, gesteht der Ich-Erzähler freimütig, er vermute im Haus gegenüber eine Frauengestalt. Auf die Frage, ob er nicht selbst dort ein Mädchen sehe, erklärt ihm der alte Mann, es handle sich schlicht um ein **Bildporträt**, das der Hausbedienstete abgestaubt habe. Mit dem Hinweis, dass es eine bloße Wunschvorstellung gewesen sei, die durch das verzerrte Spiegelbild leicht hervorgerufen werden könne, **zerstört** der Mann die Illusionen **des Erzählers**. Mit tiefer Bestürzung erkennt Theodor seine Fehleinschätzung (Z. 37–77).

Zurück in seinem Haus und bei den Alltagsgeschäften vergisst er zunächst die Begebenheit, allerdings tauchen Erinnerungen an die Frauengestalt im Schlaf und kurzzeitig auch tagsüber immer wieder auf. Als er dann einmal den gekauften **Taschenspiegel** mit seinem Atem zum Polieren befeuchtet, erkennt er das **Frauenbild** deutlich im Spiegel. Obwohl er weiß, dass das eigentlich unmöglich ist, hält er auch dieses Mal an der unheimlichen Vision fest. Sie verschwindet, sobald der Atemhauch getrocknet ist (Z. 78–101). 3.

Hoffmanns Erzählung thematisiert das **Sehen in vielfachen Brechungen**. Der **„Blick" der Figuren** spielt dabei eine zentrale Rolle, was allein schon aus der überaus häufigen Verwendung des Nomens (der „Blick" bzw. „Anblick" kommen insgesamt siebenmal vor) und des Verbs „(er-)blicken" (in neunfacher Wiederholung sowie einmal nominalisiert als das „Hineinblicken") deutlich wird. Nimmt man auch die Varianten „hinschauen", „gucken", „hineinstarren" und „sehen" hinzu, dann kann man behaupten, dass das Sehen das **eigentliche Thema der Erzählung** ist. Bei genauerer Betrachtung stellt man dann unterschiedliche „Blicke" im Text fest. Die Erzählung beginnt mit einem **„toten" Blick** des „anmutige[n], holdselige[n] Mädchen[s]" (Z. 1), dessen „Augen etwas Todstarres" (Z. 3) haben. Schon am Anfang wird also der Hinweis gegeben, dass das Objekt der Begierde nicht unbedingt lebendig ist, auch wenn der Ich-Erzähler sich stark angezogen fühlt. Während er aber in der unmittelbaren Beobachtung der Figur hinter dem Fenster noch erkennt, dass irgendetwas nicht stimmt, führt der **indirekte Blick auf das Mädchen durch den Spiegel** zu dem Glauben, „in den schärfsten deutlichsten Zügen die holde Engelsgestalt" (Z. 15 f.) zu sehen. Berücksichtigt man die – im Vergleich zu heute – mindere Qualität des Spiegels (dieser muss ab und zu poliert werden), kann man schlussfolgern, dass Theodor tatsächlich von einer **„Vision"** (Z. 16) heimgesucht wird, die ihn an der Vorstellung einer reellen jungen Frau starr festhalten lässt. Er sieht vermutlich etwas, was es in Wirklichkeit nicht gibt. Die Vision wird dann im weiteren Verlauf der Erzählung **zum Unheimlichen hin gesteigert**. Der Text führt dieses Unheimliche durch den **Rückblick** auf die **Kindheit des Erzählers** ein. Das „Ammenmärchen" (Z. 24), das ihm von den „gräßliche[n] glühende[n] Augen" (Z. 31) erzählt II.

wurde, legt sozusagen den Grundstein für den Glauben an die Macht des Spiegelbildes. Anders aber als in der Vergangenheit empfindet er durch die Betrachtung des reflektierten Bildes nun kein „Grausen" (Z. 38), sondern „wonnigen Schmerz süßer Sehnsucht" (Z. 39). Die **sehnsüchtige Stimmung** erfasst ihn am Ende noch einmal, als die Frauengestalt im beschlagenen Spiegel auftaucht, um ihn dieses Mal mit einem „wehmütige[n], das Herz durchbohrende[n] Blick" (Z. 97 f.) anzuschauen. Hier wird sehr deutlich der **Unterschied zwischen Spiegelbild und direktem Bild** herausgestellt. Nur der Spiegel macht aus einer starren Illusion eine lebendige Gestalt. Unheimlich bleibt diese Erkenntnis zumindest für den Leser, existiert doch für die Frau im Spiegel am Ende der Erzählung keine Entsprechung in der Wirklichkeit.

Damit ist bereits ein zweiter Aspekt der Blicke im Text aufgedeckt. Es gibt nämlich noch den **aufgeklärten Blick**, der versucht, das unheimliche Phänomen hinter dem Fenster nüchtern zu betrachten. Dieser Blick, der für den Erzähler „etwas ungemein Gutmütiges und Zutrauen Erweckendes" (Z. 50 f.) hat, gehört dem **alten Mann**. Der vertraut auf die Sehkraft seiner Augen und erklärt Theodor, dass er im Fenster lediglich ein Ölgemälde gesehen habe, das ein Bediensteter abstaubt, was dem Leser auch die sich bewegenden Hände erklären könnte. Das **Bild im „niedlichen Spiegel**" (Z. 40 und Z. 47) des Erzählers entlarvt der Mann als **„optische Täuschung**" (Z. 67) und liefert auch eine entwicklungspsychologische Erklärung: Junge Männer bildeten sich oft ein, schöne Mädchen zu entdecken, weil sie sie einfach sehen möchten. Seine Warnung vor Taschenspiegeln, die „so häßlich lügen" (Z. 73), nimmt Theodor zunächst zum Anlass, sich wieder auf den Alltag zu konzentrieren.

Auch der **Literaturwissenschaftler Thomas Meyer** hat die Bedeutung des Spiegelblicks unterstrichen und damit Hoffmanns Erzählweise grundsätzlich erklärt. Es gehe dem Romantiker darum, so Meyer, **gegenüber der Realität eine neue Perspektive** einzunehmen. Unterstützt z. B. durch ein „optisches Instrument" (Material, Z. 3) sieht man die Welt ganz anders, vor allem aber kann man dadurch als Betrachter „aus allen Wolken [fallen] – hinein in **Unsicherheit** und Desorientierung" (Material, Z. 7 f.). Die Erzählung vom „öden Haus" löst diese Unsicherheit mit den Erklärungen des alten Mannes keineswegs auf, denn das verführerische Bild taucht am Ende der Erzählung nochmals auf und die Erscheinung wird vom Ich-Erzähler vehement gegen die vielleicht ebenfalls klar blickenden Leser verteidigt. Im Rückblick wird dann selbst der alte Mann zu einer eigenartigen Gestalt. Zum einen kann seine Aufklärung des Falles nicht überprüft werden, weil plötzlich Jalousien das Fenster verdunkeln. Zum anderen verabschiedet er sich mit der zweideutigen Aussage „alles regte sich" (Z. 70). Damit ist für den Leser wieder ganz offen, was eigentlich genau hinter dem Fenster passiert ist.

Der romantische Autor, soviel steht fest, will seine Leser verunsichern, wenn III.
es um das **Verhältnis von Realität und Fantasie** geht. Dies kann man auch an der **erzählerischen und sprachlichen Machart** des Textes festmachen.

E. T. A. Hoffmann hat in der Erzählsammlung „Nachtstücke" drei Freunde zusammengeführt, die über die Fähigkeit nachdenken, wie man in alltäglichen Begebenheiten auch das Wunderbare entdecken könne. Einer der drei Freunde ist Theodor, der die Geschichte über das „öde Hause" und die unheimliche Begegnung mit dem hübschen Mädchen im Fenster erlebt haben will. Theodor erzählt aus der **Ich-Perspektive** und seine Erlebnisse sollen gleichsam der Beweis dafür sein, dass es Dinge in der Realität gibt, die nicht mit der menschlichen Vernunft allein erklärbar sind. Weil die **Leser** also die zielgerichtete **Sichtweise des Erzählers übernehmen** müssen, bleibt ihre eigene Einschätzung der **Zusammenhänge in der Schwebe**. Zu einer endgültigen Auflösung des unheimlichen Spiegelbildes kommt es nicht, auch wenn immer wieder Figuren auftreten, die den Ich-Erzähler aus seiner intensiven Betrachtung herauslösen. Man gewinnt den Eindruck, dass im Text **mehrere Realitätsebenen** vorherrschen, die aber ständig gemischt werden und erzähltechnisch durch den **Gedankenfluss des Erzählers** einerseits und durch die eingestreuten **Dialogpassagen** andererseits charakterisiert sind. Auch die Tatsache, dass die **Zuhörer** immer wieder **miteinbezogen** werden (vgl. Z. 73, 98), trägt zu einer gewissen Verunsicherung darüber bei, auf welcher Ebene zwischen Realität, Traum und Illusion sie sich gerade befinden. Diese Vermischung wiederholt sich bei der **Zeitgestaltung:** Zeitdeckende Passagen (bei den Dialogen und Gesprächen, z. B. Z. 8 ff.) wechseln sich ab mit zeitdehnenden (Z. 15 ff.) und zeitraffenden Abschnitten (Z. 78 ff.). 1.

Während dieses ständige Hin und Her die Unsicherheit bei der Realitätswiedergabe deutlich macht, verweist der **Syntax- und Sprachgebrauch** auf das „latent anwesend[e]" „Übernatürliche in [der] Realität" (Material, Z. 2 f.). Auf die Verwendung des **Wortfeldes „Sehen"** wurde oben schon näher eingegangen. Darüber hinaus ist der Text durch den **Wechsel von hypotaktischem und parataktischem Satzbau** geprägt. Der oftmals visionäre und auch verworrene Gedankenfluss des Ich-Erzählers wird in den komplexen Satzbau der Hypotaxe gefasst, während einfache, klare Erklärungen z. B. des alten Mannes, in der eindeutigen Diktion der Parataxe ausgesprochen werden: Mit dem Ausspruch „Nun das ist doch eine wunderliche Täuschung" (Z. 56 f.) fasst der alte Mann das Missverständnis zusammen.

Vor allem aber schafft es Hoffmann, durch **ausdrucksstarke Verben und Adjektive** und mit Begriffen aus der Werkstatt der Geistergeschichten eine **Atmosphäre des Unheimlichen** aufzubauen. So ist bei der Kindheitserinnerung die Rede von einem „fremde[n], garstige[n] Gesicht" (Z. 28), das einen aus dem Spiegel anblicke, was der Erzähler „entsetzlich graulich" (Z. 29) findet. Die Neugierde treibt ihn an, trotzdem immer wieder einen Blick in den Spiegel zu wagen, bis „ein Paar gräßliche glühende Augen [...] fürchterlich herausfunkeln" (Z. 31 f.). Als er dann vor dem „öden Haus" sitzend die junge Frau im Spiegel beobachtet, wird sein Gemütszustand als unheimliche Krankheit beschrieben. Er fühlt sich in einer „Art Starrsucht" (Z. 21) gelähmt, er wird „mit elektrischer Wärme" (Z. 40) durchglüht, er schneidet vermutlich in 2.

seinem „exaltierte[n] Zustande“ „seltsame Gesichter“ (Z. 45) und starrt, ohne die Umwelt wahrzunehmen, wie wahnsinnig in den Spiegel hinein, sodass der alte Mann ihn anschaut, als ob ihm Geister erschienen (vgl. Z. 49).

Die **Anziehungskraft der Frauengestalt** dagegen wird vor allem mit dem **Attribut „hold“** (Z. 1: holdselig; Z. 16, 37, 54, 97; 99: die Holde) erfasst. Das Adjektiv beschreibt das Äußere im Sinne von „hübsch“ und den Charakter der Figur im Sinne von „treu“ und zeigt die hohe Wertschätzung, die der Erzähler der Unbekannten gegenüber hat. Sie ist für ihn eine „Engelsgestalt“ (Z. 16) – man könnte also schlussfolgern: Sie ist nicht von dieser Welt.

Die **Rätselhaftigkeit** der Erscheinungen findet in der **Verwendung des Konjunktivs** seinen Widerhall. So gibt der Erzähler gleich zu Beginn zu, dass eine „Täuschung [...] möglich gewesen [wäre], hätten sich nicht Arm und Hand zuweilen bewegt“ (Z. 3 f.). Auch werden immer wieder sprachliche Relativierungen – z. B. „beinahe“ (Z. 20) oder „[ich] glaubt [...] zu sehen“ (Z. 31 f.) – dazu verwendet, das Nicht-Feststehende der Erlebnisse zu unterstreichen. Alles in allem macht die **Sprache** des Textes die **Ambivalenz der Erscheinungen** greifbar, was typisch für die Romantik ist. Unheimliche Spiegelungen in der Kindheit und in der Gegenwart des Erzählers stoßen ihn ab und machen ihn neugierig und schließlich sogar glücklich. Eine wirkliche Auflösung des Spukes gibt es nicht.

Dies gilt in ganz ähnlicher Weise für den berühmten **Chinesenspuk in Theodor Fontanes Roman „Effi Briest“**, mit dem der Autor ein zentrales Werk des Realismus geschaffen hat. Ein **Vergleich** zwischen Hoffmanns **Darstellung des Unheimlichen** und Fontanes Umgang damit ist schon in literaturgeschichtlicher Hinsicht interessant. IV.

„Effi Briest“ basiert auf einer historisch verbürgten Ehebruchs- und Duellaffäre, die Fontane – kurz nachdem er zum ersten Mal davon gehört hatte – in einen Romanstoff umgewandelt hat. Erzählt wird die Geschichte der Ehe zwischen der sehr jungen Effi und dem Baron von Innstetten, der als Landrat in Kessin seine Beamtenkarriere vorantreiben will und deshalb für seine Frau wenig Zeit hat. Schon der Beginn dieser **Beziehung** stand **unter schlechten Vorzeichen**, da sie eher von Effis Mutter eingefädelt worden war, als dass aufrichtige Gefühle eine Rolle gespielt hätten. Und der Altersunterschied von zwanzig Jahren tut ein Übriges. Die Ehe wird also sichtbar von **Spannungen** begleitet. Zunächst schaut es aber noch so aus, als ob die junge Effi sich in ihr Schicksal fügen würde. Nach der Hochzeitsreise zieht das Paar nach Kessin in Hinterpommern. Effi will nicht nur das große Haus wohnlich einrichten, sondern sich auch in die neue Umgebung integrieren. Spätestens als Innstetten sich zu einer Dienstreise aufmacht, überkommt sie jedoch **Heimweh**. 1.

Sie wird von **Albträumen** gequält, in denen immer wieder ein **seltsamer Chinese** auftaucht. Es dauert nicht lange, dann glaubt sie sogar, dass dieser Chinese durch das Haus spukt. Wie tief die Kluft zwischen Effi und ihrem 2

Mann ist, zeigt seine Reaktion nach seiner Rückkunft: Er tut die Ängste seiner Frau als Spinnereien und Sinnestäuschungen ab und weigert sich, etwas dagegen zu unternehmen. Später wird der Liebhaber von Effi, Major Crampas, die Meinung äußern, dass Innstetten den **Chinesenspuk** in Wirklichkeit benutze, **um seine Frau zu erziehen** und sich selber dabei interessanter zu machen.

**Erzähltechnisch** führt Fontane den unheimlichen Chinesen ganz **ähnlich wie** 3
**Hoffmann** ein, indem er dem Leser (und Effi) immer wieder **Erklärungen** anbietet, die sich vernünftig anhören. Dies soll nun an einigen **Beispielen** genauer untersucht werden. Auf dem Weg nach Kessin macht z. B. Innstetten eine etwas **kryptische Anspielung auf einen Chinesen** ohne weitere Erläuterungen, sodass es nicht verwunderlich ist, dass Effi im neuen Haus in der ersten Nacht schlecht schläft und dazu auch noch Geräusche aus dem ersten Stock hört. Sie ist sozusagen sensibilisiert für die Möglichkeit einer unheimlichen Begebenheit, aber die Bediensteten klären das Geraschel schnell und rational auf, indem sie auf zu lange Vorhänge hinweisen, die bei geöffneten Fenstern am Boden schleifen. Effi beschließt, die Vorhänge zu kürzen.

Bei Innstettens erster längerer Abwesenheit steigert sich das **Gefühl der Beklemmung und des Spuks** dann aber schon deutlich. Effi schreckt mitten in der Nacht auf, weil sie schlecht geträumt hat und etwas Lebendiges, einen Chinesen, in ihrem Zimmer gesehen haben will. Auch hier bietet die Erzählung **zwei rationale Erklärungen** an: Zum einen hat Effi, bevor sie einschläft, eine Schauergeschichte gelesen. Und zum anderen hat sie beim kurz zuvor stattgefundenen Hausrundgang ein kleines **Chinesenbild** im oberen Stockwerk entdeckt. Es stellt sich dann auch bald heraus, dass **in Kessin** tatsächlich **ein Chinese wohnte**, der als Diener just in dem Haus der Innstettens gearbeitet hatte und auf ungeklärte Weise gestorben war.

Während aber diese und andere Bemerkungen dazu dienen, den **Chinesenspuk** in ein ganz **natürliches Phänomen** zu überführen, **verweigert** gerade **Innstetten die vollständige Aufklärung**. Weder will er einem Umbau des obersten Stockwerks zustimmen noch einem Umzug, um den Effi so dringend bittet. Als Legitimation für sein Handeln dient dabei immer der Hinweis auf seine gesellschaftliche Bedeutung: Er könne es weder seinem Dienstherrn noch den Kessiner Bürgern zumuten, seine Handlungen von den Ängsten seiner Frau abhängig zu machen. Wie gesagt, möchte der Landrat den **Chinesenspuk nutzen**, um seine **Frau zu lenken**. Dies misslingt gründlich: Effi gewöhnt sich im Laufe des Romans an ihre Einbildungen und gleichzeitig emanzipiert sie sich von Innstetten, indem sie eine verhängnisvolle Affäre mit Major Crampas eingeht.

Bei **Hoffmann** ist das **Unheimliche** – die Frau im Fenster – ein Beispiel da- 4
für, dass **im Leben Dinge** existieren, die **nicht ganz rational** erklärt werden können, auch wenn es nachvollziehbare Erklärungen dafür gibt. Damit wird

eine **Grundaussage der Romantik** veranschaulicht: Jenseits der Alltagswelt müssen für die Romantiker noch Räume vorhanden sein, die nicht den Gesetzen der Vernunft oder der Physik unterworfen sind, sondern die **Sehnsucht** nach einem anderen, besseren Leben erfüllen. Bei **Fontane** ist der Spuk letztlich wirklich nur eine **Sinnestäuschung**, der die Beziehungskrise der Eheleute begleitet, vielleicht auch von Anfang an symbolisiert. In der **realistischen Weltsicht** Fontanes kann es keinen spukenden Chinesen geben.

Die Frage, warum das **Einbrechen des Unheimlichen** in die Bezirke der C
Wirklichkeit bis heute immer wieder fasziniert, lässt sich vermutlich mit der **psychischen Grundausstattung des Menschen** beantworten. Wir sind offensichtlich so eingestellt, dass wir stets mit dem Unvorhersehbaren rechnen. Besonders in fremden Ländern und uns unbekannten Gegenden sind die Sinne geschärft, um so auf kommendes Unheil möglichst rasch reagieren zu können. In der **Literatur** lassen wir uns damit gerne konfrontieren, weil es wesentlich angenehmer ist, diese **Angst nur im Spiel** kennenzulernen. Filme bieten, was diese Angst-Lust betrifft, sicher noch mehr, denn zu den bloßen Buchstaben und der Fantasie kommen hier bildgewaltige Umsetzungen, die oft schon sehr nahe an der Realität sind. Ob Film oder Literatur – mit dem Unheimlichen kann man immer auf ein (an)gespanntes Publikum wetten.

## Deutsch Bayern – Abiturprüfung 2014: Aufgabe 4: Materialgestütztes Verfassen eines informierenden Textes

„Jeder Krieg ist eine Niederlage des menschlichen Geistes.“

*Henry Miller (1891–1980), US-amerikanischer Schriftsteller;*
*Zitat aus: Henry Miller, Epidaurus and Mycenae, New York 1969*

Zum Gedenken an den Beginn des Ersten Weltkriegs (1914–1918) hat Ihr P-Seminar eine Ausstellung unter dem Titel „Die expressionistischen Dichter und der Krieg“ gestaltet. Diese Ausstellung präsentiert literarische und dokumentarische Texte sowie veranschaulichendes Bildmaterial. Zur Eröffnung der Ausstellung sollen Sie – im Anschluss an die Begrüßung durch den Schulleiter – einen einführenden Vortrag halten.

Verfassen Sie diesen Vortragstext, der die anwesenden Schüler, Lehrkräfte und Eltern über die Auseinandersetzung der expressionistischen Dichter mit dem Thema Krieg informiert!
Gehen Sie auf Veränderungen in der Haltung dem Krieg gegenüber ein!

Nutzen Sie zur Gestaltung des Vortrags Ihre für die Themenstellung relevanten Kenntnisse über den literarischen Expressionismus sowie Informationen bzw. Kerngedanken der beigefügten Materialien!
Zitate aus den Materialien werden dem Stil des Vortrags entsprechend ohne Zeilenangabe nur unter Nennung des Autors und ggf. des Titels zitiert. Ihr Vortragstext soll etwa 1 200 Wörter umfassen.

(Bei den folgenden Materialien wurde die Orthographie der jeweiligen Textquellen beibehalten.)

**Material 1**

**Alfred Kubin:**
**Der Krieg** (1901/02)
**Schwarz-Weiß-Grafik des österreichischen Künstlers Alfred Kubin** (1877–1959)

Diese Grafik ist auf dem Informationsplakat zur Ausstellung Ihres P-Seminars abgebildet; den Zuhörern Ihres Einführungsvortrags ist die Abbildung von dort ggf. bekannt.

*Alfred Kubin, Der Krieg, 1901/1902. © Eberhard Spangenberg / VG Bild-Kunst, Bonn 1914*

**Material 2**

**Alfred Czech**
**Apokalyptische Landschaften. Krieg in Gedichten und Bildern des Expressionismus und der Neuen Sachlichkeit** (2007)

[…] In der ersten Strophe seines viel zitierten Gedichts *Der Krieg* ließ Georg Heym (1887–1912) den Krieg als einen finsteren Koloss auftreten.

Aufgestanden ist er, welcher lange schlief,
Aufgestanden unten aus Gewölben tief.
In der Dämmrung steht er, groß und unerkannt, (…)

*(Georg Heym, Erste Strophe aus: Der Krieg, veröffentlicht in „Umbra vitae" 1912)*

Ähnlich hatte Alfred Kubin ihn als überdimensionale Gestalt in einer Zeichnung (1901/02) personifiziert: Ein antikisch-nackter Krieger von gigantischen Ausmaßen zertrampelt ein anrückendes Heer unter seinen Hufen. Die Kriegsvisionen vor Ausbruch des Ersten Weltkriegs waren zwiespältig: Einerseits sehnten junge Künstler wie Heym die reinigende Kraft der Katastrophe herbei. Andererseits suchten Kriegsskeptiker wie Kubin ihre Ängste und schlimmen Vorahnungen mit Hilfe der Kunst zu bannen. […]

Als der Erste Weltkrieg im August 1914 ausbrach, konnte sich kaum einer der allgemeinen Kriegsbegeisterung entziehen. Sie erfasste traditionelle wie avantgardistische Künstler gleichermaßen. So gratulierte Kokoschka seinem Malerkollegen Marc[1] „zu der Auszeichnung für Deutschland in den Kampf zu kommen". Marc begrüßte den Krieg, sah ihn als notwendige Katastrophe zur Erneuerung der europäischen

Kultur: „Es gibt keinen anderen Durchgang zur Zeit des Geistes. Der Stall des Augias[2], das alte Europa, konnte nur so gereinigt werden, oder gibt es einen einzigen Menschen, der diesen Krieg ungeschehen wünscht?“ […]

*Alfred Czech, Apokalyptische Landschaften. Krieg in Gedichten und Bildern des Expressionismus und der Neuen Sachlichkeit, in: Deutschmagazin Nr. 4,2 (2007), S. 34*

Erläuterungen:
1 *Kokoschka […] Marc:* Oskar Kokoschka (1886–1980), österreichischer Maler und Schriftsteller des Expressionismus; Franz Marc (1880–1916), deutscher Maler des Expressionismus, Anfang März 1916 vor Verdun in Frankreich gefallen
2 *Stall des Augias:* Eine der Aufgaben des griechischen Helden Herakles bestand darin, den Rinderstall des Königs Augias von Unmengen an Kot zu befreien.

## Material 3

### Georg Heym[3]
### Tagebucheintrag vom 6. Juli 1910

[…] Es ist immer das gleiche, so langweilig, langweilig, langweilig. Es geschieht nichts, nichts, nichts. Wenn doch einmal etwas geschehen wollte, was nicht diesen faden Geschmack von Alltäglichkeit hinterläßt. Wenn ich mich frage, warum ich bis jetzt gelebt habe. Ich wüßte keine Antwort. […] Geschähe doch einmal etwas. Würden einmal wieder Barrikaden gebaut. Ich wäre der erste, der sich darauf stellte, ich wollte noch mit der Kugel im Herzen den Rausch der Begeisterung spüren. Oder sei es auch nur, daß man einen Krieg begänne, er kann ungerecht sein. Dieser Frieden ist so faul ölig und schmierig wie eine Leimpolitur auf alten Möbeln. […]

*Georg Heym, Dichtungen und Schriften. Gesamtausgabe, hg. von Karl Ludwig Schneider, Bd. 3: Tagebücher Träume Briefe, o. O. 1960, S. 138 f.*

Erläuterung:
3 *Georg Heym (1887–1912):* deutscher Schriftsteller des Expressionismus, beim Schlittschuhlaufen tödlich verunglückt

## Material 4

### August Stramm[4]
### Brief an seine Freunde Nell und Herwarth Walden vom 14. Februar 1915

Ihr Lieben Lieben! Die Welt braust. Mein Kopf mir ist alles platzt. Ich habe jetzt sechs schwere Gefechtstage hinter mir. Der furchtbarste war gestern der 13. Du hast mal gesagt man kann sich alles vorstellen. Du hast Recht. Alles. Aber vorstellen und das vorgestellte erleben das sind zweierlei. Vorstellen aber fühlen kann man es nicht. Ich bin nicht furchtsam. Ich habe keine Furcht gefühlt. Das war mir zu lächerlich kleinlich. Zum fürchten war alles zu furchtbar. Aber ein Grauen ist in mir ein Grauen ist um mich wallt wogt umher, erwürgt verstrickt, es ist nicht mehr rauszufinden. Entsetzlich. Ich habe kein Wort. Ich kenne kein Wort. Ich muß immer nur stieren,

stieren um mich stumpf zu machen. um all das Gepeitschte niederzuhalten. Denn ich fühle es, ich fühle es ganz deutlich das das peitscht und krallt nach meinem Verstand. Gott sei Dank. daß ich roh bin daß ich so viel Rohheit in mir habe. physische Rohheit die ich sonst immer niederhalte, jetzt soll sie kommen, jetzt rufe ich sie, und klammere mich daran. Hast Du schon mal einen Fleischerladen gesehen, in dem geschlachtete Menschen zu Kauf liegen. und dazu stampfen mit ungeheurem Getöse die Maschinen und schlachten immer neue in sinnreichem Mechanismus. Und Du stumpf darin gottlob stumpf Schlächter und Schlachtvieh. [...]

*August Stramm, Gedichte, Dramen, Prosa, Briefe, hg. von Jörg Drews, Stuttgart 1997, S. 181 f.*

Erläuterung:
4 *August Stramm (1874–1915):* deutscher Schriftsteller des Expressionismus, Anfang September 1915 an der Ostfront gefallen

## Material 5

### Thomas Anz
### Literatur der Moderne und Erster Weltkrieg (2004)

[...] Die Kriegsbegeisterung mancher junger Künstler hatte oft nur wenige Monate, manchmal wenige Tage gedauert. Die neue Realität der Materialschlachten und das Massensterben an der Front stimmten nicht mehr mit den überlieferten Kriegs- und Heldenklischees überein. [...]

Die desillusionierenden Bilder des Todes weiten sich in der expressionistischen Lyrik immer wieder zu Visionen über kollektive Katastrophen, über den Untergang des Abendlandes und einer Welt aus, deren grauenhafter Zustand vom Tod Gottes zeugt. Auch in solchen Zusammenhängen wird der Krieg zur Metapher, und zwar nicht mehr für den quasi revolutionären Aufbruch in einen neuen Zustand, sondern für die Agonie eines Zeitalters, für den Abschluß einer geschichtlichen Entwicklung, in der die Erfahrungen der Absurdität und Angst kaum noch Zukunftsperspektiven zulassen. [...] Wenn die expressionistische Lyrik nach 1916 dem Kriegsgeschehen überhaupt noch einen Rest von positiven Bedeutungsmöglichkeiten zuerkennen wollte, dann entweder als läuterndem Strafgericht für die Sünden der zivilisierten Menschheit oder als notwendigem Durchgangsstadium zu einer völlig neuen Ära des Friedens und der Mitmenschlichkeit [...].

*Thomas Anz, Literatur der Moderne und Erster Weltkrieg. Rausch des Gefühls und pazifistische Kritik; in: literaturkritik.de, Rezensionsforum, Nr. 8/2004, online unter http://www.literaturkritik.de/public/rezension.php?rez_id=7306&ausgabe= 200408; zuletzt aufgerufen am 02. 01. 2014*

## Material 6

### Ernst Toller[5]
### Den Müttern (1917)

Mütter,
Eure Hoffnung, Eure frohe Bürde
Liegt in aufgewühlter Erde,
Röchelt zwischen Drahtverhauen,
Irret blind durch gelbes Korn.
Die auf Feldern jubelnd stürmten,
Torkeln eingekerkert, wahnsinnschwärend,
Blinde Tiere durch die Welt.
Mütter!
Eure Söhne taten das einander.
Grabt Euch tiefer in den Schmerz,
Laßt ihn zerren, ätzen, wühlen,
Recket gramverkrampfte Arme,
Seid Vulkane, glutend Meer:
S c h m e r z g e b ä r e T a t !

Euer Leid, Millionen Mütter,
Dien als Saat durchpflügter Erde,
Lasse keimen
Menschlichkeit.

*Ernst Toller, Vormorgen, Potsdam: Kiepenheuer 1924, S. 21*

Erläuterung:
5 *Ernst Toller* (1893–1939) meldete sich 1914 als Kriegsfreiwilliger, entwickelte dann jedoch eine pazifistische und revolutionär-sozialistische Einstellung.

## Material 7

### Klabund[6]
### Bußpredigt (1917)

[…] Millionen Ich … sind schuld, sind schuld. Die Geißel Gottes knallt.

Ich kenne, bekenne mich: zur Pflicht, zur Verpflichtung, zur Wahrheit, zum Geständnis. Es gilt, unsere Schuld in die Welt zu pauken, zu posaunen, zu läuten, zu zischeln, zu heulen: daß man uns, Geistige oder zum Geiste doch Gewillte, nicht für Söldner eines Machtgedankens, des Räuberrevolvers, mehr halte. Der Krieg wäre nie ein so widerlicher Koloß geworden, hätte er sich nicht an gewissen eitrigen Abszessen unserer Seele gemästet.

Reißt das Hemd auf. Schlagt euch an die Brust: bekennt: ich, ich bin schuldig. Will es büßen. Durch Wort und Tat. Durch gutes Wort und bessere Tat.

Dünke sich niemand zu niedrig, seine Schuld zu bekennen. Niemand zu hoch. […] [B]ekennt. aus falscher Scham bisher nur schweigend, daß dieser Traum ein Trugbild war, daß ihr Narren (und manche von euch, die sich für den Krieg als Krieg einsetzten, Schlimmeres als Narren) wart […].

[…] Bäumt euch! Zum neuen Willen einer neuen Zeit! Schnellt auf aus eurer Passivität wie ein lang angezogener Bogen zur Aktivität: der Anklage, der Buße, der Besserung. […]

*Klabund, Werke in acht Bänden, hg. von Christian v. Zimmermann, Bd. 8: Aufsätze und verstreute Prosa, Berlin 2003, S. 05*

Erläuterung:
6 *Klabund* (Pseudonym Alfred Henschkes, 1890–1928): ein dem Expressionismus nahestehender deutscher Schriftsteller

## Material 8

### Fakten zum Ersten Weltkrieg

| | |
|---|---|
| mobilisierte Soldaten | 65 Millionen weltweit |
| militärische und zivile Todesopfer | 20 Millionen weltweit |
| Verwundete | 21 Millionen weltweit |
| Zahlen für das Deutsche Reich | 1,8 Millionen getötete Soldaten;<br>4,2 Millionen Verwundete |

*Eigene Darstellung nach Christopher Clark, Die Schlafwandler. Wie Europa in den Ersten Krieg zog, München 2013, S. 9 sowie: Das waren Zeiten, Band 3, Bamberg 2013, S. 157*

## Hinweise und Tipps

- *Vorliegendes Aufgabenformat verlangt einen* ***informierenden Text****, der adressatenbezogen verfasst sein muss. Zu beachten ist hier insbesondere, dass der* ***kommunikative Kontext*** *sowie die Erwartungen und Interessen der Zuhörenden – Mitschüler, Lehrkräfte und Eltern – beim Verfassen dieses Vortrags mitgedacht werden müssen.*
- *Der Text ist die verschriftlichte Version des Vortrages zu einer Ausstellungseröffnung über das Thema „Die expressionistischen Dichter und der Krieg“ an der eigenen Schule. Ein Vortrag ist allerdings keine Rede. Der zu verfertigende Text muss also weder vom Aufbau her noch durch eine ausgefeilte rhetorische Gestaltung den Anforderungen einer Rede genügen. Um den* ***Vortragscharakter*** *zu verdeutlichen, müssen Sie jedoch immer wieder* ***textsortenspezifische Elemente*** *einbauen, z. B. die* ***direkte Adressatenorientierung*** *(z. B. direkte Anrede der Zuhörer, Verwendung des Personalpronomens „wir“, rhetorische Fragen, Appelle …), um den* ***Kontakt und ein Einverständnis mit den Zuhörern*** *herzustellen.*
- *Die Aufgabenstellung und auch die Auswahl der Materialien gibt im Wesentlichen die inhaltliche Struktur des Vortrags vor. Dadurch, dass auf „Veränderungen in der Haltung dem Krieg gegenüber“ eingegangen werden soll, wird eine* ***thematische Dreiteilung*** *nahegelegt: Zunächst die Präsentation der vorherrschenden Kriegssehnsucht und -begeisterung im Vorfeld und anlässlich des Kriegsausbruchs, daraufhin die Reflexion einer Ernüchterung und Traumatisierung der expressionistischen Dichter angesichts der tatsächlichen Kriegserfahrung und die daraus resultierende Folgerung einer pazifistischen Neuausrichtung. Nahe liegt ein persönlicher Schlussappell im Sinne der Friedensbewegung, dieser sollte jedoch nicht banalisierend oder phrasenhaft sein.*
- *Die beigefügten Materialien liefern viele Informationen und Bezugspunkte, sind jedoch in ihrer Fülle erst einmal* ***sauber zu strukturieren*** *und in ihrer Relevanz für die einzelnen Gliederungsteile des Vortrags* ***auszuwerten****. Dafür sind* ***Methoden wie Mindmap oder Cluster*** *sehr hilfreich. Überlegen Sie auch schon beim Erstellen Ihres Schreibplans, welche Passagen als* ***direkte Zitate*** *für den Vortrag geeignet sind. Eine sprachlich-stilistische Analyse der Texte ist dabei nicht verlangt, kann aber an geeigneten Stellen für das Thema gewinnbringend sein. Dieser Schreibplan ist die Grundlage der* ***Gliederung für den Vortrag****, die auch der Arbeit beigefügt wird.*
- *Nach der Herausarbeitung der für die Aufgabe relevanten Aspekte müssen Sie diese um eigene* ***Kenntnisse aus der Lese- und Unterrichtserfahrung ergänzen****. Zusätzlich zu den beigefügten Materialien ist ein Bezug auf die „für die Themenstellung relevanten Kenntnisse über den literarischen Expressionismus“ eingefordert. Hier wäre es gut, wenn Sie sich an geeigneten Stellen auf* ***Ihnen bekannte Autoren, Texte sowie auf die literarische Grundhaltung der Epoche*** *beziehen. Der Verweis auf benachbarte Fächer wie Kunst oder Geschichte ist ebenfalls sehr positiv zu werten. Nutzen Sie möglichst differenziert all Ihr erworbenes Wissen zum Thema! In jedem Fall sollte Ihre für diesen fachwissenschaftlichen Vortrag relevante* ***Sachkompetenz*** *deutlich werden. Vermeiden Sie unbedingt eine zu breite*

*und unkritische Übernahme von einzelnen Textausschnitten. Jedes direkte oder indirekte Zitat muss in Ihren Gedankengang eingebunden und so für Ihre Darstellung als* ***Erläuterung bzw. Konkretisierung des dargestellten Sachverhalts*** *nutzbar gemacht werden.*

- *Beim Bezug auf die Materialien reicht – wie in den Erläuterungen vorgegeben – eine bloße Nennung der Quelle oder des Autors, entsprechend der* ***mündlichen Vortragsweise****. Zu beachten ist auch der* ***Umfang*** *des Manuskripts mit circa 1 200 Wörtern (plus/minus 10 Prozent).*

## Gliederung

1 Vergegenwärtigung einer schulischen Feierstunde im Jahre 1914

2 Kriegssehnsucht und -euphorie bei Kriegsausbruch 1914

2.1 Apokalyptische Vorahnungen in der Kunst vor dem Ersten Weltkrieg

2.2 Gründe für die Kriegsbegeisterung bei vielen expressionistischen Dichtern

3 Versuch einer Darstellung und Verarbeitung des Kriegsgeschehens

3.1 Visionäre Personifizierung des Kriegs mit den Mitteln der Kunst

3.2 Frontbrief von August Stramm als Beispiel für Sprachnot und expressive Bildlichkeit

4 Ruf nach dem „Neuen Menschen" als Merkmal pazifistischer Literatur zum Ende des Ersten Weltkriegs

5 Expressionistische Texte zum Ersten Weltkrieg als Mahnung und Auftrag auch an unsere Generation

## Lösungsvorschlag

Sehr verehrte Damen und Herren, liebe Mitschüler! 1

Drehen wir einmal das Rad der Zeit um hundert Jahre zurück – in den Frühsommer 1914:
So wie heute mögen sich in einer Aula Schüler, Lehrer und Eltern versammelt haben, um in einer Ausstellung, vielleicht über die Dichtung der Befreiungskriege gegen Napoleon, des Jahres 1814 zu gedenken. Man kann sich den damaligen Festakt vorstellen als pompös, hierarchisch und elitär. Herren in dunklen Gehröcken hielten Ansprachen vor einer geneigten Zuhörerschaft. Der Fortschritt und die Stellung Deutschlands in der Welt wurden gepriesen. Die streng aufrecht sitzenden Schüler, die nur antworteten, wenn sie gefragt wurden, brannten jedoch innerlich vor Sehnsucht nach Aufbruch und Verlangen nach etwas Neuem und noch nie Dagewesenem.

In seinem berühmten Tagebucheintrag vom 6. Juli 1914 charakterisierte der 2
junge Dichter **Georg Heym** diese Stimmung und beschrieb, nein besser – ersehnte und beschwor eine Zeitenwende:
*„Es ist immer das gleiche, so langweilig, langweilig, langweilig. Es geschieht nichts, nichts, nichts. Wenn doch einmal etwas geschehen wollte, was nicht diesen faden Geschmack von Alltäglichkeit hinterläßt. Wenn ich mich frage, warum ich bis jetzt gelebt habe. Ich wüßte keine Antwort. […] Oder sei es auch nur, daß man einen Krieg begänne, er kann ungerecht sein. Dieser Frieden ist so faul ölig und schmierig wie eine Leimpolitur auf alten Möbeln."*
Diese Zeilen klingen heute mit unserem Wissen um die **Schrecknisse und Opfer des Ersten Weltkriegs** unvorstellbar und ungeheuerlich. Insgesamt 65 Millionen Soldaten zogen in diesen Massenkampf, 20 Millionen Todesopfer weltweit waren zu beklagen. Diese Zeilen stammen von einem 23-jährigen begabten Schriftsteller und er war nicht der Einzige, der so dachte. **Die monarchisch-bürgerliche Gesellschaft zu Beginn des 20. Jahrhunderts** erschien **monoton, unausgefüllt, banal**. Dagegen verglich die künstlerische Avantgarde den Krieg in expressiver Bildlichkeit mit einem reinigenden Gewitter. Franz Marc setzte den Krieg im Sommer 1914 sogar mit der Ausmistung des Augiasstalls gleich, keine schmeichelhafte Einschätzung für das Europa seiner Zeit! Er fiel übrigens, wie viele junge expressionistische Dichter und Künstler, selbst diesem „Gewitter" zum Opfer, Anfang März 1916 vor Verdun. Wie konnte eine ganze Generation mit fliegenden Fahnen in den Untergang rennen und dies auch noch voller Begeisterung? Das programmatische Gedicht des Expressionismus **„Weltende"** von **Jakob van Hoddis** sah die Apokalypse voraus und liefert eine präzise Bestandsaufnahme der Vorkriegszeit. In dem für den Expressionismus typischen **kargen Zeilenstil** und in der **Montage grotesker wie banaler Bilder** brachte er prophetisch die Stimmung der untergehenden Bürgerlichkeit provokant und für die jungen Dichter treffend auf den Punkt. „Weltende" wurde zum Programm einer Zeitenwende. Latente Weltuntergangsstimmung machte sich breit. Die jungen Dichter als Seismographen ihrer Gesellschaft riefen im **Überdruss am Untertanengeist des Wilhelminismus** zur Revolte auf – zum Ende der für sie als sinnlos erlebten Welt. Der letzte Krieg lag fast fünfzig Jahre zurück, seine Schrecken waren im Gedächtnis der Zeitgenossen nicht mehr präsent. Sie traten zurück gegenüber den **Erlösungsutopien einer nahenden Apokalypse**.
Sie sollten recht bekommen. Der erste Weltkrieg wurde zum **apokalyptischen Weltenbrand** und die expressionistischen Dichter waren mittendrin! Mit Tausenden begeisterter Kriegsfreiwilliger stiegen sie im Sommer 1914 in die Bahnwaggons nach Frankreich, Belgien und Russland, um sich dem Feind entgegenzustellen.

Das Ausstellungsplakat unseres P-Seminars, das Sie auch hier an der Stell- 3
wand neben mir sehen können, zeigt die Grafik **„Der Krieg" von Alfred** 3.1
**Kubin**. Auch dieses Bild entstand einige Jahre vor Ausbruch des Ersten Weltkriegs und kann angesichts der brutalen Kriegsrealität prophetisch genannt

werden. Als übermächtiger Koloss naht sich die **Personifizierung des Kriegs** dem Soldatenheer, das wie kleine Zinnfiguren unter seinen massigen Hufen zermalmt werden wird. Er war *„[a]ufgestanden unten aus Gewölben tief"*, wie Georg Heym in seinem Gedicht „Der Krieg" schrieb. Der gleiche Georg Heym, der in seinem Tagebuch nichts sehnlicher herbeiwünschte als den Krieg und, ich zitiere, *„[...] noch mit der Kugel im Herzen den Rausch der Begeisterung spüren"* (Zitatende) wollte, genau dieser Georg Heym beschrieb ihn auch als **zerstörerisches Monstrum**. Vom Sommer 1914 an vernichtete es nicht nur Landschaften, sondern auch hoffnungsvolle Dichterleben, physisch wie psychisch. Heym selbst erlebte die Realität des Krieges nicht, aber expressionistische Schriftsteller **wie August Stramm oder Ernst Toller** sahen sich im Wahnsinn der Schützengräben mit der **grausamen Realität der Fronterfahrung** konfrontiert. Spätestens ab Beginn des Stellungskrieges im Winter 1914 bildete das reale Kriegserlebnis einen harten Kontrast zu den heroischen Kriegsbeschwörungen zuvor.

Ein halbes Jahr nach dem begeisterten Aufbruch, im Februar 1915, versuchte 3.2
Stramm in einem Brief an seine Freunde das unbeschreibbare Grauen in Worte zu fassen. Bereits die ersten Zeilen sind **Zeugnis eines Verzweifelten:** *„Ihr Lieben Lieben! Die Welt braust. Mein Kopf mir ist alles platzt."* Hier ist sogar die Syntax zerstört. Ein geordneter, logischer Satzbau hat in einer Welt der Entmenschlichung keinen Platz. Weiter schreibt Stramm: *„Aber ein Grauen ist in mir ein Grauen ist um mich wallt wogt umher, erwürgt verstrickt, es ist nicht mehr rauszufinden. Entsetzlich. Ich habe kein Wort. Ich kenne kein Wort. Ich muß immer nur stieren, stieren um mich stumpf zu machen. um all das Gepeitschte niederzuhalten."* **Äußerste Verknappung und Reduzierung auf zentrale Begriffe** prägen Stramms expressionistischen Schreibstil. **Die Ordnung von Orthografie und Grammatik ist wie das alte moralische Orientierungssystem zerstört**. Die Worte ringen gehetzt und gepeinigt nach Ausdruck, stumpfen ab wie die Seele des Dichters – zum Selbstschutz, um nicht wahnsinnig zu werden – Zitat: *„Denn ich fühle es, ich fühle es ganz deutlich das das peitscht und krallt nach meinem Verstand."* Am Ende seines Briefes gebraucht Stramm eine **schockierende Metaphorik**, die Kubins Bild vom unaufhaltsamen und unerbittlichen Kriegsmonster zum Bild einer Schlachtmaschine steigert: *„Hast Du schon mal einen Fleischerladen gesehen, in dem geschlachtete Menschen zu Kauf liegen. und dazu stampfen mit ungeheurem Getöse die Maschinen und schlachten immer neue in sinnreichem Mechanismus. Und Du stumpf darin gottlob stumpf Schlächter und Schlachtvieh."* Dieses Dokument kann beispielhaft für die **neuen Ausdrucksformen expressionistischer Kriegsliteratur** gelten, die die Realität im Schützengraben durch **groteske Bildlichkeit und Sprachzertrümmerung** erfahrbar zu machen versucht – im Drang sich auszudrücken zu einem **Erlebnis der Verrohung und Selbstentfremdung**, das mit den althergebrachten Sprachmustern nicht fassbar ist. Anfang September noch desselben Jahres fiel Stramm an der Ostfront.

*„Die neue Realität der Materialschlachten und das Massensterben an der* 4
*Front stimmten nicht mehr mit den überlieferten Kriegs- und Heldenklischees überein“*, so Thomas Anz rückblickend im Jahr 2004. Durch die am eigenen Leib erlebten Fronterfahrungen verkehrte sich die Kriegseuphorie bei vielen in eine **radikal pazifistische Haltung**, teilweise mit einem deutlich **selbstanklagenden Ton**. Der Krieg war nun Zeichen für das **Totalversagen aller humanen Werte und Errungenschaften**. Der Schriftsteller **Klabund** bezeichnete in seiner 1917 entstandenen „Bußpredigt“ die Kriegsbefürworter von einst als, Zitat: *„Narren (und manche von euch, die sich für den Krieg als Krieg einsetzten, Schlimmeres als Narren)“*. Er nimmt das Individuum selbst in die Verantwortung: *„Millionen Ich … sind schuld, sind schuld“* und stellt darauf pathetisch die Forderung auf: *„Reißt das Hemd auf. Schlagt euch an die Brust: bekennt: ich, ich bin schuldig. Will es büßen. Durch Wort und Tat. Durch gutes Wort und bessere Tat.“*
Somit standen nicht mehr wie im Frühexpressionismus düster-morbide Untergangsvisionen im Vordergrund, sondern **radikale Modelle einer alternativen neuen Gesellschaft**. Der Ruf nach dem „**Neuen Menschen**“ wurde laut, der Symbol für die Sehnsucht nach einem **geistig-moralischen Neubeginn** war.

Der Erste Weltkrieg gilt als **Urkatastrophe des 20. Jahrhunderts**. Kaum 5
vorstellbar, dass sich das Grauen noch steigern ließ. Es potenzierte sich im Zweiten Weltkrieg, auf den die Spaltung der Welt im Kalten Krieg folgte. Generationen von Dichtern wie **Erich Maria Remarque** in seinem wohl berühmtesten **Anti-Kriegs-Roman „Im Westen nichts Neues“** wurden nicht müde, ihren Zeitgenossen dieses Grauen, verursacht durch Vorurteile, Nationalismus und Völkerhass, vor Augen zu führen. Nie wieder Krieg! Die Losung der Friedensbewegung gilt gerade für uns Nachgeborene, die wir in einer Zeit des Friedens und Wohlstandes aufwachsen. Nehmen wir die literarischen Zeugnisse dieser Zeit als Mahnung und Auftrag, so wie es Thomas Anz formuliert: *„als notwendige[s] Durchgangsstadium zu einer völlig neuen Ära des Friedens und der Mitmenschlichkeit“*. Oder wie es **Ernst Toller** in seinem Gedicht „**Den Müttern**“ im Stil der **expressionistisch hinausschreienden Anklage** ausdrückt: *„Schmerz gebäre Tat! / Euer Leid, Millionen Mütter, / Dien als Saat durchpflügter Erde, / Lasse keimen / Menschlichkeit.“*

Herzlichen Dank für Ihre Aufmerksamkeit und viele bewegende und eindrückliche Erlebnisse beim Besuch unserer Ausstellung!

a) Analysieren Sie, wie der Autor Friedrich Christian Delius seine Position argumentativ entwickelt. Berücksichtigen Sie dabei auch ausgewählte sprachliche Mittel!

b) Erörtern Sie die Position des Autors zur Funktion von Kunst und Literatur in der heutigen Gesellschaft!

Der Schwerpunkt der Gesamtaufgabe liegt auf Teilaufgabe b).

**Vorbemerkung**
Friedrich Christian Delius ist freier Schriftsteller. Anlässlich der Erweiterung der Europäischen Union hielt er 2005 auf einem Schriftsteller-Kongress in Rom die unten abgedruckte Rede.

**Friedrich Christian Delius** (*1943)
**Der Reichtum Europas** (2005)

[…] Vom Reichtum reden heißt: Von den Gegenmitteln reden, die wir haben, um der Idiotisierung der Gesellschaft zu widerstehen, von den Mitteln, die wir haben, um das Sensorium, das Wissen, den Gemeinsinn zu entwickeln. Von den Mitteln, die Demokratie zu beleben und die schwer erkämpften Freiheiten zu würdigen, zu sichern und zu nutzen. Nach diesen Mitteln brauchen wir glücklichen Europäer nicht lange zu suchen. In Bibliotheken, Museen, Theatern, ja auch in Konzertsälen, im Internet, in Buchhandlungen, da und dort auch in Kinos, ja selbst in besseren Fernsehprogrammen und einigen Zeitungen wird dieser Reichtum präsentiert, liegt dort angehäuft, der Kronschatz unserer Zivilisation. Er ist nicht schwer zu finden, wir brauchen nur danach zu greifen, Augen, Ohren und Hände aufzumachen, es ist wirklich fast wie im Schlaraffenland.

Es fehlt nur eines, das Bewusstsein von diesem Reichtum. Also das Glücksgefühl, in einem Schlaraffenland zu leben. Wer sich umschaut in der Welt, selbst in den reichen Ländern der Welt, wird kaum einen solchen Reichtum wie in Europa finden, eine solche Vielfalt von Angeboten, Anregungen, Anstößen, gegen den Mainstream zu denken und zu handeln. Dabei geht es gar nicht um statistische Vergleiche zwischen den Nationen, um die Zahl der Bücher oder Bühnen oder Filmmeter oder Opernsitzplätze pro Kopf und Land. Wichtiger ist die Frage, ob wir unser Schlaraffenland wirklich schon entdeckt haben und es zu genießen und weiterzugeben wissen.

Denn es fehlt noch eines, die Verantwortung, diesen Reichtum an die nächsten Generationen weiterzugeben. Mehr und mehr werden die Künste als Zuflucht und Sinnersatz angesehen und gebraucht. Überall fehlt Orientierung, also sucht man sie, wenn nicht in der Religion, dann in der Kunst. […] Ob das immer gut und richtig ist, soll offen bleiben, wichtig ist: Hier wird ein Ausgleich gesucht gegen den Trend zum alles dominierenden Schema des Ja oder Nein, On oder Off, In oder Out. Die Künste haben nicht-lineare und nicht-entfremdete Tätigkeiten zu bieten. Sie stehen im Widerspruch zur Kosten-Nutzen-Moral, und können, wenns gut geht, den größten, weil unberechenbaren und von keinem McKinsey-Kriterium[1] fassbaren privaten wie öffentlichen Nutzen haben. Der Hunger auf diesen Reichtum ist jedenfalls größer als wir meinen. Und doch wird er als schöne Nebensache betrachtet, nicht als die geistige Goldmine unserer Demokratien. [...]

Menschen, die sich auf Literatur einlassen, sind nicht so leicht zu unterdrücken, politisch zu manipulieren – denn wer liest, der fragt auch und lernt zu zweifeln. Leute mit Phantasie und Neugier, mit der Lust aufs Zuhören sind nicht sehr brauchbar für Generäle, Bürokraten, Ayatollahs[2] und Meinungsvereinheitlicher welcher Art auch immer. Damit sind sie die eigentliche Avantgarde, das Salz der Gesellschaft, die wirklich fortschrittlichen, zukunftsorientierten, zukunftstauglichen Kräfte. Die Ironie daran ist, dass sie das meistens gar nicht wissen. [...]

Spätestens in zehn Jahren werden die Experten, die heute nur die sogenannte Effizienz gelten lassen, jammern und fordern: ja, wir brauchen mehr Lesebildung, mehr Geisteswissenschaften, mehr Kunstsinn! Denn meine scheinbar altmodische und altbanale These wird nicht nur von der Erfahrung, sondern noch mehr von der neuesten Hirnforschung und Bildungsforschung bestätigt: Ohne musische Fähigkeiten gibt es keine gesellschaftlichen Fähigkeiten, ohne Emotionalität keine Vernunft, ohne ein Sensorium für die Künste gibt es kein Sensorium für Demokratie und Freiheit, ohne die Literatur, beispielsweise, versinken wir in Barbarei.

„Und wer der Dichtkunst Stimme nicht vernimmt / Ist ein Barbar, er sei auch, wer er sei“, ließ der alte Goethe den Herzog von Ferrara[3], also den Politiker sagen.

„Wer nicht liest, kennt die Welt nicht“, sagte der etwas jüngere Arno Schmidt[4]. Solche Sätze bilden Europas Fundamente.

Gut, man kann nicht von jedermann Begeisterung für die Literatur erwarten. Trotzdem darf die Minderheit, die diesen Reichtum kennt und weitergeben möchte, den heutigen Barbaren durchaus angriffslustiger begegnen als bisher. Denn die Fakten sprechen gegen sie. Zum Beispiel gegen die Fernseh- und Mediengewaltigen, die, das ist leider kein Klischee oder Vorurteil, vor allem die Dummheit fördern und, was nun auch Langzeitstudien beweisen, dem Publikum Krankheiten aufladen, geistige und körperliche Verfettung, mit der dann die geistige und politische Verwahrlosung einhergeht. Auch im Umkehrschluss gilt der Satz von Daniel Barenboim[5]: „Wer die Literatur, die Kunst, die Bildung, also den Dialog nicht fördert, der fördert den Egoismus, den Vandalismus, den Terrorismus.“

Deshalb gibt es keinen Grund, nachsichtig zu sein mit den Quotenidioten, Wortabwürgern und Bildungsvernichtern. Mit Politikern, Elektronik- und Medienindustriellen, die Milliarden investiert haben, um unsere Kinder und mehr und mehr auch die Studenten zu geistigen und körperlichen Krüppeln zu machen. Die Feiglinge vor dem Wort, dem differenzierenden Wort regieren in immer höheren Etagen. Sie wollen uns, was Medienvielfalt, Bildung, Buchmarkt usw. angeht, Schritt für Schritt aufs Weltniveau hinabentwickeln. Sie haben die Freiheit, sich mit diesen Argumenten nicht zu beschäftigen, die nicht in ihr Vierteljahresprofitdenken passen. Aber wir haben die Freiheit, diese Herrschaften, mit Argumenten, als Barbaren, Vandalen, Kinderschänder und Agenten der Verblödung zu bezeichnen […]. Eins steht fest, sie sind von gestern – wenn Europa eine demokratische Zukunft haben soll.

*Friedrich Christian Delius: Der Reichtum Europas; online unter http://www.fcdelius.de/widerreden/wider_reichtum.html, zuletzt aufgerufen am 07. 01. 2014*

Worterläuterungen:

1 *McKinsey-Kriterien:* ökonomische Bewertungsmaßstäbe, mit denen das Beratungsunternehmen McKinsey die Marktattraktivität von Unternehmen erfasst und beurteilt

2 *Ayatollah:* Titel für hochrangige religiöse Gelehrte im Islam, die auch rechtliche und politische Führungsaufgaben wahrnehmen können

3 *Herzog von Ferrara:* Figur aus Goethes Drama „Torquato Tasso“

4 *Arno Schmidt* (1914–1979): deutscher Schriftsteller

5 *Daniel Barenboim* (geb. 1942): Pianist und Dirigent, der sich für eine Verständigung der verfeindeten Volksgruppen im Nahostkonflikt einsetzt

---

## Hinweise und Tipps

- *Aufgabe V – die länderübergreifende Aufgabe – wird als Texterörterung definiert. Es geht darum, den vorliegenden Text des Schriftstellers F. C. Delius zu analysieren, um dann eine eigene Argumentation zu den Thesen des Autors zu entwickeln.*
- *In der **ersten Teilaufgabe** wird von Ihnen verlangt, dass Sie die **zentralen Aussagen** des Redners herausarbeiten und anschließend die **Struktur der argumentativen Vorgehensweise** darstellen. Machen Sie dabei sowohl die Position als auch die Intention des Autors deutlich. Delius möchte seine Zuhörer vom hohen Wert der Kunst für die freiheitlich-demokratische Grundordnung Europas überzeugen. Er appelliert an die Anwesenden, die Selbstverständlichkeit des kulturellen Angebots zu sehen und zu verteidigen. Die Aufgabenstellung verlangt übrigens **keine detaillierte Wiedergabe des Inhalts** der Rede. Die oben angedeutete zentrale Aussage des Textes muss deshalb nicht in allen Facetten ausgebreitet werden. Wichtiger ist, die Richtung der Argumentation genau zu erfassen. Die Intention des Autors lässt sich sehr gut auch aus **Sprache und Stil** seiner Rede ableiten.*
- ***Zweite Teilaufgabe:** Sie müssen sich entscheiden, ob Sie Ihre eigene Argumentation eher zustimmend oder ablehnend anlegen wollen. Der Operator „erörtern“ legt allerdings nahe, in jedem Fall Gegenargumente zuzulassen, denn eine Sache kann nur erörtert werden, wenn beide Seiten berücksichtigt werden. Wichtig ist, dass der **vorliegende Text** unbedingt der **Ausgangspunkt Ihrer Stellungnahme** sein muss (so fordert es die Aufgabenstellung, es soll ja die „Position des Autors“ erörtert werden). Da der Schwerpunkt der Aufgabe auf der Teilaufgabe b) liegt, ist es entscheidend, die eigene Argumentation entsprechend auszuarbeiten. Sie sollten sich auch nicht scheuen, die **Rede** des Schriftstellers **kritisch zu sehen**. Schon eine oberflächliche Analyse lässt erkennen, dass Delius nicht frei von Vorurteilen, z. B. gegenüber den neuen Medien, ist. In jedem Fall ist zu überlegen, ob nicht eine – im Vergleich zum Redner – ausgewogenere Haltung zum Thema Vorteile bringt.*

## Gliederung

A. Die verbindenden Werte Europas

B. F. C. Delius: Rede über den Reichtum Europas

I Der argumentative Aufbau der Rede: Kunst und Literatur als Basis eines demokratischen und freiheitlichen Europas

1. Kultureller Reichtum als Mittel zur Stabilisierung der demokratischen Gesellschaft
2. Verantwortung für die Pflege und Vermittlung von Kunst und Literatur
3. Die Leistungen der Kunst
4. Medien, Wirtschaft und Politik als Gegner der kulturellen Überlieferung

II Die Sprache der Rede

1. Der appellative Charakter der Rede
2. Deutliche Kritik

III Die Bedeutung von Kunst und Literatur für Demokratie und Zivilisation

1. Überlieferte Erfahrungen als Entscheidungshilfen
2. Anleitung zum Denken durch Kunstwerke
3. Einseitiger Kunstbegriff bei Delius

C. Kultur und neue Medien – ein Widerspruch?

## Lösungsvorschlag

Anlässlich der Europawahl im Mai 2014 ist in allen Medien immer wieder die **Frage nach der europäischen Identität** gestellt worden. Was macht diesen Kontinent aus? Welche grundlegenden Werte teilen die Mitglieder der europäischen Union? Zweifellos blicken Europas Nationalstaaten auf eine lange **gemeinsame Geschichte** zurück, die – trotz aller Unterschiede und gewaltsamen Auseinandersetzungen – **vergleichbare politische**, **gesellschaftliche und wirtschaftliche Strukturen** hervorgebracht hat. Basis der europäischen Kultur ist die christlich-jüdische Tradition. Hinzu kommt die grundsätzliche Haltung der Aufklärung, die Immanuel Kant Ende des 18. Jahrhunderts formuliert hat und die sich als Hinwendung zur Vernunft und gleichzeitig als Aufruf zum eigenständigen Denken beschreiben lässt. Das Individuum und seine Rechte nehmen dabei einen hohen Stellenwert ein und müssen folglich stets verteidigt werden. Deshalb bekennen sich die Staaten Europas zur liberalen Demokratie, die durch freie, gleiche und geheime Wahlen legitimiert wird. A

Eine weitere zentrale Klammer Europas findet sich in der **Kultur**. Die großen Werke aus Literatur, Musik, Architektur und der bildenden Kunst spiegeln die europäische Mentalität und das Leben der Menschen Europas auf vielfältige Weise wider und bilden so die europäische Identität ab. Auf die kulturellen

Werte Europas zielt auch der Schriftsteller **Friedrich Christian Delius**, der anlässlich der Erweiterung der Europäischen Union 2005 auf einem Schriftsteller-Kongress in Rom eine Rede gehalten hat, die den programmatischen Titel „Der Reichtum Europas“ trägt. Für ihn sind **Kunst und Literatur** zum einen ein **Bollwerk gegen antidemokratische Bewegungen** und garantieren damit, dass die oben genannten Merkmale Europas sich weiter durchsetzen können. Zum anderen sind Kunst und Literatur auch zentrale **Mittel**, um jedes einzelne Individuum **gegen Verdummung** zu schützen.

B I. 1. Der Redeauszug beginnt mit dem nachdrücklichen Hinweis auf **den eigentlichen Reichtum Europas**, der in einer vielfältigen **Kunst- und Kulturtradition** gesehen wird. Diese zeigt sich laut Delius in den vielen Werken der Literatur, der bildenden Kunst und auch in den visuellen Medien. Daneben betont der Schriftsteller vor allem den unbegrenzten Zugang zu diesem kulturellen Reichtum, der es für jeden Europäer möglich mache, am kulturellen Diskurs teilzuhaben. Von Anfang an wird klar, dass es dem Autor dabei nicht darum geht, dass die Kulturgüter einem Selbstzweck dienen. Vielmehr sieht er die Kunst und vor allem die Literatur als **Basis für eine freiheitlich-demokratische Ordnung** und eine solidarische Gemeinschaft, die auf Bildung und Kritikfähigkeit setzt (Z. 1–11).

2. Nach diesem euphorischen Beginn **kritisiert** der Autor allerdings sogleich, dass die Bürger der europäischen Gemeinschaft offensichtlich die **Chancen**, die sich aus dem überall zugänglichen Angebot ergeben, **weder erkennen noch nutzen**. Er bemängelt auch deren **fehlendes Verantwortungsbewusstsein** dafür, diesen Reichtum an die nachfolgenden Generationen weiterzugeben (Z. 12–21). Gerade weil aber moderne Gesellschaften zunehmend darauf angewiesen sind, stabile Werte zu vermitteln, und weil die Kunst diese Grundlage bieten könnte, ist es für Delius fatal, wenn die kulturellen Angebote nur nebenbei wahrgenommen werden. Seiner Meinung nach ist die gegenwärtige Welt zunehmend von einem Effizienzdenken geprägt, das der Kunst grundsätzlich fehlt. Und genau das mache die Kunst so wichtig (Z. 22–31).

3. Im nächsten Schritt stellt Delius im Einzelnen konkret dar, welche **Leistungen** und **Vorteile** speziell die **Literatur** aufzuweisen hat. Im Kern geht es ihm darum, dass Leser weniger beeinflussbar sind, weil sie in ihrem Denken unabhängiger als Nicht-Leser seien (Z. 32–38). Der Autor untermauert seine These mit dem Hinweis auf wissenschaftliche Erkenntnisse der Hirn- und Bildungsforschung, die einen eindeutigen **Zusammenhang** zwischen der Beschäftigung mit Kunst und der Entfaltung zivilisatorischer Kräfte nahelegen. Mit Zitaten bedeutender Künstler untermauert er diese zentrale Erkenntnis. Weil **Kunst und Literatur** für die **gesellschaftliche Entwicklung** so wichtig sind, wird nach Meinung des Autors in naher Zukunft der Ruf nach kultureller Bildung laut werden (Z. 39–50, 58–60).

Im abschließenden Teil seiner Rede identifiziert Delius dann die **heutigen** 4.
**Gegner der kulturellen Bildung:** Vertreter der Medienbranche hätten, unterstützt von der Politik, nur im Sinn, die Menschen in Unwissenheit zu halten, um den eigenen Profit zu steigern. Dass negative Folgen unausweichlich sind, ist die feste Überzeugung des Redners, der sich dabei auf nicht näher beschriebene wissenschaftliche Studien stützt. Mit einem deutlichen **Angriff auf die Verantwortlichen und mit dem Appell**, gegen diese Fehlentwicklung vorzugehen, endet die Rede. Delius zielt auf nichts Geringeres als die Rettung des demokratischen Europas vor der Profitgier der Wirtschaft (Z. 51–71).

Ein charakteristisches Kennzeichen des Textes ist sein **appellativer Stil**, der II.
sich in zahlreichen Stil- und Satzfiguren nachweisen lässt. Schon zu Beginn 1.
setzt Delius mit der dreifachen **Wiederholung** der Nominalgruppe „von den Mitteln" (Z. 1, 2, 3) ein klares Signal dafür, dass die verschiedenen Künste nicht für sich stehen, sondern in seinen Augen eine Funktion haben: Sie sind ein „Gegenmittel" (Z. 1) gegen die „Idiotisierung der Gesellschaft" (Z. 2). Der von Delius erkannte Reichtum der europäischen Kultur wird immer wieder durch **Reihungen** hervorgehoben, so z. B. in Zeile 15 f., wenn es heißt, dass in der Kunst eine „Vielfalt von Angeboten, Anregungen, Anstößen, gegen den Mainstream zu denken und handeln" existiere. Diese **Alliteration** führt dem Leser die unterschiedlichen Funktionen besonders eindringlich vor Augen: Die Kunst bietet demnach nicht nur etwas an, sondern regt zum Nachdenken und (richtigen) Handeln an.

Im Anschluss zählt der Redner dann diese Angebote auf und spricht von „Bücher[n] oder Bühnen oder Filmmeter[n] oder Opernsitzplätze[n]" (Z. 17 f.), die allein durch die schiere Masse tatsächlich nahelegen, dass Europa ein kulturelles „**Schlaraffenland**" (Z. 11, 13 und 18 f.) darstelle. Der dreifache Hinweis auf jenes märchenhafte Land, in dem Milch und Honig fließen und einem die gebratenen Tauben in den Mund fliegen, bringt die Einschätzung des Schriftstellers sehr gut auf den Punkt: Die Einwohner des Schlaraffenlandes halten ihren unglaublichen **Reichtum** für so **selbstverständlich**, dass sie über ihre außergewöhnliche Situation kaum nachdenken. Diese Gefahr sieht Delius auch für das kulturelle Europa. Niemand erkenne die Notwendigkeit, die Kulturgüter als Bollwerk der Demokratie und der freiheitlichen Gesellschaft zu schützen. Sein Anliegen gipfelt in dem **pathetischen Ausruf:** „[O]hne die Literatur […] versinken wir in Barbarei." (Z. 45 f.) Um diesem **Appell** Nachdruck zu verleihen, **beruft sich** der Autor auf **Autoritäten** (Goethe, Schmidt und Barenboim) und beansprucht für sich und seine Position häufig die positiv besetzten **Schlüsselbegriffe „Demokratie"** und **„Freiheit"**, die im gesamten Redetext immer wieder aufgegriffen werden (Z. 3 f., 31, 45, 67 und 69). Die Bedeutung des europäischen **„Reichtums"** wird schon allein durch die siebenmalige **Wiederholung** des Begriffs (Z. 1, 8, 12, 20, 29, 52; Überschrift) untermauert. Es ist deshalb auch nicht verwunderlich, dass Delius diesen Reichtum an Kulturgütern in eine **zentrale Metapher** fasst. Für ihn handelt es sich dabei um den **„Kronschatz unserer Zivilisation"** (Z. 9).

Das Bild beinhaltet eine zweifache Steigerung: Mit dem Kronschatz verbindet man nicht nur großen finanziellen Reichtum, sondern auch das sichtbare Zeichen der Herrschergewalt seit dem Mittelalter (Krone, Zepter, Reichsapfel). Gesteigert wird dieses Bild dann durch den Verweis auf die gesamte zivilisierte Menschheit, die sich diesen Reichtum erarbeitet hat.

Der positiven Darstellung der europäischen Kulturleistungen wird eine **deutliche Kritik an den Vertretern der Kulturverächter** gegenübergestellt. Delius scheut sich nicht, diese Kritik sehr klar auszusprechen und dabei auch **drastische Formulierungen** zu wählen. Zunächst unterstellt er, dass es Kräfte innerhalb der Gesellschaft gebe, die die Menschen „unterdrücken [und] politisch […] manipulieren" (Z. 32 f.) wollen. Verantwortlich dafür sind laut Delius u. a. „Generäle, Bürokraten, Ayatollahs und Meinungsvereinheitlicher" (Z. 35). Die **Reihung** zielt zunächst auf die Bereiche Militär, Staat und Religion und zeigt dann auf, worum es geht: Der **Neologismus** „Meinungsvereinheitlicher" fasst zusammen, was der Autor im Kern kritisiert. Ihm geht es darum, dass eine freiheitliche und demokratische Ordnung zwingend unterschiedliche Meinungen und Standpunkte zulassen muss und dass jeder Versuch, dies zu unterbinden, notwendig zur Krise des Gemeinwesens beiträgt. Alle, die dies zulassen, seien „Barbaren" (Z. 53), also unzivilisierte Menschen, wie sie Delius bei den „Fernseh- und Mediengewaltigen" (Z. 54) zu finden meint. Er unterstellt ihnen, dass sie nicht nur „Dummheit fördern" (Z. 55), sondern sogar „dem Publikum Krankheiten aufladen, geistige und körperliche Verfettung, mit der dann die geistige und politische Verwahrlosung einhergeht" (Z. 56 ff.). Das anschließende **Zitat** Barenboims legt sogar nahe, dass die negativen Auswirkungen noch weiter gehen, denn dort ist die Rede von „Egoismus, […] Vandalismus, […] Terrorismus" (Z. 59 f.). Die **Häufung** und schließlich die **Aneinanderreihung negativer Begriffe** ist suggestiv und übertrieben. Sie macht aber die Zielrichtung der Kritik sehr deutlich. 2.

Die Sprachanalyse zeigt insgesamt, dass Delius eine strikte Gegenüberstellung von Gut und Böse vornimmt. Was er in seiner Rede beklagt, betreibt er am Ende selber: ein undifferenziertes Entweder-oder, Ja oder Nein (vgl. Z. 25 ff.). Diese **antithetische Gegenüberstellung** muss durchaus **infrage gestellt** werden, denn der Kunstbegriff von Delius ist doch sehr einseitig. In der folgenden – von den Thesen des Schriftstellers ausgehenden – **Auseinandersetzung mit den Aufgaben und Funktionen von Kunst** in der heutigen Gesellschaft soll das näher untersucht werden. III.

Sicher hat Delius Recht, wenn er Kunstwerke generell als „Kronschatz" (Z. 9) wertet, der für die Stabilität einer demokratischen und insbesondere der europäischen Gesellschaft eine große Rolle spielt. Dies liegt an zwei zentralen Merkmalen, die die Kunst auszeichnen: Zum einen sollen Kunstwerke dem Betrachter Einblicke in die Vergangenheit gewähren. Zum anderen ist Kunst gleichzeitig eine Denkschule.

Laut Delius ermöglichen Kunst und Literatur in einer unübersichtlichen Welt „Orientierung“ (Z. 22) – dies tun sie auch, indem ihre Produkte uns, besser als es Historiker können, ein **umfassendes Bild vergangener Zeiten** liefern. Aus den großen Erzählungen erfahren wir, was die Menschen zu ihrer Zeit umgetrieben hat, welche Ängste, Sorgen und Hoffnungen sie hatten und welche Lösungen ausprobiert wurden. Daraus ergeben sich **Lerneffekte**, die für die **nachfolgenden Generationen** von großer Bedeutung sind. Delius spricht hier zwar von den „Angeboten, Anregungen […], gegen den Mainstream zu denken und zu handeln“ (Z. 15 f.), die aus der Kunst erwachsen, bezieht diese jedoch nicht explizit auf die gesammelten Erfahrungen vergangener Epochen. Im dem Bereich der Literatur lassen sich allerdings viele Beispiele für diese Funktion der Kunst heranziehen, sei es Büchners „Woyzeck“, der die sozialen Probleme des Pauperismus im frühen 19. Jahrhundert verarbeitet, oder Erich Kästners Roman „Fabian“, der die Massenarbeitslosigkeit in den späten 1920er-Jahren thematisiert. Kunst und Literatur stellen sich hier als **Aufbewahrungsort von Erfahrungen** der Menschen heraus, die den **nachfolgenden Generationen als Muster für eigene Entscheidungen** dienen können. In der deutschen Geschichte sind es natürlich in erster Linie die Erfahrungen mit der Diktatur, die in Romanen, Gedichten und Theaterstücken festgehalten und der Nachwelt als Negativbeispiele präsentiert werden. Von den Werken Alfred Andersch', die sich mit den Folgen des NS-Regimes beschäftigen, bis zu den Texten von Christa Wolf, die die Probleme der DDR aufgreifen, gibt es unzählige Beispiele dafür, wie politisch-gesellschaftliche Entwicklungen in literarischen Kunstwerken verarbeitet werden. 1.

An dieser Stelle soll noch etwas genauer auf die Literatur eingegangen werden, die sich mit dem Holocaust auseinandersetzt. Jurek Beckers Roman „Jakob der Lügner“ zum Beispiel erzählt eine Geschichte aus einem jüdischen Getto während des Zweiten Weltkriegs. Jakob, der eine Nachricht über das baldige Kriegsende erfindet, gibt seinen Leidensgenossen die Hoffnung, dass sie die Willkürherrschaft der Nazis bald überstanden haben. Der Leser lernt so, welch ungeheurer psychischer Druck auf den Gettobewohnern lastet. Neben der physischen Grausamkeit wird im Roman die ganze Bandbreite des jüdischen Schicksals greifbar. Bücher wie „Jakob der Lügner“ vergegenwärtigen die Geschichte und zeigen die Gefahren von Rassismus und Fanatismus. In der Kunst wird uns das sozusagen in einem virtuellen Raum vorgespielt.

Der zweite positive Nutzen von Kunst und Literatur, den auch Delius anklingen lässt, ist die **Anleitung zum Denken**, die durch die unterschiedlichsten Werke angeboten wird. Um wieder bei der Literatur zu bleiben: Die Geschichten, die uns erzählt werden, sind immer auch Denkaufgaben: Welche Handlungsalternativen haben die Figuren? Warum entscheiden sie sich so und nicht anders? Was steckt hinter den Geschichten? Auch diese Überlegungen könnte man an zahlreichen Werken beispielhaft erläutern. Einen besonders nachhaltigen Eindruck hinterlassen die **Erzählungen Franz Kafkas** beim aufmerksamen Leser. Dieser erkennt in „Die Verwandlung“ zwei gegen- 2.

läufige Linien, die das Beziehungsgefüge der Familie Samsa charakterisieren. Gregor, der eines Morgens als Käfer aufwacht, erleidet im Laufe der Erzählung einen dramatischen Niedergang, während seine Familie Schritt für Schritt aus der passiven Unselbstständigkeit herausfindet und am Ende sogar ein zufriedenes Leben führen kann – auf Kosten des Sohnes bzw. Bruders, der elend stirbt. Auf welche Art wird aber dadurch das Denken des Lesers geschult? Dieser muss sich überhaupt erst auf die Logik der Erzählung einlassen und die Hürde des fehlenden Realitätsbezugs überwinden. Wer das allerdings macht, erkennt schnell, dass möglicherweise familiäre Probleme und ökonomische Abhängigkeiten Gregor Samsa zu einem Käfer haben werden lassen.

Diese Art von Literatur fordert den Leser beinahe in jeder Zeile dazu auf, aufmerksam nach Gründen, Zusammenhängen und Signalen zu suchen, um die **Rätsel**, die Kafka aufgegeben hat, zu **lösen**. Und wer gelernt hat, **über Zusammenhänge nachzudenken**, wird das auch in seiner **realen Lebenswelt** machen. Politische und wirtschaftliche Entscheidungen werden dann nicht einfach hingenommen, sondern **kritisch hinterfragt**. Delius stellt ebenfalls fest, dass solche Menschen „nicht so leicht zu unterdrücken, politisch zu manipulieren [sind]" (Z. 32 f.). Kunst und Literatur übernehmen somit die Aufgaben der Aufklärung, wie sie Immanuel Kant im 18. Jahrhundert bereits seinen Lesern mit auf den Weg gegeben hat: „Sapere aude" – „Wage zu denken". Dieses Denken ist darauf angewiesen, dass es im Austausch von Gedanken und Meinungen trainiert wird. Die kulturelle Schatzkammer – bzw. die Kunst als „Kronschatz" (Z. 9) – kann in dieser Funktion mit Sicherheit eine ganz wichtige Rolle spielen.

**Delius' Auffassung** von Kunst als Denkanregung und -schulung ist also durchaus **zuzustimmen**. Das Problem seiner Argumentation liegt allerdings in deren **Einseitigkeit**.

Aus den Ausführungen des Schriftstellers erkennt man, dass er eindeutig die **Literatur als Königsweg** zur Stärkung einer freiheitlich-demokratischen Gesellschaft sieht. Das wird niemanden überraschen, verdient er doch selbst mit Büchern seinen Lebensunterhalt. Natürlich erwähnt er auch andere Künste, die bildende Kunst, Musik und sogar den Film. Aber schon bei Letzterem wird deutlich, dass Delius schwere Zweifel an der Integrität des Mediums hat. **Kinofilme und Fernsehsendungen** werden nur sehr eingeschränkt für gut befunden (vgl. Z. 7 ff.), denn sie funktionieren nach dem wirtschaftlichen **Gesetz der Quote:** Sie werden, so der Autor, von „Quotenidioten" (Z. 61) bestimmt. Die Verantwortlichen möchten ihre Produkte verkaufen und sind deshalb offenbar darauf aus, die Menschen zu verdummen. 3.

Die Art und Weise, wie Delius jedoch am Ende seiner Rede die „Mediengewaltigen" (Z. 54) attackiert, trägt Züge von Verfolgungswahn. Es ist nämlich **nicht** so, dass **Literatur per se gut** ist und **Filme per se schlecht** sind. Auch auf dem literarischen Markt findet man nicht ausschließlich hochwertige Pro-

## Deutsch Bayern – Abiturprüfung 2015:
## Aufgabe 1: Erschließen eines literarischen Textes

a) Erschließen und interpretieren Sie das Gedicht „Stapfen“ von Conrad Ferdinand Meyer! Berücksichtigen Sie dabei auch das Verhältnis von Erleben und Erinnern!

b) Zeigen Sie ausgehend von Ihren Ergebnissen vergleichend auf, wie das Thema „Abschied“ in einem anderen literarischen Text gestaltet wird!

Der Schwerpunkt der Aufgabenstellung liegt auf Teilaufgabe a).

**Conrad Ferdinand Meyer** (1825–1898)
**Stapfen**
*(Erstdruck 1882, Orthografie nach der Ausgabe von 1963)*

In jungen Jahren war's. Ich brachte dich
Zurück ins Nachbarhaus, wo du zu Gast,
Durch das Gehölz. Der Nebel rieselte,
Du zogst des Reisekleids Kapuze vor
Und blicktest traulich[1] mit verhüllter Stirn.
Naß ward der Pfad. Die Sohlen prägten sich
Dem feuchten Waldesboden deutlich ein,
Die wandernden. Du schrittest auf dem Bord[2],
Von deiner Reise sprechend. Eine noch,
Die längre, folge drauf, so sagtest du.
Dann scherzten wir, der nahen Trennung klug
Das Angesicht verhüllend, und du schiedst,
Dort wo der First[3] sich über Ulmen hebt.
Ich ging denselben Pfad gemach zurück,
Leis schwelgend noch in deiner Lieblichkeit,
In deiner wilden Scheu, und wohlgemut
Vertrauend auf ein baldig Wiedersehn.
Vergnüglich schlendernd, sah ich auf dem Rain[4]
Den Umriß deiner Sohlen deutlich noch
Dem feuchten Waldesboden eingeprägt,
Die kleinste Spur von dir, die flüchtigste,
Und doch dein Wesen: wandernd, reisehaft,
Schlank, rein, walddunkel, aber o wie süß!
Die Stapfen schritten jetzt entgegen dem
Zurück dieselbe Strecke Wandernden:
Aus deinen Stapfen hobst du dich empor
Vor meinem innern Auge. Deinen Wuchs
Erblickt' ich mit des Busens zartem Bug.

Vorüber gingst du, eine Traumgestalt.
Die Stapfen wurden jetzt undeutlicher,
Vom Regen halb gelöscht, der stärker fiel.
Da überschlich mich eine Traurigkeit:
Fast unter meinem Blick verwischten sich
Die Spuren deines letzten Gangs mit mir.

*Conrad Ferdinand Meyer, Gedichte, hg. von Hans Zeller und Alfred Zäch, Bd. 1, Bern 1963, S. 210 f.*

Worterläuterungen:
1 *traulich:* vertraulich
2 *Bord:* Rand, kleiner Abhang
3 *First:* oberste Kante eines Daches
4 *Rain:* Abhang

## Hinweise und Tipps

*Die Aufgabe besteht aus der üblichen Unterteilung in einen Erschließungs- und Interpretationsauftrag (a) und einen Vergleichsauftrag (b). Zunächst müssen Sie das Gedicht des bekannten Schweizer Lyrikers und Novellisten Conrad Ferdinand Meyer erschließen. Als Hilfestellung darf die Formulierung aufgefasst werden, dass vor allem „**das Verhältnis von Erleben und Erinnern**“ betrachtet werden soll.*
*Unter der **Erschließung** eines Textes versteht man, dass die Aussage in inhaltlicher, formaler und sprachlich-stilistischer Hinsicht herausgearbeitet werden soll. Gerade bei lyrischen Texten bietet es sich an, die **Untersuchungsschwerpunkte nacheinander** abzuhandeln, also erst Aufbau und Inhalt darzustellen und anschließend die Besonderheiten der sprachlich-stilistischen Gestaltung in den Blick zu nehmen. Lediglich die formale Gestaltung integriert man besser in die beiden Gliederungspunkte, um einer bloßen Aufzählung zu entgehen.*
*Neben dem Thema „Erleben und Erinnern“ findet sich in der Aufgabe b) ein weiterer wichtiger Hinweis für die **Interpretation**, denn das Thema „**Abschied**“ muss ja im Ausgangstext eine Rolle spielen. Im Gedicht tritt ein eindeutig identifizierbares lyrisches Ich auf, das sich in Erinnerung an ein „Du“ eine Abschiedsszene vergegenwärtigt. Für die Deutung sollte, wie immer, auch der Titel des Gedichts beachtet werden: Die „Stapfen“ stehen für die Erinnerung an die verabschiedete Person, vermutlich die Geliebte des lyrischen Ichs, die ihre Spuren im Waldboden hinterlässt. Schon auf den ersten Blick wird deutlich, dass die **Semantik des Raums** von Bedeutung ist und in die Interpretation einfließen muss.*
***Einleitung und Schluss** könnten z. B. das Thema „Liebe“ und die Besonderheiten der Literatur um 1880 behandeln. Eine literaturgeschichtliche Einordnung Conrad Ferdinand Meyers in die Zeit des Realismus wird aber nicht explizit von Ihnen verlangt.*
*Für die b-Aufgabe müssen Sie zunächst ein **Vergleichswerk** auswählen. Abschiede spielen in vielen literarischen Werken eine bedeutsame Rolle. Nachdem die Textsorte*

*nicht vorgegeben ist, kann ein weiteres Gedicht genauso zum Vergleich herangezogen werden wie auch ein Prosatext oder ein Drama. Der* ***Ausgangspunkt des Vergleichs*** *ist das* ***Ergebnis der Interpretation****. Meyers Gedicht schildert in der Rückbesinnung einen Abschied, der in der Vergangenheit liegt und der vermutlich endgültig ist. Fragen Sie sich also: Geht es im Vergleichstext auch um einen endgültigen oder nur um einen vorläufigen Abschied? Von wem verabschiedet sich die Figur? Welche Konsequenzen hat dieser Abschied hier? Und vor allem: Wie wird dieser gestaltet? Diese Fragen helfen, der b)-Aufgabe eine Struktur zu geben.*

**Gliederung**

A „Liebe" als typisches Thema der Lyrik

B Erschließung und Interpretation des Gedichts „Stapfen" von Conrad Ferdinand Meyer und Vergleich des Themas „Abschied" mit Eichendorffs gleichnamigem Gedicht

- I Aufbau: Abschied und Erinnern
- II Inhalt
  - 1 Begleitung der Gefährtin (V. 1–8)
  - 2 Abschied vor dem Haus (V. 8–13)
  - 3 Rückweg: Hoffnung auf ein Wiedersehen (V. 14–17)
  - 4 Nachdenken über den Charakter der Geliebten und aufkommende Zweifel am Wiedersehen (V. 18–34)
- III Erinnern und Erleben: Die Ambivalenz der Liebe (formale und sprachlich-stilistische Gestaltung, inhaltliche Deutung)
  - 1 Aufbewahren durch Erinnern
  - 2 Vergegenwärtigte Geliebte
  - 3 Natur als Spiegel des Erlebten
  - 4 Realistische Verklärungen
- IV Romantischer Abschied: Eichendorff
  - 1 Unterschiede zu Meyer: Abschied von der Heimat
  - 2 Vergleichbares: Abschied als Trauerarbeit

C Abschiede als Grundthema der Literatur

**Lösungsvorschlag**

Zu den **großen Themen**, die in Gedichten abgehandelt werden, gehört – ne- A
ben **Natur** und **Politik** – die **Liebe**. Seit der Antike versuchen die Dichter die Beziehungen zwischen zwei Menschen in Worte zu fassen, das Glück, aber auch die Schwierigkeiten zu formulieren, die sich aus dem Zusammenleben ergeben können. Aber nicht nur erfüllte Augenblicke haben die Autoren im Sinn, wenn von der Liebe die Rede ist, sondern eben auch Momente des Wartens, des Bangens und der Erinnerung an gemeinsam erlebte Zeiten. Wer das „**Wiedersehen**“ in den Fokus nimmt, der muss manchmal auch das „**Abschiednehmen**“ der Liebenden in Betracht ziehen. Eines der bekanntesten Gedichte der deutschen Literatur übernimmt diese **Ambivalenz** bereits im Titel: „Willkommen und Abschied“ von Johann Wolfgang von Goethe schildert aus der Sicht eines lyrischen Ichs das stürmische Treffen zweier Liebender, die sich bei Anbruch des Tages aber wieder trennen müssen. Der Sprecher des Gedichts trägt diese Begegnung in der Vergangenheitsform vor, er erinnert sich also an sein Glück. **Conrad Ferdinand Meyer** hat gut hundert Jahre später ebenfalls ein **Gedicht zum Thema „Liebe und Abschied“** geschrieben, wobei in seinem Text daneben noch die Frage nach der Wirklichkeit des Erlebens eine Rolle spielt. Mit dem Gedicht „**Stapfen**“ aus dem Jahr 1882 wird damit nicht nur die Verabschiedung thematisiert, sondern darüber hinaus die Rolle des Schreibens und damit der Literatur für den Prozess des Abschiednehmens. Um diese Thesen am Text zu belegen, soll zunächst das Gedicht Conrad Ferdinand Meyers erschlossen und interpretiert werden.

Das Gedicht Meyers besteht aus 34 meist einen fünfhebigen Jambus aufwei- B
senden und reimlosen Versen, die eine **einzige Strophe** bilden. Inhaltlich I
kann eine **Zweiteilung im Aufbau** festgestellt werden. Der erste Teil (V. 1–13) zeigt zwei Erwachsene, das lyrische Ich und sein Gegenüber, die gemeinsam auf einem Waldweg zu einem Haus gehen, um sich dort zu verabschieden. Im zweiten Teil (V. 14–34) wandert das lyrische Ich den gleichen Weg wieder zurück, allein und über die Geliebte nachdenkend. Diese doppelte Bewegung des Hin- und Rückwegs spiegelt den Prozess des Abschiednehmens und der Erinnerung wider. Bei einer genaueren inhaltlichen Analyse wiederum lassen sich innerhalb des Gedichts jeweils **zwei weitere Abschnitte** erkennen.

In den ersten acht Verszeilen **erinnert sich** das lyrische Ich an eine **Situation**, II
**die offenbar schon länger zurückliegt:** Es begleitet eine ihm nahestehende 1
Person, die in der Gegend zu Besuch war, zurück zum Haus der Gastfamilie. Der schmale Weg führt durch einen Wald. Sie gehen vertraut und zunächst schweigend nebeneinander her. Das lyrische Ich nimmt die Umgebung sehr bewusst wahr, vor allem aber die Fußabdrücke, die beide im nassen Waldboden hinterlassen (V. 1–8).

Noch bevor sie das Haus erreichen, unterhalten sie sich über die **bevorste-** 2
**hende Trennung**, die sich aus zwei geplanten Reisen der Frau ergibt. Der Ausblick auf die Zeit des Getrenntseins und der Abschied vor dem Haus selbst werden durch gespielte Heiterkeit verdrängt (V. 8–13).

Ohne großes Aufheben macht sich das lyrische Ich **zurück auf den Weg** 3
nach Hause. Dabei beginnt schon der **Prozess des Erinnerns** an die gemeinsam verbrachte Zeit, wobei vor allem die Hoffnung auf eine baldige Rückkehr der geliebten Person zum Ausdruck gebracht wird (V. 14–17).

Je weiter das lyrische Ich allerdings voranschreitet, desto größer werden die 4
**Zweifel** daran. Der Sprecher erkennt in den sichtbaren Spuren **auf dem Waldboden** nämlich Charaktereigenschaften der Frau, die durch das Unterwegssein definiert wird. Gesteigert wird diese Erkenntnis dadurch, dass das lyrische Ich sich einbildet, die Geliebte noch einmal auf dem Weg zu sehen, ihm entgegenkommend, also in die andere Richtung gehend. Diese Illusion markiert den **Stimmungswechsel im Gedicht:** Wie die Spuren auf dem Pfad langsam ausgelöscht werden, versiegt auch die Hoffnung auf ein Wiedersehen (V. 18–34).

Die **Eröffnungsfloskel** des Textes lässt sich mit der Märchenformel „Es war III
einmal“ vergleichen. „In jungen Jahren war's“ (V. 1), so beginnt das Gedicht 1
und macht damit deutlich, dass es sich im Folgenden um eine **Erinnerung an glückliche, bessere Zeiten** handelt. Die Verwendung des **Präteritums** unterstreicht diese Erinnerungsfunktion des Textes, sodass insgesamt ein **erzählender Ton** zustande kommt, der durch die bereits erwähnte **Reimlosigkeit** und durch die häufig verwendeten **Enjambements** verstärkt wird. In der schriftlich festgehaltenen Erinnerung entsteht das lyrische Bild eines „letzten Gangs“ (V. 34), der die vertraute Nähe zweier Menschen genauso spiegelt wie die schrittweise entwickelte Erkenntnis, dass es kein Wiedersehen geben wird. Während aber in der Realität der wiedergegebenen Situation die „Stapfen […] undeutlicher“ (V. 30) und schließlich ausgelöscht werden, **bleibt durch die Reflexion des Ichs und die literarische Darstellung die Erinnerung lebendig**.

Diese Lebendigkeit des Erlebten erfasst der Text sprachlich eindrucksvoll im 2
**Partizip Präsens**. Voller Erwartung spricht die Frau von ihren Reisen („sprechend“, V. 9), die Aussicht auf die bevorstehende Trennung klug „verhüllend“ (V. 12), den Nachhauseweg verbringt der Sprecher in der immer noch präsenten „Lieblichkeit“ (V. 15) der Angebetenen „schwelgend“ (V. 15), und dieses Erinnern geschieht „[v]ergnüglich schlendernd“ (V. 18). Ganz **gegenwärtig** sind auch die **Sohlenabdrücke im Waldboden** (sie sind „[d]em feuchten Waldesboden eingeprägt“, V. 20), die den Charakter der Frau verraten. Sie wird (wieder mit einem Partizip Präsens) als „wandernd“ (V. 22) bezeichnet, gleichzeitig als „reisehaft, / Schlank, rein, walddunkel [und] süß“ (V. 22 f.). Es entsteht auf diese Weise das **Bild einer lebhaft empfundenen**

**Szene** noch aus der großen zeitlichen Distanz. Diese **Präsenz der Vergangenheit** hat Meyer auch syntaktisch sehr kunstvoll dargestellt, indem er immer wieder durch **Umstellungen im Satzbau** die Genauigkeit des Erinnerns unterstreicht. So ist zum Beispiel die Schilderung des Rückwegs sprachlich komplex angelegt. Nachdem sich das lyrische Ich gleich nach dem Abschied positiv gestimmt auf den Weg gemacht hat, entdeckt es die Spuren der Geliebten auf dem Waldboden, die innerhalb des Satzes zunehmend genauer gedeutet werden: zunächst als „kleinste Spur von dir“ (V. 21), dann ergänzt als „die flüchtigste“ (V. 21), um schließlich zu einer Gesamtcharakteristik ausgebaut zu werden. Nach dem Doppelpunkt folgt die oben zitierte, ausführliche **asyndetische Reihung**, die das unstete, gleichzeitig dunkle und süße Wesen beschreibt (vgl. V. 22f.). Die Lebendigkeit des Erlebten wird schließlich durch wenige, dafür umso **eindringlichere Bilder** veranschaulicht. Hervorzuheben ist zum einen die **Personifikation der Trennung** (vgl. V. 11 f.). Wie ein ungern gesehener Gast wird sie, die Trennung, hier gezeigt, denn sie hat ein „Angesicht“ (V. 12), das die Liebenden verhüllen, um nicht von ihr gestört zu werden. Interessant ist in diesem Zusammenhang die inhaltliche Parallele, dass auch die Frau auf dem Weg zum Nachbarhaus ihre Stirn verhüllt (vgl. V. 5), also bereits ganz zu Beginn des Textes eine Abgrenzung zwischen Ich und Du angedeutet wird, die dem lyrischen Sprecher im Verlauf des Textes zur Gewissheit wird.
Mit den „**Stapfen**“, die dem Gedicht als **Titel** dienen, sind die Spuren gemeint, die die geliebte Frau auf dem Weg hinterlässt. Dass damit der **Kern des Gedichtes** sichtbar wird, belegt die Verwendung des Bildes als **Personifikation**. Meyer lässt nämlich diese Spuren bald ganz lebendig auftreten, wenn sie dem lyrischen Ich „entgegen[schreiten]“ (vgl. V. 24) und zudem aus den Stapfen sogar das Abbild der Frau erwächst. Sehr deutlich nimmt das lyrische Ich jetzt seine Geliebte noch einmal wahr – als „Traumgestalt“ (V. 29) zwar nur, aber doch detailliert gezeichnet und so ganz lebendig. **Erinnerung und Erleben** werden in diesem Bild sozusagen eine **Einheit**.

Mit der Personifikation der Spuren zeichnet sich eine weitere Besonderheit 3
des Gedichts ab. Für die **Darstellung der Abschiedsszene** bedient sich Conrad Ferdinand Meyer häufig bei **Naturbildern**. Der Weg durch den Wald ist eng verbunden mit dem nassen Wetter: „Der Nebel rieselte“ (V. 3) und „[n]aß war der Pfad“ (V. 6), sodass sich die „Sohlen … [d]em feuchten Waldboden deutlich“ einprägen können (V. 6 f.). Der stärker werdende **Regen** ist es auch, der dann die Spuren auslöschen wird (vgl. V. 31). Selbst das Haus der Gastfamilie erscheint nur angedeutet und von der Natur beherrscht, denn der Abschied wird vollzogen „[d]ort wo der First sich über Ulmen hebt.“ (V. 13) Dass die letzte Begegnung zwischen den Liebenden in einer intensiv wahrgenommenen Natur stattfindet und dabei nicht einmal andere Menschen erwähnt werden, spricht für sich. Die beiden sind **ganz auf sich selbst konzentriert**. Die **letzte Begegnung** findet in einem **düster-nassen Naturraum** statt, der das trübe Bild des Abschieds aufbewahrt.

Mit der Epoche des Realismus wendet sich die europäische Literatur von den 4
idealistischen Ansätzen der Klassik ab. Im Gegensatz zur politischen Literatur des sogenannten Jungen Deutschlands, die sich in die tagespolitischen Auseinandersetzung der Zeit einmischen wollte, hat sich der **„poetische Realismus“** als eine Kunstrichtung verstanden, die die Welt zwar **realistisch** darstellen und dabei Probleme der Menschen konkret aufzeigen will, aber gleichzeitig im Akt der Poetisierung und Objektivierung dieser subjektiven Erfahrungen das Leben und die Lebensumstände **verklären** möchte. Es geht darum, dass der Künstler aus dem Rohmaterial des wirklichen Lebens seine Kunst schafft, indem er die Möglichkeiten der künstlerischen Umsetzung nutzt. Genau dies leistet **Meyers Gedicht „Stapfen“** auch. Hier wird eine **konkrete Erfahrung** eines Menschen in Worte gefasst. Der Autor legt dabei, wie bereits erwähnt, größten Wert auf eine **detaillierte Schilderung der Umstände**. Der Weg durch den Wald wird sehr genau beschrieben, so zum Beispiel, wenn sich der Sprecher deutlich an die einzelnen Wegabschnitte erinnert. Er unterscheidet dabei zwischen einem „Bord“ (V. 8) und einem „Rain“ (V. 18), zwei Abhängen also, die die Wanderer beschreiten. Gleichzeitig wird die **realistische Beschreibung** allerdings **symbolisch überhöht**, so zum Beispiel, wenn die Natur als Spiegelbild innerer Vorgänge beim Sprecher konstruiert wird oder wenn aus den Fußspuren die Illusion der nochmals anwesenden Geliebten wird. Realismus zeigt sich in diesem Gedicht also gerade nicht in einer möglichst fotografischen Wiedergabe des Gegebenen, sondern in der Aufladung des Beschriebenen mit sinnbildhafter Bedeutung, um die Verarbeitung der **schmerzhafte Erkenntnis**, dass es zu keinem Wiedersehen kommen wird, darzustellen. Die Umwandlung der Situation, die im Alltag ja sicher häufig Menschen trifft, in ein Kunstprodukt ist – so kann vermutet werden – eine therapeutische Maßnahme: **Die festgehaltene Erinnerung macht den Abschied erträglich**. Literatur ist dann nichts anderes als Erinnerungsarbeit. Das trifft nicht nur auf den Realismus eines Conrad Ferdinand Meyer zu.

**Joseph von Eichendorff** hat Anfang des 19. Jahrhunderts sein berühmtes IV
**Gedicht „Abschied“** veröffentlicht, das ebenfalls das Abschiednehmen zum Thema hat. Im **Vergleich** zu „Stapfen“ von Conrad Ferdinand Meyer zeigen sich zum einen deutliche Unterschiede, aber zum anderen auch Übereinstimmungen. Beide Seiten sollen im Folgenden untersucht werden.

Mit der bekannten Eröffnung „O Täler weit, o Höhen“ schlägt das Eichen- 1
dorff-Gedicht den Ton hörbar an: Es geht um einen lyrischen Sprecher, der sich von seiner geliebten Heimat verabschieden muss und der dies als Anrufung konzipiert. Es gibt im Gegensatz zu Meyer **kein menschliches Gegenüber**. Eichendorff stellt in seinem Text die Welt der Menschen mit ihren Beschäftigungen, die in unruhigen Städten stattfinden, einer **ruhigen, religiös aufgeladenen Natur** gegenüber. Der Wald und die Täler stehen dabei stellvertretend für einen **Naturraum**, der für das lyrische Ich **Freude**, **Jugendlichkeit**

**und** vor allem **Geborgenheit** bedeutet. Der Sprecher hat hier die ersten, wichtigsten Jahre seines Lebens verbracht, hat Werte und Normen vermittelt bekommen und ist so beschützt aufgewachsen. Die **Harmonie**, die im gesamten Text den „Tälern“ und „Höhen“ zugesprochen wird, zeigt sich auch in der äußeren Form des Gedichts, das vier Strophen mit regelmäßigem Metrum und durchgehendem Reim aufweist. Die **Gleichmäßigkeit**, die musikalische Vertonungen fast schon zwingend fordert, rhythmisiert das Gedicht, sodass insgesamt ein harmonischer Gesang herauskommt.

Eichendorffs lyrisches Ich nimmt **Abschied** von der geliebten Heimat, bei 2.
Meyer ist es die Geliebte, die verabschiedet wird. Bei Eichendorff bildet die **Natur** einen quasi sakralen Schutzraum, bei Meyer ist sie das Symbol für die dauerhafte Trennung. Trotzdem haben beide Texte eine unübersehbare Gemeinsamkeit: Das **Abschiednehmen** fällt den lyrischen Sprechern schwer. Dieser Augenblick wird in beiden Gedichten **negativ** gesehen, weil er das Ich letztlich traurig zurücklässt. Bei Meyer ist es zunächst die spielerische Verdrängung, die als mögliche Lösung angedeutet wird, wenn die Liebenden „scherzten“ (V. 11). Die endgültige „Traurigkeit“ (V. 32) kommt dann, als das lyrische Ich auf seinem Rückweg merkt, wie die Spuren zunehmend ausgelöscht werden. Eichendorffs lyrisches Ich spricht die es umgebende Natur direkt an, und auch hier ist der Kummer über die Zukunft deutlich zu spüren. Man merkt, dass keine große Freude über die bevorstehende Abreise besteht. Hilfe verspricht in beiden Fällen die **Erinnerung an das Gewesene:** an den letzten gemeinsamen Weg bei Meyer und an die Heimat und die Natur bei Eichendorff.
Der Romantik und vor allem Eichendorff ist oft vorgeworfen worden, dass sie **Weltflucht** betreiben. In dem Gedicht „Abschied“ ist jedoch klar ersichtlich, dass die Beschreibung der städtischen (Berufs- und Arbeit-)Welt nicht verdrängt wird. Die **Natur** ist vielmehr auch hier ein **legitimer Rückzugsort für die Romantiker**, der Trost und Sicherheit gleichermaßen spendet. Damit ausgestattet kann das lyrische Ich zwar traurig, aber doch zuversichtlich in die Zukunft aufbrechen. **Meyer** scheint in seiner **realistischen Weltsicht** ein Stück weit **pessimistischer** zu sein. Für ihn ist der Abschied eine triste Angelegenheit, allenfalls die Erinnerung daran sorgt für einen Ausgleich.

Schon in der Einleitung ist mit dem Hinweis auf Goethes Gedicht angedeutet C
worden, dass zu den **großen Themen der Literatur** das **Abschiednehmen** gehört. Viele Dramen, Romane, Erzählungen und natürlich auch lyrische Texte haben sich mit dieser Situation befasst: Iphigenie verlässt König Thoas erst, nachdem er die Griechen freiwillig ziehen lässt; damit steht dieses klassische Stück für einen gelungenen Abschied. Gregor Samsa dagegen trennt sich von seiner Familie, nachdem er erkannt hat, dass sie nichts mehr mit ihm, dem Käfer, anfangen kann. Dies führt in den Tod, ohne dass die Verhältnisse geklärt hätten werden können – ein Beispiel für die vielen misslungenen Abschiede, die es nicht nur in der Literatur gibt.

## Deutsch Bayern – Abiturprüfung 2015: Aufgabe 2: Erschließen eines poetischen Textes

a) Erschließen und interpretieren Sie die vorliegende Szene! Arbeiten Sie dabei insbesondere heraus, wie der Papst vom Inquisitor dazu gebracht wird, in dessen Sinne zu entscheiden!

b) Zeigen Sie ausgehend von Ihren Ergebnissen vergleichend auf, wie das Machtgefälle zwischen zwei Figuren in einem anderen literarischen Werk gestaltet wird!

Der Schwerpunkt der Aufgabenstellung liegt auf Teilaufgabe a).

**Vorbemerkung**
Bertolt Brechts Schauspiel „Leben des Galilei" behandelt einen entscheidenden Abschnitt aus der Wissenschaftsgeschichte: Der in Florenz lebende Forscher Galileo Galilei (1564–1642) beweist mithilfe des kurz zuvor erfundenen Fernrohrs das heliozentrische Weltbild und stellt damit die kirchliche Lehrmeinung radikal infrage. Die Inquisition – eine kirchliche Behörde, die mit äußerster Härte und auch Folter gegen Abtrünnige vorging – will, dass Galilei seine Lehren widerruft und befiehlt ihm 1633 daher, zum Verhör nach Rom zu kommen.
Vor diesem Hintergrund findet in einem Zimmer des päpstlichen Palastes das folgende Gespräch zwischen dem Inquisitor und Papst Urban VIII., der Naturwissenschaften und Kunst durchaus zugetan ist, statt. Es handelt sich um die zwölfte von insgesamt 15 Szenen.

**Bertolt Brecht** (1898–1956)
**Leben des Galilei** (Berliner Fassung von 1955/1956)

**12**
**Der Papst**

*Gemach des Vatikans. Papst Urban VIII. (vormals Kardinal Barberini) hat den Kardinal Inquisitor empfangen. Während der Audienz wird er angekleidet. Von außen das Geschlurfe vieler Füße.*

DER PAPST *sehr laut*: Nein! Nein! Nein!

DER INQUISITOR So wollen Eure Heiligkeit Ihren sich nun versammelnden Doktoren aller Fakultäten, Vertreter aller Heiligen Orden und der gesamten Geistlichkeit, welche alle in kindlichem Glauben an das Wort Gottes, niedergelegt in der Schrift, gekommen sind, Eurer Heiligkeit Bestätigung ihres Glaubens zu vernehmen, mitteilen, daß die Schrift nicht länger für wahr gelten könne?

DER PAPST Ich lasse nicht die Rechentafel[1] zerbrechen. Nein!

DER INQUISITOR Daß es die Rechentafel ist und nicht der Geist der Auflehnung und des Zweifels, das sagen diese Leute. Aber es ist nicht die Rechentafel. Sondern eine entsetzliche Unruhe ist in die Welt gekommen. Es ist die Unruhe ihres eigenen Gehirns, die diese auf die unbewegliche Erde übertragen. Sie schreien: die Zahlen zwingen uns! Aber woher kommen ihre Zahlen? Jedermann weiß, daß sie vom Zweifel kommen. Diese Menschen zweifeln an allem. Sollen wir die menschliche Gesellschaft auf den Zweifel begründen und nicht mehr auf den Glauben? „Du bist mein Herr, aber ich zweifle, ob das gut ist." „Das ist dein Haus und deine Frau, aber ich zweifle, ob sie nicht mein sein sollen."

Andererseits findet Eurer Heiligkeit Liebe zur Kunst, der wir so schöne Sammlungen verdanken, schimpfliche Auslegungen wie die auf den Häuserwänden Roms zu lesende: „Was die Barbaren Rom gelassen haben, rauben ihm die Barberinis."

Und im Auslande? Es hat Gott gefallen, den Heiligen Stuhl schweren Prüfungen zu unterwerfen.[2] Eurer Heiligkeit spanische Politik wird von Menschen, denen die Einsicht mangelt, nicht verstanden, das Zerwürfnis mit dem Kaiser bedauert. Seit eineinhalb Jahrzehnten ist Deutschland eine Fleischbank[3], und man zerfleischt sich mit Bibelzitaten auf den Lippen. Und jetzt, wo unter der Pest, dem Krieg und der Reformation die Christenheit[4] zu einigen Häuflein zusammenschmilzt, geht das Gerücht über Europa, daß Sie mit den lutherischen Schweden in geheimem Bündnis stehen, um den katholischen Kaiser zu schwächen.

Und da richten diese Würmer von Mathematikern ihre Rohre auf den Himmel und teilen der Welt mit, daß Eure Heiligkeit auch hier, in dem einzigen Raum, den man Ihnen noch nicht bestreitet, schlecht beschlagen sind. Man könnte sich fragen: welch ein Interesse plötzlich an einer so abliegenden Wissenschaft wie der Astronomie! Ist es nicht gleichgültig, wie diese Kugeln[5] sich drehen? Aber niemand in ganz Italien, das bis auf die Pferdeknechte hinab durch das böse Beispiel dieses Florentiners von den Phasen der Venus schwatzt, denkt nicht zugleich an so vieles, was in den Schulen und an anderen Orten für unumstößlich erklärt wird und so sehr lästig ist.

Was käme heraus, wenn diese alle, schwach im Fleisch und zu jedem Exzeß geneigt, nur noch an die eigene Vernunft glaubten, die dieser Wahnsinnige für die einzige Instanz erklärt! Sie möchten, erst einmal zweifelnd, ob die Sonne stillstand zu Gibeon[6], ihren schmutzigen Zweifel an den Kollekten üben! Seit sie über das Meer fahren – ich habe nichts dagegen –, setzen sie ihr Vertrauen auf eine Messingkugel, die sie den Kompaß nennen, nicht mehr auf Gott. Dieser Galilei hat schon als junger Mensch über die Maschinen geschrieben. Mit den Maschinen wollen sie Wunder tun. Was für welche? Gott brauchen sie jedenfalls nicht mehr, aber was sollen es für Wunder sein? Zum Beispiel soll es nicht mehr Oben und Unten geben. Sie brauchen es nicht mehr. Der Aristoteles[7], der für sie sonst ein toter Hund ist, hat gesagt – und das zitieren sie –: Wenn das Weberschifflein von selber webte und der Zitherschlägel von selber spielte, dann brauchten allerdings die Meister keine Gesellen und die Herren keine Knechte. Und so weit sind sie jetzt, denken sie.

Dieser schlechte Mensch weiß, was er tut, wenn er seine astronomischen Arbeiten statt in Latein im Idiom der Fischweiber und Wollhändler verfaßt.

DER PAPST Das zeigt sehr schlechten Geschmack; das werde ich ihm sagen.

DER INQUISITOR Er verhetzt die einen und besticht die andern. Die oberitalienischen Seestädte fordern immer dringender für ihre Schiffe die Sternkarten des Herrn Galilei. Man wird ihnen nachgeben müssen, es sind materielle Interessen.

DER PAPST Aber diese Sternkarten beruhen auf ketzerischen Behauptungen. Es handelt sich gerade um die Bewegungen dieser gewissen Gestirne, die nicht stattfinden können, wenn man seine Lehre ablehnt. Man kann nicht die Lehre verdammen und die Sternkarten nehmen.

DER INQUISITOR Warum nicht? Man kann nichts anderes.

DER PAPST Dieses Geschlurfe macht mich nervös. Entschuldigen Sie, wenn ich immer horche.

DER INQUISITOR Es wird Ihnen vielleicht mehr sagen, als ich es kann, Eure Heiligkeit. Sollen diese alle von hier weggehen, den Zweifel im Herzen?

DER PAPST Schließlich ist der Mann der größte Physiker dieser Zeit, das Licht Italiens, und nicht irgendein Wirrkopf. Er hat Freunde. Da ist Versailles. Da ist der Wiener Hof. Sie werden die Heilige Kirche eine Senkgrube[8] verfaulter Vorurteile nennen. Hand weg von ihm!

DER INQUISITOR Man wird praktisch bei ihm nicht weit gehen müssen. Er ist ein Mann des Fleisches. Er würde sofort nachgeben.

DER PAPST Er kennt mehr Genüsse als irgendein Mann, den ich getroffen habe. Er denkt aus Sinnlichkeit. Zu einem alten Wein oder einem neuen Gedanken könnte er nicht nein sagen. Und ich will keine Verurteilung physikalischer Fakten, keine Schlachtrufe wie „Hie Kirche! und Hie Vernunft!“ Ich habe ihm sein Buch erlaubt, wenn es am Schluß die Meinung wiedergäbe, daß das letzte Wort nicht die Wissenschaft, sondern der Glaube hat. Er hat sich daran gehalten.

DER INQUISITOR Aber wie? In seinem Buch streiten ein dummer Mensch, der natürlich die Ansichten des Aristoteles vertritt, und ein kluger Mensch, der ebenso natürlich die des Herrn Galilei vertritt, und die Schlußbemerkung, Eure Heiligkeit, spricht wer?

DER PAPST Was ist das jetzt wieder? Wer äußert also unsere?

DER INQUISITOR Nicht der Kluge.

DER PAPST Das ist allerdings eine Unverschämtheit. Dieses Getrampel in den Korridoren ist unerträglich. Kommt denn die ganze Welt?

DER INQUISITOR Nicht die ganze, aber ihr bester Teil.

*Pause. Der Papst ist jetzt in vollem Ornat*[9].

DER PAPST Das Alleräußerste ist, daß man ihm die Instrumente zeigt.[10]

DER INQUISITOR Das wird genügen, Eure Heiligkeit. Herr Galilei versteht sich auf Instrumente.

*Bertolt Brecht, Leben des Galilei (1955/56), in: Ders., Werke, hg. von Werner Hecht u. a., Bd. 5: Stücke 5, Berlin/Weimar/Frankfurt am Main: Suhrkamp 1955, S. 267– 270 (zu Prüfungszwecken in der Absatzgliederung geringfügig modifiziert); Orthografie entsprechend der Werkausgabe von 1988*

Worterläuterungen:

1 *Rechentafel:* diente der Berechnung der Gestirnsbewegungen und damit als Hilfsmittel zur Navigation, hier stellvertretend für neue Erfindungen

2 Die Autorität des Papsttums hat durch die Folgen der Reformation, den Dreißigjährigen Krieg (1618–1648), Auseinandersetzungen mit dem Kaiser in Wien und eine spanienfreundliche Politik sehr gelitten.

3 *Fleischbank:* Schlachtbank

4 *Christenheit:* gemeint sind hier die katholischen Christen

5 *diese Kugeln:* die Planeten bzw. die Sonne

6 *Gibeon:* In der Bibel wird der Stillstand der Sonne und des Mondes am Ort Gibeon als ein göttliches Wunder beschrieben.

7 *Aristoteles:* altgriechischer Philosoph (384–322 v. Chr.), auf dessen Lehre die Kirche ihr geozentrisches Weltbild u. a. stützte

8 *Senkgrube:* Grube gefüllt mit Abfällen und Fäkalien

9 *Ornat:* feierliche Amtstracht (vgl. illustrierendes Szenenbild)

10 *dass man ihm die Instrumente zeigt:* Das Zeigen der Folterinstrumente galt als Vorstufe eines mit Folter verbundenen Inquisitionsprozesses.

*Zur Illustration:*
*Szenenbild einer Inszenierung von Leben des Galilei am Theater Trier: der Papst im Ornat, im Hintergrund ein ihn ankleidender Geistlicher*

*(Foto: Marco Piecuch / Theater Trier)*

**Hinweise und Tipps**

*Für die Lösung der **Teilaufgabe a)** wird erwartet, dass die Szene **erschlossen und interpretiert** wird. Dabei sind die üblichen Elemente einer literarischen Erschließung – hier eines dramatischen Textes – maßgeblich. Kriterien für die Erschließung und auch die Reihenfolge der Analyseinstrumente können Sie selbst wählen.*

*Leiten Sie nach einer passenden **Einführung** mit einer Interpretationsthese zum **Hauptteil** über. Dieser beginnt mit einer **strukturellen inhaltlichen Zusammenfassung** der Szene, wobei Sie den Aufbau der Szene deutlich machen. Bevor Sie die Szene interpretieren, sollte die **Gesprächssituation** geklärt werden: Erläutern Sie hier den Gesprächszusammenhang, Anlass, Ort und Zeitpunkt des Gesprächs. **Charakterisieren** Sie außerdem die beteiligten Figuren, insbesondere in ihrer Beziehung zueinander.*

*Kern Ihres Aufsatzes ist die **Interpretation** des Textauszugs, die sowohl die Mittel der **Dialogführung** als auch **sprachliche und dramaturgische Mittel** miteinbezieht.*

*Die abschließende **Vergleichsaufgabe** (Teilaufgabe b) ist auf ein anderes literarisches Werk bezogen. Dabei gibt es weder eine Gattungs- noch eine Epochenbegrenzung, d. h. dass neben dem Drama Gedichte und epische Texte verwendet werden dürfen. Das Thema „Macht" zwischen zwei Figuren wird in zahlreichen literarischen Werken verarbeitet. Um poetologisch und zeitlich bedingte Unterschiede erfassen zu können, bietet es sich an, ein Vergleichswerk aus dem 18. oder frühen 19. Jahrhundert heranzuziehen. Schillers Drama „**Maria Stuart**" wäre ein Musterbeispiel dafür, wie die Klassiker Macht dargestellt haben.*

**Gliederung**

1 Der historische Galilei als bedeutender Wissenschaftler

2 Der emotionale und soziale Druck auf Papst Urban und die Ausweglosigkeit des Konflikts

2.1 Steigernder Dialog zwischen Papst und Inquisitor über Galileis Überantwortung an die Inquisition

2.1.1 Vehementer Widerspruch des Papstes gegen die Pläne der Inquisition (Z. 1–10)

2.1.2 Monolog des Inquisitors über die gesellschaftlichen und politischen Auswirkungen von Galileis Lehre (Z. 11–55)

2.1.3 Fortsetzung des Dialogs zwischen Papst und Inquisitor (Z. 56–80)

2.1.4 Zustimmung des Papstes zur Auslieferung Galileis an die Inquisition (Z. 81–93)

2.2 Gesprächssituation: asymmetrisches Gespräch zwischen dem formell dem Papst untergeordneten Inquisitor und Papst Urban VIII.

2.3 Verhinderung wissenschaftlicher Wahrheit durch systemerhaltende Machtpolitik

2.3.1 Wissenschaft als Bedrohung für die katholische Kirche

2.3.2 Der Papst als Unterstützer und Kenner Galileis
2.3.3 Erkenntnis der Notwenigkeit des Widerrufs

3 Das Machtgefälle in Schillers „Maria Stuart“
3.1 Das Verhältnis zwischen Elisabeth und Maria
3.2 Vergleich mit den Machtstrukturen in Brechts „Leben des Galilei“

4 Das epische Theater

**Lösungsvorschlag**

Der italienische **Naturwissenschaftler Galileo Galilei** gilt als einer der be- 1
deutendsten Forscher seiner Zeit. Seine Entdeckungen in der Mathematik und Astronomie haben der kopernikanischen Wende maßgeblich zum Durchbruch verholfen. Insbesondere die **katholische Kirche** hat dadurch die Infragestellung des christlichen Menschenbildes und den **Verlust der Legitimation ihrer Macht** befürchtet. Der Forscher wurde aufgrund seiner als ketzerisch verurteilten Lehren von der Inquisition durch Androhung von Folter **zum Widerruf seiner Lehren** gezwungen. Erst gegen Ende des 20. Jahrhunderts rehabilitierte die katholische Kirche den bekannten Gelehrten. **Bertolt Brecht** betrieb umfangreiche Studien zum Leben Galileis und **verarbeitete die historischen Fakten** in seinem Drama „**Leben des Galilei**“. Brecht geht es dabei aber nicht um geschichtliche Fakten, vielmehr benutzt er diese, um seinem Publikum Machtstrukturen zu verdeutlichen.

Die 12. Szene zeigt besonders deutlich, wie **durch systemerhaltende Macht-** 2
**politik** die **Verbreitung wissenschaftlicher Wahrheit behindert** wird: Die Inquisition, die mit Folter gegen Abtrünnige vorgeht, lädt Galilei vors Kirchengericht nach Rom.

Kurz vor der Versammlung der Kirchenoberen findet das **Gespräch** zwischen 2.1
dem Inquisitor und Papst Urban VIII. statt. Am Ende der Auseinandersetzung gelingt es dem Kirchenmann, den Papst davon zu überzeugen, Galilei der Inquisition zu überantworten und so einen Widerruf seiner Lehre zu erzwingen.

Der Papst empfängt den Inquisitor in seinen Privatgemächern und wird wäh- 2.1.1
rend des Gesprächs angekleidet. Nachdem er sehr deutlich seine **Ablehnung eines Verbots** von Galileis Lehre formuliert hat, kontert der Inquisitor polemisch, ob der Papst der kirchlichen Obrigkeit, die vor seinem Gemach versammelt sei, tatsächlich erklären wolle, dass die Lehren der Bibel durch die Erkenntnisse des Forschers ersetzt werden würden. (Z. 1–10)

Nach einer wiederholten Ablehnung des Papstes stellt der Inquisitor die **ge-** 2.1.2
**sellschaftlichen und politischen Auswirkungen** der neuen Lehre Galileis dar und warnt den Papst damit vor dem völligen Verfall der alten Machtstruk-

turen. Er verweist dabei auf Beispiele, die deutlich machen sollen, dass die Macht des Papstes im In- und Ausland bereits erschüttert sei. Und er unterstellt dem Naturwissenschaftler, dass das Abfassen seiner Schrift in der Volkssprache ein bewusster Akt der Aufwiegelung sei. (Z. 11–55)

Dieser Hinweis bringt den Papst erstmals dazu, dem Inquisitor ein kleines **Zugeständnis** zu machen. Allerdings besteht der Papst aber weiterhin darauf, auf Galilei zu vertrauen. Der Inquisitor bekräftigt hingegen die Dringlichkeit, gegen den Forscher vorzugehen, und schlägt vor, seinen Widerruf lediglich durch das Zeigen der Folterinstrumente zu erreichen. Aber immer noch verteidigt der Papst Galilei. (Z. 56–80) 2.1.3

Erst, als der Inquisitor dem Naturwissenschaftler einen **Vertrauensbruch** nachweist, reagiert der Papst gekränkt und ermächtigt den Inquisitor, erste Schritte gegen Galilei zu ergreifen. (Z. 81–93) 2.1.4

Das Gespräch findet im Privatgemach des Papstes statt, während dieser angekleidet wird (vgl. Regieanweisung Z. 2), um sich in der Folge den versammelten Kirchenoberen zu zeigen. **Anlass des Gesprächs** ist der Plan des Inquisitors, den Papst davon zu überzeugen, dass Galilei zum Widerruf seiner Lehren gezwungen werden soll. Das Gespräch ist dabei von einer grundsätzlich **verschiedenen Haltung** der Figuren Galilei gegenüber geprägt. Während der Inquisitor darauf bedacht ist, die **Macht der Kirche** und ihren prägenden Einfluss zu **sichern**, äußert Urban VIII. sein **Interesse an der Naturwissenschaft**. 2.2
Der Dialog belegt auch, dass sich der Inquisitor in der **Hierarchie** unter dem Papst befindet. Dies wird in der wiederholten Anrede „Eure Heiligkeit“ (Z. 5, 8, 20, 24, 32, 67 f., 83, 92) zum Ausdruck gebracht. Dennoch nimmt er die **dominante Rolle** in dem Gespräch ein, wie an dem **größeren Redeanteil** erkennbar ist, und versucht, durch seine Argumentation den Papst zu beeinflussen. Dies zeigt sich besonders deutlich in seinem **Monolog** (vgl. Z. 11–55), in dem er Argumente vorbringt, warum es unbedingt notwendig sei, dass Galileis Thesen dementiert werden, um die Kirche zu schützen.
Der **Inquisitor** scheint ein kluger Mann zu sein, der sehr genau die **Gefahren** erkennt, die von **Galileis neuem Weltbild für die Kirche** ausgehen. Er spricht von „Auflehnung“ (Z. 11) gegen Glaube und Kirche und befürchtet den immensen Machtverlust (vgl. Z. 16 ff., 47 ff.). Abschätzig bezeichnet er die Wissenschaftler als „Würmer von Mathematikern“ (Z. 31) und kritisiert an Galilei sein Festhalten an der Vernunft (vgl. Z. 40 ff.) in allen Lebenslagen. Darin sieht er eine Gefährdung des **Glaubens**, der für ihn **höchste Priorität** hat (vgl. Z. 44 ff.). Der **Papst** hingegen ist der Wissenschaft nicht abgeneigt (vgl. Vorbemerkung) und hatte bereits als Kardinal Kontakt zu Galilei. Er weigert sich, „die Rechentafel zerbrechen“ (Z. 10) zu lassen und **verteidigt** Galilei (vgl. z. B. Z. 69 ff.). Er gerät jedoch durch die Argumentation des Inquisitors und dessen rhetorische Fragen zunehmend **unter Druck**, wird unsicherer (vgl. Nervosität aufgrund der schlürfenden Schritte am Gang, Z. 65),

bis er letztendlich, als er „in vollem Ornat" (Z. 90) und so auch offensichtlich in seiner Rolle als oberster Kirchenvertreter ist, dem Drängen des Inquisitors **nachgibt** und seiner Forderung zustimmt. Dieser nutzt die bevorstehende Versammlung und den damit verbundenen Entscheidungsdruck aus.
Der Dialog weist also eine **asymmetrische Gesprächssituation** auf: Der formell untergeordnete Inquisitor dominiert zunehmend den Dialog und nimmt erfolgreich Einfluss auf den in der Hierarchie über ihm stehenden Papst.

Kern des Gesprächs ist die **Unlösbarkeit des Konflikts** zwischen **öffentlicher Rollenerwartung und Überzeugungen des Individuums**. Dargestellt wird dies an der Unvereinbarkeit religiöser und wissenschaftlicher Ansichten in der Welt des 17. Jahrhunderts. 2.3

Die Szene beginnt mit der ausdrucksstarken **Exclamatio** des Papstes „Nein! Nein! Nein!" (Z. 4). Durch die dreimalige Wiederholung zu Beginn des Dialogs wird dessen **Entschlossenheit**, die Erkenntnisse der Wissenschaft nicht zu leugnen, deutlich. Absicht des Inquisitors ist es, den Papst zunächst zu besänftigen und anschließend Kritik an der Wissenschaft zu üben. Ersteres gelingt ihm, indem er den Papst wiederholt – fast schon unterwürfig – mit „Eure Heiligkeit" (Z. 5, 8, 20, 24 usw.) anspricht. Mit dieser **Anrede** zollt er dem Papst seinen **Respekt**. Gleichzeitig **zählt** er alle Vertreter der Kirche **auf**, die auf das Erscheinen des Papstes warten (vgl. Z. 6 ff.), und verdeutlicht so die **Tragweite der Entscheidung** des Papstes. Der Inquisitor betont, dass die sich Versammelnden in ihrem „kindliche[n] Glauben" (Z. 7) eine „Bestätigung" (Z. 8) von Urban erwarten. Dadurch übt er **moralischen Druck** aus und **appelliert an die päpstliche Verpflichtung** gegenüber der Christenheit, die tradierte Welt- und Gesellschaftsordnung zu erhalten. *Für* Galilei zu sein, bedeutet in den Augen des Inquisitors unweigerlich, sich *gegen* die Kirche zu stellen (vgl. Z. 8 ff.). Der zweite knappe Redebeitrag des Papstes hingegen unterstreicht noch einmal dessen strikte Ablehnung der Forderung des Inquisitors. Dabei zweigt der **elliptische Ausruf** „Nein!" (Z. 10) seine absolute päpstliche Befehlsgewalt. 2.3.1
Der Inquisitor greift nun zu einer neuen Strategie, indem er mittels einer **ausführlichen Argumentation** versucht, den Papst zu überzeugen. Er nutzt seinen **Monolog**, um Galilei mehrfach anzugreifen und die Bedrohung des Glaubens deutlich zu machen. Er verwendet dazu **rhetorische Fragen** (vgl. Z. 15 ff.). Und er setzt die **Schlüsselbegriffe** „Unruhe" (Z. 13) und „Zweifel" (Z. 12, 16, 17, 18, 19) als Synonyme für die Wissenschaft in Gegensatz zu den Begriffen „Glauben" (Z. 17) und „Wunder" (Z. 47 f.), welche die Kirche repräsentieren. Die gesamte Argumentation des Inquisitors beruht auf dem schwarz-weiß gezeichneten **Kontrast** zwischen Wissenschaft und Kirche bzw. Vernunft und Glaube. Dieser Effekt wird noch durch **Antithesen** verstärkt, etwa bei der „Unruhe" (Z. 13), die durch Menschen wie Galilei auf die „unbewegliche Erde" (Z. 14) gebracht wird. Hier spielt er auf das geozentrische Weltbild an. Der Inquisitor vertritt **hyperbolisch** die Meinung, dass Wissenschaftler „an allem" (Z. 16) zweifeln und damit den Glauben und seine

Vorstellungen untergraben. Die Absurdität der Idee, eine „Gesellschaft auf [...] Zweifel[n] [zu] begründen und nicht mehr auf den Glauben“ (Z. 17), drückt er durch **abgeänderte Zitate der zehn Gebote** aus (vgl. Z. 18 f.).
Sobald er sich direkt an den Papst wendet, häufen sich **positiv konnotierte Begriffe** wie „Liebe“ (Z. 20) oder „schön“ (Z. 20). Dies zeugt vom Bemühen des Inquisitors, den Papst auf keinen Fall anzugreifen, sondern ihn von Grund auf zu überzeugen.
Er **argumentiert machtpolitisch** und erinnert den Papst an den schwindenden Einfluss des Vatikans. Dabei versucht der Inquisitor, den Papst **nicht direkt zu kritisieren** und dadurch zu verärgern, sondern **zitiert** geschickt die angebliche Meinung des römischen Volkes in Form eines **Wortspiels** („Was die Barbaren Rom gelassen haben, rauben ihm die Barberinis“, Z. 22) und spricht von „schweren Prüfungen“ (Z. 23), denen Gott den Heiligen Stuhl unterworfen habe, sowie von Gerüchten. Außerdem listet der Inquisitor außenpolitische Bedrohungen für die katholische Kirche auf, welche er durch die **elliptische Frage** „Und im Auslande?“ (Z. 23) einleitet. Insbesondere spricht er die Reformation und ihre Folgen an (vgl. Z. 25 ff.) und hebt **metaphorisch** und sehr eindringlich hervor, dass die Katholiken – gleich dem Schnee in der Sonne – „zu einigen Häuflein zusammenschm[elzen]“ (Z. 28).
Der **nächste Argumentationsabschnitt**, in dem er herausstellt, dass diese Entwicklung gegen die Kirche durch den Einfluss der Wissenschaft verstärkt wird (vgl. Z. 41 f.), und in dem er mit der Wissenschaft abrechnet, ist geprägt von vielen **Beleidigungen**. So bezeichnet er die Forscher abschätzig **metaphorisch** als „Würmer von Mathematikern“ (Z. 31), die seiner Ansicht nach dem Papst die Macht streitig machen wollen. Mittels einer **rhetorischen Frage** (vgl. Z. 35) spricht er der Astronomie ihre Existenzberechtigung ab. Er bezeichnet Galileo stellvertretend für alle Forscher als „schlechte[n] Mensch“ (Z. 54) und als „Wahnsinnige[n]“ (Z. 41). Durch diese sehr **emotionale** Argumentation kommt deutlich zum Vorschein, welche **Angst** der Inquisitor vor der Autonomie der Wissenschaft hat, da sie den Glauben und damit die Institution der Kirche überflüssig macht. **Abschätzig** betitelt er den Kompass als „Messingkugel“ (Z. 44 f.) und Galilei – erstmals namentlich erwähnt – als „[d]ieser Galilei“ (Z. 45). Erneut stellt der Inquisitor die Wissenschaft, hier durch „Maschinen“ (Z. 46) repräsentiert, **antithetisch** „Wunder[n]“ (Z. 47) und damit dem Glauben gegenüber. Dass Menschen Maschinen entwickeln, geht für ihn einher mit der Tendenz, dass sie Gott nicht mehr brauchen. Besonders die Tatsache, dass die Schriften für jedermann zugänglich und verständlich, d. h. nicht mehr in Latein, sondern in Italienisch abgefasst seien (vgl. Z. 54 f.), beunruhigt den Inquisitor. Abwertend bezeichnet er die italienische Sprache dabei **bildlich** als „Idiom der Fischweiber und Wollhändler“ (Z. 55).
Durch die **Verwendung drastischer sprachlicher Bilder und polemisch zuspitzender Antithesen** versucht der Inquisitor in seiner Argumentation Papst Urban klarzumachen, in was für einer unsicheren Lage sich die Institution Kirche, der Glauben und das geozentrische Weltbild aufgrund von Galileis Thesen befinden.

Nach diesem Monolog wandelt sich die Art des Gesprächs zu einem **Dialog**, die Gesprächsanteile werden zunehmend wieder ausgeglichener. Der Inquisitor lenkt aber weiterhin das Gespräch und äußert sich negativ mittels der **scheinbaren Antithese**, Galilei „verhetz[e] die einen und best[e]ch[e] die anderen" (Z. 57). Er berichtet außerdem darüber, wie durch die Forderung nach „Sternkarten des Herrn Galilei" (Z. 58 f.) für die Seefahrt Druck auf die Kirche ausgeübt werde. Die vermeintlich respektvolle Bezeichnung des Forschers offenbart sich vor dem Hintergrund der vorangegangenen Beleidigungen jedoch als **Sarkasmus**. Zum ersten Mal sieht nun auch Urban die Ausweglosigkeit und Widersprüchlichkeit der Situation und reagiert mit der Aussage, man könne nicht die auf ketzerischen Behauptungen basierenden Karten nutzen, aber die Lehre selbst ablehnen (vgl. Z. 60 ff.). Lapidar und pragmatisch entgegnet der Inquisitor das **elliptische** „Warum nicht?" (Z. 64). Zunehmend wird Urban verunsichert und abgelenkt durch Geräusche vor der Tür (vgl. Z. 65 f., 87 f.), bezeichnet sie als „unerträglich" (Z. 88), und meint damit den Druck, der auf ihm in seiner Rolle als Papst liegt. Dieser wird durch die Fragen des Inquisitors verstärkt. Die Aufgebrachtheit Urbans zeigt sich in kurzen **Parataxen** und einer **Exclamatio**, als er noch einmal die wichtige Position Galileis betont: „Er hat Freunde. Da ist Versailles. Da ist der Wiener Hof. [...] Hand weg von ihm!" (Z. 70 f.) Seine **metaphorische** Bezeichnung Galileis als „Licht Italiens" (Z. 69 f.) und damit als einen der wichtigsten Denker des Landes, der für das neuzeitliche Weltbild steht, bildet einen **Gegensatz** zur folgenden Anspielung auf die Folterpraktiken der Inquisition (vgl. Z. 73 f.). Diese verweisen vielmehr auf das „finstere" Mittelalter. 2.3.2

Der Papst will eine weitere Eskalation zwischen Vernunft und Glaube verhindern (vgl. Z. 77 f.). Seinen **Versuch eines Kompromisses**, d. h. die Erlaubnis für das Buch des Florentiners mit der Vorgabe, dass der Glaube „das letzte Wort" (Z. 79) habe und nicht die Wissenschaft, muss er als **gescheitert** ansehen. Denn der Inquisitor weist ihn darauf hin, dass Galilei sich zwar an die Auflagen gehalten habe, jedoch die kirchlichen Ansichten von einem „dumme[n] Mensch" (Z. 81) vertreten lasse und somit ins Lächerliche ziehe (vgl. Z. 85 ff.).

Nach einem Zögern („Pause", Regieanweisung Z. 90) stimmt Urban letztendlich zu, Galilei vorzuladen, auch wenn er die Methoden der Inquisition – vermutlich aus Sympathie für Galilei – einschränkt: „Das Alleräußerste ist, daß man ihm die Instrumente zeigt" (Z. 91) und ihn nicht wirklich foltert. Er verlässt sich hierbei auf die Erkenntnis, dass Galilei „ein Mann des Fleisches" (Z. 73 f.) und der „Sinnlichkeit" (Z. 76) sei, der sofort nachgeben werde (vgl. Z. 74). Urban zieht widerwillig die **einzig logische Konsequenz**, um den Glauben und die Kirche zu schützen. Wenn die Kirche als Institution weiterhin Macht haben will, muss er als Autorität der Christenheit zustimmen, dass Galilei seine Thesen widerruft. In „vollem Ornat" (Z. 90) hat er die **Rolle des Papstes zu übernehmen** und seine **Privatmeinung zu unterdrücken**. 2.3.3

Das Gespräch endet mit der Bemerkung des Inquisitors, der damit sein Ziel erreicht hat: „Das wird genügen, Eure Heiligkeit. Herr Galilei versteht sich auf Instrumente.“ (Z. 92 f.) Die **Doppeldeutigkeit** der Instrumente – einerseits wissenschaftliche Instrumente, andererseits Folterinstrumente – wirkt hier **zynisch** und demonstriert noch einmal die Überlegenheit des Inquisitors.

Die Szene zeigt deutlich, wie die geschickte rhetorische Strategie des Inquisitors das formale **Machtgefälle**, das zwischen dem eigentlich höhergestellten Papst und dem obersten Vertreter der Inquisition besteht, **aushebeln** kann. In **Friedrich Schillers** Trauerspiel „**Maria Stuart**“, das 1800 uraufgeführt wurde, stehen ebenfalls ein **Konflikt zwischen Staatsräson und privater Meinung** und ein Machtgefälle im Mittelpunkt, jedoch unter entgegengesetzten Voraussetzungen: Formell gleichen Ranges, haben die äußeren Umstände dazu geführt, dass eine Königin formale Macht über eine andere Königin ausüben kann. 3

Schauplatz der Tragödie ist England im 16. Jahrhundert. Maria Stuart, Königin von Schottland, musste aus ihrem Land fliehen und suchte Schutz bei ihrer Verwandten Elisabeth, Königin von England. Da diese unter anderem fürchtete, Maria könnte ihre Ansprüche auf den englischen Thron geltend machen, ließ sie Maria verhaften. Die Handlung des Dramas setzt wenige Tage vor Marias Hinrichtung ein. Wegen Hochverrats hatte ein Gericht Maria zum Tode verurteilt. Um ihr eigenes Ansehen und die Unantastbarkeit der Stellung des Monarchen besorgt, zögert Elisabeth die Unterzeichnung des Urteils hinaus. Maria hofft auf ein **persönliches Gespräch** mit Elisabeth und auf ihre Begnadigung. Arrangiert von den Hofleuten kommt die Begegnung während einer Jagd Elisabeths – scheinbar zufällig – zustande. Dieser Auftritt ist **Höhe- und Wendepunkt des Dramas** und offenbart sehr deutlich die zugrunde liegende **Machtstruktur**. Im „Streit der Königinnen“ wird offensichtlich, wer von beiden die **formale** und wer die **moralische Macht** hat. 3.1
Die lang ersehnte Begegnung mit Elisabeth kommt für Maria unvorbereitet. Sie zeigt auch nicht die erwartete Unterwürfigkeit, sondern verweist auf ihrer beider Ebenbürtigkeit als Königinnen. Ihr Appell an das Mitgefühl Elisabeths erreicht diese nicht: Diese reagiert mit Verachtung. Maria **versucht die Kommunikation auf privater Ebene**, was Elisabeth aber ablehnt. Als Maria von ihr verhöhnt wird, gerät sie in Rage: Sie wirft Elisabeth deren illegitime Herkunft vor, spricht ihr jede Legitimität für ihr politisches Amt ab und fordert den englischen Thron für sich selbst. Damit ist der **Wechsel zwischen politischer und privater Argumentation** wieder gekippt.

Zu Beginn des Gesprächs akzeptiert Maria die über ihr stehende Position **Elisabeths**, welche die **formale Macht** über sie hat. Maria bittet um Gnade, sie bietet Versöhnung an, entsagt zunächst legitimen Ansprüchen, bittet um Freiheit und bekennt sich schuldig. Als jedoch Elisabeth das **Eingeständnis auf der privaten Ebene** als Niederlage der Verführerin Maria interpretiert, reagiert die Königin von Schottland darauf mit höchster Erregung und sie fordert 3.2

den Thron für sich. **Elisabeth verweigert jede Gnade**, wirft ihrem Gegenüber Verbrechen vor, droht mit Gewaltanwendung, triumphiert über ihre Gegnerin und spricht schließlich Maria die Frauenwürde ab. Damit **kehrt sich** erneut **das Machtgefälle um** und nimmt wieder das vom Ausgangspunkt ein, sodass Elisabeth ihren **formalen Machtanspruch umsetzen** kann. Hasserfüllt unterschreibt sie das Todesurteil und händigt es dem Staatssekretär aus. Sie weigert sich, ihm eine klare Anordnung zu geben. Vor ihrem Tod beichtet Maria und bereut den Hass auf Elisabeth. Elisabeth hat mittlerweile alle Berater verloren. Die **Durchsetzung ihrer politischen Macht** bezahlt sie mit Einsamkeit. Die charismatische Maria, die schließlich zu innerer Freiheit findet, ist trotz ihres Scheiterns Elisabeth **moralisch überlegen**.

Auch beim „**Leben des Galilei**" geht es um **Machterhalt**. Durch die Argumentation des eigentlich unter dem Papst stehenden Inquisitors wird die Ausweglosigkeit des Konflikts immer deutlicher. Schließlich muss der **Papst** den Forderungen des Inquisitors, Galilei zum Widerruf zu zwingen, nachgeben, um die kirchlichen Machtstrukturen zu erhalten. Er ist **machtlos innerhalb seines Systems** und hat seine **persönliche Meinung** den Interessen seines Amtes unterzuordnen. Brecht geht es darum, zu zeigen, dass **materielle und machtpolitische Interessen ideelle Werte und Ziele dominieren**. Er veranschaulicht dies am Beispiel der Institution Kirche und eines historischen Falls, um die kritisch-distanzierte Betrachtung zu fördern, ganz im Sinn seiner Theorie des epischen Theaters.

Das „Leben des Galilei" ist eines der **epischen Dramen** Brechts. Mit seinen 4
Theaterstücken übt er **Kritik an der gegenwärtigen Gesellschaft**, zeigt den Zuschauern aber auch, dass die Gesellschaft veränderbar ist. Das wichtigste Mittel dazu ist für ihn der Verfremdungseffekt: Die Schauspieler sollen eine gewisse Distanz zu den Figuren einnehmen, die sie verkörpern, auch der Betrachter soll sich so wenig wie möglich mit den Figuren identifizieren oder mitleiden, um die rationale Auseinandersetzung zu ermöglichen. In dem vorliegenden Textausschnitt fehlen typische Verfremdungsmittel wie Zusammenfassungen am Anfang einer Szene, um Spannung zu vermeiden, oder Lieder und Spruchbänder, die die Handlung reflektieren. Trotzdem ist gut erkennbar, dass – im Unterschied zum aristotelischen Theater – bei Brecht der Fokus nicht auf dem Ausgang der Handlung liegt, sondern auf dem **Verlauf der Argumentation**, den der **Zuschauer kritisch reflektierend** begleiten soll, um daraus seine Konsequenzen zu ziehen.

## Deutsch Bayern – Abiturprüfung 2015: Aufgabe 3: Erschließen eines literarischen Textes

a) Erschließen und interpretieren Sie folgenden Ausschnitt aus Uwe Tellkamps Roman „Der Turm“! Gehen Sie dabei insbesondere auf Verenas verändertes Verhalten am Ende des Textausschnitts ein!
M 1 und M 2 liefern Ihnen wichtige Hilfen und Hintergrundinformationen.

b) Zeigen Sie ausgehend von Ihren Ergebnissen vergleichend auf, wie eine Verhaltensänderung in einem anderen literarischen Werk gestaltet wird!

Der Schwerpunkt der Aufgabenstellung liegt auf Teilaufgabe a).

**Vorbemerkung**
Uwe Tellkamp wuchs in Dresden auf. Für seinen Roman *Der Turm* erhielt er 2008 den Deutschen Buchpreis. Im Oktober 2012 zeigte die ARD eine zweiteilige Verfilmung des Romans.
Der 17-jährige Christian Hoffmann ist Schüler der Abiturklasse an einer Erweiterten Oberschule (EOS) in der DDR. Um studieren zu können, durften keine Zweifel an der Ideologietreue bestehen, die auch in Form von Klassenarbeiten abgeprüft wurde. Während einer solchen Prüfung in Christians Klasse zur Frage, woran sich die Überlegenheit des Sozialismus über den Kapitalismus erkennen lasse, schreibt seine Mitschülerin Verena nichts, sondern starrt aus dem Fenster und gibt ein leeres Blatt ab. Bei der Herausgabe der Arbeiten geht der Geschichtslehrer, Herr Schnürchel, wohlwollend davon aus, dass sich Verena unwohl gefühlt habe und bietet ihr ein Gespräch nach der Stunde an. Der folgende Textauszug setzt ein, nachdem Verena zum ersten Mal vor den anwesenden Mitschülern betont hat, sie habe sich nicht unwohl gefühlt.

**Uwe Tellkamp** (*1968)
**Der Turm** (2008)

[…] „Vielleicht wollen Sie es mir nachher sagen.“ Schnürchel sprach nun bestimmt und abschließend. Seine Ringelsocken, dachte Christian, die übereinandergelegten Füße – gar nicht komisch.

„Ich habe mich nicht unwohl gefühlt.“ Verenas Stimme war schartig[1], sie mußte sich räuspern.

„Verena.“ Diesmal antwortete Schnürchel schnell, Christian spürte die Überraschung in der Klasse bei diesem Ton verhaltener Wärme. „Dann muß ich eine FDJ[2]-Leitungssitzung einberufen und den Klassenlehrer[3] informieren.“ Verena schwieg, und Christian verstand sie nicht, wandte den Kopf zur Tür und flüsterte „Warum, warum?“ mit einer nutzlosen Intensität. Das Mißtrauen stach wieder auf[4], und er glaubte es auch auf Jens Ansorges Zügen lesen zu können, auf Siegbert Fügers dünnem Lächeln, Reina Kossmanns jetzt kalkweißem Gesicht.

Die FDJ-Leitungssitzung wurde für fünfzehn Uhr, nach der letzten Unterrichtsstunde, anberaumt, im Russischzimmer unter Sputnik- und Pionierlager Artek-Wandtafeln, Patenbriefen der befreundeten Komsomol-Organisation und einer Maxim-Gorki-Büste aus Gips.[5] Der Rest der Klasse wartete draußen.

Tagesordnung, Schriftführung – Falk Truschler nahm Stift und Papier –, Dr. Franks sommersprossige Hand, die sich öffnete und schloß. „Bitte." Er nickte Verena zu, die zur Seite starrte, vor sich das weiße Blatt mit ihrem Namen und der Aufgabe darunter. „Ich wußte nicht, was ich schreiben sollte." Ihre Stimme war klar, der Ton kurz angebunden, mit ein wenig Verächtlichkeit; Christian sah auf, traf aber nur Franks Blick, dessen helles Braun ihm jetzt unerklärlich unangenehm war, ebenso die sich hilflos öffnende und schließende Hand. „Dann hatten Sie einen Blackout." Frank stellte es nuschelnd fest, es war keine Frage. „Das kann vorkommen."

„Wir müssen in diesem Fall die Arbeit mit Ungenügend bewerten." Schnürchel hatte zögernd gesprochen, aber noch in Franks Satz hinein. Wieder blieb das Schweigen, wie etwas, das nicht zu löschen war. Christian trug das FDJ-Hemd, wie auch Falk Truschler und Siegbert Füger und Swetlana Lehmann: Herr Schnürchel hatte alle Schüler der Klasse, die im Internat wohnten, gebeten, es anzuziehen.

„Ich bin nicht damit einverstanden, wie wir hier diskutieren. Ich bin der Meinung, daß Verena eine ablehnende Haltung zur gestellten Frage einnimmt und sie deshalb nicht beantwortet hat. Das wäre nicht das erste Mal."

Verena hob den Kopf und musterte Swetlana mit erschrockener Faszination.

„Ja, du hast dir solche Sachen schon auf der POS[6] geleistet. Genau wie deine Schwester."

„Swetlana –"

„Nach meiner Meinung handelt es sich um eine vorsätzliche Provokation, Herr Dr. Frank."

„Das glaube ich nicht." Reina Kossmann, die Kassiererin im FDJ-Rat war, schüttelte den Kopf. „Mir hat sie nämlich vorher etwas gesagt." Verena sei es schlecht gewesen, einer Sache wegen, die einmal im Monat –.

„Sie hat gesagt, sie hat sich nicht krank gefühlt", beharrte Swetlana. „Ich möchte eure Standpunkte wissen. Ich bin dafür, daß der FDJ-Rat einen Beschluß faßt und ihn dem Direktor vorlegt." Swetlana überlegte kurz, tippte mit dem Finger auf die Lippen. „Beiden Direktoren. Und der Grundorganisationsleitung."

Hier mischte sich Siegbert Füger ein: Swetlana könne nicht einfach „Ich glaube ihr nicht" sagen, nicht nur Verena, sondern auch Reina stünden dann unter dem Verdacht der Schwindelei, er persönlich kenne Verena nicht von der POS, aber vom Sportunterricht bei Herrn Schanzler hier, beim Völkerball sei man zusammengestoßen, ihre Lippe habe geblutet, doch sei das ohne Ohnmacht, wie sonst üblich, abgegangen, Verena sei seiner Meinung nach eine, die die Zähne zusammenbeiße, und also auch vor der Geschichtsarbeit.

Was er unter „wie sonst üblich" verstehe, fragte Reina, den Rücken aufrichtend, es seien eher die Jungen, die am schnellsten herumjammerten, zum Beispiel bei der Kartoffellese. Christian schwieg, weil er das schmerzverzerrte Gesicht Verenas nach dem fehlgegangenen Hammerschlag vor sich sah, aber da auch Falk Truschler schwieg, er mußte Protokoll führen, hefteten sich Swetlanas Augen auf ihn, während

Dr. Frank einen Zettel kleinkniffte und Schnürchel eine Cremetube aus seiner Aktentasche zog, eine durchsichtige zollbreite Walze ausdrückte und seine Hände einrieb. Es roch angenehm nach Kräutern.

„Deine Position, Christian?“ Er mußte in diesem Moment an Swetlanas lockiges Haar denken. Es war schön und von einem Braun, das er nicht genau bezeichnen konnte. „Sie ist nicht in der Lage, eine Arbeit zu schreiben, wenn ihr schlecht ist.“

„Sie hätte es natürlich vorher sagen müssen. – Das war Ihr Fehler, Verena“, sagte Schnürchel nachdenklich. „Das Ungenügend können wir nun nicht mehr zurücknehmen. Kein guter Start, aber ich denke, das wird bei Ihnen ein Ausrutscher gewesen sein. Es gibt ja mündliche Vorträge, und sonst stehen Sie doch gut bis sehr gut.“

„Mehr hast du nicht zu sagen?“ An Swetlana schien Schnürchels Einwurf vorbeigeflogen zu sein wie ein Insekt, dem man keine Beachtung schenkt, da man sich auf etwas konzentriert. Sie fixierte Christian, es schien ihm, als ob es sie Kraft kostete, die Lider zitterten kaum merklich, der Blick war nicht stet. „Schade, daß die schönen Posten schon weg waren, hm? Der stellvertretende FDJ-Sekretär, der Schriftführer und der Kassierer. Das hätte ja fürs Medizinstudium gereicht? Aber so … Als Agitator[7] – da muß man ja wirklich Engagement zeigen, stimmt's? Farbe bekennen!“

„Swetlana, Sie werden unsachlich. So kann man nicht miteinander arbeiten.“ Das sagte Dr. Frank, mit grauem Mund, und Reina Kossmann fauchte: „Mir zu unterstellen, ich hätte nur einen Duckposten angenommen, für ein paar Pluspunkte in der Kaderakte[8] –“

„Ist doch die Wahrheit! Das wichtigste für euch ist das Studium, die Karriere, und dafür geht man auch in die FDJ-Leitung! Freilich nicht als Sekretär oder Agitator, also worauf's ankommt … Wärt ihr denn auch dabei, wenn es dafür keine Pluspunkte gäbe? Was in diesem Land verwirklicht werden soll, ist euch doch völlig egal!“

„Swetlana! So kommen wir nicht weiter. Dr. Frank hat recht, das ist unsachlich. Es ist nicht korrekt. Nicht korrekt. Wir sollten abschließend auch hören, was Verena zu sagen hat. Beruhigen Sie sich.“ Merkwürdig, wie behutsam Schnürchel sein konnte, väterlich, als müßte er seine ungebärdige Lieblingstochter vor sich selbst schützen; seine linke Hand, die vorgeschnellt war: als ob er etwas einfangen wollte, dachte Christian. Vielleicht kannte er die Situation, erkannte sie wieder.

„Es stimmt, was Reina gesagt hat. Ich … hatte Probleme.“ Verena war blaß jetzt, sie hatte leise gesprochen, mit abgewandtem Gesicht. […]

*Uwe Tellkamp, Der Turm. Geschichte aus einem versunkenen Land, Frankfurt am Main: Suhrkamp 2008, S. 196–200; Orthografie entsprechend der Ausgabe von 2012*

Worterläuterungen:

1 *schartig:* von sprödem Klang, brüchig
2 *FDJ:* Freie Deutsche Jugend, die einzige staatlich anerkannte und geförderte sozialistische Jugendorganisation in der DDR
3 *Klassenlehrer:* gemeint ist der Klassenleiter, Dr. Frank
4 Christians Misstrauen beruht darauf, dass er sich Verenas Verhalten nicht erklären kann.
5 *Sputnik, Pionierlager Artek, Komsomol, Maxim Gorki:* Symbole für das sowjetische Selbstverständnis als überlegener kommunistischer Gegenentwurf zum kapitalistischen Westen
6 *Polytechnische Oberschule (POS):* einheitliche Gemeinschaftsschule in der DDR, die zehn Jahrgangsstufen umfasste; zum Erreichen des Abiturs ging man danach auf die EOS

7 *Agitator:* An jeder Schule gab es einen Agitator der FDJ, der die Jugendlichen zu regimekonformem Verhalten anzuhalten hatte; Christian ist Agitator

8 *Kaderakte:* Die Kaderakte war eine vertrauliche Sammlung von Dokumenten, die sowohl dienstliche als auch private Leistungen, Verhaltensweisen und Verfehlungen jedes Einzelnen vermerkte und für das Weiterkommen im Berufsleben wichtig war.

*Vorbemerkung: Bei den folgenden Materialien handelt es sich um Auszüge aus geschichtswissenschaftlichen Publikationen.*

## Material 1

### **Jürgen Wolf, Besondere Vorkommnisse** (2012)

[…] Aus Sicht der SED hatte die sozialistische Gesellschaft zwei Stützen: die Arbeiterklasse und die Jugend. Die Generationen, die ihr Leben bereits vollständig in der DDR geführt hatten, waren Hoffnungsträger, weil sie als gleichsam unbeschriebene, formbare Masse gesehen wurden. Die Erziehungsinstitutionen sollten sicherstellen, dass „negative" Einflüsse kleingehalten und korrigiert werden. […] Um dieses Projekt zu verwirklichen, war die Schule durchdrungen vom Staats- und Parteiapparat, ja sie wurde als ein Teil von ihm verstanden, als ausführendes Organ von Parteibeschlüssen. Neben der Schulverwaltung hatte sich eine Parallelorganisation aus den Untergliederungen der Partei etabliert. […] Jede Schulklasse bildete eine FDJ-Gruppe, die sich eine „Klassenorganisationsleitung" (KOL) aus sechs Schülern wählte: einen Sekretär mit Stellvertreter, einen Agitator, einen Beauftragten für Kultur und Sport, einen Berater für Wehrerziehung und Studium und einen Kassierer. Die FDJ-Leitung an der Schule, die „Grundorganisationsleitung" (GOL), wurde von den Leitern der Klassenorganisationen gewählt. Die GOL-Sekretäre hatten regelmäßige Besprechungstermine mit dem Schuldirektor, die Agitatoren mit dem Parteisekretär. […]

*Jürgen Wolf, Besondere Vorkommnisse, in: Klaus Behnke, Jürgen Wolf (Hg.), Stasi auf dem Schulhof, 2. verbesserte und ergänzte Auflage, © CEP Europäische Verlagsanstalt Hamburg 2012, S. 145 f.*

## Material 2

### **Stefan Wolle, Die heile Welt der Diktatur** (2009)

[…] Zwischen 1945 und 1989 gab es in der Sowjetzone beziehungsweise in der DDR keinen angstfreien öffentlichen Dialog über öffentliche Angelegenheiten. Ein gigantischer Überwachungs- und Repressionsapparat verhinderte jede Abweichung von der ideologischen oder begrifflichen Norm. Er verfügte über ein ausbalanciertes und hoch perfektioniertes System von Vor- und Nachkontrollen, von Strafen und Strafandrohungen sowie von Belohnung und Privilegierung der folgsamen Mitläufer und aktiven Mittäter. Die Sanktionen reichten von Einschränkungen in den Bildungs- und Berufschancen bis hin zu Zuchthausstrafen. Zudem herrschte eine Art Sippenhaft. Von der Kinderkrippe bis zum Altersheim wurde der Einzelne von Fragebögen und Beurteilungen begleitet, die stets auch die Eltern, Geschwister, Ehegatten und Kinder betrafen […].

*Stefan Wolle, Die heile Welt der Diktatur. Herrschaft und Alltag in der DDR 1971–1989, © Christoph Links Verlag GmbH Berlin 1998/2009, S. 162 f.*

**Hinweise und Tipps**

*Die Aufgabe ist wie üblich **zweigeteilt** in die Erschließungs- und Interpretationsauftrag a) und eine Vergleichsaufgabe b). Der **Schwerpunkt** liegt dabei auf **a)**, was auch in Ihrer Gliederung und der Ausarbeitung Ihrer Arbeit sichtbar werden sollte.*
*Es empfiehlt sich, den Aufsatz mit **einer strukturierten Inhaltsangabe** zu beginnen, die den **Aufbau des Textes** deutlich macht und einen **Überblick über das Geschehen** bietet. Weil der Romanauszug im Wesentlichen ein Gespräch abbildet, sind für dessen Analyse auch die Instrumentarien einer **Dialoganalyse** nützlich. Hier zeigt sich, dass ein flexibler Bezug auf Aspekte und Kategorien anderer Textsorten hilft, dem Spezifischen dieses Textes besonders gut gerecht zu werden. In der vorliegenden Romanszene können so die Absichten und Motive der Personen vor allem durch ihre Mimik und Gestik ermittelt werden. Die unterschiedlichen **Rede- und Argumentationsstrategien** sind darüber hinaus nicht nur Mittel zur Charakteristik der Personen, sondern liefern unter **sprachlich-stilistischer** Sicht wichtige Hinweise für den Interpretationsschwerpunkt der Aufgabe.*
*Im Mittelpunkt der Erschließung steht der vorgegebene Fokus – die entscheidende Frage, warum die weibliche Hauptfigur ihr Verhalten schließlich ändert. Auf diese **Themafrage** können die wesentlichen Kriterien zur Analyse von epischen Texten bezogen werden. So liefern sowohl die **Orts**- und **Zeitgestaltung** des Romanausschnitts, als auch die **Erzählweise** und die **Figurengestaltung** wertvolle Hinweise zu dessen Beantwortung. Sie sollten den Interpretationsfokus während der gesamten Texterschließung als roten Faden verfolgen und zum Abschluss in eine **zusammenfassende Interpretation** des Zusammenspiels von Druckmitteln und Kontrollmechanismen der SED-Diktatur münden lassen.*
*Die zweite Frage verlangt von Ihnen einen **Vergleich** mit der Gestaltung der Verhaltensänderung in einem anderen literarischen Werk. Als solches bietet sich sowohl ein Drama als auch ein epischer Text der deutsch- oder fremdsprachigen Literatur an, in dem eine Figur einen – womöglich **einschneidenden – Gesinnungs- und Verhaltenswandel** vollzieht. Ihre Darstellung soll sich dabei nicht auf eine inhaltliche Skizzierung des Vergleichswerks beschränken. Vielmehr besteht Ihre Leistung v. a. im Auffinden geeigneter **Vergleichskategorien**, mit denen z. B. Inhalt und Art, Auslöser bzw. Ursachen und Verlauf der Verhaltensänderung miteinander verglichen werden. Interessant wäre auch eine Gegenüberstellung des Umfelds, des Einwirkens anderer Personen auf die Verhaltensänderung und der Einfluss der Verhaltensänderung auf das weitere Geschehen bzw. auf die Befindlichkeit der betreffenden Person.*
*Die beigefügten **Materialien** bieten **wichtige Hintergrundinformationen** zum Verständnis des Romanauszugs im historischen Kontext. Dieser Einblick in die gesellschaftlichen Zwänge des DDR-Systems, hier verkörpert durch das Schulsystem, liefert wesentliche Grundlagen für die Denkmuster der Figuren und damit für die Frage nach den Ursachen und Motiven der Verhaltensänderung Verenas. Ihre Kenntnisse aus dem **Sozialkunde - und Geschichtsunterricht** sind in diesem Zusammenhang ebenfalls nützlich und bieten zusätzlich zu den Materialien Anknüpfungspunkte für den thematischen Rahmen in der Einleitung oder für eine abschließende Reflexion am Schluss.*

## Gliederung

A Die Bedeutung der Jugend für das Funktionieren des DDR-Regimes

B Erschließung und Interpretation des Romanauszugs aus Uwe Tellkamps „Der Turm“ unter besonderer Berücksichtigung von Verenas Verhaltensänderung

- I Einordnung in die Romanhandlung: Verweigerung des Ideologiebekenntnisses einer Schülerin zum SED-Staat und deren Konsequenzen
- II Inhalt und Struktur des Romanauszugs
  - 1 Herausgabe der Klassenarbeit und Gespräch über Gründe für das Nichtbearbeiten (Z. 1–12)
  - 2 FDJ-Leitungssitzung und wohlwollendes Argumentationsangebot der Lehrer (Z. 13–29)
  - 3 Infragestellen von Verenas Loyalität zum SED-Staat durch Swetlana (Z. 30–45)
  - 4 Stellungnahme der Klassenkameraden zum Verhalten Verenas (Z. 46–67)
  - 5 Grundsatzdiskussion über die wahren Gründe für das Partei-Engagement (Z. 68–82)
  - 6 Abschließende Aufforderung zur Stellungnahme: Nachgeben Verenas (Z. 83–90)
- III Räumliche, zeitliche und erzählerische Gestaltung
  - 1 Symbolisch aufgeladene Ortsgestaltung des Verhörraums
  - 2 Spannungssteigernde Zeitstruktur
  - 3 Personale Erzählperspektive mit wertendem Erzählverhalten Christians
- IV Gesprächsstrategien als Spiegel für die Einstellungen der Personen
  - 1 Zurückhaltende Nicht-Positionierung Christians
  - 2 Wortkarge Verweigerungshaltung Verenas
  - 3 Verhaltenes Agieren der Lehrer im Sinne Verenas
  - 4 Schwanken der Mitschüler zwischen Neutralität und Parteinahme
  - 5 Aggressive Anklage Verenas durch Swetlana
- V Gründe für Verenas Verhaltensänderung am Schluss der Unterredung
  - 1 Einsicht in die Macht des DDR-Systems angesichts des selbstgerechten Auftretens Swetlanas
  - 2 Gefahr der Ausweitung des Falls durch drohendes Einsetzen des Überwachungssystems
  - 3 Einsicht in die Verwicklung anderer in ihre Protestaktion
- VI Vergleich der Verhaltensänderung Verenas mit der Hannas im Bernhard Schlinks „Der Vorleser“
  - 1 Grund bzw. Motiv für das Verhalten
  - 2 Anlass zur Verhaltensänderung
  - 3 Rolle anderer Personen
  - 4 Konsequenzen der Verhaltensänderung

C Fehlende Entscheidungs- und Meinungsfreiheit in einer Diktatur

**Lösungsvorschlag**

„Wer die Jugend hat, hat die Zukunft“ – diese Leitlinie der NS-Jugenderzie- A
hung zeigt, dass die Beeinflussung der Jugend und deren **Erziehung zu Ideologietreue** für totalitäre Staaten existenziell wichtig sind. Die Überwachung und Kontrolle ihrer Bürger „[v]on der Kinderkrippe bis zum Altersheim“ (M 2, Z. 8 f.) war auch in der DDR wesentliches Merkmal des Staates. Die „FDJ“ – die sogenannte „Freie Deutsche Jugend“ bildete deshalb eine überlebenswichtige Stütze des SED-Regimes. Besonders in der **Schule** wurde darauf geachtet, dass Kinder und Jugendliche, die als „unbeschriebene, formbare Masse gesehen wurden“ (M 1, Z. 3 f.), die Regierung voll unterstützten. Erreicht wurde das dadurch, dass jede Schulklasse eine FDJ-Leitungsgruppe wählte, die dafür sorgte, dass **keine Kritik an der Regierung** aufkam. Wer sich trotzdem gegen die SED stellte, musste mit Konsequenzen rechnen, die von der Verweigerung eines Studiums bis hin zu Gefängnisstrafen reichte (vgl. M 2, Z. 7 f.).

Diese Thematik spricht **Uwe Tellkamp** auch in seinem Roman „**Der Turm**“ B
an. Verena, eine Schülerin der Abiturklasse an einer Erweiterten Oberschule I
in der DDR, gibt bei einem Test, mit dem die Schüler ihre **Systemtreue** unter Beweis stellen sollen, nur ein leeres Blatt ab. Dies ist ihre Antwort auf die Frage, worin die Überlegenheit des Sozialismus gegenüber dem Kapitalismus bestünde. Im vorliegenden Romanauszug beginnt sie die **Konsequenzen** für ihr regimekritisches Benehmen zu spüren. Während sie sich anfangs auflehnt, wird sie schließlich verunsichert und zur **Änderung ihres Verhaltens** gebracht.

Die Textpassage setzt damit ein, dass Geschichtslehrer Schnürchel nach der II
Herausgabe des **nicht bearbeiteten Tests** das Gespräch mit seiner Schülerin 1
sucht. Der Pädagoge geht wohlwollend davon aus, dass sie **krankheitsbedingt** nicht in der Lage gewesen sei, die Aufgabenstellung zu bearbeiten, doch Verena **bestreitet** ein Unwohlsein, worauf Schnürchel sie über die Konsequenzen ihres Verhaltens aufklärt. Er sei verpflichtet, eine **FDJ-Leitungssitzung** einzuberufen. Anders als ihre Mitschüler, die mit Unverständnis auf ihr Verhalten reagieren, gibt sie sich unbeeindruckt (Z. 1–12).

Bei der Sitzung, die für den Nachmittag anberaumt wird, sind neben 2
Schnürchel noch Klassenleiter Dr. Frank, Verena und die aus sechs Schülern der Klasse bestehende FDJ-Leitungsgruppe anwesend. Dr. Frank wertet das Verhalten ebenfalls als Aussetzer und das Gespräch entwickelt sich zu einem **Angebot beider Lehrer an Verena**, dass der Vorfall außer einer schlechten Note keine Konsequenzen nach sich ziehen würde (Z. 13–29).

Das **FDJ-Leitungsmitglied Swetlana** ist damit nicht einverstanden und wen- 3
det ein, die Verweigerung des Tests sei ein **Akt der Provokation**. Einen Verteidigungsversuch Reinas, einer Mitschülerin, lässt sie nicht gelten und besteht auf Verenas ursprünglicher Aussage und der Herbeiführung eines Beschlusses zur Vorlage ans Direktorat und die Grundorganisationsleitung (Z. 30–45).

In der Folge kommt es zu einem **Disput zwischen den einzelnen Gruppen-** 4
**mitgliedern**, die Verena verteidigen und sich gleichzeitig nicht selbst schaden wollen, während sich die Lehrer nicht einmischen. Durch die Aussage Christians, der in seiner Funktion als Agitator nun Stellung beziehen muss, sehen die Lehrer ihre Auffassung, dass Verena krankheitshalber nicht mitschreiben konnte, als bestätigt an (Z. 46–67).

Auf die Äußerungen der anderen Gruppenmitglieder reagiert Swetlana deut- 5
lich gereizt und wirft ihnen, allen voran Christian, vehement vor, nicht aus ideologischer Überzeugung Mitglied in der FDJ-Leitungsgruppe zu sein, sondern einen **persönlichen Vorteil** daraus ziehen zu wollen (Z. 68–82).

Herrn Schnürchel gelingt es, ihren Ausbruch zu bremsen. Als er Verena ab- 6
schließend zu einer **Stellungnahme** auffordert, erklärt diese zögernd, sie habe tatsächlich Probleme gehabt (Z. 83–90).

Wie es zu dieser überraschenden Verhaltensänderung kommt, lässt sich nach- III
vollziehen, indem man den Ablauf und die näheren Umstände der Auseinandersetzung genauer betrachtet. Hierbei spielen die **Beschreibung des Raums**, die **Zeitstruktur**, die **Erzählsituation** und die **Personendarstellung**, die mit den **Gesprächsstrategien** verknüpft ist, eine wichtige Rolle.

Man kann davon ausgehen, dass der erste Teil des Romanauszugs im **Klassen-** 1
**zimmer** handelt, denn der Lehrer stellt Verena unmittelbar bei der Herausgabe der Klassenarbeiten zur Rede. Sowohl die Auswahl des Personenkreises bei der FDJ-Leitungssitzung als auch der Ort der Zusammenkunft erinnern an ein **Verhör**. Zu diesem Zweck wird bezeichnenderweise das „**Russischzimmer**“ (Z. 14) gewählt. Verena steht im Verdacht, die Ideologie zu verneinen, die den Staaten des Ostblocks durch die „Russen“ diktiert wurde. Der durch „Sputnik- und Pionierlager Artek-Wandtafeln, Patenbriefe der befreundeten Komsomol-Organisation und einer Maxim-Gorki-Büste aus Gips“ (Z. 14 ff.) **symbolisch aufgeladene Raum** bekommt eine **verstärkende Wirkung** auf die Beteiligten – im Fall Verenas ist dies eine eindeutig einschüchternde. Der „große Bruder“ ist als stiller Beobachter mit anwesend, die **Überlegenheit des Systems**, dem Verena nicht zustimmte, wird hier augenfällig demonstriert.

Zwischen der Herausgabe der Arbeit und der nachmittäglichen Zusammen- 2
kunft liegen nur wenige Stunden. Nach dem **szenischen Einstieg** im Klassenzimmer findet also ein **Zeitsprung** statt; die FDJ-Sitzung im Beisein des Klassenleiters Dr. Frank wird chronologisch und aufgrund des dialogischen Charakters des Abschnitts **nahezu zeitdeckend** erzählt, vereinzelt finden sich auch **zeitdehnende Passagen**, wenn es um die Gedanken des Erzählers geht. Während des Gesprächs entspricht die Erzählzeit beinahe minutiös der erzählten Zeit. Damit wird der Leser unmittelbarer Zeuge der Vorkommnisse.

Dies wird durch die **Erzählsituation** noch verstärkt. Die Episode wird **perso-** 3
**nal** aus der Sicht der Hauptfigur des Romans, des 17-jährigen Christian Hoff-

mann, einem Mitschüler Verenas, erzählt. Das hat zur Folge, dass man lediglich in seine Reflexionen und Gefühle Einblick erhält, während die anderen Personen von außen beschrieben werden. Der Leser entwickelt so eine gewisse **Subjektivität**, indem er die Sichtweise des Erzählers übernimmt, z. B. wenn dieser über Schnürchel sagt, dass er mit einem „Ton verhaltener Wärme“ (Z. 7) spreche, als er Verena das Erklärungsangebot macht.

Es ist von Anfang an zu erkennen, dass **Christian Sympathie für Verena** emp- IV
findet, denn auf ihre erste Ablehnung des Erklärungsangebots folgt seine ge- 1
flüsterte Frage „Warum, warum?“ (Z. 9 f.) Damit zeigt er deutliche **Anteilnahme**, aber auch eine erschreckte **Verständnislosigkeit** gegenüber ihrer Haltung. Im Folgenden ist Christians Beteiligung am Geschehen eher **passiv**, obwohl er als Mitglied der KOL-Gruppe in die Diskussion involviert ist. Dabei fällt auf, dass er zwar immer wieder die Stimmung der Klasse und der beteiligten Personen interpretiert, aber seine **eigene Meinung nicht preisgibt**. Sogar als er von Swetlana unmittelbar angesprochen wird, wählt er die geschickte, da allgemein gehaltene Formulierung: „Sie ist nicht in der Lage, eine Arbeit zu schreiben, wenn ihr schlecht ist“ (Z. 63), womit er sich nicht darauf festlegen muss, wie er Verenas Verhalten einschätzt. Nur an insgesamt zwei Textstellen äußert sich Christian in wörtlicher Rede, sein **Redeanteil** ist also **sehr gering**. Nicht einmal auf Swetlanas persönlichen Angriff geht er ein, obwohl sie ihm vorwirft, seinen Posten nur aus Karrieregründen angenommen zu haben und in diesem zu versagen (vgl. Z. 73). Der Leser empfindet durch die personale Erzählperspektive den Druck, der auf Christian in seiner Rolle als Agitator lastet, mit und erkennt, dass der Vorwurf stimmt: Er handelt genau entgegengesetzt zu den Erwartungen, die sein Posten mit sich bringt. **Ausweichend** sind auch seine Gedanken. Je brisanter die Situation wird, desto mehr nehmen seine Beobachtungen zu, die Details in den Vordergrund rücken: Als Swetlana Christian ins Visier nimmt, weicht er ihrem Blick aus und beobachtet stattdessen Dr. Frank, der „einen Zettel kleinkniffte“ (Z. 58), und Schnürchel, der sich die Hände mit Creme einreibt. Dass Christian **keinesfalls** eine **Auseinandersetzung** mit Swetlana möchte, wird deutlich, als er sich auf ihre Frage nach seiner Position lieber mit ihren schönen braunen Haaren auseinandersetzt, statt mit seiner Antwort (vgl. Z. 61 ff.).

**Verena**, die in knappen, parataktischen Sätzen nur kurze Statements abgibt, 2
wirkt trotzig, als versuche sie die Staatsmacht „mit ein wenig Verächtlichkeit“ (Z. 21) herauszufordern. Dies geschieht jedoch äußerst zurückhaltend, bei ihrem Widerspruch muss sie sich räuspern (vgl. Z. 4 f.). Bis zu ihrem Einlenken ist ihr **Redeanteil sehr gering**, sie schweigt und starrt zur Seite (vgl. Z. 19). Trotz des mehrmaligen Angebots der Ausrede bleibt sie bis zum Ende standhaft bei der **Verweigerung** des geforderten ideologischen Bekenntnisses. Es entsteht das Bild einer zurückhaltenden, aber **charakterstarken** jungen Frau. Ihre Zähigkeit wird auch von ihrem Klassenkameraden Siegbert bei der Schilderung ihres Sportunfalls betont und von Christian insgeheim bestätigt (vgl. Z. 46 ff.).

Beide Lehrer agieren sehr verhalten und möchten den Vorfall im Sinne Verenas regeln. **Dr. Frank**, der Klassenleiter, sollte in seiner Position eigentlich eine gewisse Autorität besitzen. Stattdessen wirkt er in der Sitzung **nervös**, was seine **Körpersprache** verrät. Die unbewusste Gestik seiner „Hand, die sich öffnete und schloß“ (Z. 18), zeigt, wie unruhig er ist. Dem Leser wird bewusst, dass auch die beteiligten Lehrer die Situation als unangenehm empfinden. „[H]ilflos“ (Z. 23) kommentiert Dr. Frank Verenas Verhalten als „Blackout“ (Z. 23) und erweckt den Anschein, dass er selbst keine härteren gegen die Schülerin gerichteten Konsequenzen ziehen will. Die Angelegenheit soll ohne großes Aufsehen geregelt werden, er stellt keine direkten Fragen und „nuschel[t]“ (Z. 24). Als Swetlana mit ihren Vorwürfen den Gesprächsverlauf an sich reißt, reagiert er erst spät mit einer **hilflos wirkenden** und wenig effektiven Mahnung zu Sachlichkeit (vgl. Z. 75). Danach mischt er sich nicht mehr in das Gespräch ein. 3

**Geschichtslehrer Schnürchel** hat dagegen deutlich mehr Kontur. Er wird als verantwortungsbewusster und auf Ordnung bedachter Lehrer beschrieben, der mit Verenas ablehnendem Verhalten aufgrund seiner persönlichen Autorität souverän umgeht (vgl. Z. 6 f.). **Nach außen hin** beachtet er die Regeln des Systems, die nach einem solchen Affront befolgt werden müssen. Die Internatsschüler werden von ihm sogar angehalten, FDJ-Hemden anzuziehen (vgl. Z. 28 f.). Sein Anliegen sowie die **non-verbale Kommunikation** zeichnen jedoch ein differenzierteres Bild. Christian fallen die Ringelsocken Schnürchels auf, die gar nicht zu einer solchen Autoritätsperson passen wollen, sondern eher typisch für einen Freigeist wären. Die Art und Weise seines Umgangs mit Verena, die er mit „verhaltener Wärme“ (Z. 7) anspricht, überrascht sogar die Klasse und macht ihn auch für den Leser im Hinblick auf seine Regimetreue verdächtig. Denn die Erkenntnis, ob man einen Feind oder Freund vor sich hatte, beruhte im Überwachungsstaat DDR auf genauer Beobachtung von Gesten und indirekten Signalen. Die Kommunikation vollzog sich mittels unverdächtiger Phrasen. Christian besitzt eine Sensibilität für solche Signale, sodass er Schürchels Geste am Schluss der Szene – „seine linke Hand, die vorgeschnellt war: als ob er etwas einfangen wollte“ (Z. 87) – als dessen väterliche **Schutzgeste** für Verena, „seine ungebärdige Lieblingstochter“ (Z. 86), deutet. Er tut alles, um sie aus der misslichen Situation zu befreien, unterbricht Swetlanas Anschuldigungen und wirft Verena mit seinen **wiederholten Argumentationshilfen** einen Rettungsring zu, „als müßte er [sie] vor sich selbst schützen“ (Z. 86). Letztendlich erscheint es Christian so, als könne sich der Lehrer mit Verena identifizieren, er war als Jugendlicher womöglich in einer ähnlichen Lage (vgl. Z. 88).

Die **anderen Schüler** lassen sich als weitgehend **angepasste Gruppe** charakterisieren, die – wie aufgetragen – das FDJ-Hemd tragen. Anfangs überrascht und verständnislos erleben sie das Ausbrechen der Kameradin aus den Regeln (vgl. Z. 10 ff.). Die Konsequenzen von Verenas rebellischem Verhalten schüchtern sie ein, was Reina Kossmanns „kalkweiße[s] Gesicht“ (Z. 12) deutlich zeigt. 4

Bei der FDJ-Leitungssitzung setzen sie sich in unterschiedlichem Maße für Verena ein, **vermeiden** aber eine eindeutige **Stellungnahme** gegen das System (vgl. Z. 39 ff., 46 ff., 61 ff.). Zu einer direkten Auseinandersetzung kommt es erst, nachdem Swetlana die Loyalität der Schüler gegenüber dem SED-Staat infrage gestellt und ihnen Duckmäusertum und Opportunismus vorgeworfen hat (vgl. Z. 71 ff.). Die **drohende Eskalation** kann erst durch das Einschreiten Schnürchels beendet werden. Mit ihren Vorwürfen lässt Swetlana ein Bild entstehen, das auf „Belohnung und Privilegierung der folgsamen Mitläufer" (M 2, Z. 6) beruht. Ihre Aussage, dass diese nur deswegen in der FDJ wären, um ihre Chancen für ein besseres Leben zu erhöhen, ist nachvollziehbar.

Dagegen repräsentiert **Swetlana** das Musterbeispiel eines „aktiven Mittä- 5
ter[s]" (M 2, Z. 6 f.) – ja einer **Überzeugungstäterin**, die uneingeschränkt hinter dem SED-System steht. Sie trägt einen russischen Namen, der ihre Nähe zum kommunistischen Wertesystem unterstreicht. Womöglich stammt sie aus einer Familie, die sich mit dem sowjetischen Vorbild identifiziert. Damit ist sie die **Kontrastfigur** zu Verena, auch in ihrem selbstbewussten Auftreten mit deutlicher Körpersprache und ihrem **systemkonformen Jargon**. Ihr fast pathetischer Ausruf (vgl. Z. 82) zeigt ihre Erregtheit. Im Verhalten Verenas sieht sie „eine vorsätzliche Provokation" (Z. 37) und als Einzige benennt sie deren „ablehnende Haltung" (Z. 31) als Grund für die Abgabe des leeren Blattes. Sie „fixiert" (Z. 70) Christian, greift ihn direkt an (vgl. Z. 71 ff.) und **kritisiert ihre Mitschüler**, denen sie opportunistisches Karrieredenken vorwirft, mit sarkastischen Fragen und vorwurfsvollen Ausrufen (vgl. Z. 71 ff., 79 ff.). Auch ihren Lehrer Schnürchel schätzt sie (wohl richtig) als politisch unzuverlässig ein, seinen mäßigenden Einwurf ignoriert sie (vgl. Z. 68 f.). Ihrer Meinung nach sollte Verenas Fehlverhalten mit weitreichenden Konsequenzen bestraft werden. Sie unterbricht andere wiederholt (vgl. Z. 68, 79) und ist nicht bereit, andere Standpunkte als den ihren zu akzeptieren. Swetlana verkörpert jene SED-Anhänger, die bewusst Mitbürger mit parteikritischen Gedanken an den Pranger stellten und so Druck auf die Gesellschaft ausübten.

Verena, die bis dahin das geforderte ideologische Bekenntnis verweigert hat, V
**kapituliert** angesichts dieses Drucks. Sie übernimmt am Ende den angebotenen Vorwand, sie hätte gesundheitliche Probleme gehabt. Verena ist somit ein dynamischer Charakter, der sich im Laufe des Textausschnittes in seiner **Grundhaltung verändert**. Dafür gibt es **mehrere Deutungsmöglichkeiten**.

Zum einen kann es daran liegen, dass Verena durch die einschüchternde Atmo- 1
sphäre des Verhörs, v. a. durch das vehemente Auftreten Swetlanas bewusst wird, dass sie sich mit dieser Aktion ihre **Zukunftsperspektiven verbaut**. Dies wird durch deren direkte Anschuldigung, bereits auf der POS regimekritisch aufgefallen zu sein und damit als eine Wiederholungstäterin zu gelten, verstärkt.

Swetlana verleumdet auch die Schwester Verenas und zieht ihre Familie in 2
den Fall hinein. Auf diesen Akt des Angriffs reagiert Verena mit „erschro-

ckener Faszination“ (Z. 33). Dass eine Klassenkameradin zu einer so unverhohlenen Denunziation fähig ist und sich in ihrer Linientreue auf eine derart schädigende Weise **gegen sie und ihre Familie** richtet, wird ihr wohl erst jetzt klar. Die Mechanismen des Systems, das mit einer „Art Sippenhaft“ (M 2, Z. 8) die Bestrafung auf Eltern und Geschwister ausweitet, werden brutal vorgeführt.

Der Rundumschlag Swetlanas gegen die KOL-Gruppe verdeutlicht, dass Ve- 3
rena mit ihrem Verhalten **andere in eine missliche Lage** bringt. Vor allem Reina wird durch ihre Aussage in den „Verdacht der Schwindelei“ (Z. 47 f.) gebracht, was die Situation auch für sie gefährlich macht. Verenas Beharren auf ihrem Standpunkt hätte zudem die Verwicklung ihrer Lehrer und Kameraden in die weitergehende Untersuchung zur Folge. Swetlanas Unterstellung, dass der Großteil der Anwesenden der FDJ nur beigetreten sei, um „Pluspunkte“ (Z. 77) zu sammeln und sich später in der DDR einen Studienplatz zu sichern, würde dann auf den Prüfstand kommen – für viele der Anwesenden eine sehr unangenehme Lage. Ihr **Verantwortungsgefühl** für die ihr gewogenen Lehrer und Freunde und das **Schuldgefühl**, dass sie diese in einen Strudel der Verdächtigungen hineinziehen und der Überwachungsmaschinerie aussetzen würde, führen dazu, dass Verena kapituliert. Davor bekräftigt sie jedoch Reinas Aussage und nimmt ihre Freundin so aus der Schusslinie (vgl. Z. 89). Zögerlich räumt sie dann ein: „Ich … hatte Probleme“ (Z. 89). Ihr „leise[s] [Sprechen] mit abgewandtem Gesicht“ (Z. 90) beweist, dass sie damit ihre Überzeugung verrät. Stefan Wolles Aussage, „in der DDR [habe es] keinen angstfreien öffentlichen Dialog über öffentliche Angelegenheiten“ gegeben (M 2, Z. 1 f.), wird hier plastisch vorgeführt. Die „Erziehungsinstitution“ (M 1, Z. 4) **Schule** hat gegriffen. Der „negative“ Einfluss einer einzelnen Schülerin wurde durch die FDJ-Leitungssitzung „kleingehalten und korrigiert“ (M 1, Z. 5) und damit **Kritik am politischen System im Keim erstickt**.

In **Bernhard Schlinks Roman „Der Vorleser“** geschieht eine ähnlich radikale IV
Verhaltensänderung der weiblichen Hauptfigur. Im Gegensatz zu „Der Turm“, 1
wo Verenas Verweigerungshaltung **politisch** motiviert ist, sind die Gründe für das Verhalten von Hanna Schmitz **persönlich** geprägt. Diese lebt als junge Frau ebenfalls in einem totalitären System, allerdings im nationalsozialistischen Deutschland, das nicht nur auf Überwachung beruht, sondern auch eine beispiellose Verfolgungs- und Vernichtungspolitik gegenüber Juden und Andersdenkenden praktiziert. Hanna passt sich dem System an und wird darüber hinaus als KZ-Aufseherin mitverantwortlich für die Tötung von jüdischen Gefangenen. Ihr Motiv ist jedoch ein sehr persönliches: Aus Angst, als Analphabetin bloßgestellt zu werden, tritt sie einen Posten als Wächterin bei der SS an, bei dem ihr Handicap nicht auffällt. Dafür nimmt sie in Kauf, Häftlinge in den Tod zu schicken. Erst Jahre später ändert sich ihre Haltung.

Im Gegensatz zu Verena, die innerhalb **weniger Stunden** durch Druck von au- 2
ßen gezwungen wird, ihre regimekritische Haltung aufzugeben, durchläuft Hanna einen **Erkenntnisprozess**, der **mehrere Jahre** umfasst. Während Verena

sich von rebellischem Ungehorsam zu leiser Pflichterfüllung hin verändert, vollzieht Hanna den Wandel von gedankenloser Ichbezogenheit zur reflektiert denkenden Frau. Sie sieht ein, dass ihr ursprüngliches Verhalten falsch war, übernimmt bewusst die Verantwortung für ihre Schuld und zeigt tätige Reue.

Dieser schleichende Gesinnungswandel basiert auf **eigenem Entschluss**, sich ihrem Lebenstrauma, nicht lesen und schreiben zu können, zu stellen. Diese Entscheidung fasst sie aus sich selbst heraus, freilich initiiert durch die Begegnung mit Literatur. Das Tor in diese fremde Welt öffnet ihr Michael, aus dessen Sicht der Roman verfasst ist. Den **Anstoß zur Verhaltensänderung** liefert also auch im „Vorleser“ eine **andere Person**. Allerdings geschieht dies nicht in einer dogmatischen, selbstgerechten Art und Weise, wie dies Swetlana tut. Diese arbeitet gezielt darauf hin, dass Verena mürbe wird und nachgibt. Sie **bricht damit Verenas Willen** und führt die Machtmechanismen des Unrechtsregimes triumphierend vor (vgl. Z. 43 ff.). Michael dagegen geht aus Enttäuschung über Hannas vorangegangenes Verhalten auf Distanz und nimmt nach ihrer Verurteilung nur indirekt Kontakt mit ihr auf: Er liefert ihr mit der auf Kassette vorgelesenen Literatur die Möglichkeit, sich selbst das Lesen beizubringen. Dass sie diese Chance ergreift, beruht auf dem Willen, selbsttätig die eigenen Verfehlungen aufzuarbeiten und sich der Schuld zu stellen. 3

Über die Jahre der Haft hinweg ändert sich nicht nur ihre innere Einstellung zu ihrem Verhalten im Dritten Reich, sondern ihr gesamtes Erscheinungsbild. Sie vernachlässigt ihr Äußeres, das sie früher penibel gepflegt hatte und konzentriert sich auf die geistige Auseinandersetzung mit dem Holocaust. Die radikalste **Konsequenz ihrer Verhaltensänderung** ist ihr Entschluss, sich vor dem Tag ihrer Entlassung das Leben zu nehmen. Dies kann als letzter Akt ihrer Sühne verstanden werden. Verenas Schritt ist zwar weniger radikal, aber für ihr **Selbstbild** einschneidend. Durch ihre Kehrtwende erleidet sie eine **persönliche Niederlage**, die den Fortgang der Romanhandlung sicher beeinflussen dürfte. Ihr, allen Anwesenden und dem Leser wird vorgeführt, wie manipulativ ein Unrechtsstaat, personifiziert durch Handlanger wie Swetlana, funktioniert. 4

Wie hätte man selbst in einer Situation wie derjenigen Verenas entschieden? Ist ihr Verhalten feige, weil sie am Ende der Szene ihre Überzeugung verrät, oder ist es nicht vielleicht sogar mutig, in einer bedrohlichen Situation die eigenen Ideale hintanzustellen aus Rücksicht auf das Schicksal anderer? Bei der Lektüre von Texten, die sich mit den dunklen Kapiteln der deutschen Geschichte auseinandersetzen, wird dem Leser vor allem eines bewusst: Entscheidungen in einer Atmosphäre von allgegenwärtigen Überwachungsorganen sind niemals autonom. Die Bezeichnung der DDR-Jugendorganisation als „Freie Deutsche Jugend“ wirkt angesichts dieser Zwänge mehr als zynisch. Dass in unserer demokratischen Staatsform **Meinungsfreiheit** und damit **Entscheidungsfreiheit** selbstverständlich sind, können wir so bewusster wertschätzen. C

## Deutsch Bayern – Abiturprüfung 2015:
## Aufgabe 4: Materialgestütztes Verfassen eines informierenden Textes

„Phantasie ist wichtiger als Wissen, denn Wissen ist begrenzt."

*Albert Einstein (1879–1955). Deutscher Physiker und Nobelpreisträger*
*Zitat aus: Henry Miller, Epidaurus and Mycenae, New York 1969*

An Ihrer Schule wird ein „Abend der Wissenschaft" veranstaltet. Schüler und Lehrkräfte stellen den Besuchern in vier Themenräumen verschiedene Aspekte von Wissenschaft vor. Ihr Deutschkurs beteiligt sich an der Gestaltung von Themenraum 4: „Die Figur des Wissenschaftlers in Literatur und Film". Dieser Raum präsentiert literarische Texte, Sachtexte, veranschaulichendes Bildmaterial und audiovisuelle Beiträge. Sie erhalten den Auftrag, dort einen einführenden Vortrag zu halten, in dem Sie die anwesenden Schüler, Lehrer und Eltern über die Gestaltung der Figur des Wissenschaftlers in Literatur und Film informieren.

Verfassen Sie diesen Vortragstext! Erläutern Sie darin die Gestaltung der Wissenschaftlerfigur in *einem* literarischen Werk Ihrer Wahl und stellen Sie – unter Einbezug von Beispielen aus Literatur und Film – weitere Aspekte der Gestaltung der Figur des Wissenschaftlers dar!
Gehen Sie an geeigneter Stelle auch darauf ein, welche Funktion Literatur bei der „Auseinandersetzung mit Wissenschaft" (Material 6, Z. 9 f.) haben kann!

Nutzen Sie zur Gestaltung des Vortrags Informationen bzw. Kerngedanken der folgenden Materialien aus der Ausstellung sowie eigene Kenntnisse!
Zitate aus den Materialien werden dem Stil des Vortrags entsprechend ohne Zeilenangabe nur unter Nennung des Autors und ggf. des Titels zitiert. Der Einbezug von Beispielen aus Literatur und Film kann auch ohne Nennung von Personennamen vorgenommen werden.

Ihr Vortragstext soll etwa 1 200 Wörter umfassen.

(Bei den Materialien wurde die Orthografie zu Prüfungszwecken moderat an die geltenden Regelungen angepasst)

## Material 1

## Flyer zur Veranstaltung an Ihrer Schule

**Abend der Wissenschaft**

**– Vorträge und multimediale Ausstellungen –**

**Themenraum 1:** Von Jahrgangsstufe 5 bis 12: Wissenschaft im Spiegel der einzelnen Schulfächer

**Themenraum 2:** Von Aaah bis Oooh: Verrückte Experimente

**Themenraum 3:** Von Pythagoras bis Peter Higgs: Leben und Werk berühmter Wissenschaftler

**Themenraum 4:** Vom Weltenretter bis zum Weltzerstörer: Die Figur des Wissenschaftlers in Literatur und Film

Szene aus einem Frankensteinfilm von 1931

*James Whale, Frankenstein (1931); Filmszene: picture-alliance / Mary Evans Picture Library*

## Material 2

## Joachim Schummer
## Frankenstein und die literarische Figur des verrückten Wissenschaftlers (2008)

[…] Die Universitäten waren als reine Lehrbetriebe konzipiert, die sich neben einer Allgemeinbildung in den so genannten philosophischen Fakultäten auf die Ausbildung in genau drei Fächern beschränkten: Theologie, Medizin und Jura. Im Laufe des 19. Jahrhunderts ändert sich dies grundlegend. Zum einen werden die Universitäten nun auch Stätten der wissenschaftlichen Forschung und zum anderen werden jetzt erst alle wissenschaftlichen Fächer als selbstständige Disziplinen innerhalb der philosophischen Fakultäten entwickelt. […] Die Folge ist eine zunehmende Spezialisierung und Fragmentierung des Wissens, die bis heute mit unverminderter Geschwindigkeit anhalten.

Damit zerbricht im 19. Jahrhundert die alte Idee der Universalgelehrtheit, die nicht nur alle Naturwissenschaften, sondern auch die Geistes- und Sozialwissenschaften unter dem Dach der Metaphysik oder Theologie umfasste. […] Tatsächlich haben sich sehr viele Schriftsteller in allen westlichen Ländern kritisch zu dieser Entwicklung geäußert und literarische Formen gesucht, um dieser Kritik Ausdruck zu verleihen. […]

Die erste und zugleich früheste Kritiklinie […] richtet sich ganz allgemein gegen Wissenschaft als dem Streben nach Naturerkenntnis. Sie reagiert damit auf die in der Aufklärung erfolgte allgemeine Aufwertung der Naturwissenschaften und deren Entkopplung von moralischem und religiösem Wissen. Diese Position […] sieht das reine Erkenntnisstreben als eitles, nutzloses und irreführendes Unterfangen an. […]

*Joachim Schummer, Frankenstein und die literarische Figur des verrückten Wissenschaftlers, in: Betsy van Schlun und Michael Neumann (Hg.), Mythen Europas: Schlüsselfiguren der Imagination, Bd. 6: Das 19. Jahrhundert, Regensburg: Pustet 2008, S. 58–79;*
*online unter: www.joachimschummer.net/papers/2008_Frankenstein_Neumann-et-al.pdf, zuletzt aufgerufen am 08. 01. 2015*

## Material 3

## Faust. Der Comic (2013), frei nach J. W. von Goethe[1]

*© Anna Zeiler; aus: Faust. Der Comic, online unter: https://cumdignitateotium.wordpress.com/ gerumpelecke/faust-der-comic/, zuletzt aufgerufen am 13. 01. 2015 (zu Prüfungszwecken grafisch und inhaltlich leicht nachbearbeitet)*
*Johann Wolfgang von Goethe, Faust. Eine Tragödie, München [15]1993, S. 20–47*

Erläuterung:
1 Folgende Textstellen sind wörtlich aus Goethes Faust I übernommen: „Habe nun … zuvor"; „Es möchte kein Hund so länger leben", „Wie wird mein Pudel lang und breit", „Das also war des Pudels Kern!", „Wie nennst du dich?", „Die Frage scheint mir klein".

## Material 4

**Friedrich Dürrenmatt**
**Die Physiker** (1961)
*In Friedrich Dürrenmatts Drama „Die Physiker“ haben sich drei Physiker freiwillig in eine psychiatrische Anstalt einliefern lassen. Der Physiker Möbius, dessen noch nicht veröffentlichte „Weltformel“ auch die Zerstörung der Welt zur Folge haben könnte, begründet seinen Entschluss folgendermaßen:*

MÖBIUS [...] Wir sind in unserer Wissenschaft an die Grenzen des Erkennbaren gestoßen. [...] Unsere Wissenschaft ist schrecklich geworden, unsere Forschung gefährlich, unsere Erkenntnis tödlich. Es gibt für uns Physiker nur noch die Kapitulation vor der Wirklichkeit. Sie ist uns nicht gewachsen. Sie geht an uns zugrunde. Wir müssen unser Wissen zurücknehmen, und ich habe es zurückgenommen. Es gibt keine andere Lösung, auch für euch nicht.
[...]
Nur im Irrenhaus sind wir noch frei. Nur im Irrenhaus dürfen wir noch denken. In der Freiheit sind unsere Gedanken Sprengstoff. [...]

*aus: Friedrich Dürrenmatt: Die Physiker, Zürich: Diogenes Verlag AG 1986*

## Material 5

**Brigitte Frizzoni**
**Verrückte Wissenschaftler im Film** (2001)

[...] Die Wissenschaft wird in Science-Fiction-Filmen oft als außerordentlich gefährliches Terrain dargestellt. Bevölkert wird es von obskuren Gestalten [...], die sich, ihre Nächsten, ja die ganze Menschheit in Gefahr bringen mit ihrem kranken Ehrgeiz, etwas zu schaffen, was man sich bisher nicht einmal vorzustellen wagte, und mit ihrem Drang, hinter die Dinge zu sehen, Grenzen zu überschreiten. [...]

Selbstverständlich kommt im Science-Fiction-Film aber auch der menschenfreundliche Wissenschaftler vor, der nicht nur noch alle Tassen im Schrank hat, sondern auch altruistische Motive, und zwar in der Rolle des Helden und Retters [...].

Gern wird er auch als liebenswürdig-verschrobener Wissenschaftler charakterisiert, der für Laien in Rätseln spricht und immer wieder ermahnt werden muss, seine Überlegungen auch für Normalsterbliche verständlich zu äußern [...]. Während die einen Wissenschaftler mit der Erfindung der Atombombe die totale Zerstörung der Menschheit ermöglichen, retten die anderen die Welt vor dem Untergang.

Die Wissenschaft wird also nicht per se dämonisiert, aber als Hybris wird sie immer dann dargestellt, wenn „letzte“ Grenzen überschritten werden. Wenn der Forscher etwa eigenhändig Leben schaffen, manipulieren oder zerstören will, dann droht Gefahr. [...]

Ein weiterer Grund für die Hartnäckigkeit des Negativbildes ist der Umstand, dass Science Fiction nicht nur Wissenschaft thematisiert, sondern sich ebenfalls im Bereich von Magie und Religion bewegt und auf entsprechende Erzähltraditionen zurückgreift […].

Die Figur des verrückten Wissenschaftlers steht denn auch in Erzähltraditionen, die weit älter sind als Science Fiction. Sie ist eine Faust-Figur, die gesellschaftliche und weltanschauliche Grenzen überschreitet und bereit ist zum Teufelspakt. […]

*Brigitte Frizzoni, Verrückte Wissenschaftler im Film, Magazin UniZürich 3/2001; online unter: http://www.kommunikation.uzh.ch/publications/magazin/unimagazin-01-3/Magazin_3_01-39.pdf, zuletzt aufgerufen am 08. 01. 2015*

## Material 6

### Tom Kindt
### Wissenschaft und Wissenschaftler in der deutsch-sprachigen Literatur (2010)

[…] Aus der Vogelperspektive betrachtet, lässt sich in der Entwicklung der literarischen Sicht auf Wissenschaft und ihre technischen Folgen im vergangenen Jahrhundert eine markante Zäsur ausmachen: Die Entwicklung zerfällt in die Zeit *vor* und in die *nach* 1945, und das heißt natürlich in die Phase *vor* und die *nach* den Atombombenabwürfen auf Hiroshima und Nagasaki. […]

Wissen über die Wissenschaft zu gewinnen und zu vermitteln, ist ein Vorhaben, bei dem die Literatur nicht sinnvoll mit der Wissenschaftstheorie, der Soziologie oder der Ethik in einen Wettstreit treten kann – und dies also gar nicht erst versuchen sollte. Das soll nicht bedeuten, dass die Literatur bei der Auseinandersetzung mit Wissenschaft und ihren Konsequenzen außen vor zu bleiben hat; es heißt nur, dass sie im Rahmen einer entsprechenden Diskussion eine Rolle spielen sollte, die ihr angemessen ist. Ist Literatur auch in Sachen ‚Wissen über Wissenschaft' keine Konkurrenz für die Philosophie oder die Soziologie, so kann sie doch einen Beitrag zur Reflexion der Frage nach ‚Wissen und Wissenschaft, Macht und Verantwortung' leisten, den die genannten oder andere wissenschaftliche Disziplinen nicht zu erbringen vermögen. Literatur kann Probleme – nicht zuletzt die der Wissenschaft – in lebenswirklicher Konkretheit und das heißt erbarmungsloser Komplexität vor Augen führen – und so zu einem Anlass werden, neu oder überhaupt nachzudenken …

*Tom Kindt, „Ein Geschlecht erfinderischer Zwerge, die für alles gemietet werden können". Wissenschaft und Wissenschaftler in der deutschsprachigen Literatur, Vortrag am Göttinger Zentrum für Deutschlehrerinnen und Deutschlehrer vom 25. 08. 2010; online unter http://www.deutschlehrerzentrum.uni-goettingen.de/docs/materialien/Kindt_Vortrag_2010-08-25.pdf, zuletzt aufgerufen am 08. 01. 2015*

**Hinweise und Tipps**

*Vorliegendes Aufgabenformat verlangt einen* ***informierenden, adressatenbezogenen Text****. Zu beachten ist hier insbesondere, dass der kommunikative Kontext sowie die Erwartungen und Interessen der Zuhörer, also Mitschüler, Lehrkräfte und Eltern, beim Verfassen mitgedacht werden müssen. Sie sollen die schriftliche Version eines* ***Vortrags zum Thema: „Vom Weltenretter bis zum Weltzerstörer: Die Figur des Wissenschaftlers in Literatur und Film*** *" erstellen. Dieser führt in die gleichnamige Schulausstellung des „Abends der Wissenschaft" ein. Idealerweise beziehen Sie sich in Ihrem Vortrag auf den beigefügten Flyer und die Konzeption des Themenraums. Der plakative Gegensatz zwischen „Weltenretter" und „Weltzerstörer" zeigt, dass gerade Wissenschaftler zu Grenzgängern zwischen Genie und Wahnsinn, zwischen Menschenverachtung und Altruismus werden. Dieses Phänomen sollte den „****roten Faden****" für Ihren Text bilden.*

*Ein Vortrag ist allerdings* ***keine Rede****. Ihr Text muss also weder vom Aufbau her noch durch eine ausgefeilte rhetorische Gestaltung den Anforderungen einer Rede genügen. Um den Vortragscharakter zu verdeutlichen, müssen jedoch immer wieder* ***textsortenspezifische Elemente*** *eingebaut werden, v. a. um die Adressatenorientierung zu verdeutlichen (z. B. direkte Anrede der Zuhörer, Verwendung des Personalpronomens „wir", rhetorische Fragen, Appelle, Anknüpfen an gemeinsame Film- und Leseerfahrungen, …).*

*Die beigefügten* ***Materialien*** *liefern viele Informationen und Bezugspunkte, sind jedoch in ihrer Fülle erst einmal zu* ***strukturieren*** *und in ihrer Relevanz für die einzelnen Teile des Vortrags* ***auszuwerten*** *(z. B. mithilfe einer Mindmap oder eines Clusters). Überlegen Sie auch schon beim Erstellen Ihres* ***Schreibplans****, welche Textstellen als direkte Zitate für den Vortrag geeignet sind. Der Schreibplan ist die* ***Grundlage der Gliederung*** *für Ihren Vortrag und muss auch der Arbeit beigefügt werden.*

*Festgelegt sind mehrere* ***thematische Zugriffe auf das Thema:*** *Der Einbezug einer in der Literatur gestalteten Wissenschaftlerfigur (naheliegend ist dabei der Bezug auf die verpflichtend vorausgesetzte Lektüre „Faust" von J. W. von Goethe), die Erläuterung unterschiedlicher Darstellungsabsichten bei der Figur des Wissenschaftlers in Literatur und Film sowie die Frage, welche Funktion Literatur bei der Auseinandersetzung mit Wissenschaft haben kann. Angesichts des vorgegebenen Umfangs der Rede wird es jedoch kaum möglich sein, das gesamte Angebot der* ***Materialien*** *erschöpfend* ***einzubeziehen****, gehen Sie also* ***selektiv*** *vor. Arbeiten Sie die wesentlichen Kerngedanken v. a. von M 2, M 5 und M 6 zumindest in Ihren Argumentationskern ein. Das Einstein-Zitat sowie M 1, M 3 und M 4 bieten gute Möglichkeiten zu Illustration und Pointierung des Gedankenganges. Die vorgegebenen Texte und die eigenen Beispiele sollen konsequent im Hinblick auf die Themenstellung untersucht und erläutert werden. Dabei ist jedoch zu beachten, dass die über das Beispielwerk (hier: „Faust") hinaus zitierten Literatur- und Filmbeispiele nicht allen Zuhörern bekannt sind und man kein Vorwissen voraussetzen kann. Umreißen Sie also bei der ersten Nennung eines weiteren Werks knapp die Rolle der betreffenden Wissenschaftlerfigur.*

*Der Vortragssituation entsprechend können Sie einen* ***illustrierenden Einstieg*** *wählen, z. B. durch die Wiedergabe von Zitaten, eine Auseinandersetzung mit der Film-*

*szene auf dem Flyer, eine Begriffsbestimmung, den besonderen Bezug der Schule zum Thema (z. B. als MINT-Schule) etc. Nachdem Sie die für die Aufgabenstellung relevanten Aspekte herausgearbeitet haben, müssen Sie diese um* ***eigene Kenntnisse*** *von Beispielen für unterschiedliche Wissenschaftlerfiguren aus Literatur und Film ergänzen. Nutzen Sie möglichst breit Ihr Wissen zum Thema: von der romantischen Erzählung über das sozialkritische Drama und fremdsprachige Texte bis hin zu Animationsfilmen, aktuellen Science-Fiction-Streifen oder fernöstlichen Anime-Filmen. In jedem Fall sollte Ihre Sachkompetenz und Reflexionsfähigkeit deutlich werden. Vermeiden Sie eine zu breite und unkritische Übernahme von Textausschnitten. Jedes* ***direkte oder indirekte Zitat*** *sollte in Ihren Gedankengang eingebunden und so für Ihre Darstellung als Erläuterung bzw. Konkretisierung des dargestellten Sachverhalts nutzbar gemacht werden. Beim Bezug auf die Materialien reicht (entsprechend der mündlichen Vortragsweise) eine bloße Nennung der Quelle oder des Autors.*

## Gliederung

1 Entwurf unterschiedlicher Vorstellungen vom Prototyp eines Wissenschaftlers

2 Die Figur des Wissenschaftlers in Literatur und Film vom 18. bis ins 21. Jahrhundert

2.1 Doktor Faust und Doktor Frankenstein als literarische Projektionsflächen für die Grenzüberschreitung ehrgeiziger Wissenschaftler

2.1.1 Streben nach absoluter Erkenntnis als Ursache für den Teufelspakt in Goethes „Faust“

2.1.2 Faust als „Weltzerstörer“ in der Gretchentragödie

2.1.3 Die Erschaffung eines künstlichen Menschens als Ausdruck der Selbstüberschätzung bei Frankenstein

2.2 Aufklärungsfunktion von Literatur angesichts der Abkehr von der Universalgelehrtheit seit dem 19. Jahrhundert

2.2.1 Dürrenmatts „Die Physiker“ als Warnung vor Machtmissbrauch durch Experten

2.2.2 Der Doktor in „Woyzeck“ als Sinnbild für ein menschenverachtendes Wissenschaftsverständnis

2.3 Funktion unterschiedlicher Wissenschaftlertypen im Science-Fiction-Film des 20. und 21. Jahrhunderts

2.3.1 Die Figur des verrückten Bösewichts mit dem Ziel der Weltherrschaft

2.3.2 Der altruistische „Weltenretter“ im Dienste der Menschheit

2.3.3 Die Figur des verschrobenen, aber liebenswerten Wissenschaftlers

3 Fantasie als Möglichkeit einer gefahrlosen Grenzüberschreitung und Erkenntniserweiterung

## Lösungsvorschlag

Sehr geehrte Damen und Herren, liebe Eltern, Lehrer und Mitschüler!

Welches **Bild** haben Sie im Kopf, wenn Sie sich einen **Wissenschaftler bei der Arbeit** vorstellen? Einen steril gekleideten Menschen in einem hochmodernen Labor? Oder eher einen finster dreinblickenden Greis, der umhüllt von Nebelschwaden mit weit aufgerissenen Augen eine Flüssigkeit in eine andere kippt und der nach einem kurzen Zischen ernüchtert feststellt, dass er wieder kein Gold geschaffen hat? Oder denken Sie gar an ein bebrilltes Männchen, das bucklig vor seinem Hochleistungscomputer sitzt und auf die wildesten Zahlenkombinationen starrt? Welches Bild Sie auch vor Augen haben, es handelt sich stets um einen Menschen, der angestrengt versucht – auf welche Weise auch immer –, etwas **Neues zu entdecken oder herauszufinden**, sei es im Mittelalter die Herstellung von Gold, sei es im 20. Jahrhundert die Entwicklung der Atombombe. „**Vom Weltenretter bis zum Weltzerstörer**" so ist unser Themenraum betitelt, in dem Sie sich auf eine Reise durch Literatur und Film begeben können. 1

Warum ist die Figur des Wissenschaftlers über Jahrhunderte eine feste Größe in der **Dichtung** und später auch im **Kino**? Bei der Recherche nach dem Urtyp für die Figur des Wissenschaftlers stößt man unweigerlich auf **Doktor Faustus** – einen Alchimisten der frühen Neuzeit, welcher bei seinen chemischen Versuchen ein schauriges Ende fand. Nicht nur die anwesenden Schüler der Oberstufe kennen seine Geschichte aus dem wohl berühmtesten Werk der deutschen Literatur: „Faust" von Johann Wolfgang von Goethe. Unzählige literarische und filmische Bearbeitungen des Stoffes setzen sich mit dem Dilemma diese Mannes auseinander, der sich – in den Worten einer Comicversion ausgedrückt – in einer „Midlife-Crisis" befindet. 2 2.1

Goethes Faust hat sich in seiner Studierstube alles zu seiner Zeit verfügbare Wissen angeeignet, um zu erfahren, „was die Welt im Innersten zusammenhält". Am **Erkenntniswert der Wissenschaft zweifelnd** stellt er jedoch gleich zu Beginn der Dramenhandlung ernüchtert fest: „Da steh ich nun, ich armer Tor, und bin so klug als wie zuvor". Er hält sein mühsam angehäuftes Wissen für nutzlos und strebt sogar mit den Mitteln von Zauber und Magie nach anderen **Sphären jenseits des Erkenn- und Erforschbaren**. In seiner Verzweiflung schreckt Faust nicht davor zurück, **einen Pakt mit Mephisto, dem Teufel** in Person, einzugehen. Dieser soll Himmel und Hölle in Bewegung setzen, um ihn dazu zu bringen, zum Augenblick zu sagen, „Verweile doch, du bist so schön!". Sobald Faust diese selbstgewählten Worte ausspricht, erhält Mephisto Fausts Seele zusammen mit der Genugtuung, bei seiner Wette mit Gott zu gewinnen. 2.1.1

Bei der Unterzeichnung des Pakts ist sich Faust seiner sehr sicher. Er ist fest davon überzeugt, dass nicht einmal der Teufel selbst es schafft, ihn in seinem 2.1.2

rastlosen Streben zu befriedigen. Der **Teufelspakt** gilt seither als Metapher für das unstillbare Verlangen, das viele Forscher antreibt. Dabei wird bei Faust ein **destruktiver Zug von Verantwortungslosigkeit und Egomanie** sichtbar, der die „Weltzerstörer" kennzeichnet: Im ersten Teil der Tragödie zerstört er die Welt Gretchens und ist schuld an ihrem Tod.

Diese **Selbstüberschätzung**, die nach einer Gottgleichheit strebt, zeigt sich 2.1.3
auch bei einer weiteren literarischen Figur, dem Arzt **Frankenstein**, der an der spätmittelalterlichen Ingolstädter Universität einen künstlichen Menschen erschafft. Die auf unserem **Flyer** abgebildete **Filmszene** illustriert die „Geburt" der Kreatur auf dem Seziertisch des Wissenschaftlers – und damit den Beginn einer unheilvollen, da nicht mehr aufzuhaltenden Kettenreaktion von Chaos und Verwüstung. Das seelenlose Monster gerät außer Kontrolle. Damit werden der Roman und die vielen darauffolgenden Verfilmungen und Adaptionen des Frankensteinstoffes zu einer **Warnung an die Wissenschaft** vor grenzenlosem Erkenntnisdrang und dem Ansinnen, Gott spielen zu wollen mit der Folge, sich selbst und andere in den Untergang zu reißen.

Heute ist es praktisch unmöglich, wie Faust alles zu wissen, was es zu wissen 2.2
gibt. Damals existierten vier Studiengänge, Philosophie, Jura, Medizin und 2.2.1
Theologie, und Faust hatte sie alle durchlaufen. Mittlerweile steigt das menschliche Wissen exponentiell an und mit der stetig wachsenden Zahl an Wissenschaftsgebieten nimmt die Spezialisierung weiter zu. Die bereits **seit dem 19. Jahrhundert** erfolgte **Aufwertung der Naturwissenschaften** und deren – wie es Joachim Schummer formuliert – „Entkoppelung von moralischem und religiösem Wissen" führt zu einer besorgniserregenden Situation: **Spezialisten**, denen der umsichtige **Blick auf das Ganze fehlt**, gewinnen zunehmend an Einfluss und Macht. Es wird schwierig, sie zu kontrollieren und das wahre Ausmaß ihrer Forschungen einzuschätzen. Stellen Sie sich beispielsweise einmal vor, ein genialer Bakteriologe hätte ein Virus oder ein Serum entwickelt, mit dem man mit einem Fingerschnippen die gesamte Menschheit infizieren könnte – so wie der Physiker Möbius mit seiner **Weltformel** im gleichnamigen **Drama von Dürrenmatt**. Die Physiker sind sich jedoch der Tragweite ihrer Forschungen bewusst und lassen sich folgerichtig selbst in eine geschlossene Anstalt einweisen. Die **Macht**, die aus dem Wissensvorsprung erwächst, erfordert also eine ebenso große **Verantwortung und Selbstbeschränkung**. Wenn der Physiker Möbius bekennt: „Es gibt für uns Physiker nur noch die Kapitulation vor der Wirklichkeit. Sie ist uns nicht gewachsen. Sie geht an uns zugrunde", wird **Dürrenmatts groteske Komödie** zu einem Lehrstück aus der Zeit des Kalten Krieges, in der die nukleare Bedrohung nach dem Atombombenabwurf auf Hiroshima allgegenwärtig war. Die **Bedeutung der Literatur** wird hier in ihrer **politisch-aufklärerischen Funktion** offensichtlich, sei es mit der Warnung vor der Umsetzung des Machbaren in Forschung und Wissenschaft oder in der mutigen Positionierung gegen gesellschaftliches Unrecht.

Bestes Beispiel dafür ist auch **Büchners sozialkritisches Fragment „Woyzeck“** aus der Zeit des Vormärz. Hier wird die Titelfigur durch die Nahrungsexperimente des Doktors zum Forschungsobjekt degradiert. Anstatt Woyzeck zu helfen, benutzt ihn dieser als Versuchskaninchen und verstärkt durch die einseitige Erbsendiät Woyzecks Wahnvorstellungen, die schließlich in dessen Mord an seiner Frau münden. Das **egoistische Motiv des Doktors** ist allein der Ehrgeiz, seine pseudo-wissenschaftlichen Experimente voranzubringen – eine fast prophetisch anmutende literarische Warnung angesichts späterer menschenverachtender Experimente im Nationalsozialismus. Die eindringliche Demonstration der Folgen eines solch **inhumanen Wissenschaftsverständnisses** bewirkt auf der Bühne unendlich mehr als lange philosophische Traktate oder soziologische Statistiken. **Literatur** führt – Zitat Tom Kindt – Probleme der Wissenschaft „in lebenswirklicher Konkretheit und das heißt erbarmungsloser Komplexität vor Augen“. Begegnet einem reflektiert denkenden Menschen ein derartiger Text, ein derartiges Theaterstück, ein derartiger Film, so kann ihm dies regelrecht **die Augen öffnen** und – so Tom Kindt weiter – „zu einem Anlass werden, neu oder überhaupt nachzudenken“. 2.2.2

**Literarische Texte** – und damit im weiteren Sinne auch visuelle Texte des Kinos – können uns **für die Gefahren des Wissenschaftsbetriebs** auch **sensibilisieren**, indem sie in utopischen oder dystopischen Gegenwelten Optionen ausloten, was Wissenschaftler erreichen können oder könnten. In der Welt des Films leistet dies vor allem das **Science-Fiction-Genre**. Brigitte Frizzoni kategorisiert hier drei typische Wissenschaftlertypen. Zum einen begegnet dem Zuschauer oft der von Ehrgeiz zerfressene **dämonische Verrückte**, der die Menschheit skrupellos an den Rand des Weltuntergangs bringt, wie z. B. Dr. Octopus in den Spiderman-Filmen. Nicht Erkenntnis, sondern Reichtum und die Weltherrschaft sind sein Ziel. 2.3 2.3.1

Daneben gibt es den **altruistischen Weltenretter**, der sein Leben für die Menschheit riskiert und wie in „Interstellar“ zur waghalsigen Mission ins All aufbricht, um angesichts des nahen Weltuntergangs weitere bewohnbare Planeten zu finden. 2.3.2

Zum Dritten taucht aber auch der in Komödien gern überzeichnete, **liebenswürdig verschrobene Wissenschaftler** auf, wie Doc im Science-Fiction-Klassiker „Zurück in die Zukunft“: ein meist geistesabwesender, kauziger, aber genialer Tüftler mit schlohweißem Haar, der mit seinen Erfindungen für Aufregung und Verwirrung sorgt und durch seine Zeitmaschine beinahe die Geburt des Filmhelden verhindert. 2.3.3

In Büchern und Filmen können wir uns Dinge vorstellen, die womöglich erst in 100 Jahren technisch möglich sein werden. Dinge, mit denen man vielleicht auch lieber nur in seinen Gedanken zu tun haben will. Die **Fantasie** bietet also einen Ausweg für all diejenigen, die wie Faust an den Grenzen des Wissens und ihrer Fähigkeiten verzweifeln. In den Worten des wohl berühm- 3 testen Wissenschaftlers des 20. Jahrhunderts, Albert Einstein, ausgedrückt: „Phantasie ist wichtiger als Wissen, denn Wissen ist begrenzt". Hier eröffnet die **Literatur tatsächlich grenzenlose Möglichkeiten**. Romantiker wie Novalis lehnten z. B. den bloßen Blick auf „Zahlen und Figuren" ab und setzten stattdessen auf Märchen und Gedichte als den wahren Schlüssel zur Erkenntnis. Vielleicht sollte man daher, wenn man sich einen Wissenschaftler bei der Arbeit vorstellt, neben den angesprochenen Bildern auch das eines träumenden Kindes im Kopf haben, das in seinen Gedanken und Zauberwelten „Wissen schafft".

## Deutsch Bayern – Abiturprüfung 2015: Aufgabe 5: Textbezogenes Erörtern

a) Analysieren Sie, wie der Autor Jan Wiele seine Position zu Chancen und Risiken des Videoportals Youtube argumentativ entwickelt. Berücksichtigen Sie dabei auch ausgewählte sprachliche Mittel!

b) Bearbeiten Sie **eine** der beiden folgenden Varianten!

*Variante 1:*
Erörtern Sie die Position des Autors Jan Wiele zum Videoportal Youtube. Beziehen Sie dabei eigene Medienerfahrungen ein.

oder

*Variante 2:*
In seinem Text spricht Jan Wiele von einer „dringend nötige[n] Debatte über die Grenzen der Sichtbarkeit" (Z. 75) im Internet. Leisten Sie einen Beitrag zu dieser Debatte: Schreiben Sie ausgehend von Jan Wieles Kritik am Videoportal Youtube einen Kommentar für eine Tageszeitung. Beziehen Sie dabei eigene Medienerfahrungen ein.
Ihr Kommentar sollte etwa 800 Wörter umfassen. Wählen Sie eine geeignete Überschrift.

Der Schwerpunkt der Gesamtaufgabe liegt auf Teilaufgabe b).

**Vorbemerkung**
Jan Wiele ist freier Journalist, er schreibt regelmäßig für die Frankfurter Allgemeine Zeitung (F. A. Z.).

**Jan Wiele**
**Die Dialektik der Bauchnabelfluse** (2013)

Das allererste Youtube-Video wurde 2005 von einem der drei Gründer, Jawed Karim, ins Netz gestellt und trug den Titel „Me at the Zoo". Der unscheinbare junge Mann steht vor dem Elefantengehege und erklärt, dass Elefanten sehr lange Rüssel hätten, was „really cool" sei. Knapp eine Minute Nullinformation – das ist alles.

Inzwischen ist viel passiert. Youtube ist ein Massenmedium geworden, dessen Inhalte sich maximal ausdifferenziert haben. Es bietet kommerzielles Fernsehen und anarchische Homevideos, hohe Kunst und zerdehnte Formlosigkeit, es hält historische Momente wie das weiße Rauschen des Nonsens fest. Youtube heißt nicht nur: Du beamst Quatsch ins Netz, sondern auch: Du lernst Klavierspielen, du bist in einer Universitätsvorlesung, du tauchst mit verrückten Fischen am Great Barrier Reef. Aber auch: Du siehst einer Steinigung in Iran zu.

Youtube ist, in größerem Maße noch seit seiner Einverleibung durch Google, ein gigantisches Archiv geworden, das Geschichte dokumentiert, insbesondere die Sozialgeschichte im Kleinen; auf dem Hochkultur aufblühen oder der letzte Trash abgeladen werden kann. […]

Der Sprengstoff steckt in der absoluten Programmlosigkeit. Diese ist es, die Youtube kategorisch unterscheidet vom gewohnten Fernsehen, und sie bezieht sich auf Sendezeiten wie Inhalte. Hinter Youtube steht keine Redaktion[1], allenfalls eine Zensurstelle[2] – die bedingt funktioniert.

Die Programmlosigkeit bedeutet: Alles ist möglich, im Guten wie im Schlechten. Die gute, ja revolutionäre Seite von Youtube ist eine neue Form der Autodidaktik und des Do-it-yourself-Geistes, wobei der Phantasie keine Grenzen gesetzt sind und im besten Fall Menschen Bildung erfahren, die sonst keinen Zugang zu ihr gehabt hätten oder sie sich nicht leisten konnten.

Da gibt es zum Beispiel den Mathematikprofessor Jörn Loviscach aus Bielefeld, der an seiner Uni einen Kurs mit 32 Studenten hat. Seine inzwischen fast zweitausend Youtube-Videos von Vorlesungen wurden insgesamt über sechs Millionen Mal angeklickt. […]

Bei Youtube taucht das entlegenste Hobby auf, es reicht von der Selbsthilfegruppe bis zur professionellen Ausbildung, jede denkbare Spezialisierung ist möglich. Wie backe ich den perfekten Frankfurter Kranz? Wie entfernt man unliebsame Tattoos? Auch hier rauscht der Nonsens, der manchmal unrettbar blöd und manchmal unglaublich komisch ist. Ob die Welt Videos […] von Bauchnabelflusensammlern braucht, oder ob man sehr dicke Menschen bei Yoga-Übungen sehen will, darüber lässt sich streiten. Youtube hat für jeden Geschmack etwas. Youtube bildet Leben ab, in allen Lagen – und das nicht nur visuell, sondern auch im Archiv seiner Kommentarspalte, in der manche sogar eine Form von „oral history"[3] erkennen. Man könnte also von einer aufklärerischen Funktion des Mediums sprechen.

Die negative Energie aber, die ebenso in Youtube steckt, haben viele wohl noch nicht ermessen. Sie liegt in einer Entgrenzung des Sichtbaren, die über Geschmacksfragen weit hinausgeht. Eltern können davon ein Lied singen. Die Algorithmen, nach denen in der Nebenspalte Teaser[4] anderer Videos erscheinen, sind manchmal rätselhaft – da taucht Anzügliches, Ekelhaftes oder Grausames ohne Zusammenhang auf und ohne, dass es eine Grenze gäbe.

Und hier ist man beim Thema der Zensur. Die Youtube-Richtlinien zu bestimmten Inhalten sind eigentlich klar: Man darf keine Sex- oder Gewaltvideos einstellen, verboten sind auch „Misshandlungen von Tieren, Drogenmissbrauch oder Anleitungen zum Bau einer Bombe". Und doch stimmt ein Satz aus diesen Richtlinien – „Youtube ist keine Schockerwebsite" – einfach nicht. Richtig durchgesetzt werden die Regeln nämlich anscheinend nicht. Während erotische oder pornographische Inhalte tatsächlich rar sind, war es beispielsweise, während dieser Artikel geschrieben wurde, innerhalb von Sekunden möglich, das Video einer Enthauptung in Saudi-Arabien zu finden. Oder zumindest in sehr vielen unfassbar drastischen Standbildern zu sehen, was eine chinesische Foltermethode mit dem Namen „der Tod durch 1 000 Schnitte" impliziert. […]

Unter Umständen holt sich ein Kind mit einem Klick eine Szene ins Zimmer, die es nie mehr vergessen wird. Nur Zyniker würden angesichts dieser Möglichkeit wohl ungeniert das Argument vorbringen, dass die Abbildung von Dingen, die „auf der Welt nun einmal passieren", eine aufklärerische Funktion hat.

Warum der Youtube-Filter bei Sex so gut funktioniert und bei Gewalt so schlecht, wirft außerdem Fragen auf. Unterm Strich steht Youtube für eine Abwesenheit redaktioneller Bearbeitung, besonders solcher, die einem Qualitätsbegriff folgen wollte.

Vielleicht wäre es daher ratsam, wenn Youtube doch eine Redaktion hätte. Das sieht man ganz deutlich an dem Film „Innocence of Muslims". Der Film eines unter Pseudonym agierenden Produzenten mit Laiendarstellern schien als gezielte Provokation der islamischen Welt angelegt zu sein, indem er den Propheten Mohammed verspottet – und als solche hat er globale Auswirkungen gehabt. Der Film führte im September 2012 zu gewalttätigen Protesten in verschiedenen arabischen Ländern und zu Angriffen auf amerikanische Botschaften und Konsulate, bei denen viele Menschen verletzt und mindestens dreißig getötet wurden. Er hätte natürlich auch über andere Portale und Medien verbreitet werden können, aber Youtube ist nun einmal das in der Welt bekannteste Videoportal und der Inbegriff einer Medienrevolution, die vielleicht schon dabei ist, ihre Kinder zu fressen.

Es wäre allerdings schade, wenn es erst derart drastische Fälle braucht, um eine dringend nötige Debatte über die Grenzen der Sichtbarkeit wirklicher wie fiktionaler Begebenheiten im Netz zu führen. Denn abgesehen von den Schocker-Themen gibt es da noch ein sehr, sehr weites Feld von Youtube-Inhalten, über deren öffentliche Verfügbarkeit man geteilter Meinung sein kann: etwa über den Seelenstriptease von Millionen von Teenagern in all ihrer Arroganz oder Verzweiflung. Die oral history schlägt hier mit aller Macht zurück: wenn diese jungen Menschen nämlich etwas der Welt Preisgegebenes um jeden Preis wieder zurücknehmen wollen, aber nicht mehr können. Die Dynamik der Kommentarspalte, die Häme darin ist unkontrollierbar – und auch hier greift die eigentlich verordnete Kontrolle durch das Medium immer erst etwas spät, wenn Beleidigungen schon eine Zeitlang sichtbar waren. Manchmal ist das zu spät: the damage is done.

Die große Dialektik[5] von Youtube verdichtet sich schließlich im Beispiel eines Videos, welches das Wunder des Lebens zeigt: Man sieht darin eine Hausgeburt in allen Details – ein Blick auf das Intimste, was dem Menschen gegeben ist. Rund um den Globus hatte dieses Intimissimum 63 Millionen Voyeure. Wie denkt darüber wohl später einmal der Mensch, der hier geboren wurde?

*Jan Wiele, Die Dialektik der Bauchnabelfluse, in: Frankfurter Allgemeine Zeitung vom 25. 02. 2013, S. 31, online unter: http://www.faz.net/aktuell/feuilleton/medien/videoportal-youtube-die-dialektik-der-bauchnabelfluse-12094159.html, zuletzt aufgerufen am 13. 01. 2015*

Worterläuterungen:
1 *Redaktion (hier):* Gremium namentlich bekannter Personen, das für ein Programm und seine Inhalte verantwortlich ist
2 *Zensurstelle (hier):* anonyme Instanz zum Herausfiltern unerwünschter Inhalte, die ihre Auswahlkriterien nicht offenlegt
3 *oral history (engl.):* Überlieferung von Ereignissen, wie Zeitzeugen sie wiedergeben
4 *Teaser (hier):* Standbild, das zum Weiterklicken verleiten soll
5 *Dialektik (hier)*: einer Sache innewohnende Gegensätzlichkeit

**Hinweise und Tipps**

*Aufgabe V – die* ***länderübergreifende Aufgabe*** *– wird als* ***Texterörterung*** *definiert. Dabei geht es zunächst darum, die* ***Argumentation*** *des Journalisten Jan Wiele* ***nachzuvollziehen****. Dieser warnt klar erkennbar vor den Gefahren der Plattform Youtube und appelliert an die Verantwortlichen, wirksamere Kontrollmechanismen zuzulassen. Bei der Analyse der Argumentation sollen ausgewählte sprachliche Mittel berücksichtigt werden. Sie werden vermutlich die zentralen Aussagen des Autors zusätzlich unterstreichen und die argumentative Strategie unterstützen.*

*Die Aufgabenstellung verlangt übrigens* ***keine detaillierte Wiedergabe des Inhalts****. Vielmehr sollen Sie herausarbeiten, welche Strategie der Autor anwendet, um seine Überzeugung mit guten Gründen zu belegen.*

*Der* ***Schwerpunkt*** *der Aufgabe liegt auf der* ***zweiten Teilaufgabe****, in der es darum geht, eine* ***eigene Argumentation aufzubauen (Variante 1)****. Der Journalist Wiele vertritt eine kritische Position gegenüber Youtube, indem er vor allem die Gefahren des Videokanals darstellt. Grundsätzlich ist es denkbar, diese Position zu stützen und weitere Probleme aufzuzeigen. Aber Sie können natürlich die Plattform verteidigen und damit die Position des Autors infrage stellen. Achten Sie jedoch darauf, dass in Ihrer Argumentation jeweils Vor- und Nachteile angesprochen werden, denn auch bei einer eindeutigen Haltung sollte die Gegenseite berücksichtigt werden.*

*Wichtig ist, dass der* ***vorliegende Text*** *unbedingt der* ***Ausgangspunkt der eigenen Stellungnahme*** *sein muss (so fordert es die Aufgabenstellung, denn es soll ja die „Position des Autors" erörtert werden). Ebenso sollten Sie den Hinweis auf die Einbeziehung der eigenen Medienerfahrungen beachten, denn hierin liegt die Chance, nicht nur fremde Erfahrungen wiederzugeben, sondern darüber hinaus das selbst Erlebte zum Thema zu machen. Jan Wiele macht das in seinem Artikel auch, wenn er darauf hinweist, dass er während des Verfassens seines Textes gleichzeitig Videos auf Youtube gesucht und angeschaut hat.*

*Durch die sehr detaillierten Angaben in der Aufgabenstellung ist die gesamte Erörterung, die Sie verfassen sollen, bereits gut vorstrukturiert. Es geht nur noch darum, die einzelnen Argumente richtig anzuordnen.*

*Neben der traditionellen Erörterung wird als* ***Variante 2*** *auch das Verfassen eines* ***Kommentars*** *angeboten. Dieser bezieht sich explizit auf die Aufforderung im Text, aktiv eine „Debatte über die Grenzen der Sichtbarkeit" zu führen. Sie werden ermuntert, Ihren* ***Beitrag für eine Tageszeitung*** *zu schreiben. Das bedeutet, dass Sie sich* ***sprachlich seriös*** *geben müssen, denn der vermutete Adressat ist ein ernsthafter Zeitungsleser, den Sie aber nicht kennen. Die Begrenzung auf 800 Wörter führt zu einem recht kurzen Text, der ca. drei handgeschriebene Seiten umfassen wird.*

**Gliederung**

1 Medienwelt im Wandel

2 „Die Dialektik der Bauchnabelfluse“: Jan Wieles Kritik an Youtube

2.1 Argumentativer Aufbau des Artikels: Folgen der ungefilterten Videonutzung
2.1.1 Rückblick auf die Entstehung des Videoportals Youtube: vom harmlosen Beginn bis zum umfassenden Archiv (Z. 1–15)
2.1.2 Hinweis auf wenig Positives und viele Gefahren (Z. 16–44)
2.1.3 Mangelhafte Zensur (Z. 45–73)
2.1.4 Aufforderung zur Debatte über „die Grenzen der Sichtbarkeit“ (Z. 74–90)

2.2 Appell zur Diskussion: die Sprache des Artikels
2.2.1 Adressatenbezug
2.2.2 Relativierung der Gegenseite
2.2.3 Verschiedene Sprachebenen
2.2.4 Anschauliche Argumentation

*Variante 1:*
2.3 Wieles Kritik an Youtube und eigene Stellungnahme
2.3.1 Die offene Gesellschaft und ihre Feinde
2.3.2 Unmögliche Kontrollen und Verantwortung für die Inhalte
2.3.3 Erziehung zur Mündigkeit durch Eltern und Schule

3 Digitale Welten – ein Blick in die Zukunft

*Variante 2:*
2.3 Kommentar zu den „Grenzen der Sichtbarkeit“
2.3.1 Jan Wieles Kritik an Youtube
2.3.2 Harmloser und nützlicher Videokanal der Youtube-Generation
2.3.3 Unmöglichkeit einer umfassenden Kontrolle
2.3.4 Der Preis der Freiheit und der Beitrag zur politischen Diskussion
2.3.5 Lösung des Problems: Selbstverantwortung durch Selbstbeschränkung

**Lösungsvorschlag**

Die **Welt der Medien** und insbesondere des Films befindet sich seit einigen 1
Jahren in einem **epochemachenden Wandel**. Filme, Serien, politische Sendungen und Dokumentationen, also alles, was für Studios oder TV-Anstalten produziert wird, kann heute unabhängig von Ort und fester Sendezeit abgerufen werden, den **technischen Möglichkeiten**, die das **Internet** bietet, sei Dank. In die Wege geleitet wurde der Wandel vermutlich von der Idee dreier Amerikaner, jeden Nutzer sozusagen zum Film-und Fernsehproduzenten zu machen. Sie nannten ihr neu gegründetes Portal „**Youtube**“ und etablierten damit ein ziemlich simples Prinzip: Man dreht ein Video und lädt dieses hoch und kann gleichzeitig die Clips anderer Teilnehmer ansehen und bewerten. Neben

Selbstproduziertem wurden bald auch Filmszenen eingestellt. Heute findet sich zu jedem Thema ein Beitrag auf Youtube. „Broadcast yourself" – so lautet das Motto. Sende selbst! Und schaue Filme, wann immer du Lust und Zeit dazu hast. Das hört sich gut an, bringt aber nach Ansicht des Journalisten Jan Wiele **erhebliche Probleme** mit sich. In einem Artikel in der FAZ, der am 25. Februar 2013 erschienen ist, setzt er sich kritisch vor allem mit der Frage auseinander, ob alles, was technisch möglich ist, erlaubt oder moralisch legitim sein kann. Auf den Videokanal bezogen lautet seine Frage: Muss es nicht **deutliche Grenzen** geben, wenn es um das **Einstellen von Filmmaterial** geht?

Der Artikel beginnt mit einer kurzen **Rückschau auf die Entstehung** des **2**
Videokanals. Dieser Blick in die Vergangenheit deutet gleichzeitig das Pro- 2.1
lem der neuen Plattform an. Als 2005 ein junger Amerikaner eine im Zoo 2.1.1
selbstgefilmte Szene ins Netz stellte, gab er damit eine Richtung vor, die bis heute Youtube prägt: Von Anfang an werden **belanglose Alltagserfahrungen** zum Medienereignis gemacht. Schon nach wenigen Jahren, in denen sich der Kanal zu einem riesigen **Bild- und Filmarchiv** entwickelt hat, sind zu diesen Nichtigkeiten zwar durchaus **bedeutsame Inhalte** hinzugekommen, z. B. Lehrstunden für Instrumentalisten oder ernsthafte Vorlesungen, aber auch **Abschreckendes** lässt sich hier konsumieren. Wiele erinnert an brutale Steinigungsszenen, die auf Youtube leicht zu finden sind. Alles, was als Filmmaterial vorliegt, kann tendenziell auf der Plattform von allen Orten der Welt aus abgerufen werden (Z. 1–15).

Aus dieser **umfassenden Sammlung an Videomaterial** erwächst nach Mei- 2.1.2
nung des Autors die entscheidende **Gefahr**. Die Masse des Angebotenen könnte als (geschichtliche) Quelle dienen; weil man jedoch unterschiedslos alles einstellen und aufstöbern kann und sich **keinerlei Ordnung oder Hierarchie** entdecken lässt, ist neben dem Wertvollen eine Menge Problematisches zu sehen. Wiele führt das darauf zurück, dass sich **niemand für die Inhalte zentral verantwortlich** fühlt. Der Journalist belegt seine Beobachtungen mit **konkreten Beispielen**. Zu den positiven Seiten zählt er z. B. die Tutorials eines Mathematikprofessors oder die Erklär-Videos, die zu fast jedem Hobby existieren. Lustigen, wenn auch unsinnigen Clips und den Kommentarspalten, die die User mit ihren Texten füllen, kann er zunächst **Positives** abgewinnen. Er macht jedoch deutlich, dass sich sehr problematische Videos finden lassen, die sozusagen jenseits von Gut und Böse liegen (Z. 12–44).

Insofern ist der Kanal nur ein Spiegel des alltäglichen Lebens. Aber genau 2.1.3
hier setzt die **zentrale Kritik** Wieles ein: Weil schließlich Kinder Youtube nutzen, müsste ein **funktionierendes Überwachungssystem** dafür sorgen, dass die Inhalte kontrolliert werden. Allerdings gibt es laut Wiele deutliche Belege, dass diese **notwendige Zensur** lediglich auf dem Papier existiert. Er zitiert an dieser Stelle die Vorgaben der Betreiber, wonach bestimmte Inhalte nicht gezeigt werden dürfen. Die tatsächlich einsehbaren Inhalte auf Youtube beweisen jedoch, dass diese Bestimmungen die Darstellung von brutaler Ge-

walt nicht verhindern. Dazu gehören Bilder von Folterungen oder auch Hinrichtungen. Die Notwendigkeit redaktioneller Auswahlstandards belegt er in diesem Abschnitt zusätzlich mit dem Hinweis auf einen provokanten Film zum Propheten Mohammed, der 2012 zu gewalttätigen Ausschreitungen geführt hat (Z. 45–73).

Der Journalist fordert im letzten Teil seiner Ausführungen seine Leser dazu auf, eine **Debatte** darüber zu führen, was auf einem Online-Film- und Videoportal gezeigt werden dürfe und was man besser unterlassen sollte. Neben den **Themen Gewalt und Sex** problematisiert er abschließend vor allem die **Preisgabe privater Befindlichkeiten**. Filmsequenzen aus dem Leben der User sind – einmal hochgeladen – schwer zu kontrollieren und können durchaus negative Folgen haben. Sie werden unter Umständen äußerst beleidigend kommentiert und dagegen ist in der anonymen Masse kaum etwas auszurichten. Wer später einmal seine eigene Geburt auf Youtube sehen kann, muss das nicht unbedingt als schöne Erinnerung erfahren – wenn Millionen von Menschen zu den Mitbetrachtern gehören. Mit diesem **drastischen, aber realistischen Beispiel** schließt Wiele seine Überlegungen zu den von ihm geforderten „Grenzen der Sichtbarkeit“ (Z. 75) ab (Z. 74–90). 2.1.4

Gleich zu Beginn zeigt sich der Journalist in seinem Artikel als jemand, der 2.2
mit dem Gegenstand seiner Betrachtungen, dem Videokanal Youtube, sehr 2.2.1
vertraut ist und der um die Kenntnisse seiner Leser weiß. Der **Bezug zum Adressaten** wird dabei im Plauderton hergestellt. Wenn Wiele zum Beispiel aufzählt, welche Möglichkeiten Youtube bereithält, dann verwendet er das **Anredepronomen** „du“ (Z. 9 ff.), das an dieser Stelle auch kollektiv (im Sinne von „man“) gebraucht wird – und den Leser mit in die Überlegungen einbezieht. So entsteht der Eindruck, dass alles, was hier genannt wird – vom Hochladen eigener, unbedeutender Filmchen bis zum Naturfilm –, Autor und Leser gemeinsam machen. Mit einer **rhetorischen Schlussfrage** bringt der Autor den **appellativen Charakter** des Textes auf den Punkt: Seinen Hinweis auf das Geburtsvideo schließt er mit der Aufforderung an den Leser, darüber nachzudenken, wie der Betroffene später einmal auf die Bilder seiner eigenen Geburt reagieren werde. Der Leser nimmt diese Frage sozusagen mit aus dem Text (vgl. Z. 89 f.).

Neben dem starken Adressatenbezug, der dafür sorgt, dass der Leser der Position des Autors gegenüber aufgeschlossen ist und er sich persönlich angesprochen fühlt, weist die Argumentation des Autors weitere Besonderheiten auf. So legt Wiele großen Wert darauf, die **Gegenseite zu berücksichtigen** und gleichzeitig deren Argumente zu **entkräften**, indem er **relativierende Formulierungen** findet. Zentral dabei ist die Verwendung des **Konjunktivs**. Die Befürworter beziehen sich dem Verfasser zufolge gerne darauf, dass Youtube mit seinem riesigen Angebot das Leben abbilde, da es alles, was es gibt, zeige (vgl. Z. 35 f.) und Wiele folgert: „Man könnte also von einer aufklärerischen Funktion des Mediums sprechen.“ (Z. 37 f.) Weil diese Beobachtung jedoch 2.2.2

im Konjunktiv steht, macht sie dem Leser gleich deutlich, dass dem nicht so ist. Im nächsten Satz folgt dann die logische Kehrseite: „Die negative Energie aber […] haben viele wohl noch nicht ermessen." (Z. 39 f.) Deshalb behauptet Wiele später, „[n]ur Zyniker würden […] das Argument vorbringen, dass die Abbildung von Dingen, die ‚auf der Welt nun einmal passieren', eine aufklärerische Funktion hat" (Z. 57 ff.). Der Konjunktiv sagt auch hier eindeutig aus: Wer so etwas sagt, ist ein zynischer Mensch!

Wiele gibt sich außerdem, wie bereits erwähnt, als **kundiger Nutzer** des Videoportals aus. Der Journalist hat sich mit der Entwicklung des Mediums auseinandergesetzt, nennt Daten (Gründung 2005) und zitiert aus den Richtlinien (vgl. Z. 47 ff.). Er kennt konkrete Zahlen, z. B. wenn er auf die nachweisbaren Klicks für ein Video verweist (vgl. Z. 89). Und schließlich verwendet er **Fachwörter** wie „Homevideos" (Z. 7) „Algorithmen" (Z. 41) und „Teaser" (Z. 42). So kann er seine **argumentative Glaubwürdigkeit** erhöhen, denn er zeigt, dass er weiß, wovon er spricht. Gleichzeitig sorgt der Verfasser mit dem abwechslungsreichen **Gegensatz von umgangssprachlichen** (z. B. „der letzte Trash", Z. 14) **und bildungssprachlichen Wendungen** (z. B. „Dialektik", Z. 86) für Unterhaltung beim Lesen. Der Artikel wirkt auf diese Weise ansprechender. 2.2.3

Überzeugungskraft gewinnt der Artikel aber vor allem durch seine **sprachliche Anschaulichkeit**, die durch eine Reihe von **Stilmitteln** erzeugt wird. Schon die Überschrift lässt aufhorchen: „Die Dialektik der Bauchnabelfluse" ist eine Kombination aus einem bildungssprachlichen Fachbegriff und einem **Neologismus**. Das Wort „Dialektik" bezeichnet die einer Sache innewohnende Gegensätzlichkeit und ist eigentlich eher für philosophische Diskurse reserviert. Dieser hehre Begriff wird von Wiele nun mit der „Bauchnabelfluse" verbunden, welche stellvertretend für den Videokanal selbst und dessen Widersprüche steht: Gemeint ist die Sinn- und Bedeutungslosigkeit vieler der verfügbaren Videos, die aber gleichzeitig das Erfolgsgeheimnis von Youtube ausmacht. In der Überschrift wird auch deutlich: Man zielt auf das große Ganze („Dialektik") und beschäftigt sich aber in Wirklichkeit mit dem ganz Kleinen („Bauchnabelfluse"). Für die Nichtigkeiten, die auf Youtube festgehalten werden, findet der Autor dann noch die **Genitivmetapher** „das weiße Rauschen des Nonsens" (Z. 8; vgl. auch Z. 32). Der physikalische Begriff des weißen Rauschens verweist dabei auf ein Hintergrundgeräusch, das allgegenwärtig ist, aber eben Nonsens, Unsinn, transportiert. Es sind allerdings nicht diese unsinnigen und eher harmlosen Inhalte, die Wiele anprangert, sondern die Gewaltdarstellungen, die vor allem die Entwicklung von Kindern negativ beeinflussen. Diese Gefährdung macht der Autor durch ein subtiles **sprachliches Bild** greifbar: Brutale und gewalttätige Szenen, zum Beispiel von Enthauptungen, können nämlich von den unmündigen Nutzern durch einen unbedachten „Klick […] ins Zimmer" geholt werden (Z. 56). Die Bedrohung wird sehr konkret, wenn man sich vorstellt, dass die virtuelle Videoszene real im Zimmer eines Kindes stattfindet und auf diese Weise im Leben 2.2.4

des Heranwachsenden stets präsent bleibt. Einmal angesehene Bilder lassen sich genauso wenig löschen wie verunglimpfende Kommentare. Für beide gilt die **englische Redewendung**, die Wiele **zitiert**, um das Problem von Youtube auf den Punkt zu bringen: „[T]he damage is done." (Z. 85) Der Schaden, der hier angerichtet wird, kann nicht mehr behoben werden.

*Variante 1:*

Obwohl der Journalist in seinem Artikel auch die **Vorteile von Youtube** erwähnt, zielt seine Argumentation eindeutig darauf ab, die Leser vor den **Nachteilen des Mediums** zu warnen und ein Nachdenken über die **notwendige Kontrolle** anzuregen. Die Frage, ob Wiele richtig liegt, soll im Folgenden etwas näher untersucht werden. 2.3

Mit den neuen digitalen Technologien haben sich die sogenannten „sozialen Medien" weltweit verbreitet, die es den Nutzern grundsätzlich ermöglichen, miteinander in Kontakt zu treten und mediale Inhalte gleich welcher Art zu teilen. Auf Facebook tauscht man Neuigkeiten aus, auf Instagram werden Fotos eingestellt und über Youtube gibt es die Möglichkeit, Videos hochzuladen, anzuschauen und zu kommentieren. Interessant ist nun zu beobachten, dass diese **sozialen Netzwerke** in demokratischen Gesellschaften gut funktionieren, **in unfreien Gesellschaften** aber immer wieder **behindert** werden. Diktaturen haben offensichtlich Angst davor, dass ihre Staatsbürger ohne **Kontrolle** in der digitalen Welt unterwegs sind. Beispiele dafür ließen sich genug anführen, etwa die Volksrepublik China, die immer wieder Webseiten sperrt. Von diesen Eingriffen sind praktisch alle sozialen Medien, auch Youtube, betroffen. Das kann die von Jan Wiele kritisierte Beliebigkeit des Mediums Youtube und die daraus folgenden Probleme zwar nicht entschuldigen, ist aber dennoch wichtig für die Bewertung der grundsätzlichen Freiheit von sozialen Netzwerken. Eine wirklich **offene Gesellschaft** muss den **Austausch von Informationen** zunächst einmal **uneingeschränkt** zulassen. Die Bereitstellung von Videos gehört meines Erachtens dazu. Obwohl Wiele nicht diese Art von Zensur meint, wenn er redaktionelle Kontrolle von Youtube-Inhalten fordert, so ist der Übergang zwischen „guter" und „schlechter" Zensur fließend. Von außen einzugreifen, bedeutet immer Zensur, gegen die sich eine demokratisch-freiheitliche Gesellschaft wehren sollte. 2.3.1

Auf den ersten Blick ist Wieles Argumentation gut nachvollziehbar. Grausame Szenen und pornografische Bilder taugen nicht dazu, ein Videoportal besonders wertvoll zu machen. Es wäre in der Tat nicht falsch, wenn eine **verantwortliche Redaktion** die Vorgaben der Satzung, die Wiele zitiert, umsetzen könnte. Dabei ergeben sich allerdings **zwei Probleme:** 2.3.2
Zum einen ist die **Zensur** immer ein schwieriger **Akt der Abwägung**. Wann ist ein Film ein kritischer Beitrag zu einer notwendigen Diskussion, wann überschreitet er eine Grenze? Mit dieser Frage muss sich jede Instanz, die Inhalte kontrollieren will, auseinandersetzen. In jüngster Zeit ist diese Frage so-

gar eine von existenzieller Bedeutung geworden. Die Karikaturisten des französischen Satireblattes Charlie Hebdo haben ihren Einsatz für Meinungsfreiheit mit dem Leben bezahlt. Die Massendemonstrationen gegen die menschenverachtenden Anschläge von Paris (zumindest in Europa) belegen eindrucksvoll, dass eine vorauseilende Zensur nicht die Basis der freiheitlichen Gesellschaft sein kann. Die Frage, ob es eine Grenze des Veröffentlichens gibt, ist damit nicht beantwortet, es sollte aber deutlich werden, dass eine Lösung des Dilemmas nicht so einfach ist.

Das **entscheidende Problem** der Zensur bei Youtube ist allerdings ein anderes. Die schiere **Masse der Dokumente**, die dabei geprüft werden müsste, verhindert in diesem Fall die gewünschte redaktionelle Kontrolle. Schon die Tatsache, dass tendenziell alle Menschen dieser Erde die Möglichkeit haben, ein Video auf Youtube hochzuladen, belegt, dass es unmöglich sein wird, eine Anfangsprüfung aller Filmsequenzen durchzuführen. Wenn dann im Lauf der Zeit immer wieder Videos gefunden werden, die unzumutbar sind, können diese zwar relativ problemlos gelöscht werden (und das wird durchaus gemacht). Aber hier trifft Wieles Beobachtung eben auch zu: Eine Datei, die einmal im Internet aufgetaucht ist, ist so schnell nicht wieder aus der Welt zu schaffen. Vielleicht wurde das Video schon heruntergeladen und erscheint auf einer anderen Internet-Seite. Sicher wurde es bereits angesehen. Und wenn es Schaden anrichten kann, dann hat es das bereits getan. Die **digitale Welt** ist technisch quasi unendlich und damit allein **aus logistischen Gründen unkontrollierbar**, sodass der Vorschlag von Jan Wiele ins Leere läuft.

Wenn überhaupt, dann muss ein **anderer Ausweg** gefunden werden. Letztlich 2.3.3
geht es bei allen sozialen Netzwerken, nicht nur bei Youtube, um die **Verantwortung für die Inhalte**, die übernommen werden muss. Vieles weist darauf hin, dass sie **nicht bei den Betreibern** liegen kann, die ja nur die Technik bereitstellen. Die Inhalte kommen von den Nutzern, das ist das Prinzip der Netzwerke. Deshalb müssen diese auch die Verantwortung für die Dinge, die sie zur Verfügung stellen, wahrnehmen. Das ist im Moment schon so, müsste aber weiter verbessert werden, da nicht alle Benutzer eindeutig identifizierbar sind. Man kann nämlich ein anonymes Profil anlegen und ist damit faktisch kaum belangbar für das Material, das man veröffentlicht.

Die **Übernahme von mehr Verantwortung** – vor allem durch die **Eltern** – ist elementar, denn Jan Wiele weist in seinem Artikel auf ein Problemfeld hin, das sehr ernst genommen werden muss. Es gibt auf Youtube definitiv Filme, die gerade Kindern schaden können. Der **Zugang zu ehemals Verbotenem** ist so **leicht wie noch nie**. Dass damit die psychische Entwicklung der Heranwachsenden gefährdet ist, kann von niemandem bestritten werden. Der Reiz des Verbotenen spielt dabei sicher eine Rolle, aber auch die Unbekümmertheit, mit der die Erziehungsberechtigten offensichtlich damit umgehen. Die **Eltern** müssen die **Verantwortung für die Nutzung digitaler Medien bei ihren Kindern** eindeutig übernehmen. Dazu gehört zum Beispiel, dass die **Filtertechniken**, die angeboten werden, tatsächlich eingesetzt werden. Es ist

ein Leichtes, auf den Geräten definierte **Seiten zu sperren**. Gerade Youtube bietet einen sicheren Modus an, der verhindern soll, dass Kinder und Jugendliche mit unangemessenen Inhalten konfrontiert werden.
Zudem ist es sicher nicht falsch, über **zeitliche Grenzen der Computer- und Smartphone-Nutzung** nachzudenken. Viele Kinder und Jugendliche scheinen geradezu süchtig nach der Internetnutzung am Handy oder PC zu sein und verbringen fast jede freie Minute damit, z. B. WhatsApp-Nachrichten zu schreiben, Facebook-Einträge zu verfolgen bzw. selbst zu posten oder Videos zu schauen, selbst aufzunehmen oder zu kommentieren. Der **sinnvolle Umgang** mit den Geräten muss **von den Eltern eingefordert** werden. Dies bezieht sich nicht *nur*, aber auch auf Youtube. Solange der Nachhilfeunterricht als Videoclip online genutzt wird, kann nichts dagegen eingewendet werden. Wenn jedoch permanent Nonsense-Videos konsumiert werden, müssen die Erziehungsberechtigten eingreifen.
**Erziehung** ist überhaupt das Stichwort, das hier fallen muss. Die **Freiheiten**, die ja eine Errungenschaft **moderner Gesellschaften** darstellen, fordern stets auch den **verantwortlichen Umgang** mit diesen – und dieser muss gelernt werden. Das können durchaus schmerzhafte Prozesse sein. Es ist aber sicherlich keine Lösung, den Beteiligten Erfahrungen zu ersparen, indem man Angebote zensiert. Das wäre der falsche Weg. So wie kein Mensch als Demokrat auf die Welt kommt, sondern erst dazu erzogen und gebildet wird, so muss es die Aufgabe aller sein, die **Menschen zu mündigen Bürgern in der digitalen Welt zu erziehen**. Und das ist nicht nur Pflicht der Eltern, sondern auch von **Bildungseinrichtungen**. Lesen und Schreiben muss man erlernen – wie man sich in der digitalen Umgebung bewegt ebenso. Viel wichtiger als die nicht durchführbare redaktionelle Betreuung von Youtube wäre demnach, dass in der Schule ein Fach geschaffen wird, das sich mit den problematischen Inhalten des Internets beschäftigt und den **Schülern konkretes Handwerkszeug vermittelt**, wie man damit umgeht.

So gerüstet, können auch die eingangs angesprochenen Herausforderungen 3
des **epochemachenden medialen Umbruchs** gemeistert werden. Denn wo immer dieser hinführt, es steht fest, dass die Welt in zehn Jahren anders aussehen wird als heute. Die treibende Kraft ist dabei das Internet. Die Menschen werden viel selbstverständlicher eigene, auf sie zugeschnittene Kanäle nutzen, um ihre Arbeit zu erledigen und ihre Freizeit zu gestalten. Es ist zu vermuten, dass sich die Inhalte, die z. B. auf Youtube angeboten werden, vervielfachen werden. Vielleicht werden auf diesem Wege einmal ganze Unterrichtsstunden ersetzt. Wohin der Weg führt, können wir heute nicht sagen, aber dass wir uns **darauf vorbereiten** müssen, das ist sicher.

*Variante 2:*

**Wir Kinder vom Youtube-Zoo –
Warum Youtube nicht zensiert werden darf**

Youtube erregt immer wieder die Gemüter der Nation: harmloser Unterhaltungskanal oder doch jugendgefährdendes Medium für Schocker-Videos? Jan Wiele, freier Journalist bei der FAZ, hat sich in einem Artikel jedenfalls sehr deutlich positioniert: Es lässt sich seiner Meinung nach sicher Brauchbares dort finden, von der Uni-Vorlesung bis zum Naturfilm. Die guten Seiten können aber nicht darüber hinwegtäuschen, dass **Youtube gefährlich** ist: brutale Gewalt- und Mobbingszenen sind mehr oder weniger unkontrolliert verfügbar, werden auch von kleinen Kindern konsumiert und führen dann zu erheblichen psychischen Schäden. Der Autor kommt bei aller Kritik allerdings nicht zu dem Schluss, den Videokanal gleich ganz zu verbieten. Er plädiert dafür, eine **verantwortliche Redaktion** einzusetzen, die dafür sorgt, dass all der Unsinn erst gar nicht auf dem Videokanal eingestellt werden kann. Und er fordert seine Leser dazu auf, endlich eine „**Debatte über die Grenzen der Sichtbarkeit**" zu führen. Diese Diskussion ist sinnvoll. Dass sie aber in jeder Generation anders ablaufen wird, liegt auf der Hand. 2.3 2.3.1

Meine Generation ist mit Youtube aufgewachsen. Noch in der Grundschule haben wir die ersten **harmlosen Filmchen** über Zoobesuche angesehen. Bald schon konnten wir Musikvideos unserer Stars mitverfolgen. Und ja, natürlich kannte der ein oder andere Aufnahmen, die wir nur heimlich und verstohlen angeschaut haben. Aus heutiger Sicht allerdings muss man klar festhalten: Wer wirklich Abstoßendes sehen will, der wird es überhaupt nicht bei Youtube versuchen. Da bietet das Netz ganz andere Seiten an! Youtube ist ein meist freundlicher Gemischtwarenhändler, der es schließlich sogar in den **Unterricht** geschafft hat. Immer häufiger haben uns unsere Lehrer kurze Szenen von Theaterstücken oder Vorführungen zu naturwissenschaftlichen Experimenten vorgeführt. „Da schauen wir bei Youtube nach", ist so geläufig geworden wie früher der Satz: „Informiert euch im Lexikon!". 2.3.2

Natürlich wäre es besser, wenn nicht alles, was jemals auf einem Speichermedium in bewegten Bildern festgehalten wurde, der Öffentlichkeit preisgegeben wird. Wie Jan Wiele richtig andeutet, sind es insbesondere intime Details aus dem Leben einzelner Menschen, die nichts bei Youtube verloren haben. Die in seinem Artikel erwähnte Geburt ist nur ein Beispiel dafür. Es gehören auch Aufnahmen von wilden Partys dazu, die man – nüchtern betrachtet – eher geheim halten sollte. Es trotzdem zu zeigen, mag Schaden anrichten, aber **kontrollieren** kann das Youtube sicher nicht. Zu groß ist die Zahl der Videos, **zu schwierig** wäre eine **kriterienorientierte Zensur:** Wann ist etwas nur peinlich, wann unbedingt zu verbieten? Wer soll all die Filme anschauen, die täglich eingestellt werden? Eine verantwortliche Redaktion wäre mit dieser Herkulesaufgabe ganz klar überfordert. 2.3.3

Eine **Zensur von außen** wird schließlich niemand wirklich wollen, weil man in diesem Fall sehr schnell bei einer **politischen Bevormundung** wäre. Und der **Preis der Freiheit**, die ein Grundmerkmal aller sozialen Medien und unserer demokratischen Gesellschaft ist, ist eben hoch. Jan Wiele bringt selbst wiederholt Beispiele aus politischen Zusammenhängen. Ein Film, der bestimmte Religionsgruppen (wenn auch nur satirisch) auf's Korn nimmt, mag gelungen sein oder völlig daneben liegen. Man kann ihm aber nicht grundsätzlich absprechen, dass er eine politische Botschaft transportieren will. Und sogar die erwähnten Enthauptungen werden in der **politischen Diskussion** ja immer wieder funktional eingesetzt. Falls es das Ziel der Terroristen sein sollte, ihre brutalen Absichten zu zeigen (und damit Angst zu schüren), dann erreichen sie mindestens ebenso radikal, dass der politische Wille zur Gegenwehr gestärkt wird. 2.3.4

Letztlich ist nach meiner Überzeugung die **Lösung des Problems** gar nicht bei den Betreibern von Youtube zu suchen – es müssen die **Nutzer des Kanals selbst** sein, die sich mit den „Grenzen der Sichtbarkeit" auseinandersetzen. Dort muss nämlich die Kontrolle stattfinden, so wie das schon bei Film und Fernsehen praktiziert wird. Die Altersangaben allein reichen hier schließlich ebenfalls nicht aus. Ohne nachhaltige **Kontrolle der Eltern** sind doch gerade Kinder nicht in der Lage, sich an die Vorgaben zu halten. Auf Youtube findet sich Unverdauliches, das ist aber auch im TV zu finden. Denn seien wir mal ehrlich, wie viele Krimiserien oder Hollywood-Thriller kommen schon ohne brutale Gewalt aus? Und wie viele Zuschauer sind dabei deutlich unter 16? Nur wenn die Erziehungsberechtigten dafür sorgen, dass die richtigen Sendungen konsumiert werden, können sie Schäden bei ihren Kleinen vermeiden. 2.3.5

Als **Kind der Youtube-Generation** kann ich darüber hinaus sagen, dass man ab einem gewissen Alter seine **Sehgewohnheiten disziplinieren** muss. Auch hier ist ein Vergleich mit dem Angebot der Fernsehanstalten und der Videotheken angebracht. Es ist wirklich nicht schwer, Schockerhorrorfilme zu bekommen. Nun hat sich der besorgte Fokus der Öffentlichkeit eben vom Fernsehen auf Internetportale verlagert. Zensur ist in diesem Fall, genauso wie die Beaufsichtigung, sowieso fast unmöglich (außer man sperrt den Internetzugang), also kann es nur darum gehen, bei den Beteiligten ein **Bewusstsein** dafür zu schaffen, dass Bilder nach bestimmten Prinzipien funktionieren und dass sie unter Umständen etwas mit dem Betrachter machen, was dieser sicher gar nicht will: von Verrohung bis hin zur Traumatisierung. **Medienerziehung** wird ja immer als großes Thema der **Schulbildung** ausgegeben und hier könnte man tatsächlich etwas tun!

Den Youtube-Kindern sollte der Gang in ihren Zoo nicht verwehrt werden – die **Regeln**, die man in diesem Zoo aber braucht, die sollten sie schon lernen.